BDSM

Books LLC®, Wiki Series, Memphis, USA, 2011. ISBN: 9781158766192. www.booksllc.net
Copyright: http://creativecommons.org/licenses/by-sa/3.0/deed.de

Inhaltsverzeichnis

Ageplay 2	Genitorturers 64
Algolagnie 3	Guido Crepax 65
Atemkontrolle 4	Gynäkologischer Stuhl 67
Auspeitschung 5	Halsband 67
Axel Tüting 6	Hanky Code 68
BDSM 7	Harnröhrenstimulation 70
BDSM-Emblem 25	Hermes Phettberg 71
Bitch (Band) 26	Hodensackinfusion 74
Bob Flanagan 26	Intersec Interactive Inc. 74
Body worship 27	Irving Klaw 76
Bottom 28	Jack McGeorge 76
Butt-Plug 29	John Willie 77
Chaps 30	Kathrin Passig 77
Club de Sade 31	Keuschhaltung 78
Cock and Ball Torture 31	Keuschheitsgürtel 79
Coming-out 31	Kieferspreizer 80
Cover (BDSM) 36	Kink.com 80
Cuckold 36	Klammer (BDSM) 81
D-Ring 38	Klinikerotik 82
Datenschlag 38	Korsett 83
Devot 39	Korsett-Piercing 85
Die Form 39	Käfig 86
Domenica Niehoff 41	Latexkleidung 87
Domina (BDSM) 43	Leather-Pride-Flagge 89
Dungeon (BDSM) 44	Leather Archives and Museum 89
Einlauf (Medizin) 45	Lebendmöbel 90
Elektroplug 47	Liliane von Rönn 91
Erotic Power Exchange 47	Maledom 92
Erotische Elektrostimulation 49	Maria Beatty 92
Erotisches Rollenspiel 51	Masochismus 93
Erziehungsspiel 52	Max Mosley 94
Facesitting 53	Metakonsens 95
Fakir Musafar 53	Mundbirne 96
Femdom 54	Nobuyoshi Araki 96
Feminisierung (BDSM) 56	Ohnmachtsspiel 97
Feminist Sex Wars 57	Old Guard 97
Figging 58	Outing 98
Fisting 59	Painstation 99
Flagellantismus 60	Patrick Califia 100
Folsom Street Fair 61	Pegging (Sexualpraktik) 101
Gasmaske (BDSM) 62	Peniskäfig 102
Gayle Rubin 62	Penismanschette 103
Gene Bilbrew 64	People v. Jovanovic 103
Petplay 105	
Piercing 108	
Prostatamassage 119	
Prügelbock 120	
Queer 121	
Radley Metzger 122	
Ring der O 124	
Robert Mapplethorpe 125	
SEX 126	
SM-Möbel 129	
Sadismus 131	
Sadomasochismus 132	
Sadomasochistische Literatur 134	
Safe, Sane, Consensual 139	
Safeword 141	
Schlagstock 141	
Sex-positiver Feminismus 142	
Sexismus-Klage 146	
Sinnesentzug 147	
Sklavenzentrale 147	
Sling 148	
Smotherbox 148	
Spanking 149	
Spanner Case 151	
Spekulum 152	
Spreadeagle 153	
Strappado 153	
Subspace 154	
Switch (BDSM) 155	
Tease and Denial 156	
Theresa Berkley 156	
Tom of Finland 157	
Tomba della Fustigazione 158	
Top (BDSM) 159	
Total Power Exchange 160	
Total enclosure 160	
Tsatthoggua 161	
Vanilla (Sex) 161	
Violet Wand 162	
Wolfgang Flatz 163	
Women Against Violence in Pornography and Media 165	
Zwangsjacke 166	

Ageplay

Der Begriff **Ageplay** (engl. *Age*, Alter; *play*, Spiel) bezeichnet Rollenspiele, bei denen die Teilnehmer so agieren, als hätten sie ein anderes Lebensalter, beispielsweise beim bekannten „Vater-Mutter-Kind"-Spiel von Kindern. Grundsätzlich kann das Alter der angenommenen Rolle über oder unter dem tatsächlichen Alter des Beteiligten liegen.

Abgrenzungen

Gewöhnlich wird der Ausdruck *Ageplay* im deutschen Sprachraum für das erotische Rollenspiel mit dem Altersunterschied verwendet, während man im englischen Sprachraum das erotische Ageplay und den in der Psychologie, Psychiatrie und Psychotherapie verwendeten Fachbegriff *regressive Ageplay* unterscheidet, der den Rückzug auf ein kindliches Lebensalter innerhalb der dissoziativen Identitätsstörung bezeichnet.

Gelegentlich taucht der Begriff auch in Spieleforen im Internet auf, beschreibt dort aber die Situation, die in vielen (Online-)Rollenspielen und auch dem Schauspiel bekannt ist: eine Differenz zwischen realem Alter und Alter des Handelnden oder des Schauspielers. Manchmal verursachen Jugendschutzgesetze, Dramaturgie, Vorlieben des Regisseurs oder Mangel an Mitspielern für ein Rollenspiel die Besetzung einer Rolle mit einem deutlich jüngerem oder älteren Protagonisten. Beispielsweise ist bei Schulaufführungen die Annahme einer im Vergleich zum Lebensalter deutlich älteren Rolle üblich, während im Gegensatz dazu die Besetzung der Rolle der Olympias mit Angelina Jolie im Film Alexander kritisiert wurde, weil sie der altersgemäßen Vorstellung einer Mutter mit einem erwachsenen Sohn nicht unbedingt entspricht.

Ageplay in Psychologie und Psychotherapie

In der Psychotherapie werden in manchen Therapieformen Rollenspiele eingesetzt um modellhaft Erfahrungen machen, nachzuerleben oder ausdrücken zu können. Beispiele dafür sind zum einen die im Psychodrama verwendeten Rollenspiele, die auch ein Einfühlen in ein anderes Lebensalter beinhalten können, um dieses rückwirkend verarbeiten zu können. Zum anderen wird auch in der Schematherapie mit verschiedenen Kind-modi gearbeitet um eine Verbindung mit dem Inneren Kind aufnehmen zu können und über das Rollenspiel und das sogenannte Reparenting durch den Therapeuten normale Verhaltensweisen zu erfahren. Der Begriff Inneres Kind wird in der populärwissenschaftlichen Psychologie auch verwandt um subjektive Ereignisse und beeinflussende Elemente der Kindheit oder das emotionale Gedächtnis anzusprechen. Carl Gustav Jung nannte ein ähnliches Konzept das „Göttliche Kind", Charles Whitfield bezeichnet es als das „Kind innendrin" (*Child within*). Vermutlich als Erster verwendet W. Missldine den Begriff Inneres Kind in seinem 1963 erschienen Buch „Your Inner Child of the Past". Bekannt wurde das (modifizierte) Konzept des Inneren Kindes durch John Bradshaw, ein bekannter Psychologe und Leiter einer Selbsthilfebewegung. Inzwischen erfreut sich die populärwissenschaftliche „Therapie des Inneren Kindes" einiger Beliebtheit und in einigen Ländern gibt es Ageplay-Workshops in denen Erwachsene diesen Bereich in einer sicheren Umgebung erfahren und ausprobieren können. Einige Methoden zur Behandlung psychologischer Problemstellungen, beispielsweise die des „Radikalen Verzeihens" lehnen die Vorstellung des Inneren Kindes ab und behaupten dass die Idee das Innere Kind zu hätscheln die Gesundung verhindert und den Hilfesuchenden in der Opferrolle verharren lässt.

Erotisches/Sexuelles Ageplay

Beim sexuellen Ageplay handelt es sich grundsätzlich um ein neigungsunabhängiges erotisches Rollenspiel zwischen einvernehmlichen Erwachsenen (vgl. Safe, Sane, Consensual). Aufgrund der mit dem gespielten Altersunterschied verbundenen Aspekte von Macht und Ohnmacht wird Ageplay im Allgemeinen zu den Sexualpraktiken des BDSM gerechnet. Neben Verquickungen mit anderen Rollenspielarten wie dem Genderplay, können innerhalb eines solchen Rollenspiels auch fiktiver Inzest, Bestrafung und sexuelle Handlungen mit dem das Kind darstellenden Erwachsenen Teil der zugrundeliegenden Fantasie sein. Während Rollenspiele mit unterschiedlichen reifen und adoleszenten Lebensaltern Außenstehende kaum stört, führen diese an Pädophilie und Kindesmissbrauch erinnernden Spielarten, insbesondere das infantile Rollenspiel (vgl. Adult Baby), sowohl außerhalb als auch innerhalb der BDSM-Szene zu Unverständnis und Ablehnung. Die Rollenspieler verneinen jedoch jeglichen Zusammenhang vehement, da prinzipiell nur Erwachsene an dieser Art Rollenspiel beteiligt sind. Dennoch wird in der psychiatrischen Betrachtung zumindest für den Bereich des Windelfetisch ein Zusammenhang mit der Autopädophilie vermutet. Aufgrund dieser Problematik stützt sich die Kommunikation innerhalb dieses Teils der Szene überwiegend auf das Internet, öffentliche Outings, wie sie im BDSM inzwischen häufiger vorkommen, sind äußerst selten.

Im erotischen Ageplay nimmt der dominante Partner (Top) meist die Rolle einer irgendwie gearteten Autorität oder Respektsperson ein, beispielsweise einer Tante, Ausbilderin, eines Vaters oder eines Lehrers. Dabei ist der gespielte Altersunterschied nicht zwangsläufig sehr groß, zum Beispiel kann ein Rollenspiel mit Arzt und Patient schon durch einen geringen Altersunterschied das gewünschte Wissens- und Machtgefälle darstellen. Die wohl bekanntesten Varianten des Ageplay sind: Lehrer und Schüler, Mutter und Kind, Vater und Tochter, älterer Herr und Lolita. Der umgekehrte Fall (devoter Partner (Bottom) spielt den älteren Part) wird ebenfalls beschrieben. Es besteht auch die Möglichkeit, dass innerhalb des Spiels gleichaltrige Rollen eingenommen werden. Durch die rein fiktive Grundlage des Rollenspiels kann innerhalb des Szenarios auch das Geschlecht gewechselt werden, beispielsweise kann auch ein älterer Mann eine ungezogene kleine Göre spielen. Viele andere Praktiken und Szenarien aus dem Bereich des BDSM können mit in das Spiel einfließen: Beispiele hierfür sind Klinikerotik, insbesondere mit erotisch stimulierenden, erniedrigenden Praktiken (Fiebermessen, Einläufe), Spanking, Petticoating, aber auch Bondage und erotische Laktation. Die fiktiven Rollenspiele enthalten häufig auch autoritäre Erziehungsmaßnahmen, die zum Teil seit Jahrzehnten nicht mehr üblich sind, aber Bestandteil der erniedrigenden und masochistischen Fantasien geblieben sind, beispielsweise das Scheiterknien (Knien auf einem Holzstück) oder Rohrstockschläge durch den Lehrer.

Neben dem sehr offensichtlichen Aspekt des Statusunterschiedes zwischen älteren und jüngeren Personen und dem resultierenden Machtgefüge, das für Rollenspiele im Zusammenhang mit Dominanz und Unterwerfung (vgl. D/s) nahezu unumgänglich ist, können Motive für das Rollenspiel beispielsweise auch der Wunsch nach Geborgenheit, Stabilität und Aufmerksamkeit oder der Ausübung von Kontrolle und Pflegetrieb, sowie ein vorhandener Windelfetischismus sein. Gelegentlich wird beschrieben, dass eine mögliche Motivation auch Traumata im Kindesalter, z. B. Missbrauch sein können, die mit diesen Rollenspielen bearbeitet werden. Dies ist wissenschaftlich noch nicht untersucht, wird aber innerhalb der Szene diskutiert. Neben den Risiken, die aus der Anwendung der einzelnen BDSM-Praktiken entstehen können, ist eine der häufiger beschriebenen Gefahren des erotischen Ageplay die Erinnerung an verdrängte Geschehnisse im Kindesalter, die innerhalb des Spieles zu unkontrollierbaren Situationen und einem Absturz des Bottom führen können.

Ageplay kann auch im Internet, z. B als Chatrollenspiel, gespielt werden Ageplay wurde Ende 2007 online teilweise heftig und kontrovers diskutiert, als Linden Lab verkündete, Ageplay in der virtuellen 3D-Welt Second Life sei in einigen Ländern illegal und würde in Zukunft unterbunden werden. In anderen Kulturkreisen gibt es ähnliche Fantasien, die zum Teil als Ageplay ausgelebt werden, ein gut belegtes Beispiel hierfür ist Japan. Dort sind Schulmädchenfantasien sehr geläufig und werden zum Beispiel mit als Schulmädchen verkleideten Prostituierten (vgl. Cosplay) auch ausgelebt, entsprechende pornografische Filme und Hentais werden dort legal vertrieben.

Von „http://de.wikipedia.org/wiki/Ageplay"

Algolagnie

Algolagnie (griech. *algos* „Schmerz" und *lagneia* „Wollust") ist eine klinische Wortschöpfung des ausgehenden 19. Jahrhunderts, um die Lust am Zufügen und Empfangen von Schmerzreizen zu beschreiben. Der Begriff wurde durch die synonyme Bezeichnung Sadomasochismus weitgehend abgelöst, die *passive Algolagnie* wird durch Masochismus, die *aktive Algolagnie* durch Sadismus ersetzt. Der passive Aspekt kann auch als **Algophilie** (griechisch *Philie* „Liebe"), **Lustschmerz** oder *Schmerzgeilheit* bezeichnet werden, ein selten verwendeter Begriff für Masochismus. Über diesen Begriff hinaus geht die **Algomanie** (griech. *Manie* „Wahnsinn"), die das krankhafte Verlangen nach Schmerz beschreibt.

Im Rahmen der sexualmedizinischen Diagnostik oder der Psychoanalyse wird Algolagnie analog zum Sadomasochismus dann als behandlungsbedürftig verstanden, wenn die sexuelle Befriedigung ohne entsprechende Praktiken erschwert ist oder unmöglich erscheint und bei dem Betroffenen dadurch ein entsprechender Leidensdruck entsteht. Algolagnie ist als Teil des Formenkreises der Persönlichkeits- und Verhaltensstörungen als Störung der Sexualpräferenz in der *Internationalen statistischen Klassifikation der Krankheiten und verwandter Gesundheitsprobleme* (ICD) unter der Schlüsselnummer F65.5 aufgeführt.

Entwicklung des Begriffs Algolagnie

Im Jahre 1886 verwendet Krafft-Ebing vermutlich als erster den Begriff „Sadismus", um die Lust am Zufügen, beziehungsweise „Masochismus" für die Lust am Erleben von Schmerz zu beschreiben. Algolagnie taucht erstmals 1892 in den Schriften Schrenck-Notzings als klinisches Kunstwort auf, um die Gesamtheit dieser beiden beschriebenen Begriffe zu beschreiben. Seiner Auffassung nach bilden die beiden Ausprägungen die beiden Pole innerhalb eines Gesamtkontinuums. Sowohl diese Ansicht, sowie die der strikten Trennung beider Störungen sind bis heute verbreitet und werden mit der gleichen Argumentation verteidigt. Anfangs war der Ausdruck nicht sexuell konnotiert, wurde aber kurze Zeit später für die bereits bekannte, aber noch kaum wissenschaftlich erforschte sexuelle Erregung durch Empfang oder Zufügung von Schmerz unter dem Begriff passive und aktive Algolagnie angewandt.

Medizinische Einordnung und Abgrenzung

Algolagnie

→ *Hauptartikel: Sadomasochismus*

Analog zu ihrem Synonym Sadomasochismus wird die Algolagnie als sexuelle Devianz verstanden und wird als Störung der Sexualpräferenz unter der Schlüsselnummer F65.6 aufgeführt. Im Diagnostic and Statistical Manual of Mental Disorders, dem diagnostischen und statistischen Handbuch psychischer Störungen (DSM-IV), das in den Vereinigten Staaten von der American Psychiatric Association (*Amerikanische Psychiatrische Vereinigung*) herausgegeben wird, wird die Algolagnie nur in ihrer passiven oder aktiven Ausprägung aufgeführt. Eine allgemeine Zuordnung wie im ICD findet nicht statt.

Einvernehmlich gelebte oder auch heimliche sexuelle Vorlieben für sadomasochistische Praktiken im Sinne einer konsensuell erlebten Sexualität erfüllen in aller Regel die Kriterien für die Diagnosestellung der Algolagnie im heutigen medizinischen Sinne nicht und sind eine soziologisch andersartige, aber nicht seltene Ausprägung der individuellen Sexualität. Eine Diagnosestellung darf demnach hinsichtlich der sexuell motivierten Ausprägung dieser Störungen nur noch gestellt werden, wenn der Betroffene anders als durch die Ausübung sadistischer oder masochistischer Praktiken keine sexuelle Befriedigung erlangen kann, oder seine eigene sadistisch oder masochistisch geprägte Sexualpräferenz selbst ablehnt und sich in seinen Lebensumständen eingeschränkt fühlt oder anderweitig darunter leidet. Die diagnostischen Kriterien unterscheiden sich darüber hinaus nicht, sind aber nicht hierarchisch zu verstehen.

Aktive Algolagnie

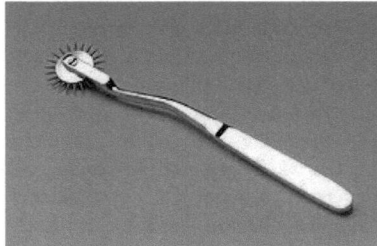

Ein typisches zur Nervenreizung verwendetes Wartenbergrad.

→ *Hauptartikel: Sadismus*

Der Begriff *Aktive Algolagnie* entspricht der Bezeichnung Sadismus, es kann prinzipiell zwischen sexuell motiviertem Handeln bei dem die Zufügung von Schmerz als sexuell lustvoll erlebt wird und nicht sexuell konnotiertem Sadismus unterschieden werden. Die aktive Algolagnie wird als Störung der Sexualpräferenz in der ICD unter der Schlüsselnummer F65.5 gelistet, dabei muss die Diagnose noch durch eine Kennzeichnung hinsichtlich der sadistischen Ausprägung erweitert werden. Im DSM IV wird der Sadismus, beziehungsweise die aktive Algolagnie, unter der Nummer 302.84 gelistet.

Passive Algolagnie

→ *Hauptartikel: Masochismus*

Der zu Masochismus synonyme Begriff *Passive Algolagnie* oder Lustschmerz umschreibt das Empfinden von sexueller Lust beim Erfahren von bestimmten körperlichen Schmerzreizen, wobei der Begriff auf das passive Empfinden von sexueller Stimulation durch Schmerz bezogen wird. Im ICD findet keine Präzisierung hinsichtlich des passiven Charakters dieser sexuellen Störung statt, eine Diagnose nach Schlüsselnummer F65.5 muss hinsichtlich der masochistischen Empfindung gekennzeichnet werden. Im DSM IV kann die Diagnose der passiven Algolagnie direkt synonym zu der Diagnose Masochismus (DSM IV 302.83) gestellt werden.

Literatur

- Brigitte Vetter: *Sexualität. Störungen, Abweichungen, Transsexualität.* Schattauer Verlag, Stuttgart u. a. 2007, ISBN 3-7945-2463-2.
- Peter Fiedler: *Sexuelle Orientierung und sexuelle Abweichung. Heterosexualität – Homosexualität – Transgenderismus und Paraphilien – sexueller Missbrauch – sexuelle Gewalt.* Beltz-Verlag u. a., Weinheim u. a. 2004, ISBN 3-621-27517-7.

Von „http://de.wikipedia.org/wiki/Algolagnie"

Atemkontrolle

Atemkontrolle durch Gasmaske und feuchtes Fensterleder

Atemkontrolle (engl. *breath control play* oder *Erotic Asphyxiation*) ist eine Sexualpraktik aus dem Bereich des BDSM. Hierbei wird die Atmung des passiven Partners (Bottom) entweder erschwert oder für kurze Zeiträume gänzlich unterbunden. Diese Praktik zählt zu den gefährlichsten und extremsten Praktiken des BDSM. Ob sie noch im Bereich des SSC-Konzepts (safe, sane, consensual) liegt, ist innerhalb der Subkultur umstritten.

Die Atmung

Mit Hilfe der Atmung lassen sich verschiedene Reaktionen erzeugen, beispielsweise hilft ruhiges und tiefes Ein- und Ausatmen bei der Bekämpfung von Panik und Übelkeit. Eingeschränkte Atmung und dadurch eine Unterversorgung mit Sauerstoff erhöht den Kohlendioxidgehalt des Blutes, während die Ausschüttung von Adrenalin angeregt wird.

Praktiken

Technisch kann die Atemkontrolle durch Verschließen der Atemwege durch Zuhalten von Mund und Nase ohne weitere Hilfsmittel erfolgen. Alltagsgegenstände wie Plastiktüten, angefeuchtete Stoffe oder Fensterleder sind ebenso möglich wie professionelles Equipment aus dem BDSM-Bereich; denkbar sind z. B. Gas- oder Latexmasken. Eine weitere Möglichkeit, die Atmung einzuschränken, besteht darin, die Bewegungsmöglichkeit des Oberkörpers einzuschränken und damit die Atemtiefe zu reduzieren. Geschehen kann dies beispielsweise durch ein Korsett, eine Brustbondage oder durch bestimmte Positionen. Eine weitere Methode besteht darin, den liegenden und fixierten Bottom teilweise oder ganz durch das Eigengewicht des aktiven Partners (Top) zu belasten, indem er sich auf den Oberkörper des fixierten Bottoms setzt oder legt.

Das Untertauchen in Wasser ist eine weitere Variante; dabei muss beachtet werden, dass der Bottom zusätzlich durch das Einatmen von Wasser gesundheitliche Schäden erleiden kann. Die bewusste Einatmung von Gasen, wie z. B. Lachgas, ist eine weitere Variante. Eine überaus riskante Möglichkeit ist auch das Würgen, Hängen oder Drosseln. Dabei ist neben der Gefährdung des Bottom durch die Atemkontrolle auch die Blutzufuhr zum Gehirn eingeschränkt, und es kann ein Karotissinusreflex ausgelöst werden. Siehe dazu auch den Artikel Würgespiel.

Gefahren

Unerlässlich im Zusammenhang mit solchen extrem gefährlichen Praktiken sind entsprechende Kenntnisse der zugrunde liegenden anatomischen und physiologischen Gegebenheiten, aber auch der möglichen psychologischen Reaktionen, beispielsweise Panikattacken. Ein weiterer wesentlicher Punkt ist die Einhaltung einiger Sicherheitsvorgaben, z. B. sollte der aktive Partner sich vor der Atemkontrolle über den Zustand des Bottom unterrichten, atemwegsverändernde Erkrankungen wie Asthma bronchiale oder eine COPD sollten abgeklärt werden, Telefonnummern für den Notfall, Maßnahmen der Ersten Hilfe etc. sollten ihm geläufig sein. Der Bottom sollte in der Lage sein, eine zutreffende Selbsteinschätzung abzugeben und auch eventuell bekannte zu erwartende psychische Reaktionen mit seinem Top besprechen.

Unter Sicherheitsaspekten ist Self-Bondage im Zusammenhang mit Atemkontrolle extrem problematisch und hoch gefährlich; denn dabei wird eine der wesentlichen Grundregeln des Bondage und der Atemkontrolle, „die Person niemals alleine lassen", von vornherein verletzt. Der Wunsch, den Orgasmus durch den Sauerstoffmangel zu verstärken, hat in der Vergangenheit immer wieder zu Todesfällen geführt.

Literatur

- Bill Henkin, S. Holiday: *Consensual Sadomasochism. How to Talk about it and how to Do it Safely*. Daedalus, San Francisco 1996, ISBN 1-881943-12-7, S. 211.
- Patrick Califia-Rice: *Sensuous Magic. A Guide to S/M for Adventurous Couples*. Cleis Press, San Francisco 2001, ISBN 1-57344-130-9, S. 201–203.

Von „http://de.wikipedia.org/wiki/Atemkontrolle"

Auspeitschung

historische Abbildung einer Geißelung

Flagellation im sexuellen Kontext. Wandmalerei im *Grab der Züchtigung* in der Totenstadt von Tarquinia (Italien)

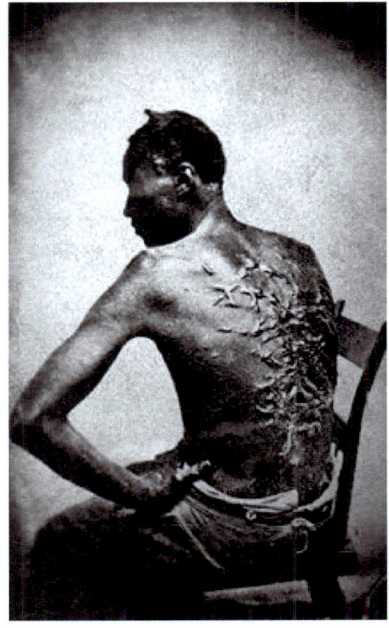

Geißelungsnarben auf dem Rücken eines Sklaven

Das **Auspeitschen**, auch **Flagellation** oder **Geißelung** (von lat. *flagellum*,

Geißel) mit verschiedenen Peitschen, Ruten oder einem Rohrstock kann zu verschiedenen Zwecken und aus unterschiedlichen Beweggründen erfolgen. Praktiziert wird bzw. wurde die Flagellation sowohl im Kontext der Religion, als Strafe (in Erziehung und Rechtspflege) sowie als Spielart der Sexualität.

Religion

Christentum

Die mittelalterlich-christliche Laienbewegung der Flagellanten bzw. „Geißler" praktizierte im 13. und 14. Jahrhundert Geißelübungen als selbstauferlegte Buße für Sünden und Laster. Die Geißelung Christi ist ein beliebtes Motiv der Passion Christi. So wird z. B. in der Jerusalemer Geißelungskapelle oder der bayerischen Wieskirche der „gegeißelte Heiland" verehrt.

Islam

Während Selbstverletzung allgemein im Islam verboten ist, spielt Selbstgeißelung in manchen Regionen, insbesondere bei Schiiten eine Rolle. Bei den Schiitischen Passionsspielen wird die Geißelung („Sinazani") beim Aschurafest praktiziert.

Erziehung und Justiz

Europa

Auspeitschen war in früheren Zeiten eine gebräuchliche Körperstrafe für verschiedenste Vergehen. Im Militär, Schulen und anderen Einrichtungen wurde das Auspeitschen als Strafe und Erziehungsmittel eingesetzt (siehe auch Staupenschlag). Mit dem Aufkommen des heutigen Verständnisses von Pädagogik wurden diese Maßnahmen in der Erziehung weitgehend für kontraproduktiv erkannt und nach und nach als *Schwarze Pädagogik* abgelehnt. Mit der englischen Armee hat sich das Auspeitschen als Strafe über das Britische Reich verbreitet und wird noch in vielen ehemaligen Kolonien praktiziert.

USA

Während der Sklaverei wurden Sklaven in den Vereinigten Staaten ausgepeitscht.

Islam/Scharia

Auf Grundlage der Scharia wird heute in Ländern, wie dem Iran, Saudi-Arabien und Malaysia, die Auspeitschung als Strafmaß für eine Vielzahl von Vergehen, wie Seitensprünge und Diebstahl angewandt. Eine größere Anzahl von Schlägen wird zumeist in Etappen eingeteilt, da der Gepeinigte hunderte Peitschenhiebe sonst nicht überleben würde.

Sexualität

Auspeitschen wird auch als Sexualpraktik verwendet, um sexuelle Lust zu erzeugen. Die Vorliebe für sexuelle Flagellation wird Flagellantismus genannt und zählt zur sexuellen Spielart des BDSM bzw. des Sadomasochismus. Die Anhänger dieser Sexualpraktik bezeichnet man auch als „Flagellanten", was jedoch zu Verwechslungen mit den religiösen Geißlern führen kann. Eine schwächere, weniger auf körperlichen Lustschmerz als auf sexuelle Dominanz und erotische Rollen- und Erziehungsspiele angelegte Form des Flagellantismus ist das sogenannte Spanking.

Von „http://de.wikipedia.org/wiki/Auspeitschung"

Axel Tüting

Axel Tüting (* 5. August 1957 in Hannover), gelegentlich verwendetes Pseudonym *Diogenes*, ist ein deutscher Kabarettist, Pantomime, Schauspieler und Autor, der sich mit der Thematik BDSM auseinandersetzt.

Leben

Von 1981 bis Mitte der 1990er-Jahre arbeitete Tüting als freischaffender Künstler und Pantomime, unter anderem erlernte er die Pantomime bei Samy Molcho. In dieser Zeit trat er beispielsweise bei den Theatertagen Hannover (1982) und den Kulturtage Wiesbaden (1986) auf, war Mitorganisator der „Künstler für den Frieden" in Hannover (1985/1986) und übernahm eine Hauptrolle in der Rock-Revue *Tage, die wie Wunden brennen* von Klaus-Peter Wolf. 1989 folgte eine Tournee durch die DDR.

1997 trat er in Kontakt mit der heute nicht mehr existierenden BDSM-Organisation „SM begegnet Hannover" (SMbH) und gründete den Arbeitskreis „SM und Kultur". Bis 1999 trat er als SM-Pantomime in Hannover auf und veröffentlicht unter seinem Pseudonym *Diogenes* erste Satiren in der Kulturzeitung PriSMa, für die er auch verantwortlich gezeichnet hat.

Im Oktober 2000 trat er als erster im Genre BDSM als Theaterkabarettist mit dem Programm *Das tut weh* auf. Es folgten Auftritte im deutschsprachigen Raum, z. B. bei SMart Rhein-Ruhr und Libertine Wien, eine Österreich-Tournee und gemeinsame Veranstaltungen mit anderen Szene-Künstlern wie Leander Sukov. Sein zweites Programm *Niveau?-Los!* hatte am 1. April 2005 Premiere, wurde aber bereits nach zwei Auftritten vom Spielplan genommen. Es taucht nur noch in Auszügen im aktuellen Programm auf.

2003 erschien sein Buch *Satyre*. 2004 trat er in dem Dokumentarfilm *Wir leben ... SM!* von Gerhard Stahl auf, mit dem er 2005 gemeinsam das DVD-Magazin *Tabubruch?* veröffentlichte. 2007 wurde Tütings erste Satireshow *Radiophobie* im BDSM-Radio Schlag-Fertig ausgestrahlt.

Tüting lebt heute in Bruchsal und arbeitet neben seiner künstlerischen Tätigkeit auch als Informatiker und Entwickler. Am 4. Juli 2008 hatte sein neues Programm *Der perfekte Sklave* Premiere.

Werke

- *Satyre. Erzählungen, Gedichte, Satiren, Theaterszenen.* Lustrum, Hannover 2003, ISBN 3-937412-00-X.

Von „http://de.wikipedia.org/wiki/Axel_T%C3%BCting"

BDSM

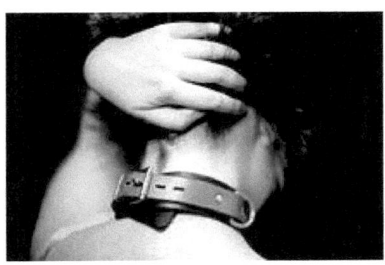

Das Halsband ist neben dem Ring der O ein gebräuchliches Symbol des BDSM

BDSM ist die heute in der Fachliteratur gebräuchliche Sammelbezeichnung für eine Gruppe miteinander verwandter sexueller Vorlieben, die oft unschärfer als Sadomasochismus oder umgangssprachlich auch als SM oder Sado-Maso bezeichnet werden. Weitere mögliche Bezeichnungen für BDSM sind beispielsweise Ledersex oder Kinky Sex.

Der Begriff BDSM, der sich aus den Anfangsbuchstaben der englischen Bezeichnungen „Bondage & Discipline, Dominance & Submission, Sadism & Masochism" zusammensetzt, umschreibt eine sehr vielgestaltige Gruppe von meist sexuellen Verhaltensweisen, die unter anderem mit Dominanz und Unterwerfung, spielerischer Bestrafung sowie Lustschmerz oder Fesselungsspielen in Zusammenhang stehen können.

Grundzüge

Weiche Lederpeitschen („Flogger"), wie sie oft bei BDSM-Spielen verwendet werden

Alle Varianten des BDSM haben gemeinsam, dass sich die Beteiligten freiwillig aus ihrer Gleichberechtigung in ein Machtgefälle begeben. Der devote Partner gibt einen bestimmten Teil seiner Autonomie auf und übergibt sie dem dominanten Partner (Power Exchange). Beide Beteiligten erzielen daraus einen Lustgewinn. Der dominante Partner wird auch Dom oder Top genannt, der devote Partner auch Sub oder Bottom.

BDSM-Handlungen finden während einer festen Zeitspanne meist in Form eines erotischen Rollenspiels statt; ein einzelnes BDSM-Spiel wird Session genannt. Viele der innerhalb von BDSM ausgeübten Praktiken wie Schmerzzufügung, Erniedrigung oder Unterwerfung würden ohne den Zusammenhang zur speziellen sexuellen Vorliebe als unangenehm empfunden werden. Geschlechtsverkehr wie etwa Oral-, Vaginal- oder auch Analverkehr kann innerhalb einer Session vorkommen, ist jedoch nicht essentiell.

Die grundlegende Basis für die Ausübung von BDSM ist, dass es prinzipiell von mündigen Partnern, freiwillig und in gegenseitigem Einverständnis in einem sicheren Maße praktiziert wird. Diese Grundprinzipien werden seit den 1990er Jahren unter der englischen Bezeichnung „safe, sane and consensual", kurz SSC zusammengefasst. Dies bedeutet so viel wie „sicher, mit klarem Verstand und in gegenseitigem Einverständnis". Die Freiwilligkeit, das heißt die Einvernehmlichkeit zwischen den Beteiligten, grenzt BDSM sowohl rechtlich als auch ethisch von Vergehen oder Verbrechen gegen die sexuelle Selbstbestimmung und von Gewaltmissbrauch ab.

Spanking unter Zuhilfenahme eines Paddles in einem Dungeon

Einige Anhänger des BDSM bevorzugen einen etwas anderen Verhaltenskodex mit der englischen Bezeichnung RACK (risk-aware consensual kink), was etwa so viel bedeutet wie „risikobewusstes einvernehmliches sexuelles Handeln"; sie wollen damit die das Risikopotenzial betreffende Eigenverantwortung der beteiligten Partner stärker betonen.

Die Freiwilligkeit als entscheidendes Kriterium gilt aber auch hier. Die Einwilligung zu einem einvernehmlichen sadomasochistischen Geschehen kann nur geben, wer die Folgen seiner Zustimmung hinreichend abschätzen kann. Für seine Entscheidungsfindung muss der Einwilligende ausreichend Informationen und die notwendigen geistigen Fähigkeiten besitzen. Generell muss es dem Einwilligenden freistehen, die Einwilligung jederzeit widerrufen zu können, beispielsweise mit einem vorher vereinbarten Signalwort, einem sogenannten Safeword.

Sicherheit

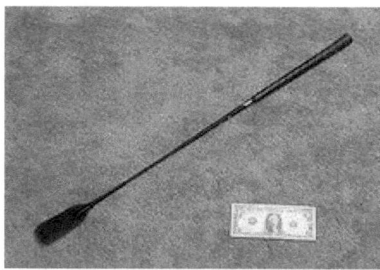

Die Reitgerte wird häufig als eines der klassischen Symbole für Dominanz im Rahmen von BDSM angesehen; ihr sicherer Einsatz erfordert motorisches Können und anatomisches Basiswissen

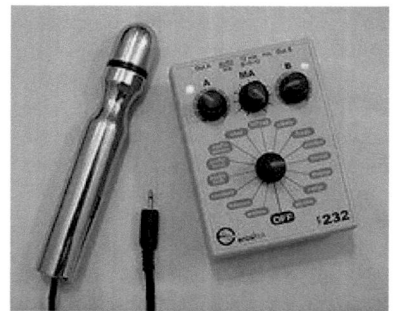

Ein Gerät zur erotischen Elektrostimulation

Neben den allgemeinen Empfehlungen für Safer Sex erfordern BDSM-Sessions im Regelfall wesentlich weitergehende Sicherheitsmaßnahmen als typischer sogenannter „Vanilla-Sex", d. h. als ein Sexualleben ohne BDSM-Elemente.

Damit die Handlungen stets in dem von den Teilnehmern gewünschten Rahmen bleiben, haben sich in der BDSM-Szene eine Reihe von Sicherheitsmaßnahmen und -konventionen etabliert.

Um die unabdingbare Einvernehmlichkeit (Konsensualität) der Praktiken sicherzustellen, wird – besonders zwischen unbekannten Partnern – generell zu einem intensiven Vorgespräch über die Wünsche der Beteiligten und den Verlauf sowie die Grenzen der geplanten Aktivitäten geraten. Entsprechende detaillierte Gespräche sind ein typisches Alleinstellungsmerkmal von BDSM-Sessions und allgemein üblich. Zusätzlich wird in der Regel auch ein Safeword vereinbart, bei dessen Nennung die Handlung zu jeder Zeit unmittelbar abgebrochen werden muss. Für den Fall, dass die Sprachfähigkeit des sich unterwerfenden Partners eingeschränkt wird, sind Augenkontakt oder Handzeichen die einzigen Verständigungsmittel und daher von ganz entscheidender Bedeutung für die Sicherheit der Praktiken. Der effiziente und vertrauensvolle Umgang mit Safewords ist eine der absolut notwendigen Voraussetzungen für BDSM.

Das sehr breite Spektrum unterschiedlichster BDSM-„Spielzeuge" sowie angewandter physischer Manipulations- und Kontrolltechniken macht häufig ein umfangreiches, zur jeweiligen Session passendes Detailwissen aus so unterschiedlichen Gebieten wie Anatomie, Physik oder auch Psychologie notwendig. Praktische Sicherheitsaspekte sind generell von entscheidender Bedeutung. So ist es beispielsweise bei Fesselungen wichtig zu wissen, an welchen Stellen die Gefahr der Quetschung von Gefäßen oder Nerven bzw. die deutlicher Narbenbildung besteht. Beim Einsatz von Gerten oder Peitschen kann das motorische Können und das anatomische Wissen den Unterschied zwischen einer befriedigenden Session, äußerst unangenehmen Erfahrungen und schweren körperlichen Schäden ausmachen. Um einen psychischen Absturz des Bottoms frühzeitig zu erkennen und nach Möglichkeit zu vermeiden bzw. um ihn nach einem solchen Absturz „aufzufangen", ist es wichtig, dessen Reaktionen einfühlsam zu verfolgen und entsprechend zu reagieren.

Teilaspekte

Vollfäustlinge werden im Rahmen von Bondage zur Fixierung der Hände verwendet

Das mehrschichtige Akronym BDSM steht für mehrere unter diesem Oberbegriff zusammengefasste physische und psychische Teilaspekte:
- *B & D Bondage and Discipline* (Fesselung und Disziplinierung)
- *D & S Dominance and Submission* (Beherrschung und Unterwerfung)
- *S & M Sadism and Masochism* (Sadismus und Masochismus)

Dieses Modell zur Differenzierung dreier Aspekte des BDSM ist heute in der Literatur zunehmend gebräuchlich, stellt aber lediglich den Versuch einer phänomenologischen Trennung dar. In der individuellen Ausprägung sexueller Vorlieben überschneiden sich die hier getrennten Aspekte häufig.

Bondage/Discipline

Bondage und Discipline sind zwei Aspekte des BDSM, die nicht zwingend miteinander zu tun haben, jedoch auch gemeinsam vorkommen.

Bondage

Neben Hand- finden auch Daumenschellen im Rahmen von Bondage Verwendung

→ *Hauptartikel: Bondage*
Der englische Begriff Bondage (Fesselung) bezeichnet Praktiken der Fesselung zur Erregung und Steigerung sexueller Lust. Bondage ist eine sehr beliebte Spielart aus dem großen Variationsbereich von BDSM, wird von diesem teilweise aber auch abgegrenzt. Studien in den USA kamen zum Ergebnis, dass etwa die Hälfte aller Männer und viele Frauen Bondagespiele für erotisch halten.

Beim Bondage wird der Partner durch das Zusammenbinden der Gliedmaßen, beispielsweise durch die Verwendung von Handschellen oder Seilen und/oder durch Festbinden an Gegenständen gefesselt. Auch das Spreizen der Gliedmaßen kann durch Bondage erreicht werden, beispielsweise durch Fesseln an ein Andreaskreuz, Strappado oder Spreizstangen.

Discipline

Unter Discipline versteht man im Bereich des BDSM die Disziplinierung des Partners durch Schläge mit der Hand oder „Züchtigungsinstrumenten", aus deren Ausübung oder Empfang der erotische Lustgewinn der Beteiligten entspringt. Hierbei kann die Intensität der Schläge stark variieren. Eine Verschmelzung mit Praktiken aus dem Bereich von Bondage ist häufig, aber nicht zwingend und die Abgrenzung zu rein schmerzbetontem BDSM manchmal schwierig. Neben Schlägen kommen gelegentlich auch andere Arten von Körperstrafen zum Einsatz, beispielsweise beim Figging. Häufig wird der Begriff Discipline auch fälschlich gebraucht, um Erziehungsspiele aus dem Bereich Dominance and Submission zu beschreiben.

Dominance and Submission

Strappado mit Handschellen und Ketten; Praktik mit einem deutlichen Immobilisierungs- und Schmerzeffekt

Das Begriffspaar Dominance und Submission kommt aus dem Englischen und bedeutet Herrschaft und Dominanz sowie Unterwerfung und Unterordnung. Man bezeichnet damit ein ungleiches Machtverhältnis zwischen Partnern, das bewusst angenommen und angestrebt wird. Dominance and Submission benennt somit eher die psychische Komponente des BDSM. Obwohl dies auch in vielen Partnerschaften der Fall ist, die sich selbst nicht als sadomasochistisch auffassen, gilt es bewusst gelebt als Teilbereich des BDSM. Die Variationsbreite der individuellen Ausprägungen ist dabei groß.

Speziell psychisch orientierte Praktiken sind z. B. Erziehungsspiele, bei denen der dominante dem devoten Partner bestimmte Verhaltensweisen abverlangt. Sonderformen sind hierbei erotische Rollenspiele wie beispielsweise das Ageplay – bei dem ein gespielter Altersunterschied als Hintergrund fungiert – oder das Petplay. Die gezielt eingesetzte sexuelle Zurückweisung des Partners kann ebenfalls Teil von Dominance and Submission sein (siehe auch Cuckold). Die bekannteste und wohl klischeebehaftetste Form von Dominance and Submission ist die von „Herrschaft und Sklaventum". Diese kann für die kurze Dauer eines „Spiels" unter ansonsten gleichberechtigten Partnern umgesetzt, aber auch permanent in den Alltag integriert werden („24/7") und reicht bei wenigen Partnerschaften bis hin zur völligen Unterwerfung eines Partners im Sinne des Total Power Exchange. Ausgleichende Elemente für Beherrschung und Unterwerfung sind dabei Fürsorge und Hingabe, die sich jeweils ergänzen und so stabile Beziehungen ermöglichen.

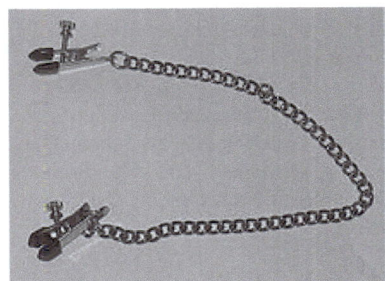

Kette mit justierbaren Brustklammern

Die Unterwerfung des Sub wird von diesem manchmal durch Symbole wie ein besitzanzeigendes Halsband, besondere Tätowierungen, Intimschmuck oder sehr kurzgeschnittene Haare oder Glatzen nach außen hin demonstriert. Vereinzelt wird in längeren Beziehungen das Machtverhältnis in sogenannten „Sklavenverträgen" schriftlich fixiert. Diese symbolische Handlung soll die innige Verbundenheit der Partner und ihre gemeinsamen Vorstellungen „verbindlich" festhalten. Rechtlich sind diese „Sklavenverträge" in keiner Weise verbindlich, da sie nach allgemeiner Auffassung zum Beispiel gegen die guten Sitten verstoßen und aufgrund dessen nach § 138 BGB nichtig sind. In der Vergangenheit führte die Existenz derartiger Schriftstücke in verschiedenen Zusammenhängen immer wieder zu drastischen Schlagzeilen in der Boulevardpresse, da in ihnen das Innenverhältnis und vereinbarte Praktiken sehr detailliert aufgeführt werden. Bei uninformierten Dritten führen derartige aus ihrem ursprünglichen Zusammenhang gelöste Informationen regelmäßig zu starker Ablehnung und einer Verurteilung der dem Schriftstück zugrundeliegenden Beziehung.

Sadomasochismus

Mit Sadomasochismus wird oft – im Gegensatz zu Dominance and Submission – die eher physische Seite von BDSM bezeichnet. Konkret sind hier alle Praktiken einzuordnen, deren Zweck das Zufügen oder Empfinden von Schmerzen ist.

Discipline weist sadomasochistische Züge auf. Im Gegensatz zu Discipline spielen Schläge bei Sadomasochisten aber eine eher untergeordnete Rolle, und es gibt eine Vielzahl anderer Praktiken, die verwendet werden, um Schmerzen zu erzeugen. Sadomasochismus wird vergleichsweise selten eigenständig praktiziert; eine Vermischung mit anderen Aspekten des BDSM ist häufig.

Physische Aspekte

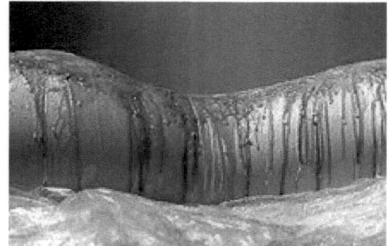

Ein mit verschiedenfarbigen Wachsen bedeckter Rücken

Betrachtet man BDSM auf einer rein körperlichen Ebene, lässt sich feststellen, dass es teilweise mit der gezielten Zufügung von physischen Schmerzen und anderen intensiven Sinneseindrücken verbunden ist. Die hierdurch freigesetzten Endorphine werden in ihren Auswirkungen von BDSM-Anhängern häufig mit dem sogenannten Runner's High oder den Nachwirkungen eines Orgasmus verglichen. Dieser Zustand wird teilweise auch als tranceähnlicher Subspace bezeichnet und wiederholt als sehr angenehm geschildert. Diese Erfahrung von Lustschmerz ist eine wichtige, aber nicht die einzige Motivation für viele BDSM-Praktizierende. Es gibt Personen, die an Sessions teilnehmen, aus denen sie selbst keinerlei (körperliche) Befriedigung ziehen. Sie begeben sich ausschließlich in solche Situationen, um ihrem Partner eine Gelegenheit zu bieten, seine eigenen Bedürfnisse und/oder Fetische auszuleben.

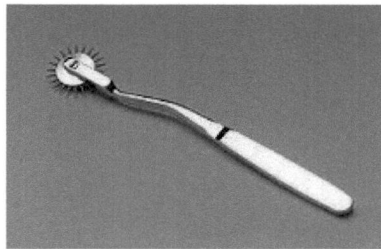

Ein typisches zur Nervenreizung verwendetes Wartenbergrad

In einigen Varianten des BDSM-Spiels setzt der Top den Bottom unterschiedlichsten Sinneseindrücken aus, indem er ihn beispielsweise kneift, beißt, mit Fingernägeln kratzt, ihm „den Hintern versohlt" oder so unterschiedliche Instrumente wie Gerten, Peitschen, flüssiges Wachs, Eiswürfel, Wartenberggräder, EMS oder ähnliches an ihm benutzt. Die Fixierung durch Handschellen, Seile, Ketten oder auch Vakuumbetten wird ebenfalls häufig eingesetzt, und Alltagsgegenstände wie Wäscheklammern, Kochlöffel oder Stretchfolien werden auch genutzt.

Beziehungsarten

Spielbeziehungen

BDSM-typische, „Sling" genannte Schaukel

Viele Anhänger des BDSM betrachten die Ausübung von BDSM in ihrem Sexualleben als erotisches Rollenspiel und sprechen in diesem Zusammenhang daher auch von „Spiel" und „spielen". Die Durchführung eines solchen Spieles wird als „Session" bezeichnet.

Analog dazu spricht man auch von „Spielbeziehungen" und meint damit zweierlei: Zum einen bezeichnet man mit diesem Begriff gewöhnliche gleichberechtigte Partnerschaften, in denen BDSM Teil oder Vorspiel der Sexualität ist. Bestehen mehrere Partnerschaften mit intensiven emotionalen Bindungen über eine längere Zeit hinweg, so kann eine Überschneidung mit der Praxis von Polyamory bestehen. Es können mit dem Begriff Spielbeziehungen aber auch Partnerschaften gemeint sein, die ausschließlich gelegentliches gemeinsames Ausleben bestimmter sexueller Fantasien zum Ziel haben und in denen sonst kein weiteres partnerschaftliches Verhältnis besteht.

Weitverbreitete Rollenmodelle

Tops und Bottoms

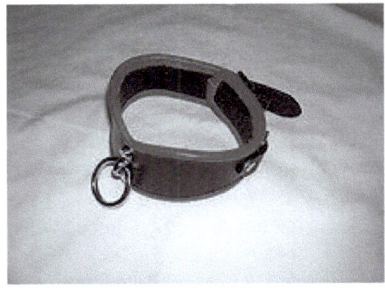

Vorderansicht eines typischen Halsbandes; diese werden häufig von Subs getragen und dienen als Symbol der Unterwerfung

Im BDSM nennt man den Partner „Top" oder häufiger „Dom", der die aktive, d. h. kontrollierende Rolle in einer meist durch die Ausübung von Schmerz, Erniedrigung oder Unterwerfung geprägten Session hat. Der als „Bottom" oder häufiger als „Sub" bezeichnete Partner setzt sich für die Dauer der Session freiwillig solchen Handlungen aus und ist der sogenannte passive Teil.

Switcher

Demonstration mehrerer Shibari-Bondages auf der aus der Lederbewegung hervorgegangenen Folsom Street Fair 2003, San Francisco

Einige BDSM-Anhänger switchen, das bedeutet, sie spielen sowohl die dominante als auch die devote Rolle. Sie praktizieren dies entweder innerhalb einer einzigen Session oder nehmen diese unterschiedlichen Rollen in unterschiedlichen Sessions mit demselben oder mit unterschiedlichen Partnern ein.

Außererotischer BDSM

Im Gegensatz zu solchen Spielbeziehungen stehen partnerschaftliche Beziehungen, die auch über den erotischen Bereich hinaus klar von Vorstellungen aus dem Bereich BDSM bestimmt sind. Die beteiligten Partner pflegen dabei auch in ihrem täglichen Leben ein entsprechendes Machtverhältnis zueinander und machen Aspekte des BDSM gemeinsam zu ihrem Lebensstil – womit man BDSM nicht mehr als rein sexuelles Phänomen bezeichnen kann. Man spricht hierbei von „24/7-Beziehungen", hergeleitet von 24 Stunden täglich an 7 Tagen in der Woche.

Professionelle Dienstleistungen

Domina mit Peitsche in einem Studio

Eine Domina bietet sexuelle Dienstleistungen aus dem Bereich BDSM entgeltlich an. Viele Dominas verstehen sich dennoch nicht als Prostituierte, da es im Regelfall nicht zum Geschlechtsverkehr zwischen Domina und Kunden kommt. Die männliche Entsprechung der Domina, vorwiegend im Umfeld männlicher Homosexueller, heißt Sado. Weitaus seltener können auch die Dienste einer professionellen „Sklavin" oder „Zofe" in Anspruch genommen werden. Beide dulden teilweise auch Geschlechtsverkehr.

Im nichtkommerziellen BDSM-Bereich ist der Begriff Domina unüblich. Eine Frau mit dominanten Neigungen wird als Femdom, umgangssprachlich meistens als „Domse" oder „Domme" bezeichnet.

Australische Wissenschaftler stellten fest, dass mit der Legalisierung der Prostitution in ihrem Land der Anteil BDSM-bezogener Dienstleistungen gestiegen sei.

Szene, Subkultur und Öffentlichkeit

Demonstration einer teilweisen Hängebondage

Es existiert eine BDSM-Szene, in der sich gleichgesinnte Menschen über BDSM-relevante Themen und Probleme austauschen können. Diese Szene hat den Charakter einer Subkultur, weil BDSM von der Öffentlichkeit und den Medien noch immer meist als „bizarr", „pervers" oder „krank" betrachtet wird. Da sie Unverständnis und Ausgrenzung fürchten, verbergen viele Menschen ihre Neigung vor der Gesellschaft.

Diese Szene zeigt sich vor allem im Internet in Communitys wie Sklavenzentrale, in Szenemedien wie Zeitschriften und auf Veranstaltungen wie SM-Partys, Stammtischen und Erotikmessen. Mit der jährlich in Berlin stattfindenden *Folsom-Europe-Parade* gibt es in Deutschland eine aus der Leder-Subkultur hervorgegangene Veranstaltung, die BDSM im Rahmen öffentlicher Straßenveranstaltungen thematisiert. Auch bei den zahlreichen CSD-Paraden ist die Szene mit Gruppen vertreten.

BDSM-praktizierende Menschen nennen sich „BDSMler", „SMler" bzw. „SMer" oder „Sadomasochisten". Zur Unterscheidung von dominanten und devoten Personen werden vor allem im Internet die Namen (Pseudonyme, Nicknames) häufig in großen (dominant) und kleinen (submissiv) Anfangsbuchstaben geschrieben.

Symbole

Ring der O als *Fingerring*

BDSM- und Fetisch-Motive haben sich im Alltagsleben der westlichen Gesellschaften durch so unterschiedliche Faktoren wie avantgardistische Mode, Rap, Hip-Hop, Heavy Metal, Science-Fiction-Fernsehserien und Spielfilme immer weiter ausgebreitet und werden von vielen Menschen bereits nicht mehr bewusst mit ihren BDSM-Wurzeln in Verbindung gebracht. Die Verwendung von Intimpiercings ist mittlerweile, nachdem sie noch in den 1980er Jahren überwiegend auf die Punk- und BDSM-Szene beschränkt war, ebenfalls nicht mehr rein szenetypisch, sondern in weiten Bevölkerungskreisen verbreitet.

Die Leather-Pride-Flagge ist ein Symbol, das neben der Lederbewegung auch immer häufiger für die BDSM-Szene steht. Das im angelsächsischen Raum verbreitete Triskelion namens BDSM-Emblem ist in den deutschsprachigen Ländern eher selten anzutreffen. Der sogenannte Ring der O findet sich auch in der Gothic-Szene und als Modeschmuck wieder.

Vorurteile

Es existieren zahlreiche Vorurteile, Klischees und Stereotypen bezüglich BDSM in der Öffentlichkeit. Keine Seltenheit sind Missverständnisse, die daraus resultieren, dass „Vanillas" nicht wie BDSMler zwischen dem wirklichen Leben und dem Praktizieren von BDSM unterscheiden. So gehen manche davon aus, dass Submissive im BDSM auch im sonstigen Leben gerne Schmerz und Erniedrigung erfahren würden, und dass Dominante im Alltagsleben auch wie im BDSM dominant seien. Umgekehrt behauptet ein anderer Mythos, Submissive und Dominante würden im BDSM genau das Gegenteil ihres echten Lebens praktizieren – so seien die Kunden von Dominas meist erfolgreiche Geschäftsmänner. Beide Positionen sind jedoch einseitig. Zwischen der Stellung im Alltag und im BDSM-Spiel kann, muss aber kein Zusammenhang bestehen.

Vorführung eines männlichen Bottoms in Zentai, Harnisch und Ketten auf dem *CSD*, Köln 2006

Aus der BDSM-Praxis kennen viele Personen vor allem das Erkaufen sadomasochistischer Dienstleistungen von Dominas durch männliche Kunden, hieraus entspringen ebenfalls viele Klischees. Ein weiteres verbreitetes Klischee geht davon aus, dass innerhalb des BDSM Frauen grundsätzlich den Mann dominieren, was jedoch nicht zwingend der Fall ist; ebenso wird BDSM häufig auf körperlichen Schmerz meist grober Natur reduziert, ohne den vielen unterschiedlichen Spielweisen gerecht zu werden, die auf anderen Effekten beruhen. Neben dem Klischee der peitscheschwingenden Domina stellt der in Leder gekleidete Sadomasochist ein ebenfalls weitverbreitetes Rollenklischee dar.

Während es immer wieder zu Überschneidungen mit unterschiedlichsten Formen des Fetischismus kommen kann, besteht entgegen landläufiger Meinung kein zwangsläufiger Zusammenhang zwischen BDSM und Fetischen wie zum Beispiel Latex, Lack und Leder. Das häufige Vorkommen derartiger Kleidungsstücke lässt sich teilweise mit der Funktion als quasi-formalisierter Dresscode erklären. Die relative Offenheit gegenüber alternativen sexuellen Lebensstilen führt dazu, dass Fetischismus im Umfeld von BDSM häufig wesentlich offener ausgelebt wird als in anderen gesellschaftlichen Zusammenhängen.

Ein weiteres weitverbreitetes Vorurteil ergibt sich daraus, dass man im BDSM nur die Ausübung körperlicher und geistiger Gewalt sieht, während eine tiefe emotionale Verbundenheit zwischen den beteiligten Partnern für viele Außenstehende angesichts ihnen vordergründig als bloße Gewalt erscheinender Handlungen zunächst nicht vorstellbar erscheint.

Da der Begriff BDSM mehrere, in ihren möglichen Ausprägungen zum Teil sehr unterschiedliche Teilaspekte umfasst und diese bei Einzelnen in sehr verschiedenen Schwerpunkten vorkommen, ist das Spektrum der auftretenden Interessen und Persönlichkeiten sehr groß und ausgesprochen uneinheitlich. Aufgrund mangelnder Informationen in der Gesamtbevölkerung führt dies, zusammen mit weitverbreiteten Vorurteilen, häufig dazu, dass Handlungen und Aussagen einzelner BDSM-Praktizierender zugleich allen anderen zugeschrieben werden.

Dass das Bekanntwerden privaten Engagements in diesem Bereich noch immer zu erheblichen beruflichen Problemen führen kann, zeigt exemplarisch der Fall des UN-Waffeninspekteurs Jack McGeorge aus dem Jahre 2003.

Coming-out

→ *Hauptartikel: Coming-out*

An einer Kette befestigtes Bondagearmband aus Leder und Stahl

Bei einigen Personen, die sich von durch den Begriff BDSM umschriebenen Situationen angezogen fühlen, kommt es im Laufe ihres Lebens zum so genannten Coming-out. Während sich Homosexuelle auch in der Öffentlichkeit zunehmend zu ihrer sexuellen Ausrichtung bekennen, halten sich Sadomasochisten noch immer vergleichsweise bedeckt. Obwohl je nach Erhebungsbasis etwa 5 bis 25 Prozent der US-amerikanischen Bevölkerung entsprechende Neigungen aufweisen, sind abgesehen von einigen Künstlern so gut wie keine Prominenten als Sadomasochisten bekannt. Ein entsprechendes Bekanntwerden der eigenen Neigungen kann für Sadomasochisten noch immer verheerende berufliche und gesellschaftliche Auswirkungen haben (Persona non grata). Die Ursache hierzu sehen einige Autoren in einer Mischung aus mangelnder Aufklärung der Öffentlichkeit, reißerischer Berichterstattung in den Medien und der massiven Kritik seitens einiger Feministinnen, deren Aufrufe zu Gesetzesverschärfungen Anhänger von BDSM beispielsweise in der Schweiz an den Rand der Legalität drängen. Innerhalb feministischer Kreise lässt sich die Auseinandersetzung zwischen *sadophoben* und solchen Feministinnen mit einer BDSM gegenüber neutralen bis positiven Grundhaltung bis in die 1970er Jahre zurückverfolgen (dazu Samois). Auch Beispiele wie der Spanner Case in Großbritannien zeigen, dass eine Stigmatisierung der Betroffenen als Illegale möglich ist. Hier ist ein wichtiger Unterschied zu der nur ansatzweise vergleichbaren Situation Homosexueller zu sehen. Der im Einzelfall entstehende Leidensdruck wird in der Regel öffentlich weder thematisiert noch zur Kenntnis genommen, führt jedoch oft zu einer schwierigen psychologischen Situation, in der die Betroffenen einem hohen emotionalen Stress ausgesetzt sind. Die erste Phase des „Sich-bewusst-Werdens" oder das „Sich-Selbst-Eingestehens" stellt die Erkenntnis oder aber auch die Entscheidung dar, dass man für BDSM-Szenarien offen ist, bzw. entsprechende Bedürfnisse klar für sich selbst einordnen kann. Sie wird auch als inneres Coming-out bezeichnet. Bei zwei dazu durchgeführten Befragungen kamen die Autoren unabhängig voneinander zu dem Ergebnis, dass sich 58 % bzw. 67 % der Gesamtstichprobe bis zum 19. Lebensjahr über ihre Veranlagung bewusst geworden waren. Andere Befragungen kommen zu ähnlichen Ergebnissen.

Zwei mit Klebeband geknebelte und mit Handschellen an Gitterstäbe gefesselte Bottoms

Unabhängig vom Alter kann das Coming-out manchmal in eine Lebenskrise führen, die sich bis hin zu Selbsttötungsabsichten oder realisierter Selbsttötung steigern kann. Im Gegensatz zu den durch Homosexuelle in jahrzehntelanger Arbeit aufgebauten Netzwerken existiert ein rein sadomasochistisches Beratungsnetz in Deutschland erst in Ansätzen. Hier spielt das Internet als erste Anlaufstelle eine wichtige Rolle zur Vernetzung der Beteiligten, wie auch die Situation in den USA zeigt. Die dortige Organisation *Kink Aware Professionals* (KAP) bietet hilfesuchenden BDSM-Anhängern die Möglichkeit, Kontakte zu Ärzten, Psychologen und Juristen zu finden, die mit den Besonderheiten der Thematik vertraut sind und dem Thema offen gegenüberstehen.

Auch in Deutschland finden sich mittlerweile erste entsprechende Vernetzungen, beispielsweise über die Initiative des BDSM Berlin. Auch die von SMart Rhein-Ruhr und maydaySM e. V. angebotenen BDSM-Notfalltelefone bietet Menschen, die im Zusammenhang mit BDSM in Not geraten sind, erste Hilfestellung und Beratung. Jugendlichen, die sich für die Thematik BDSM interessieren, steht in vielen deutschen Städten die auf Jugendarbeit spezialisierte Gruppe SMJG als Ansprechpartner zur Verfügung.

Nachdem sich in den USA und in Großbritannien mit der *National Coalition for Sexual Freedom (NCSF)* bzw. der *Sexual Freedom Coalition (SFC)* erste Interessenvertretungen gebildet haben, die es sich zur Aufgabe machen, proaktive Öffentlichkeitsarbeit zum Thema BDSM zu betreiben, zeichnet sich eine ähnliche Entwicklung auch im deutschsprachigen Raum ab. Hierbei treten nach außen hin häufig die größeren regionalen Vereine wie BDSM Berlin und SMart Rhein-Ruhr, aber auch die 2003 gegründete Bundesvereinigung Sadomasochismus e.V. mit der Entwicklung von Informationsmaterial und Pressearbeit in Erscheinung. Mit der seit 1996 betriebenen Website und Mailingliste Datenschlag entstand im Internet die weltweit größte Bibliografie sowie eine der ausführlichsten historischen Quellensammlungen zum Thema BDSM.

SM-Partys und -Clubs

BDSM-Szene, junge Frau am Andreaskreuz

SM-Partys sind Veranstaltungen, auf denen sich BDSM-Anhänger und Interessierte treffen, um zu kommunizieren, Erfahrungen und Erlebnisse auszutauschen und zu „spielen". Die Partys ähneln oft denen der Schwarzen Szene mit mehr oder minder striktem Dress-Code; in der Regel ist das frivole Kleidung bzw. Teilbekleidung aus Lack (Vinyl, PVC), Leder, Latex, Lycra o. Ä., die deutlich körperbetonend wirkt bzw. die primären oder sekundären Geschlechtsmerkmale besonders hervorhebt. Ziel solcher Dresscodes ist es, eine erotisierende Stimmung zu erzeugen und Spanner fernzuhalten. BDSM wird auf diesen Partys öffentlich, beispielsweise auf einer Bühne, oder mehr oder weniger privat in Separees ausgelebt. Geschlechtsverkehr steht hierbei nicht im Mittelpunkt der Aktivitäten. Ein Grund für die relativ große Verbreitung dieser Art von Veranstaltungen ist das dortige Vorhandensein von „Spielgeräten", denen in den meisten Wohnungen kein Platz eingeräumt wird, wie beispielsweise Slings, Andreaskreuze, Strafböcke oder Käfige. Weiterhin besteht im Allgemeinen an diesen Orten auch nicht das Problem einer Lärmbelästigung, wodurch im privaten Rahmen viele BDSM-Aktivitäten eingeschränkt werden können. Solche Partys bieten außerdem sowohl Exhibitionisten als auch Voyeuren ein Forum, ihre Neigung ohne soziale Ablehnung auszuleben. BDSM-Partys gibt es mittlerweile in jeder größeren Stadt.

In einigen Städten existieren spezielle BDSM-Clubs mit einem mehr oder weniger regelmäßigen Programm, in dem sich Themen-Partys mit themenfreien „Spielabenden" abwechseln, analog zum Geschäftsbetrieb herkömmlicher Diskotheken. Die soziale Kontrolle auf diesen Partys bzw. in den Clubs ist jedoch in der Regel weitaus höher als in einer normalen Diskothek. Auf Konsensualität bei öffentlichen SM-Spielen wird strikt geachtet.

Neben kommerziellen Veranstaltungen gibt es auch privat organisierte bzw. nicht oder nur mäßig gewinnorientierte Partys, die von BDSM-Gruppen und Einzelpersonen organisiert werden. Minderjährige haben weder zu Partys noch in Clubs Zutritt.

Empirie und Psychologie

Vorkommen

BDSM-Aktivisten auf der Taiwan Pride 2005, Taipeh

BDSM wird von allen Schichten der Gesellschaft praktiziert und kommt sowohl bei heterosexuellen als auch bei homosexuellen Männern, Frauen und Transgendern in unterschiedlichsten Ausprägungen und Intensitäten vor. Zur generellen Rolle von Frauen in der sadomasochistischen Subkultur gibt es ausführliche Darstellungen in der einschlägigen Literatur. Diese reichen von „Fesselspielchen" szenefremder Paare im heimischen Schlafzimmer, die sich selbst mit dem Begriff BDSM nicht bewusst in Verbindung bringen, bis hin zu öffentlich inszenierten „Klinikspielen" und Vorführungen auf Partys und öffentlichen Großveranstaltungen, wie beispielsweise auf den international in mehreren Großstädten stattfindenden Folsom-Paraden.

Der Frauenanteil liegt merklich höher als bei den meisten anderen ehemals als Paraphilie eingeordneten Verhaltensweisen. Die Schätzungen über den Anteil sexueller Vorlieben aus dem Bereich BDSM in der Bevölkerung reichen von fünf bis 25 Prozent, je nach der Art der Fragestellung. Eine 1997 veröffentlichte nicht-repräsentative Untersuchung auf Fragebogenbasis über die sexuellen Gewohnheiten US-amerikanischer Studierender kam bei einer Antwortquote von knapp 8,9 Prozent zu dem Ergebnis, dass 15 Prozent der bekennenden homosexuellen Studenten, 21 Prozent der bekennenden lesbischen und bekennenden bisexuellen Studentinnen, elf Prozent der heterosexuellen Studenten und neun Prozent der heterosexuellen Studentinnen BDSM-Phantasien angaben. Praktische Erfahrungen mit BDSM gaben in allen Gruppen um die sechs Prozent der Befragten an. In der Gruppe der bekennenden bisexuellen und bekennenden lesbischen Frauen lag die Quote mit 21 Prozent erheblich höher. Unabhängig von ihrer sexuellen Orientierung waren unter den Befragten etwa zwölf Prozent aller befragten Studenten, 16 Prozent der bekennenden bisexuellen und bekennenden lesbischen Studentinnen und acht Prozent der heterosexuellen Studentinnen an Spanking interessiert. Erfahrung mit dieser sexuellen Praktik gaben 30 Prozent der heterosexuellen Männer, 33 Prozent der bekennenden bisexuellen und bekennenden lesbischen Frauen, sowie 24 Prozent der bekennenden schwulen und bekennenden bisexuellen Männer und der heterosexuellen Frauen an. Auch wenn diese Studie mit einer Erhebungsbasis von 1752 antwortenden von 20.000 befragten US-amerikanischen, zielgruppenspezifischen Teilnehmern keinen Anspruch auf Repräsentativität erheben kann, weisen auch andere Untersuchungen auf ähnliche Größenordnungen in verschiedenen befragten Gruppen hin.

In einer 1999 veröffentlichten, repräsentativen Untersuchung des Instituts für rationale Psychologie gaben rund zwei Drittel der interviewten Frauen an, ihrem Sexualpartner hin und wieder ausgeliefert sein zu wollen, 69 Prozent bejahten Phantasien, die sexuelle Unterwerfung zum Inhalt hatten, 42 Prozent gaben Interesse an expliziten BDSM-Praktiken an, 25 Prozent an Bondage. Durch eine gesteigerte Medienberichterstattung seit ungefähr Mitte der 1990er Jahre sind einige Elemente des BDSM popularisiert worden. So finden sich sowohl schwarze Lederbekleidung als auch sexuelle Spiele wie Fesseln und Dominanz-Rollenspiele zunehmend auch außerhalb von BDSM-Bezügen wieder. Laut einer Befragung von 317. 000 Personen in 41 Ländern verwendeten rund 20 Prozent der weltweit Befragten bereits einmal Masken, Augenbinden oder sonstige Bondage-Utensilien, fünf Prozent bekannten sich ausdrücklich zu Sadomasochismus, im Jahr zuvor bekannten sich weltweit 19 Prozent der Befragten zu praktiziertem Spanking und 22 Prozent zum Gebrauch von Augenbinden und/oder Handschellen. Einige BDSM-Accessoires wie den „Ring der O" kann man mittlerweile auch in den Schmuckkollektionen bekannter internationaler Designer wie Calvin Klein finden.

Psychologische Einordnung

Aufblasbare Knebel lassen sich individuell anpassen.

Früher wurden viele der innerhalb von BDSM gelebten Praktiken generell dem Sadismus oder dem Masochismus zugerechnet und im Sinne einer Triebstörung seitens der Psychiatrie als krankhaft eingeschätzt. So gilt Sadomasochismus nach ICD-10 als „Störung der Sexualpräferenz" (Schlüssel F65.5), die dort wie folgt beschrieben wird: „*Es werden sexuelle Aktivitäten mit Zufügung von Schmerzen, Erniedrigung oder Fesseln bevorzugt. Wenn die betroffene Person diese Art der Stimulation erleidet, handelt es sich um Masochismus; wenn sie sie jemand anderem zufügt, um Sadismus. Oft empfindet die betroffene Person sowohl bei masochistischen als auch sadistischen Aktivitäten sexuelle Erregung.*"

Erst mit dem Erscheinen des DSM IV im Jahr 1994 wurden Diagnosekriterien veröffentlicht, nach denen BDSM eindeutig nicht mehr als Störung der Sexualpräferenz angesehen wird. Die Diagnose Sadismus oder Masochismus darf demnach hinsichtlich der sexuell motivierten Ausprägung dieser Störungen nur noch gestellt werden, wenn der Betroffene anders als durch die Ausübung sadistischer oder masochistischer Praktiken keine sexuelle Befriedigung erlangen kann, oder seine eigene sadistisch oder masochistisch geprägte Sexualpräferenz selbst ablehnt und sich in seinen Lebensumständen eingeschränkt fühlt oder anderweitig darunter leidet. Eine Überlagerung von sexuellen Präferenzstörungen und der Ausübung von BDSM-Praktiken kommt jedoch vor.

Am 24. April 1995 entfernte Dänemark als erster Mitgliedsstaat der Europäischen Union Sadomasochismus vollkommen aus seinem nationalen Klassifikationssystem für Krankheitsbilder, im Januar 2009 folgte Schweden.

Neuere Untersuchungen zum Thema Verbreitung von BDSM-Phantasien und -Praktiken schwanken erheblich in der Bandbreite ihrer Ergebnisse. Zusammenfassend lässt sich jedoch feststellen, dass die überwiegende Mehrheit der Autoren davon ausgeht, dass zwischen fünf und 25 Prozent der Bevölkerung regelmäßig Sexualpraktiken ausübt, die mit der Lust an Schmerzen, bzw. mit Macht und Ohnmacht in Verbindung stehen. Der Bevölkerungsanteil mit entsprechenden Phantasien wird sogar regelmäßig höher beziffert.

Bottom mit aufblasbarem Knebel, Halsband, Ketten und Handschellen

Es existieren nur wenige Studien, die psychologische Aspekte des Themas BDSM unter Berücksichtigung moderner wissenschaftlicher Standards betrachten. Eine zentrale Untersuchung zu dem Thema stammt von dem US-amerikanischen Sexualwissenschaftler Charles Moser und wurde 1988 im *Journal of*

Social Work and Human Sexuality veröffentlicht. Er kommt zu dem Schluss, dass es generell an Daten über die psychischen Probleme von BDSM-Anhängern fehlt, sich aber dennoch einige grundsätzliche Tatsachen herauskristallisieren. Er betont, dass es keinerlei Anzeichen dafür gibt, dass BDSM-Anhänger gemeinsame Symptome oder irgendeine gemeinsame Psychopathologie haben und auch aus der klinischen Literatur kein konsistentes Bild von BDSM-Anhängern hervorgegangen ist. Moser weist darauf hin, dass nicht nachgewiesen werden kann, dass BDSM-Anhänger überhaupt irgendwelche besonderen psychiatrischen oder gar auf ihren Vorlieben beruhenden, spezifisch nur bei ihnen auftretende Probleme haben, die im direkten Zusammenhang mit ihrer Orientierung stehen.

Eine Untersuchung aus dem Jahr 2008 bestätigte allerdings einen Zusammenhang zwischen dem Persönlichkeitsmerkmal Experience Seeking (Bedürfnis nach neuen und starken Reizen) und tatsächlich praktiziertem BDSM.

Probleme treten teilweise in Bezug auf die Einordnung der eigenen Neigungen durch die Betroffenen auf. So ist die Frage nach der eigenen „Normalität" gerade in der Phase des eigenen Coming-Out (siehe auch dort) häufig. Gerade in Beziehungen mit „Vanillas" kann das Entdecken entsprechender Neigungen nach Moser die Furcht vor einer Zerstörung der aktuellen Beziehung nach sich ziehen. Dies, zusammen mit der Furcht vor Diskriminierung im Alltag, führt bei einigen BDSM-Anhängern zu einem teilweise sehr belastenden Doppelleben. Zugleich kann das Verleugnen von BDSM-Neigungen jedoch auch zu Stress und Unzufriedenheit mit dem sogenannten „Vanilla"-Lebensstil führen und erweckt bei einigen Betroffenen die Befürchtung, keinen Partner zu finden. Hierzu stellt Moser fest, dass BDSM-Anhänger, die Probleme beklagen, BDSM-Partner zu finden, zumeist auch Probleme haben, Nicht-BDSM-Partner zu finden. Der Wunsch, die entsprechenden Neigungen abzulegen, ist ein weiterer möglicher Grund für psychische Probleme der Betroffenen, da dies in der Regel nicht möglich ist. Der Wissenschaftler stellt in seiner Arbeit abschließend fest, dass BDSM-Anhänger nur selten Gewalttaten begehen. Aus seiner Sicht steht die eventuelle Beteiligung von BDSM-Anhängern an gewaltsamen Handlungen meist in keinem Zusammenhang mit der in ihrem Leben vorhandenen BDSM-Komponente.

Moser kommt in seiner Arbeit zusammenfassend zu dem Schluss, dass keinerlei wissenschaftliche Grundlage existiert, die es begründen könnte, Personen dieser Gruppe Arbeits- oder Sicherheitsbescheinigungen, Adoptionsmöglichkeiten, Sorgerechte oder andere gesellschaftliche Rechte oder Privilegien zu verwehren. Auch der Schweizer Psychoanalytiker Fritz Morgenthaler stellte in seiner Abhandlung *Homosexualität – Heterosexualität – Perversion* (1984) fest, dass eventuelle Probleme nicht notwendigerweise aus der normabweichenden Neigung, sondern in der Regel primär aus der tatsächlichen oder zu Recht befürchteten Reaktion der Umwelt auf die Neigung resultieren. Eine australische Umfragestudie mit über 19.000 eingereichten Antwortfragebögen kam zu dem Schluss dass eine BDSM-Neigung und die Auslebung derer als reguläre sexuelle Spielart einer Minderheit anzusehen sei. Ein Zusammenhang mit psychologischen Traumen und Problemen mit Sexualität bestehe nicht.

Zu demselben Ergebnis kam implizit bereits 1940 der Psychoanalytiker Theodor Reik in seinem bis heute aktuellen Standardwerk *Aus Leiden Freuden. Masochismus und Gesellschaft*.

Geschichte

Historische Wurzeln

Tomba della Fustigazione

Schon seit dem 9. Jahrhundert v. Chr. wurde in Artemis Orthia – einer der bedeutendsten religiösen Stätten der antiken griechischen Stadt Sparta – mit dem Kult der Orthia eine präolympische Religion praktiziert. Hierbei kam es zu regelmäßigen diamastigosis genannten rituellen Flagellationen.

Eines der ältesten grafischen Zeugnisse sadomasochistischer Praktiken stammt aus einem etruskischen Grab in Tarquinia. In der Tomba della Fustigazione (Grab der Züchtigung, Ende des 6. Jahrhunderts v. Chr.) sind zwei Männer dargestellt, wie sie eine Frau beim Liebesspiel mit einer Rute und mit der Hand schlagen. Ein anderes Zeugnis über Flagellation findet sich im 6. Buch der *Satiren* des antiken römischen Dichters Juvenal (1. bzw. 2. Jahrhundert n. Chr.), ein weiteres Zeugnis findet sich im *Satyricon* von Petronius, wo zur sexuellen Erregung eines Delinquenten gepeitscht wird. Anekdotische Erzählungen über Menschen, die sich im Rahmen des Vorspiels oder als Ersatz für Sex freiwillig fesseln oder auspeitschen ließen, reichen bis ins 3. und 4. Jahrhundert zurück.

Bereits im Kamasutra werden vier Schlagarten beim Liebesspiel, die für Schläge zulässigen Trefferzonen des menschlichen Körpers und die Arten der lusterfüllten Schmerzenslaute des Bottoms dargestellt. Die Textsammlung weist ausdrücklich darauf hin, dass Schlagspiele genauso wie Kneifen und

Beißen beim Geschlechtsverkehr nur in gegenseitiger Übereinstimmung stattfinden dürfen, da sie nicht von allen Frauen als lustvoll empfunden werden. Aus dieser Sicht dürfte das Kamasutra den ersten schriftlich überlieferten Text über SM-Praktiken und -Sicherheitsregeln darstellen. Weitere Texte mit sadomasochistischen Bezügen tauchten im Laufe der Jahrhunderte weltweit immer wieder auf.

Kupferstich ca. 1780

Einige Autoren sehen das mittelalterliche Phänomen der höfischen Liebe in all seiner sklavischen Unterwerfung und Hingabe als weiteren, zumindest teilweisen Vorläufer von BDSM. Andere Quellen sehen BDSM als eine spezielle Art des Sexualverhaltens, welche ihren Ursprung am Anfang des 18. Jahrhunderts hat, als es in den westlichen Gesellschaften üblich wurde, Sexualverhalten medizinisch und juristisch zu kategorisieren (vgl. Begriffsgeschichte). Berichte über auf Flagellation spezialisierte Bordelle reichen sogar bis zum Jahr 1769 zurück, und in John Clelands Roman *Fanny Hill* aus dem Jahre 1749 werden ebenfalls Flagellationsszenen beschrieben.

Andere Quellen verwenden eine wesentlich weiter gehende Definition und schildern BDSM-ähnliches Verhalten in noch früheren Epochen und aus ganz anderen Kulturräumen, beispielsweise die mittelalterlichen Flagellanten oder die Gottesgerichte einiger amerikanischer Indianervölker.

Illustration von Édouard-Henri Avril in *Fanny Hill*

Obwohl die Namen Marquis de Sade und Leopold von Sacher-Masoch eng mit den Begriffen Sadismus und Masochismus verbunden sind, ist es doch gerade im Fall de Sades offensichtlich, dass sich dessen Biographie und Verhaltensweisen mit dem für das moderne Verständnis des heutigen BDSM ganz wesentlichen Begriff der Freiwilligkeit nicht in Übereinstimmung bringen lassen.

Die Wurzeln der modernen BDSM-Kultur liegen im Dunkeln. BDSM-Motive und Bilder haben während des gesamten 20. Jahrhunderts an den Rändern der westlichen Kultur existiert. Robert Bienvenu sieht die Wurzeln des modernen BDSM in drei wesentlichen Quellen, die er als „europäischen Fetisch" (seit 1928), „amerikanischen Fetisch" (seit 1934) und „schwule Lederbewegung" (seit den 1950er Jahren) bezeichnet.

Eine andere Wurzel sind die in Bordellen ausgeübten Sexualpraktiken, die bis ins 19. Jahrhundert, wenn nicht noch früher zurückreichen. Während der 1950er und 1960er Jahre produzierte Irving Klaw die ersten Reklamefilme und Fotografien mit BDSM-Motiven und veröffentlichte erstmals Comics der heute berühmten Bondage-Künstler John Willie und Eric Stanton. Sein Modell Bettie Page wurde zugleich eines der ersten erfolgreichen Modelle im Bereich Fetischfotografie und eines der berühmtesten Pinup-Girls des US-amerikanischen Mainstreams. Der von Willie inspirierte italienische Graphiker und Autor Guido Crepax prägte in der zweiten Hälfte des 20. Jahrhunderts entscheidend den Stil europäischer Erwachsenencomics. Die Künstler Helmut Newton und Robert Mapplethorpe sind die prominentesten Beispiele für die zunehmende Verwendung von BDSM-Motiven in der modernen Fotografie und die sich hieraus noch immer ergebende öffentliche Diskussion.

Lederbewegung

Flogging-Vorführung auf der Folsom Street Fair 2004, San Francisco

Weite Teile des heutigen BDSM-Gedankenguts lassen sich auf die Subkultur der männliche homosexuelle Lederszene, die sich nach dem Zweiten Weltkrieg aus der US-amerikanischen Motorradfahrer-Subkultur entwickelte, zurückführen.

In seinem 1972 veröffentlichten Buch *Leatherman's Handbook* fasste Larry Townsend diese Ideen zusammen, die man später als „Old Guard"-Lederbewegung bezeichnen sollte. Der in diesem Werk beschriebene Verhaltenskodex basierte auf strengen Formvorschriften und festgeschriebenen Rollen in Bezug auf das Verhalten der Beteiligten (beispielsweise kein Switchen) und hatte noch keinen echten Bezug zu Lesben und Heterosexuellen.

Erst der 1981 in den USA von der lesbisch-feministischen BDSM-Organisation Samois veröffentlichte Titel *Coming to Power* führte schließlich auch in der lesbischen Gemeinschaft zu einer höheren Akzeptanz und zu mehr Verständnis des Themas BDSM. In Deutschland vertraten die entsprechenden Vertreterinnen auch innerhalb der Frauenbewegung die Auffassung, dass BDSM und Feminismus miteinander vereinbar sind. Sie gerieten hierbei mit dem fundamentalistischeren Teil der Bewegung um Alice Schwarzer in Konflikt, der in BDSM die Grundlage von Frauenhass und Gewaltpornografie sieht.

Die Lederbewegung wird heute meistens eher als Teilmenge der BDSM-Kultur betrachtet, anstatt als eine aus der Schwulenkultur stammende Entwicklung, obwohl in der Vergangenheit ein großer Teil der organisierten BDSM-Subkultur tatsächlich homosexuell war. Die sogenannte New-Guard-Lederbewegung entstand in den 1990er Jahren als Reaktion auf die der Old-Guard-Lederbewegung zugrunde liegenden Beschränkungen. Diese neue Ausrichtung begrüßte das Switchen und begann einerseits, geistige Aspekte in ihr Spiel zu integrieren und andererseits zunehmend die strikte Rollenauffassung und Ablehnung von Heterosexuellen und Frauen durch die alte Bewegung aufzugeben.

Internet

Die Leather-Pride-Flagge, ein Symbol für die BDSM- und homosexuelle *Leder-Subkultur*

In der Mitte der 1990er Jahre bot erstmals das Internet die Gelegenheit, rund um die Welt, aber gerade auch in den jeweiligen lokalen Regionen andere Menschen mit speziellen sexuellen Vorlieben zu finden und sich anonym mit ihnen auszutauschen. Dies führte geradezu zu einer Explosion in der Verbreitung von Informationen und dem Interesse am Thema BDSM. In dieser frühen Phase spielte insbesondere die Usenet-Gruppe *alt.sex.bondage* eine Pionierrolle. Neben herkömmlichen Sexshops begannen in der Folgezeit immer mehr Anbieter in Online-Sexshops auch BDSM-Spielzeug in ihr Sortiment aufzunehmen oder sich gleich ausschließlich auf die sich immer klarer abzeichnende „neue" Zielgruppe zu spezialisieren.

Das ehemalige Nischensegment entwickelte sich so zu einem festen Bestandteil des Geschäftes mit Erotikzubehör. Heute führen praktisch alle wichtigen deutschen Anbieter von Sexspielzeug Artikel, die ursprünglich überwiegend in der BDSM-Subkultur Verwendung fanden. Gepolsterte Handschellen, Latex-, Lack- und Lederbekleidung sowie exotischere Gegenstände wie beispielsweise Streichel-Peitschen und Reizstromgeräte zur erotischen Elektrostimulation finden sich in Angebotskatalogen, die sich an eine klassische „Vanilla" -Zielgruppe wenden und zeigen so, dass sich einige Grenzen zunehmend verschieben.

Seit einigen Jahren hat sich das Internet zum zentralen Instrument der Vernetzung Interessierter entwickelt. Neben unzähligen privaten und kommerziellen Webangeboten finden sich zunehmend auch Angebote von zahlreichen Vereinen und Selbsthilfegruppen. Diese bieten neben umfangreichen Hintergrundinformationen auch Hilfe bei unfreiwilligem Outing und Gesundheitsfragen, sowie Kontaktlisten zu mit dem Thema vertrauten Psychologen, Medizinern und Rechtsanwälten.

Begriffsgeschichte

Portrait des Marquis de Sade von Charles-Amédée-Philippe van Loo (1761)

Die Entwicklung des Begriffs BDSM ist vielschichtig. Ursprünglich waren Sadismus und Masochismus reine Fachausdrücke für psychologische Erscheinungen, die als psychische Erkrankung eingestuft wurden. Die Begriffe leiten sich von den Autoren Marquis de Sade und Leopold von Sacher-Masoch ab.

1843 veröffentlichte der ungarische Arzt Heinrich Kaan unter der Bezeichnung *Psychopathia sexualis* eine Schrift, in der er die Sündenvorstellungen des Christentums in medizinische Diagnosen umwandelt. Die ursprünglich theologischen Begriffe „Perversion", „Aberration" und „Deviation" wurden so erstmals Teil der Wissenschaftssprache. Der deutsche Psychiater Richard von Krafft-Ebing führte in seiner Schrift *Neue Forschungen auf dem Gebiet der Psychopathia sexualis* 1890 die Begriffe „Sadismus" und „Masochismus" erstmals in die Medizin ein. Nachdem Sigmund Freud 1905 in seinen *Drei Abhandlungen zur Sexualtheorie* Sadismus und Masochismus als aus einer fehlerhaften Entwicklung der kindlichen Psyche entstehende Krankheiten dargestellt hatte und so die weitere Beurteilung des Themas auf Jahrzehnte hinaus grundlegend beeinflusste, prägte schließlich 1913 der Wiener Psychoanalytiker Isidor Sadger in seinem Artikel *Über den sado-masochistischen Komplex* erstmals den zusammengesetzten Begriff „Sado-Masochismus".

Erwin J. Haeberle, Präsident der DGSS, problematisierte diese ursprünglich von singulären historischen Figuren abgeleiteten Begrifflichkeiten, die zugleich einen pathologischen Bezug beinhalteten. Masoch protestierte vergeblich dagegen, dass sein Name für eine simplifizierende Schublade herhalten musste. Nach Haeberle hätten Benennungen für Homosexualität als „Leonardismus", „Michelangelismus" oder „Tschaikowskyismus" nicht den Diskurs versachlicht, sondern nur die jeweilige historische Persönlichkeit herabgewürdigt.

Die BDSM-Szene distanziert sich heute stark von de Sade, da dessen amoralische Philosophie nicht mit den moralischen Prinzipien RACK oder SSC vereinbar ist.

Die BDSM-Szene versuchte sich mit dem Ausdruck „B&D" für Bondage and Discipline von dem pejorativ konnotierten Begriff „S&M" abzugrenzen. Die Abkürzung BDSM wurde wahrscheinlich in den frühen 1990er Jahren in der Subkultur um die Newsgroup alt.sex.bondage geprägt. Sie ist dort im Juli 1991 zum ersten Mal nachweisbar. Später wurde auch der Bereich *Dominance and Submission* in den Bedeutungsumfang von BDSM integriert, wodurch das heute gebräuchliche mehrschichtige Akronym entstand.

Rechtlicher Status

Das BDSM-Triskelion ist ein weiteres Symbol des BDSM

Es hängt sehr von der Rechtslage einzelner Staaten ab, ob Praktiken aus dem BDSM keine rechtliche Relevanz haben oder eine Straftat darstellen können. Eine eventuelle Strafbarkeit einvernehmlich ausgeführter BDSM-Praktiken resultiert zumeist daraus, dass Praktiken wie Schlagen, Fesseln u. Ä. normalerweise die Persönlichkeitsrechte verletzen, weswegen sie grundsätzlich immer bestraft werden.

In Deutschland, den Niederlanden, in Japan und in den skandinavischen Ländern stellen diese Praktiken grundsätzlich keine Straftat dar. In Österreich gibt es keine gefestigte Rechtslage, während in der Schweiz BDSM-Praktiken teilweise strafbar sein können. Spektakuläre Fälle wie der amerikanische Skandal um People v. Jovanovic und der britische Spanner Case zeigen, in welche schwierigen Grenzbereiche das Thema Beteiligte und Behörden führen kann.

Auch in Ländern, in denen einvernehmliche BDSM-Praktiken gesetzlich erlaubt sind, können pornografische Darstellungen aus dem Bereich BDSM (wie pornografische Literatur, Comics, Zeichnungen, Fotografien oder Videos) unter den Begriff „Gewaltpornografie" fallen und damit strafbar sein, in Deutschland beispielsweise unter § 184a StGB

Deutschland

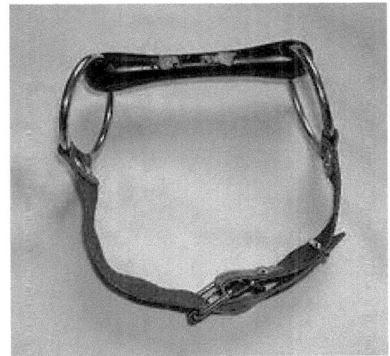

Typischer im Bereich BDSM eingesetzter Knebel aus Leder, Stahl und Holz

Mit gegenseitigem Einverständnis sind partnerschaftlich ausgeübte Praktiken aus dem Bereich BDSM in Deutschland im Regelfall nicht strafbar.

Im Rahmen von Handlungen aus dem Bereich BDSM können folgende Straftatbestände relevant werden:
- Sexuelle Nötigung (§ 177 StGB)
- Sexueller Missbrauch widerstandsunfähiger Personen (§ 179 StGB)
- Beleidigung und Tätliche Beleidigung (§ 185 StGB)
- Körperverletzung (§ 223 StGB)
- Gefährliche Körperverletzung (§ 224 StGB)
- Schwere Körperverletzung (§ 226 StGB)
- Freiheitsberaubung (§ 239 StGB)
- Nötigung (§ 240 StGB)

Für die Verwirklichung des Tatbestands der Nötigung muss die Anwendung von Gewalt oder die Drohung mit einem „empfindlichen Übel" gegeben sein, im Falle der sexuellen Nötigung die Drohung mit einer Gefährdung für Leib und Leben. Sofern die Fortdauer der Handlung durch den Gebrauch eines Safewords unverzüglich beendet werden kann, sind beide Tatbestände nicht zu verwirklichen.

Ähnliches gilt für den Tatbestand des sexuellen Missbrauchs widerstandsunfähiger Personen. Danach ist zu bestrafen, wer unter Ausnutzung der Widerstandsunfähigkeit sexuelle Handlungen an einem anderen vornimmt. Solange der nötige Widerstand, die Fortdauer der Handlung zu unterbrechen, durch den Gebrauch des Safewords aufgebracht werden kann, ist der Tatbestand nicht zu verwirklichen, da eine echte Widerstandslosigkeit nicht besteht.

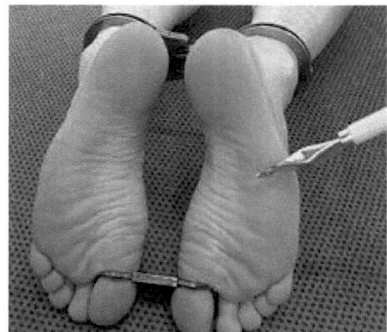

Einsatz von Hand- und Daumenschellen mit einem Wartenbergrad

Eine Beleidigung kann gemäß § 194 StGB nur auf Antrag des Beleidigten verfolgt werden.

Eine Freiheitsberaubung ist verwirklicht, wenn das Opfer gemäß objektiver Betrachtung in der Freiheit der Wahl seines Aufenthaltsortes eingeschränkt wird.

Nach § 228 StGB handelt derjenige, der eine Körperverletzung mit Einwilligung der verletzten Person vornimmt, nur dann rechtswidrig, wenn die Tat trotz der Einwilligung gegen die guten Sitten verstößt. Am 26. Mai 2004 hat der 2. Strafsenat des Bundesgerichtshofes entschieden, dass sadomasochistisch motivierte Körperverletzungen nicht an sich sittenwidrig sind und damit § 228 StGB prinzipiell bei sadomasochistischen Praktiken Anwendung findet. Allerdings ist das „Urteil über die Sittenwidrigkeit im Einzelfall abhängig vom Grad der Rechtsgutverletzung", mit anderen Worten von den drohenden gesundheitlichen Folgen der Körperverletzung. Die Grenze zur Sittenwidrigkeit ist laut BGH auf jeden Fall überschritten, wenn „bei vorausschauender objektiver Betrachtung aller maßgeblichen Umstände der Einwilligende durch die Körperverletzungshandlung in konkrete Todesgefahr gebracht wird." In dem Grundsatzurteil hob der BGH ein Urteil des Landgerichts Kassel auf, in dem ein Mann, der seine Partnerin auf deren Wunsch gewürgt und dabei unwillentlich erwürgt hatte, wegen fahrlässiger Tötung zu einer Bewährungsstrafe verurteilt worden war. Eine Verurteilung wegen Körperverletzung mit Todesfolge hatte das Landgericht abgelehnt, da die Tat seiner Auffassung nach mit Einwilligung des Opfers geschehen sei.

Nachdem in der Vergangenheit sadomasochistische Praktiken in Sorgerechtsprozessen wiederholt als Druckmittel gegen ehemalige Partner eingesetzt worden waren, stellte das Oberlandesgericht Hamm im Februar 2006 fest, dass die sexuelle Neigung zum Sado-Masochismus der Erziehungsfähigkeit eines Elternteils nicht entgegensteht.

Österreich

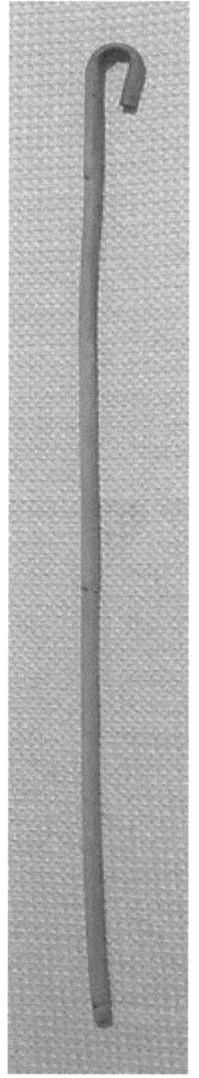

Rohrstock aus Rattan, verbreitetes Züchtigungsmittel beim BDSM

Nach § 90 Abs1 StGB ist eine Körperverletzung (§ 83 Abs2 StGB) oder eine Gefährdung der körperlichen Sicherheit (§ 89 StGB, Bezug nehmend auf § 81, Fahrlässige Tötung) nicht strafbar, wenn das „Opfer" einwilligt und die Verletzung oder Gefährdung als solche nicht gegen die (aktuell geltenden) guten Sitten verstößt. Eine *leichte Verletzung* (im Urteil: „Striemen nach Fesselung und Auspeitschen") ist *bei Einwil-*

ligung des „Opfers" grundsätzlich *erlaubt*. Strafbar ist es auf jeden Fall, wenn es vorhersehbare *schwere Körperverletzungen* (§ 84 Abs1 StGB, das ist eine Gesundheitsschädigung oder eine Berufsunfähigkeit, die länger als 24 Tage dauert) oder den *Tod* des „Opfers" zur Folge hat. Im Zuge des Kampfs gegen die Beschneidung weiblicher Genitalien ist nach § 90 Abs3 StGB eine Verletzung, welche geeignet ist eine „nachhaltige Beeinträchtigung des sexuellen Empfindens herbeizuführen", explizit von einer möglichen Zustimmung ausgenommen. Bei der Gefährdung der körperlichen Sicherheit kommt es darauf an, wie wahrscheinlich es ist, dass eine Verletzung auch tatsächlich eintritt. Ist die schwere Verletzung oder gar der Tod wahrscheinlich, so ist die Gefährdung jedenfalls strafbar.

Zum konkreten Fall der leichten Körperverletzung durch Handlungen im BDSM-Bereich gibt es allerdings keine gefestigte Rechtsprechung. Es kann durchaus sein, dass der Oberste Gerichtshof im BDSM-Bereich auch leichte Körperverletzung abseits von Striemen als sittenwidrig und somit als strafbar ansieht. Ob eine Handlung gegen die guten Sitten verstößt, hängt in Österreich nämlich davon ab, ob einem vorbildlichen Menschen die Sorge um die Gesundheit des „Opfers" wichtiger wäre als die Rücksicht auf dessen Wünsche. Es besteht also keine Rechtssicherheit.

Schweiz

Die sexuelle Mündigkeit beginnt in der Schweiz mit 16 Jahren, was auch für BDSM-Spiele gilt. Selbst Kinder (d. h. unter 16-jährige) machen sich nicht strafbar, sofern der Altersunterschied zwischen den Beteiligten unter drei Jahren liegt. Gewisse Praktiken erfordern jedoch die Einwilligung zur leichten Körperverletzung und sind deshalb erst ab 18 Jahren erlaubt. Seit der Verschärfung des Schweizerischen Strafgesetzbuches Art. 135 und 197 am 1. April 2002 ist in der Schweiz der Besitz von „Gegenständen oder Vorführungen […], die sexuelle Handlungen mit Gewalttätigkeiten zum Inhalt haben", strafbar. Dieses Gesetz kommt einer pauschalen Kriminalisierung von Sadomasochisten nahe, da bei so gut wie jedem Sadomasochisten Medien zu finden sind, die diesen Kriterien entsprechen. Kritiker bemängeln weiterhin, dass Sadomasochisten nach dem Wortlaut des Gesetzes in die Nähe von Pädophilen und Päderasten gestellt werden.

Großbritannien

Das britische Strafrecht kennt keine Einwilligung in Körperverletzung, entsprechende Handlungen sind auch einverrnehmlich unter Erwachsenen illegal, diese Rechtslage wird auch durchgesetzt. Dies führt zu der etwas skurrilen Situation, dass Großbritannien und insbesondere London als Weltzentrum der eng verwandten Fetischismus-Szene gelten, es aber für die BDSM-Szene fast ausschließlich private und keine mit der deutschen *Spielparty*-Szene vergleichbaren Veranstaltungen gibt. Dieser Umstand wird z. B. in dem Film Preaching to the Perverted komödiantisch aufs Korn genommen. Aufmerksamkeit erreichten vor allem mehrere Gerichtsverfahren, die unter der Bezeichnung Spanner Case zusammengefasst werden und als Vorlage für diesen Film gelten. Im Verlauf dieser Verfahren wurde eine Anzahl homosexueller BDSMler wegen der Ausübung einvernehmlicher sadomasochistischer Praktiken in Großbritannien verurteilt.

Am 19. Februar 1997 urteilte der Europäische Gerichtshof für Menschenrechte bezüglich dieser Verfahren, dass jeder Staat eigene Gesetze gegen Körperverletzung erlassen darf, unabhängig davon, ob die Körperverletzung einvernehmlich ist oder nicht. Im Juni 2007 nutzte die britische Regierung diese Entscheidung, um auch Bild- und Filmmaterial, das entsprechendes einvernehmliches Verhalten unter Erwachsenen darstellt, im Rahmen der *Criminal Justice And Immigration Bill* als „*Extreme Pornographie*" einzustufen und daher zu verbieten.

BDSM in Kultur und Medien

Presse und TV

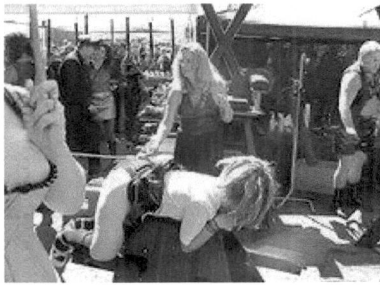

Spanking-Vorführung auf der Folsom Street Fair 2004 in San Francisco

Veranstaltungen und Persönlichkeiten um BDSM kamen in einigen Fällen in das Rampenlicht der Berichterstattung:

- Die Berliner Zeitung berichtete über den Regierenden Bürgermeister und bekennenden Homosexuellen Klaus Wowereit unter der Überschrift „Wowereit und das Sado-Maso-Fest", nachdem dieser ein Grußwort zur *Folsom-Europe-Parade* verfasst hatte. Die Zeitung sprach von einer „echt harten Nummer", nachdem die lokale CDU das Grußwort Wowereits als „mit der Würde des hohen Amtes nicht vereinbar" bezeichnet hatte und Flugblätter aufgetaucht waren, in denen behauptet wurde, Wowereit „verharmlose rassistische Vergewaltigungspornographie als Lebensfreude pur". Im Jahr 2006 unterstützte der zu diesem Zeitpunkt um eine Wiederwahl kandidierende Wowereit die Veranstaltung erneut mit einem Grußwort. Sein konservativer Gegenkandidat Friedbert Pflüger erklärte hingegen, von ihm würde das Festival kein Grußwort bekommen, man müsse schon genau darüber nachdenken, welche Veranstaltung man mit einem Grußwort auszeichne.
- Die Münchner Abendzeitung titelte im Oktober 2005 „Aufstand gegen Sado-Maso-Party" und berichtete im Innenteil unter der Schlagzeile „Sado-Maso-Party erregt Allgäuer" über die Anmietung eines Schlosses durch einen Veranstalter von SM-Partys unter anderem: „Es war ein

gigantischer Sündenpfuhl mit 150 Leuten". Lokale Zeitungen hingegen berichteten, nach außen hin sei es bei der Veranstaltung so gesittet wie bei einer Familienfeier zugegangen. Bereits im Jahr zuvor hatte ein RTL-Kamerateam ohne Drehgenehmigung und mit versteckter Kamera Aufnahmen auf der gleichen Veranstaltung gemacht. Der Sender verglich damals die Party auf seiner Webseite mit dem Film *Eyes Wide Shut*.

- Nach dem Bekanntwerden des ehrenamtlichen BDSM-Engagements des UN-Waffeninspekteurs Jack McGeorge verglichen einige Kommentatoren BDSM wiederholt mit den Foltertechniken des Regimes Saddam Husseins, andere die heutige Diskriminierung von BDSM-Anhängern mit der Situation von Homosexuellen in der Vergangenheit.

Neben diesen Berichten existieren Pressemeldungen, in denen ebenfalls der Begriff „Sado-Maso" gebraucht wird, ein Bezug zu BDSM jedoch nicht besteht bzw. von BDSMlern zurückgewiesen wird:

- Im Fall des als *Kannibale von Rotenburg* bekanntgewordenen Armin Meiwes kam es in vielen Boulevardblättern und Fernsehsendungen wochenlang immer wieder zu Hinweisen auf „Sado-Maso-Spiele" des Täters mit seinem Opfer.
- Die von der Feministin Alice Schwarzer herausgegebene Zeitschrift *EMMA* setzte ihre PorNO-Kampagne gegen *Frauenhass* und *Gewaltpornographie* fort. In ihr vertritt Schwarzer unter anderem die Auffassung, dass sado-masochistische Praktiken generell mit verurteilenswerter Gewalt gegenüber Frauen gleichzusetzen sind. Der Fotograf Helmut Newton wurde in der Publikation erneut der „Pornografisierung der Modefotografie" und „seiner darin ungehemmt ausgelebten sadomasochistischen Obsessionen" beschuldigt.

Teilnehmer des CSD 2006 in Köln

Von Seiten sadomasochistischer Organisationen und Medien wurde eine überwiegend einseitige Berichterstattung über BDSM bzw. über Personen und Ereignisse aus diesem Bereich kritisiert. Die Interessenvertretung Bundesvereinigung Sadomasochismus bemängelte, dass Redakteure häufig die komplexen emotionalen Aspekte des Themas ignorierten und stattdessen vorwiegend die voyeuristische Sensationslust ihrer Zielgruppe durch Fokussierung auf verschiedene Praktiken und verwendete Gegenstände befriedigten. Sie weist in diesem Zusammenhang darauf hin, dass Interviews oft quotentauglich zusammengeschnitten und kommentiert wurden, so dass ein gänzlich anderer Gesamteindruck als in den Originalinterviews entstand.

Die BVSM vertritt in ihrer Stellungnahme die Auffassung, dass eine solche Berichterstattung bei den Lesern sensationsgieriges Interesse auf der einen Seite und Unverständnis bis Abscheu auf der anderen erzeugten. Die Organisation kritisiert, so würden Vorurteile zementiert anstatt, die Hintergründe klar darzustellen. Die Darstellung sei oft einseitig und undifferenziert und konzentriere sich mehr auf die extremen (Lustmord) und die glamourösen Aspekte (SM-Partys), statt tatsächlich über das Thema zu informieren.

Belletristik

→ *Hauptartikel: Sadomasochistische Literatur*

In der Literatur ist vor allem Sadomasochismus ein Dauerbrenner und hat einige Klassiker hervor gebracht, z. B. *Die Geschichte der O* von Dominique Aury (unter dem Pseudonym Pauline Réage), *Justine* von Marquis de Sade, *Venus im Pelz* von Leopold von Sacher-Masoch oder die Kultcomics von Eric Stanton. Als literarisches Kuriosum zu erwähnen ist Marthas Brief an Leopold Bloom in *Ulysses* von James Joyce. Der 1978 erschienene Roman *9 1/2 Wochen. Erinnerungen an eine Liebesaffäre* von Elizabeth McNeill bildete die inhaltliche Grundlage für die sehr erfolgreiche Hollywoodverfilmung 9½ Wochen. Eine moderne deutschsprachige sadomasochistische Autobiografie ist *Dezemberkind* von Leander Sukov aus dem Jahr 2005.

Zusammen mit der von der bekannten US-amerikanischen Autorin Anne Rice unter dem Pseudonym *A. N. Roquelaure* veröffentlichten drei Bände umfassenden *Dornröschen-Trilogie* (*The Claiming of Sleeping Beauty*, 1983), *Beauty's Punishment* (1984) und *Beauty's Release* (1985) zeigt sich hier, dass das Thema BDSM mittlerweile in lange nicht vorstellbarer Offenheit in der internationalen Literatur angekommen ist.

Eine ab Juli 2006 unter der Bezeichnung *Bild-Erotik-Bibliothek* veröffentlichte Literaturreihe der BILD und der Verlagsgruppe Random House ist der deutlichste Anhaltspunkt für das auch kommerzielle Potenzial der Thematik. Von neun Bänden der Reihe haben drei Titel den eindeutigen Schwerpunkt Sadomasochismus bzw. BDSM. Neben dem ebenfalls von Anne Rice unter dem Pseudonym *Anne Rampling* veröffentlichten Starttitel *Verbotenes Verlangen (Exit to Eden)* erscheinen in der Reihe der sadomasochistische Klassiker *Geschichte der O.* und der drastische Roman *Brennende Fesseln (Topping from Below)* von Laura Reese.

Obwohl den Klassikern der SM-Literatur de Sade und Sacher-Masoch ein Hang zu der Sexualität, die sie beschrieben haben, nicht abgesprochen werden kann, so ist doch zwischen den realen sexuellen Handlungen und den in Literatur umgesetzten Phantasievorstellungen zu unterscheiden. Es wäre eine unsinnige Forderung an die Authentizität von Literatur, dass der Autor praktizieren müsse, was er beschreibt. Tagebuchaufzeichnungen, Interviews und Erlebnisberichte bleiben Fiktion des Gelebten. So haben die sadomasochistischen Rituale als theatralische Inszenierungen zwar Fetischcharakter, nicht jedoch ist der Fetisch die Literatur. SM-Literatur beinhaltet auch keine besondere Philosophie oder Moral, sondern stellt wie jede andere Literaturgattung dem jeweiligen Zeitgeist ihrer Epoche dar. Mag sie in der Vergangenheit auch größerer Verfolgung ausgesetzt gewesen sein und mag sie deshalb besondere Strategien gegen Zensurmaßnahmen entwickelt haben – spätestens in der Gegenwart setzt sich, trotz weiter vorherrschender Behinderungen, zumindest bei den Autoren die Einsicht durch, dass SM-Literatur keiner besonderen Rechtfertigung mehr bedarf.

Sachbücher

→ *Hauptartikel: Sadomasochistische Literatur*

Im November 1981 veröffentlichte die US-amerikanische feministische Lesben-Gruppe Samois unter dem Titel *Coming to Power: Writing and graphics on Lesbian S/M* ein Buch, in dem sich Kurzgeschichten mit konkreten Hinweisen und Handlungsanleitungen abwechselten; es gilt als weltweit erstes BDSM-Handbuch. Sein Konzept wurde weltweit von vielen späteren Publikationen übernommen. Seit spätestens Ende der neunziger Jahre gibt es auch in Deutschland entsprechende Literatur, die sich sowohl an hetero- als auch an homosexuelle Lesergruppen richtet. Die bekannteste dieser Veröffentlichungen im deutschsprachigen Raum ist wahrscheinlich *Das SM-Handbuch* von Matthias T. J. Grimme.

Mit dem Sachbuch *Die Wahl der Qual* von Kathrin Passig und Ira Strübel ist erstmals auch eine Veröffentlichung auf dem Markt, die sich nicht an Personen aus der BDSM-Subkultur wendet, sondern weiten Bevölkerungskreisen eine breite Wissensbasis zum Themenbereich BDSM vermitteln und so Vorurteile abbauen will. Neben den Sachbüchern mit konkretem Praxisbezug gibt es eine umfangreiche Literatur zu mit dem Thema verbundenen wissenschaftlichen Publikationen.

Deutschsprachige Sachbücher

- Kathrin Passig und Ira Strübel: *Die Wahl der Qual*. Rowohlt-Verlag, 2004, ISBN 3-499-61692-0. (Ein informatives Buch für Personen, die sich erstmalig mit der Thematik BDSM auseinandersetzen wollen.)
- Matthias T. J. Grimme: *Das SM-Handbuch*. Charon-Verlag, 2002, ISBN 3-931406-01-6. (Ein eher technisches Handbuch mit Schwerpunkten bei der Erklärung von Praktiken und Sicherheitshinweisen)
- Thomas A. Wetzstein et al.: *Sadomasochismus. Szenen und Rituale*. rororo, Reinbek bei Hamburg 1994, ISBN 3-499-19632-8. (Basiert auf Auseinandersetzung einer soziologischen Forschergruppe der Universität Trier mit Szenen und Ritualen des Sadomasochismus)
- Olaf May: *Strafrecht und Sadomasochismus*. Shaker Verlag, 1997, ISBN 3-8265-5595-3.
- Norbert Elb: *SM-Sexualität. Selbstorganisation einer sexuellen Subkultur*. Psychosozial-Verlag, 2006, ISBN 3-89806-470-0.
- Arne Hoffmann: *Der Kick im Kopf*. Schwarzkopf & Schwarzkopf, 2004, ISBN 3-89602-455-8.

Englischsprachige Sachbücher

- Jay Wiseman: *SM 101: A Realistic Introduction*. Greenery Press, CA 1998, ISBN 0-9639763-8-9. (umfangreiches Nachschlagewerk inklusive einiger Schwerpunkte wie „BDSM als Lebensstil" und „BDSM in der Schwangerschaft")
- Phillip Miller, Molly Devon, William A. Granzig (Vorwort): *Screw the Roses, Send Me the Thorns: The Romance and Sexual Sorcery of Sadomasochism*. Mystic Rose Books, 1995, ISBN 0-9645960-0-8. (Ein reichbebildertes und umfangreiches Handbuch mit Schwerpunkten bei der Erklärung von Praktiken und Sicherheitshinweisen)
- Dossie Easton, Janet W. Hardy: *The New Topping Book*. Greenery Press, CA 2002, ISBN 1-890159-36-0. (Praktische und theoretische Einführung für Tops mit Schwerpunkt auf psychologischen Aspekten, praktischen und technischen Fragen, sowie detaillierten Tipps zur Partnersuche)
- Dossie Easton, Janet W. Hardy: *The New Bottoming Book*. Greenery Press, CA 1998, ISBN 1-890159-35-2. (Praktische und theoretische Einführung für Bottoms mit Schwerpunkt auf psychologischen Aspekten, praktischen und technischen Fragen, sowie detaillierten Tipps zur Partnersuche)
- Pat Califia, Robin Sweeney (Hrsg.): *The Second Coming: A Leatherdyke Reader*. Alyson Publications, 1996, ISBN ISBN 1-55583-281-4. (Fortsetzung des lesbisch-feministischen BDSM-Klassikers *Coming to Power*)
- Mark Thompson (Hrsg.): *Leatherfolk: Radical Sex, People, Politics, and Practice*. Alyson Publications, 1991, ISBN 1-55583-630-5. (28 Essays bekannter sadomasochistischer Autoren und Aktivisten)
- Lady Green, Jaymes Easton (Hrsg.): *Kinky Crafts: 101 Do-It-Yourself S/M Toys*. Greenery Press, CA 1998, ISBN 0-9639763-7-0. (Detaillierter Ratgeber zu Selbstbau von BDSM-Spielzeug)
- Peggy J. Kleinplatz, Charles Moser: *Sadomasochism – Powerful Pleasures*. Haworth Press, 2006, ISBN 978-1-56023-640-5.

Weiblicher Bottom in Bondage durch ledernen Monohandschuh

Film und Fernsehen

Nachdem BDSM zunächst unterschwellig als Motiv in einigen Filmproduktionen auftauchte, wurden Anfang der 1960er Jahre bedeutende literarische Werke wie beispielsweise die *Die Geschichte der O* und *Venus im Pelz* zum Teil sehr explizit verfilmt. Spätestens mit der Verfilmung von *9½ Wochen* wurde das Thema BDSM auch publikumswirksam und kommerziell erfolgreich breiten Zuschauerschichten nahegebracht, wobei hierbei auf eine ästhetische Massenkompatibilität geachtet wurde.

Seit den späten 1990er Jahren gelang es Filmen wie *Preaching to the Perverted* und *Secretary*, kommerziellen Anspruch und Authentizität miteinander zu verbinden. Mit der Entwicklung von dokumentarisch geprägten Produktionen wie *SICK: The Life and Death of Bob Flanagan, Supermasochist* und *Wir leben ... SM!* entwickelte sich ein weiterer filmischer Zugang zur Thematik, der sich gezielt auch an breite Zuschauergruppen wendet.

Filme mit BDSM-Thematik wie beispielsweise *9 1/2 Wochen*, *Tokio Dekadenz* oder *Secretary* werden mittlerweise regelmäßig im deutschen Fernsehen gezeigt. Seit 2001 gibt es mit der kanadischen Produktion *KinK* erstmals auch eine eigenständige Fernsehserie, die BDSM zum Inhalt hat. Sie ist bisher in Deutschland nicht ausgestrahlt worden.

Das Spektrum der im Verlauf der vergangenen vier Jahrzehnte entstandenen Produktionen ist sehr groß und zeigt, dass BDSM-Themen mittlerweile fest im filmischen Mainstream verankert sind:

Neben diesen eher ästhetisch orientierten Filmen existiert ein breiter Markt für sadomasochistische Pornografie in Form von Pornofilmen. Der spanische Regisseur Jess Franco schuf als typischer Vertreter des Exploitation-Genres eine große Anzahl Filme, die unter anderem auf Werken des Marquis de Sade basieren und in Deutschland teilweise indiziert sind.

Marketing

Seit Anfang der neunziger Jahre werden Motive des BDSM immer wieder im Rahmen größerer Marketingkampagnen gezielt eingesetzt. Bekannte Beispiele im deutschsprachigen Raum sind Plakatmotive der Zigarettenmarken Camel und West, die ein in „typische" Lederkleidung drapiertes Kamel, beziehungsweise eine Domina mit Peitsche zum Inhalt haben. Während West das damalige Motiv wegen „Verstoßes gegen die guten Sitten" noch zurückziehen musste, fanden BDSM-Motive in den folgenden Jahren immer wieder Verwendung. So bewarb beispielsweise im März 2007 die Modekette H&M den Verkauf einer von Madonna zusammengestellte Modekollektion mit einem Werbevideo im deutschen Fernsehen. Dieses zeigte die Künstlerin, die für die Verwendung sadomasochistischer Sujets wiederholt kritisiert wurde, als dominante Lifestyle-Ikone, die einer unpassend gekleideten Schülerin unter dem Knallen ihrer Gerte Modeweisheiten wie „Don't think it – you need to know it" verpasst, um sie anschließend modisch komplett umzurüsten zu lassen.

In Kanada präsentiert Mini 2005 die Winterausstattung des Mini-Coopers in Form einer interaktiven BDSM-Session, in der der User mit Unterstützung einer virtuellen Domina unterschiedlichste Schlagwerkzeuge auf dem Fahrzeug austesten kann und dabei die optionalen Sonderausstattungen erläutert bekommt. Der deutsche Dübelhersteller Fischer nutzt in einem persiflierenden Videoclip ebenfalls sadomasochistische Sujets zur Darstellung der Qualität seiner Produkte. In den USA tritt Anheuser-Busch als Sponsor der Folsom Street Fair auf, und die Jeansmarke Diesel schaltete in den letzten Jahren wiederholt sadomasochistische Anzeigenmotive in Modemagazinen. Die Markenanbieter persiflieren hierbei teilweise weitverbreitete Klischees.

Podcasts

Nachdem die unterschiedlichsten Möglichkeiten des Internets in den vergangenen Jahren immer wieder recht schnell aufgegriffen wurden, um Informationsangebote zum Thema BDSM bereitzustellen, werden seit Mitte 2005 zunehmend auch Podcasts angeboten, die den Schwerpunkt BDSM haben. Mit der zunehmenden Verbreitung von Videoplattformen wie YouTube finden sich auch auf diesen immer häufiger entsprechende Informationsangebote in Form selbstproduzierter Videoformate.

Zeitschriften

In den letzten Jahrzehnten erschienen wiederholt regelmäßige Publikationen zum Thema BDSM. Neben Kleinstverlagen waren hier auch organisierte Gruppen und Vereine aktiv. Einige Publikationen waren *freies forum*, *Lack & Leder*, *Der gelbe Onkel*, *Marquis*, *Neue Gerichtszeitung*, „*O*", *RS-Magazin*, *Skin Two*, und *Twilight*. Die meisten Printmedien wurden zwischenzeitlich wieder eingestellt oder wechselten ins Internet.

Die erstmals 1988 als Vereinszeitschrift erschienenen *Schlagzeilen* gelten heute als zentrales Magazin der deutschsprachigen BDSM-Subkultur. Die regelmäßig erscheinende Zeitschrift wird vom Charon-Verlag in Hamburg herausgegeben.

Von „http://de.wikipedia.org/wiki/BDSM"

BDSM-Emblem

Abstrahierte Darstellung des BDSM-Emblems

Als **BDSM-Emblem** wird ein besonderes Erkennungszeichen aus dem Bereich BDSM bezeichnet.

Das dreigliedrige Design wurde von einem anonymen Designer mit dem Pseudonym *Quagmyr* als dezentes Insider-Symbol für Anhänger des BDSM entworfen. Es beruht auf der Beschreibung eines Rings, den die Protagonistin „O" in dem klassischen BDSM-Roman *Geschichte der O* von Pauline Réage trägt.

Das Symbol findet vor allem im Vereinigten Königreich und in den Vereinigten Staaten in zahlreichen Varianten Verwendung und ist dort seit den 1990er Jahren ein verbreitetes Erkennungszeichen für Anhänger des BDSM.

Literarische Vorlage

Vereinfachtes Modell des literarischen Vorbilds mit der Triskele

Der als Vorlage dienende Ring ähnelt einem Siegelring und wird in der literarischen Vorlage wie folgt beschrieben:
„... *Der Mann hielt ihr nun eine kleine Holzkette mit lauter gleichen Ringen hin und bat sie, daraus einen Ring zu wählen, der an ihren linken Ringfinger passte. Es waren sonderbare Eisenringe, innen mit Gold gerandet; der breite, schwere Reif, ähnlich der Fassung eines Siegelrings, aber hochgewölbt, trug in Nielloarbeit ein goldenes Rad mit drei Speichen, die spiralenförmig gebogen waren, wie beim Sonnenrad der Kelten.*"

Dieses Rad wird auch Triskele, „Dreibein", genannt.

Entstehung und Kontroverse

Das *Emblem Project* ist ein nach eigenen Angaben nichtkommerzielles US-Projekt, das das allgemein einfach „Emblem" genannte BDSM-Erkennungszeichen herstellt und vertreibt. Die Idee dazu entstand 1994 in einem AOL-Diskussionsforum, als ein Erkennungszeichen gesucht wurde, das unauffällig, dekorativ und nur innerhalb der SM-Subkultur bekannt sein sollte. Erste Prototypen wurden 1995 verkauft. Seit etwa 1997 ist das Emblem insbesondere im Internet bekannt.

Das von einer Einzelperson initiierte und betriebene Projekt wurde wiederholt aufgrund seiner Lizenz- und Kostenbedingungen stark kritisiert. Die Rechtslage bei der Verwendung des Symbols war lange umstritten, *Quagmyr* wird von mehreren Seiten Copyfraud vorgeworfen.

In Folge der Kontroverse diente das Emblem als Vorlage für mehrere ähnliche Symbole, die sich an ihm orientieren und sein Grunddesign variieren. Diese werden international in vielen Staaten als Erkennungssymbol der BDSM-Szene verwendet.

Verbreitung

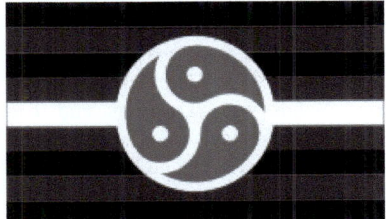

Die BDSM-Flagge, eine weitere Variation des Triskelenmotives

Der Verein SMart Rhein-Ruhr e.V. trägt ebenfalls eine abgewandelte Form des Symbols in seinem Logo.

Im deutschsprachigen Raum wird das Emblem seit spätestens 2000 im spezialisierten Fachhandel in Form unterschiedlichster Schmuckstücke angeboten, es hat sich aber noch nicht allgemein durchgesetzt, hier findet zumeist der Ring der O Verwendung.

Die Grundform des Emblems, die Triskele, wird in einigen rechtsradikalen Kreisen als Ersatz für das in Deutschland verbotene Hakenkreuz benutzt. Manche deutsche Sadomasochisten befürchten daher, dass sie durch die Verwendung des Symbols in die Nähe von Rechtsradikalen gerückt werden könnten.

Die BDSM-Flagge ist eine weitere Variation des in dem Roman ursprünglich verwendeten geometrischen Motives.

Von „http://de.wikipedia.org/wiki/BDSM-Emblem"

Bitch (Band)

Bitch ist eine US-amerikanische Metalband aus Los Angeles. Zu Beginn nahm sie die Anfänge des Speed Metals vorweg und bediente sich eines S/M-Images, dass als Vorläufer von ähnlichen Bands wie Plasmatics und The Great Kat gesehen werden kann und Türen für Bands wie L7 und Babes in Toyland öffnete.

Bandgeschichte

Betsy Weiss zog in ihrer Jugend von New Jersey nach Los Angeles. Nach einem kurzen Intermezzo bei einer Ska-Band gründete sie zusammen mit David Carruth (Gitarre), Mark Anthony Webb (Bass) und Robby Settles (Schlagzeug) die Gruppe Bitch. Sie selbst nannte sich fortan „Betsy Bitch". Um in der Los Angeler Clubszene Aufmerksamkeit zu erregen, gab sich die Gruppe ein S/M-Image, das optisch mit Leder, Nietenarmbändern und Peitschen arbeitete.

Nachdem Brian Slagel von Metal Blade Records ein Livekonzert von Bitch besuchte und das Demo *Live for the Whip* hörte, entschloss er sich die Gruppe unter Vertrag zu nehmen. 1982 war Bitch daher auf dem ersten Metal Massacre-Sampler vertreten auf dem auch Metallica debütierte. Kurz darauf erschien die EP *Damnation Alley*, die mit Motörhead, Alice Cooper und vom Gesangsstil her mit Pat Benatar nur inadäquat beschrieben wurde. Zu neu war der harte Speed-Metal-Stil der Anfangsjahre. Es war die zweite Veröffentlichung des Metal-Blade-Labels nach dem Sampler. 1983 erschien das Debütalbum *Be My Slave'*. Beide Alben waren vom Coverartwork und den Texten stark an das S/M-Image angelehnt.

Danach wurde es vier Jahre still um Bitch. Ihr Management versuchte die Gruppe in eine kommerziell ansprechendere Band zu verwandeln und es dauerte sehr lange, bis sich die Musiker aus dem Vertrag lösen konnten. 1987 erschien dann das zweite Album *The Bitch Is Back*, das die Gruppe von einer anderen Seite zeigte. Wesentlich melodiöser und mit einem fast gänzlichen Verzicht auf ihr altes Image. Vielmehr spielte die Gruppe nun eingängigen Power Metal mit Texten, die gängigen Metalklischees entsprachen. Das Titelstück war zudem eine Elton John-Coverversion. Trotz der langen Pause war das Line-up konstant, lediglich Mark Anthony Webb hatte die Gruppe zugunsten von Ron Cordy verlassen. Im gleichen Jahr sang Weiss außerdem ein Duett mit Lizzy Borden auf dem Album *Terror Rising*.

Anschließend benannte sich Bitch in „Betsy" um und spielte kommerziellen Hair Metal, das gleichnamige Album von 1988 blieb aber erfolglos. Schließlich benannte sich die Gruppe wieder in Bitch um und veröffentlichte die 1989er Kompilation *A Rose by Any Other Name* mit unveröffentlichten Liedern. 1990 löste sich die Gruppe auf.

2003 spielte die Gruppe auf dem Bang Your Head in Balingen.

Kontroverse

In den Blickpunkt der Öffentlichkeit geriet die Gruppe im Rahmen der PMRC-Kampagne von Tipper Gore, die die ersten beiden Alben regelmäßig im US-amerikanischen Fernsehen zeigte. Im Gegensatz zu anderen Künstlern wie beispielsweise 2 Live Crew und Ice-T machte die Kampagne der PMRC die damals recht unbekannte Gruppe landesweit bekannt.

Diskografie

- 1982: *Live for the Whip* (Demo)
- 1982: *Damnation Alley* (EP)
- 1983: *I'm in Love / Nightmares in Daylight* (Split-Single mit Hellion)
- 1983: *Be My Slave* (Album)
- 1987: *The Bitch Is Back* (Album)
- 1988: *Betsy* (Album unter dem Namen Betsy)
- 1989: *A Rose by Any Other Name* (Kompilation)

Von „http://de.wikipedia.org/wiki/Bitch_(Band)"

Bob Flanagan

Bob Flanagan (* 27. Dezember 1952; 4. Januar 1996) war ein US-amerikanischer Schriftsteller und Künstler. Sein Leben wurde durch die Erbkrankheit Mukoviszidose geprägt: In der Anwendung von BDSM-Praktiken fand er seinen Weg, den durch die Krankheit verursachten Schmerzen zu begegnen; diese Auseinandersetzung wurde wesentlicher Teil seiner Kunst. So ist er als Performance-Künstler in dem indizierten Musikvideo *Happiness in Slavery* der Band Nine Inch Nails zu sehen; er stellt darin jemanden dar, der sich selbst in eine Maschine schnallt, die ihn vergewaltigt und anschließend tötet. Im Video zu *Crush My Soul* der Band Godflesh hatte er eine Nebenrolle, in der er als Christusfigur kopfüber hängend von seiner Frau Sheree Rose unter die Decke einer Kathedrale gehievt wird. Über ihn wurde die Dokumentation *SICK: The Life and Death of Bob Flanagan, Supermasochist* erstellt.

Bibliographie (Auszug)

- *The Wedding of Everything* (1983)
- *The Kid is the Man* (1978)
- *Slave Sonnets* (1986)
- *Fuck Journal* (1987)
- *A Taste of Honey* (1990)
- *Bob Flanagan: Supermasochist* (1993) (Interviews)
- *Pain Journal* (unveröffentlicht)

Von „http://de.wikipedia.org/wiki/Bob_Flanagan"

Body worship

Historische Darstellung des demütigen Liebkosen der Füße

Body worship (engl. *Anbetung des Körpers*) ist ein Oberbegriff für sexuelle Praktiken, bei denen einzelne Körperteile verehrt werden. Diese Praktiken kommen überwiegend im BDSM-Bereich und im Rahmen des sexuellen Fetischismus vor. Typische Formen sind das *ass* (engl. *Gesäß*), *cock* (engl. *Penis*), *slit* (engl. *Scheide*), *foot* (engl. *Fuß*) und *muscle* (engl. *Muskel*) worship. Innerhalb der Szene werden fast ausschließlich die englischen Begriffe verwendet.

Varianten von Body worship

Grundsätzlich handelt es sich beim worshiping um eine freiwillige Erniedrigung des passiven Partners, des *Worshipers* (Bottom). Diese Praktik wird üblicherweise durch weitere bewusst erniedrigende rituelle Handlungen begleitet, beispielsweise durch Kniefall. Der Bottom darf das angebetete Körperteil meist lecken und/oder küssen, aber nicht auf konventionelle Weise berühren. Die Anbetung ist dabei ein Akt der Unterwerfung; der Bottom erfährt dadurch eine erotische Stimulation, allerdings steht die Befriedigung und das Wohlbefinden des aktiven Partners, auch *Worshipee* (Top), im Vordergrund. Es ist auch möglich, dass der Bottom die Anbetung praktiziert, weil er diesen Körperteil erotisierend findet oder sich seinem Top widmen möchte.

Der Top verhält sich während der eigentlichen Huldigung eher passiv und distanziert, auch wenn er die Anbetung im Vorfeld verbal oder durch Züchtigung eingefordert hat. Durch den eher fordernden Ansatz durch den Top unterscheiden sich Praktiken wie das Facesitting und Smothering deutlich von den anderen Arten des Body worshiping.

Muscle worship

Der Worshiper empfindet bei der Betrachtung oder der Berührung der Muskeln des Worshipee sexuelle Erregung. Der Top ist hierbei fast immer sportlich sehr trainiert, beispielsweise ein Bodybuilder. Der Bottom ist meist eher schlank, schmächtig, übergewichtig, kleiner oder sonst im Vergleich zum Top nicht "in Form". Die sexuelle Orientierung der Beteiligten ist dabei nicht von Bedeutung, jedoch beschreibt Niall Richardson, dass insbesondere bei der heterosexuellen Verehrung muskulöser Frauen die Umkehr der stereotypen Rolle "Starker, dominanter Mann - schwache, devote Frau" eine wesentliche Komponente darstellt. Das Maß und die Art von Gewaltanwendung oder der Ausgestaltung der dominierenden Rolle richtet sich nach den Bedürfnissen der beteiligten Personen. Oft setzt der Top seine körperliche Überlegenheit ein um dem Bottom seine Unterlegenheit auch durch physisches Überwältigen bewusst zu machen und ihn zur verbalen Bewunderung der Muskeln zu zwingen.

Vom Muscle worship werden das in der Szene ebenfalls verbreitete *Hustling*, das heißt der Verkauf sexueller Dienstleistungen durch einen Bodybuilder und das *Sponsoring* abgegrenzt. Letzteres beschreibt eine Beziehung, in der beispielsweise ein Mann davon erregt wird, eine Frau beim Muskelaufbau zu unterstützen und ihren Körper nach seiner Vorstellung zu formen. Beschrieben wird diese Variante unter anderem in dem Roman *Chemical Pink* von Katz Arnoldi.

Künstlerische Darstellung

Für einige an der Thematik BDSM interessierten Künstler ist Body worship oft in Verbindung mit Femdom ein häufiges Motiv. Einer der wichtigsten Vertreter dieser Darstellungen ist der Japaner Namio Harukawa, dessen Hauptinteresse dem weiblichen Gesäß gilt. Auch Eric Stanton und Robert Crumb haben erotisierende Zeichnungen von ausgeprägt muskulösen und dominanten Frauen veröffentlicht.

Literatur

- Niall Richardson: *Transgressive Bodies: Representations in Film and Popular Culture.* Ashgate Publishing Ltd., 2010, ISBN 0-754-67622-6

Von „http://de.wikipedia.org/wiki/Body_worship"

Bottom

Bottom in Handschellen kniet vor Top auf der Europride 2002 in Köln

Bottom (englisch für „Unten" oder „Gesäß") bezeichnet im BDSM eine Person, die für die Dauer einer Spielszene *(Session)* oder innerhalb einer Beziehung die passive oder unterwürfige Rolle einnimmt. Die andere Person wird Top genannt. Sowohl Bottom als auch Top können entweder männlich oder weiblich sein; der Begriff sagt nur etwas über die gewählte Rolle aus. Menschen, die derartige Spiele praktizieren, aber nicht auf eine der beiden Rollen fixiert sind, werden Switch genannt.

Entstehung

Wesentlicher Inhalt der verschiedenen praktizierten Formen des BDSM ist eine Rollenverteilung, da sich ein Partner bewusst vom anderen Schmerz zufügen, disziplinieren (z. B. fesseln und/oder züchtigen) und/oder kontrollieren lässt. Die Unterschiedlichkeit der verschiedenen Rollenspiele, Praktiken und Lebensmodelle hat für jede Art eine eigene Benennung der beiden Spiel-/Lebenspartner entwickelt, beispielsweise wird beim Petplay von Pet/Owner gesprochen, im D/s von Dom/Sub, im Femdom oft von Herrin/Sklave. Die Grenzen sind fließend und die Nutzung des Wortpaares Top/Bottom ist lediglich ein Hilfsmittel, um die begrifflichen Schranken zwischen den verschiedenen Spielarten aufzuheben. Als wertneutrales Wortpaar hat sich die Verwendung von Top/Bottom in BDSM bezogenen Diskussionen durchgesetzt.

Der Begriff *Bottom* stammt ursprünglich aus dem Homosexuellenjargon, wo er den empfangenden Partner beim Geschlechtsverkehr bezeichnet. Im Englischen drückt das Begriffspaar *top/bottom* nicht nur *oben/unten* aus, sondern *bottom* ist davon abgeleitet auch eine Bezeichnung für das Gesäß. Das Wort Bottom lässt somit eine doppelte Assoziation anklingen. Es wird vermutet, dass sich die Begriffe in den verschiedenen englischsprachigen BDSM-Newsgroups entwickelt haben und mit der zunehmenden Kommunikation zwischen den BDSMlern über das Internet verbreitet hat.

Die häufig alternativ verwendete Bezeichnung *Sub* leitet sich von der englischen Abkürzung für *Submissive* ab. Sie wird, vor allem im Bereich des *Dominance & Submission*, synonym für Bottom verwendet. Der Ausdruck wird zumeist im Zusammenhang mit Dominanz gebraucht und weist meist auf eine vorhandene Vorliebe für Elemente der Unterwürfigkeit und allgemein Statusspiele hin.

Rollenverständnis

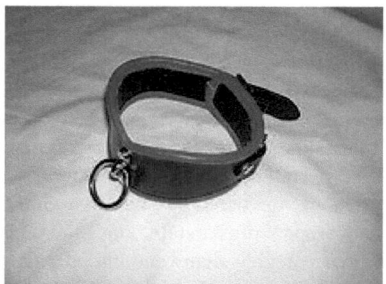

Vorderansicht eines typischen Halsbandes. Solche oder ähnliche Modelle werden sehr häufig von Bottoms getragen.

Mit dem Begriff Bottom wird beschrieben, dass es sich um den passiven Partner innerhalb einer Session oder einer Beziehung handelt; darüber hinaus beinhaltet der Begriff keine Wertung, beschreibt keine Charaktereigenschaft oder Spielart. Zum Beispiel kann ein Bottom durchaus als Masochist innerhalb einer Szene agieren, aber darüber hinaus kein Interesse daran haben sich seinem aktiven Partner zu unterwerfen oder sich von ihm erniedrigen zu lassen. Umgekehrt ist es genauso möglich, dass ein Bottom ausschließlich eine devote Neigung verspürt und keinerlei Interesse an der Zufügung von Schmerz durch seinen Partner verspürt und diese Spielarten ablehnt.

Ähnliches gilt umgekehrt auch für den Top. Hierbei stehen am einen Ende des Spektrums dominante Partner, die es genießen, Befehle zu geben, dem Zufügen körperlicher Stimulationen jedoch gleichgültig bis ablehnend gegenüberstehen. Am anderen Ende des Spektrums steht der sadistische Top, der körperliche und psychologische Manipulationen an seinem devoten Partner genießt, aber kein Interesse an dessen Unterwerfung hat.

Subspace

Der rauschähnliche, psychische Zustand in dem sich ein Bottom oder Sub während einer Szene befinden kann, wird Subspace oder „Fliegen" genannt. In den Subspace „einzutauchen", das ekstatische Gefühl zu erfahren, für begrenzte Zeit wehrlos zu sein und alle Macht abzugeben, ist für Bottoms/Subs von großer Attraktivität.

Topping from the Bottom

Topping from the Bottom (englisch für „von unten beherrschen"): Dieser Ausdruck beschreibt den Versuch des Bottoms, den Top durch Manipulation (Provokation, bewusstes Fehlverhalten) zum Wunscherfüller (Erfüllungsgehilfen) des Bottoms zu machen. Ein solcher Bottom wird in der deutschen BDSM-Szene „Wunschzettelsub" oder „-bottom" genannt, in der englischsprachigen Szene wird dafür der Ausdruck *„pushy Bottom"* verwendet. Findet das BDSM-Rollenspiel auf den Wunsch des Bottoms hin (und) in der Art und Weise statt, wie der Bottom es haben möchte, wird der aktive Partner auch „Service-Top" genannt. Innerhalb der BDSM-Szene existiert eine sehr puristische Schule, die ein solches *Topping from the Bottom* als unvereinbar mit den hohen ethischen Standards betrachtet, die aus ihrer Sicht an BDSM-Beziehungen anzulegen sind.

Switchen

Im BDSM ist es auch verbreitet, dass die Partner von einem Spiel *(Session)* zum anderen die Rollen wechseln (englisch: *to switch*), je nach Stimmung, Partner oder Präferenz. Diese Praxis wird als *Switchen* (seltener auch als *Switching*) bezeichnet.

Literatur

- Dossie Easton, Janet W. Hardy: *The New Bottoming Book.* Greenery Press (CA), 1998, ISBN 1-890159-35-2,
- Matthias T. J. Grimme: *Das SM-Handbuch.* Charon-Verlag, 2002, ISBN 3-931406-01-6.
- William A. Henkin, Sybil Holiday: *Consensual Sadomasochism: How to Talk About It and How to Do It Safely.* Daedalus Publishing, 1996, ISBN 1-881943-12-7.
- Arne Hoffmann: *Lustvolle Unterwerfung.* Marterpfahl, 2004, ISBN 3-936708-11-8.
- Phillip Miller, Molly Devon: *Screw the Roses, Send Me the Thorns: The Romance and Sexual Sorcery of Sadomasochism.* Vorwort von William A. Granzig. Mystic Rose Books, 1995, ISBN 0-9645960-0-8.
- Jay Wiseman: *SM 101: A Realistic Introduction.* Greenery Press (CA), 1998, ISBN 0-9639763-8-9.

Von „http://de.wikipedia.org/wiki/Bottom"

Butt-Plug

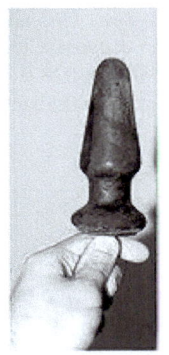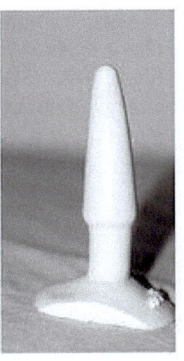

Zwei verschiedene Formen von Butt-Plugs

Form

Tristan Taormino mit dem *Feminist Porn Award*

Kabouter Buttplug

Ein **Butt-Plug** [ˈbʌtplʌg] (von engl. *butt plug* = Po-Stöpsel), auch **Buttplug** oder **Butt Plug** geschrieben und auch **Analplug** oder **Analstöpsel** genannt, ist ein Sexspielzeug. Er ist eine Art Dildo, der in den Anus eingeführt wird und durch seine spezielle Form dort verbleiben kann. Butt-Plugs werden sowohl von Männern als auch von Frauen verwendet. Sie dienen der Vorbereitung auf den Analverkehr sowie auch der sexuellen Stimulation.

Zwei Merkmale unterscheiden den Butt-Plug vom Dildo: Er ist am einen Ende abgerundet und konisch geformt, um gut eingeführt werden zu können. Anschließend verjüngt er sich; das abschließende Ende wird dagegen wieder so breit, dass der Butt-Plug nicht versehentlich komplett in den Anus gelangen kann. Durch diese Form wird erreicht, dass der eingeführte Butt-Plug ohne Kraftanstrengung wie ein gut sitzender Stöpsel von selbst an seinem Bestimmungsort verbleibt. Mit Ausnahme aufblasbarer Modelle kann jeder Butt-Plug durch kräftiges Pressen beziehungsweise durch Zug am unteren Ende wieder ausgeschieden werden.

Es gibt Butt-Plugs in verschiedenen Größen, Farben und Formen; mit und ohne Vibrator. Es gibt auch Varianten mit Fuchs-, Pferde- oder Hasenschwänzen die einem Furry nahe kommen sollen. Diese sind meist nur in gut sortierten Fachgeschäften und Online-Shops erhältlich und werden in der Regel für Petplay verwendet. Meist werden sie heute aus Silikon oder Jelly hergestellt, um sie möglichst schmerzfrei und mit minimalem Verletzungsrisiko einführen zu können. Daneben gibt es auch Butt-Plugs aus harten Materialien wie Edelstahl, Granit oder Glas. Aus hygienischen Gründen kann man den Butt-Plug mit einem Kondom überziehen.

Verwendung

Die Verwendung erfolgt in der Regel als Mittel der Analdehnung, das heißt als Vorbereitung für einen schmerzfreien Analverkehr. Der Butt-Plug wird dazu vor dem Analverkehr langsam in den Anus eingeführt und verbleibt für einige Minuten in diesem. Dies führt zu einer leichten Dehnung des Anus und zur Entspannung der Rektalmuskeln, das Eindringen des Penis wird somit erleichtert. Teilweise wird ein Butt-Plug auch bewusst über längere Zeit im Anus behalten. So kann der Schließmuskel des Anus *(musculus sphincter ani)* durch regelmäßiges Tragen „trainiert" werden, um den Analverkehr gänzlich schmerzfrei und lustvoller zu gestalten. Auch kann durch die normale Bewegung während des Tragens eines Plugs sexuelle Stimulierung erreicht werden.

Im BDSM-Bereich werden Butt-Plugs manchmal auch als „Strafe" eingesetzt. Zur Bestrafung des Bottoms (Subs), aber auch zur sexuellen Luststeigerung, dienen Butt-Plugs, die aus einem frischen Stück Ingwerwurzel geschnitzt sind (siehe Figging).

Sonstiges

- Der *Feminist Porn Award*, eine Auszeichnung im Erotikbereich, besteht aus einer Trophäe, die einem kristallförmigen Butt-Plug nachempfunden ist. Die Auszeichnung wird an Personen verliehen, die sich um „Pornografie und Erotik für Frauen" verdient gemacht haben. Die Awards sind Teil der Sex-positive feminism-Bewegung
- Der Künstler Paul McCarthy sorgt mit seinen Weihnachtsmännern, den sogenannten Kaboutern, für Aufsehen. Diese halten anstelle eines Weihnachtsbaumes einen Butt-Plug in der Hand. Im Jahr 2005 wurde vor dem Museum Boijmans van Beuningen in Rotterdam eine große Skulptur aufgestellt, die eine große Ausgabe dieser Weihnachtsmänner darstellt.

Literatur

- Tristan Taormino: *The Ultimate Guide to Anal Sex for Women*. Cleis Press, 1997, ISBN 1-57344-028-0

Von „http://de.wikipedia.org/wiki/Butt-Plug"

Chaps

Cowboy mit Chaps (ca. 1887)

Chaps (von span. chaparajos) sind lederne Beinkleider ohne Gesäß, die von Cowboys beim Reiten getragen werden. Die Chaps sollen die Beine und auch die Hosen schützen, z. B. vor Dornengestrüpp, vor den Hörnern der Rinder, bei der Arbeit mit dem Lasso oder bei Hufarbeiten vor Verletzungen mit dem Hufmesser. Chaps werden in spezialisierten Formen auch von anderen Berufsleuten als Arbeitsschutz getragen (z. B. Hufschmiede, aber auch Waldarbeiter).

Es gibt viele Formen von Chaps: Die engen *Shotguns*, die heute vor allem im Norden getragen werden, die weit geschnittenen offenen *Batwings*, die vor allem im heißen Texas verbreitet sind, und vor allem in Kalifornien die nur bis knapp unters Knie reichenden *Chinks*. Im Norden werden im Winter *Woolies* getragen, das sind Chaps aus Ziegenhaar, die darüber hinaus meist gefüttert sind. Diese haben jedoch den Nachteil, dass sie sich bei Regen mit Wasser voll saugen und dadurch sehr schwer werden. Außerdem sondern sie bei Feuchtigkeit einen üblen Geruch ab. In Spanien tragen die Vaqueros *Zahones*.

Ähnliche Kleidungsstücke aus Leder waren bereits bei einigen Stämmen der amerikanischen Ureinwohner in Gebrauch. Sie wurden von weißen Trappern und Jägern übernommen („Lederstrumpf"). Man fertigt sie heute als eine Art Lederhose ohne Schritt, deren Bund vorn gegürtet und/oder hinten geschnürt wird. Sie bedecken nur die Beine und manchmal lediglich deren Vorder- bzw. Rückseite, da man sie als Schutz über der eigentlichen Hose tragen kann.

Bei den Englischreitern verbreitet sind sogenannte *Minichaps*, eine Art Gamaschen, die häufig in Kombination mit z. B. Jodhpurstiefeletten oder auch anderen Schuhen als Ersatz für Reitstiefel getragen werden.

Chaps sind auch in der Rocker-Szene und in der Subkultur der schwulen Lederszene beliebt.

Von „http://de.wikipedia.org/wiki/Chaps"

Club de Sade

Club de Sade in Hamburg St.Pauli

Der **Club de Sade** in Hamburg St.Pauli ist einer der ältesten SM-Clubs in Europa. Er wurde in den 1960er Jahren von Peter W. Ernst gegründet.

Die Ausstattung des 300 m² großen Clubs, der eine Cabaret-Konzession erhielt, ist von den Geschichten des Marquis de Sade inspiriert und wurde durch den damaligen Besitzer persönlich bzw. nach seinen Entwürfen gefertigt. Nach dem Tod des Gründers übernahm 2010 der Unternehmer Kalle Schwensen den Club.

Von „http://de.wikipedia.org/wiki/Club_de_Sade"

Cock and Ball Torture

Unter **Cock and Ball Torture** (engl. für Penis- und Hodenfolter) oder abgekürzt **CBT** versteht man die sexuelle, lustvoll-schmerzliche Stimulation von Penis und Hodensack. Es ist eine einvernehmliche sexuelle Spielart des BDSM und keine Folter im ethischen Sinn.

Verbreitung

Cock and Ball Torture ist innerhalb der weiblichen Dominanz eine verbreitete Spielart der erotischen Stimulation, in Umfragen gaben 81 % aller befragten submissiven, masochistischen oder devoten Männer an, über praktische Erfahrungen mit CBT zu verfügen. Über die Verwendung im homosexuellen Bereich der BDSM-Szene ließen sich keine Nachweise finden, allerdings ist nach Beschreibungen in der erotischen und fachbezogenen Literatur ein ähnliches Ergebnis zu erwarten.

Praktiken

Das Spektrum der im CBT-Rahmen ausgeübten Praktiken dient, je nach Vorliebe des Bottom (passiven Partners) dazu, leichtes Unbehagen oder leichten bis starken Schmerz zu verursachen. Grundsätzlich sollte der Top (aktive Partner) über grundlegende anatomische Kenntnisse verfügen und sich der Sensibilität der männlichen Geschlechtsorgane bewusst sein. Unterschieden werden kann grob in *Ball Torture*, bei dem die Hoden bzw. der Hodensack im Mittelpunkt stehen und *Cock Torture*, bei dem sich der Top vor allem mit dem Penis und den ableitenden Harnwegen befasst. Einige Praktiken lassen sich in beiden Bereichen anwenden.

Ausführungsvariationen

Im ganzen Bereich können Zwicken, Kratzen, Kerzenwachs, Brennnesseln, Eiswürfel, durchblutungsfördernde Cremes, der Saft von Chilis oder Ingwer (siehe auch Figging) angewandt werden. Erotische Elektrostimulation sowie Abbinden und Mumifikation können ebenfalls die gesamten Genitalien umfassen.

Für den Hoden sind Praktiken beispielsweise das Quetschen, leichtes Schlagen mit der Hand oder Schlagwerkzeugen wie beispielsweise einer Gerte bis hin zum Treten (*Ball Busting*), das Befestigen von Klammern und/oder Gewichten oder die Anwendung spezieller Gerätschaften (zum Beispiel Humbler, Hodenparachute) möglich. Zu den besonders risikoreichen Praktiken in diesem Bereich gehören Nadelungen und Hodensackinfusionen, auch kombiniert mit weiteren Praktiken aus der Klinikerotik und teilweise auch unter Einbeziehung der Harnröhre. Insbesondere erweiternde Methoden mittels Dilatatoren, Kathetern, Prince's Wand etc. dienen der Harnröhrenstimulation.

Tamakeri

Tamakeri (wörtl. „*Eier-Treten*") ist ein sexueller Fetisch und ein Genre der Pornografie in Japan. In der Tamakeri-Pornografie tritt eine weibliche Darstellerin einem Mann in den Hodensack. Kernzielgruppe für Tamakeri-Videos sind masochistische Männer, die die Idee, in die Hoden getreten zu werden – zumindest in der Fantasie – sexuell stimulierend finden.

Risiken

Einige Praktiken bergen Risiken wie beispielsweise Verbrennungen durch die unsachgemäße Anwendung von heißem Wachs. Infektionen mit sexuell übertragbaren Krankheiten und allgemeine Infektionen sind grundsätzlich möglich. Verschiedene CBT-Praktiken können darüber hinaus zu bleibenden Gesundheitsschäden führen. Mögliche Folgen sind unter anderem eine Dauererektion oder die Desensibilisierung bzw. der Gefühlsverlust der Genitalien. Weiterhin kann eine bleibende erektile Dysfunktion (Impotenz) durch Verletzung der Schwellkörper auftreten. Beim Verbiegen des steifen Penis kann es zum Penisbruch kommen. Schockzustände nach erheblichen Verletzungen und Unfruchtbarkeit sind weitere potenzielle Folgen. Sofortige medizinische Hilfe ist in diesem Fall unerlässlich.

Von „http://de.wikipedia.org/wiki/Cock_and_Ball_Torture"

Coming-out

Coming-out (von englisch „coming out of the closet", wörtlich: „aus dem Kleiderschrank herauskommen") bezeichnet zumeist den individuellen Prozess, sich seiner eigenen gleichgeschlechtlichen, oder seine von geschlechtlichen Identität oder Geschlechterrolle abweichenden Empfindungen bewusst zu werden, dies gegebenenfalls dem näheren sozialen Umfeld mitzuteilen. Dieser Artikel beschäftigt sich hauptsächlich mit dem Coming-out gleichgeschlechtlich empfindender Menschen.

Hintergrund

Analog zur sexuellen Orientierung, lesbisch – schwul – bisexuell – heterosexuell, durchleben auch Menschen, denen das Schema der Heteronormativität in anderer Weise nicht gerecht wird, ähnliche Prozesse. Die gesellschaftliche Erwartung einer heterosexuellen Orientierung ist also nicht der einzige mögliche Anlass eines Coming-Outs. Ähnlich wirken eingeschränkte, bis fehlende Akzeptanz für sexuelle Vorlieben oder Neigungen, z. B. Sadomasochisten oder für weitere Formen geschlechtlicher oder sexueller Selbstverständnisse wie Transvestiten und Transgender. Daraus ergeben sich weitere Fragekomplexe wie die nach Geschlechterrollen und Geschlechtsidentität. Bei Transgender werden gegebenenfalls zusätzliche Themen wie geschlechtsangleichende Maßnahmen und das Transsexuellengesetz aktuell, die ebenfalls Ergebnis eines zuvor erfolgten Outungs sein können.

Die meisten Menschen werden heteronormativ oder gar heterosexistisch erzogen, das bedeutet, dass man sie so erzieht, als wären sie heterosexuell, ungeachtet der tatsächlich vorhandenen sexuellen Orientierung. Das ist vergleichbar mit der Erziehung von Linkshändern in früheren Tagen, denen dasselbe Verhalten beigebracht wurde wie Rechtshändern. Für die Gesellschaft ist das einfacher, da man sich die Differenzierung spart, für die Betroffenen hingegen verursacht das erhebliche Schwierigkeiten. Es ist durch verschiedene Studien zweifelsfrei erwiesen, dass die sexuelle Orientierung von genetischen Faktoren mindestens mitbestimmt wird und postnatal nicht mehr veränderlich ist. Ob und welche weiteren Faktoren nach der Zeugung noch hinzukommen können, ist unbekannt. Bisher sind keine seriösen Fälle bekannt, in der die sexuelle Orientierung erfolgreich verändert wurde, trotz umfangreicher Versuche vor allem durch Aktivisten der Ex-Gay-Bewegung. Man kann daher sagen, dass die sexuelle Orientierung unveränderlich ist. Dies wird gelegentlich verdeutlicht durch die Redewendung: „Schwul wird man nicht, schwul ist man!". Im Zuge des Coming-out wird also eine vorhandene homosexuelle Orientierung nicht etwa *entwickelt*, sondern nur *entdeckt*.

Coming-out als Prozess

Im Coming-out unterscheidet man zwei Phasen, das *innere* Coming-out und das *äußere* Coming-out (für letzteres hat sich die präzisere Bezeichnung *Going Public* = an die Öffentlichkeit gehen *im Alltagsgebrauch nicht durchgesetzt). Das innere Coming-out umfasst den Teil des Prozesses bis zur Bewusstwerdung über eine bei der eigenen Person vorhandene homosexuelle Orientierung. Die Feststellung „Ich bin homosexuell!" erfolgt zunächst für sich selbst. Diese Phase kann individuell unterschiedlich lange dauern, beginnt meist erst mit der Pubertät und kann sich teilweise über viele Jahre hinziehen.*

Das äußere Coming-out ist dadurch geprägt, dass man allen oder ausgewählten Menschen des sozialen Umfeldes (oder manchmal auch darüber hinaus), meist beginnend mit nahen Verwandten und Freunden, die eigene sexuelle Orientierung explizit offenbart, die Feststellung „Ich bin homosexuell!" erfolgt dann gegenüber anderen Menschen. Viele Homosexuelle informieren allerdings nur einen Teil ihres sozialen Umfeldes.

Der Coming-out-Prozess ist nicht an ein bestimmtes Alter gebunden. Es gibt Fälle, in denen Menschen in relativ hohem Alter ihre Homosexualität ihren Familien, Kollegen oder ihrem Freundeskreis offenbaren. Obwohl diese Menschen, im Gegensatz zu jüngeren, meist finanziell unabhängig sind und nicht von Pubertätsproblemen geplagt werden, haben sie andere Probleme, weil sie meist sehr lange ihrer Umgebung eine Fiktion gezeigt haben, die nur sehr schwer zu widerrufen ist. In vielen Fällen sind sie sogar verheiratet oder haben Kinder.

Wann immer ein Betroffener in eine fremde Umgebung kommt (neuer Arbeitsplatz, Wohnort oder fremde Menschen, die er nicht auf Anhieb abschätzen kann, weil sie zum Beispiel aus anderen Kulturkreisen stammen), stellt sich für ihn immer wieder neu die Frage, ob und wie er seine sexuelle Identität seiner Umgebung offenbart.

Es gibt kein definiertes Ergebnis für einen Coming-out-Prozess. Die Schattierungen reichen vom völlig offenen bis zum weitgehend zurückgezogenen Leben. Kriterium ist, ob der Betroffene innerlich seine sexuelle Orientierung akzeptiert hat und sich selbst nicht verleugnet. Jemand kann sich seiner homosexuellen Veranlagung bewusst sein oder sogar sexuelle Beziehungen zum selben Geschlecht haben und trotzdem Schuldgefühle oder Selbsthass empfinden (in der psychiatrischen Diagnostik „ichdystone Sexualorientierung" genannt).

Auf dem Land in Deutschland, Schweiz oder Österreich lebende homosexuelle Menschen haben es im Vergleich zu homosexuellen Menschen in den deutschen, schweizerischen, österreichischen Mittel-/Großstädten schwerer und suchen daher zunächst Informationen über Medien (Internet, Fernsehen,…). Erst wenn sie sich selbstsicher genug fühlen, offenbaren sie sich Vertrauenspersonen oder engen Freunden. Ein offenbarendes Gespräch mit Eltern oder Verwandten erfolgt häufig später und ist von den jeweiligen Familienverhältnissen abhängig. Das Coming-out der Kinder ist oft auch ein tief in die eigenen Lebens- und Wertvorstellungen eingreifendes Ereignis für die Eltern, welches die eigenen Lebensentwürfe, wie beispielsweise ein Leben mit Enkeln in Frage stellen kann. Im gesellschaftlichen Kontext werden von ihnen immer wieder problematische, oft schambesetzte, Situationen erlebt, wenn sich das Gespräch beispielsweise auf die Frage nach dem Partner oder Partnerin des Kindes fokussiert. Häufig werden solche Fragen dann ausweichend beantwortet oder es wird eine eigene kleine Coming-out-Situation erlebt.

Abhängig vom Kulturkreis stehen Menschen mit Migrationshintergrund häufig vor besonderen Schwierigkeiten bei ihrem Coming-out.

In vielen Kulturen sind die Familienstrukturen noch weit ausgeprägter, als sie es heute in Westeuropa sind. Vor allem in den Islam beeinflussten, aber auch in den lateinamerikanischen und osteuropäischen, stark vom konservativen christlichen Werten der katholischen und orthodoxen Kirchen geprägten Ländern, gibt es klare Vorstellungen von den Geschlechterrollen. Diese patriarchalisch geordneten Gesellschaften, umgangssprachlich auch Macho-Gesellschaften genannt, bringen ihre Auffassungen von der Hierarchie und dem Zusammenhalt innerhalb einer Familie mit, und werden unter dem Eindruck der auf sie bedrohlich und fremd wirkenden neuen Kultur häufig noch enger zusammengeschweißt.

Die Enttäuschung ist dann um so stärker, wenn die Erwartungen an die Geschlechterrollen nicht erfüllt werden können, da der Homosexuelle von diesem Schema abweicht. In der konservativen Auslegung des Christentums (siehe: Homosexualität und Christentum) und in der konservativen Auslegung des Islam (siehe: Homosexualität im Islam) wird Homosexualität als sündig angesehen; ein schwuler Sohn bringt deshalb in den Augen dieser Familien in mehrfacher Hinsicht "Schande" über die Familie. Häufig wird der Sohn nach seinem Coming-out aus dem Hause verwiesen, gelegentlich kommt es sogar zu Gewalttaten zur Wiederherstellung der verloren geglaubten Ehre.

Viele der aus diesen Kulturen stammenden schwulen Migranten verzichten deshalb darauf ihre Familien einzuweihen. Oft wird die sexuelle Identität im Verborgenen oder offener in einer anderen Stadt gelebt, so dass zwei Sphären entstehen, die sich im Normalfall nicht berühren.

Emotionale Aspekte

Aufgrund der normativen Erziehung entstehen bei homosexuellen Menschen zum Teil erhebliche Spannungen zwischen den Erwartungen der Umgebung an ihre Gefühle und den tatsächlich vorhandenen Gefühlen. Während zum Beispiel andere Jungs eine sexuelle Erregung beim Anblick von Mädchen verspüren, empfinden schwule Jungs in derselben Situation ganz anders. Das führt oft zu einem subjektiven Gefühl des Andersseins und auch des Alleinseins. Viele Homosexuelle glauben zunächst, ganz alleine und einzigartig zu sein mit ihren Gefühlen.

Vorausgesetzt, dass keine Verfolgung von Homosexuellen droht, können Lesben und Schwule dieses emotionale Dilemma dadurch auflösen, dass sie einsehen und akzeptieren, tatsächlich anders zu sein und darüber hinaus zu erkennen, dass die an sie von anderen herangetragenen Erwartungen für sie nicht bindend sind. Die Betreffenden lösen sich von den Rollenerwartungen ihrer Umgebung, sie emanzipieren sich von der Rolle als Heterosexueller. Das erfordert ein erhebliches Maß an Mut und Selbstvertrauen, da es auch das Eingeständnis der Zugehörigkeit zu einer Minderheit bedeutet, die zum Teil noch immer mit erheblichen Widerständen in Staat und Gesellschaft zu kämpfen hat.

Homosexuelle müssen je nach Region und Kulturkreis mit unterschiedlich großen Widerständen rechnen, die die Selbstfindung sehr erschweren können. Diese reichen von einfachen Ressentiments bis hin zu akuter Lebensgefahr. In einigen, vor allem islamischen Regionen, sind homosexuelle Handlungen mit erheblichen Gefängnisstrafen, bis hin zur Todesstrafe bedroht. In vielen islamischen Staaten ist die Sharia Grundlage der Gesetzgebung, welche eine Bestrafung vorsieht, ohne jedoch eine genaue Angabe über die Art der Strafe zu machen.

Dennoch reicht auch bereits eine negative Reaktion der Umwelt oder auch nur die Erwartung einer solchen, um Stressreaktionen bei den Betroffenen auszulösen, die bis zu extremen Konsequenzen führen können einschließlich der Selbsttötung. Eines der prominentesten Opfer, welches sich nach seinem unfreiwilligen Outing das Leben nahm, war der Mathematiker Alan Turing.

Besonders Jugendliche sind in solchen Fällen gefährdet: Zu den Pubertätsproblemen gesellen sich Fragen wie „Bin ich normal?", „Bin ich allein so?" Dies verdeutlicht auch die erhöhte Suizidversuchsrate bei jungen homosexuellen Menschen.

Es erfordert daher ein erhebliches Maß an Vertrauen der Betroffenen in ihre Umwelt, um die eigene sexuelle Orientierung anderen zu offenbaren. Manchmal schrecken Betroffene aus Angst vor einer möglichen negativen Reaktion vor dem Coming-Out zurück, obwohl eine solche negative Reaktion tatsächlich gar nicht droht.

Anspielend einerseits auf die erheblichen emotionalen Belastungen, die mit dem Coming-out verbunden sind, und andererseits auf den Umstand, dass Homosexualität teilweise angeboren ist, pflegen manche Betroffenen die Redewendung: „Schwul ist man nicht, das hat man sich hart erarbeitet!".

Historische Entwicklung

Weltweit nimmt die Intensität der Verfolgung von Homosexuellen ab, insbesondere die staatliche Verfolgung ist in den vergangenen 50 Jahren besonders in Europa stark zurückgegangen. Daher ist das Coming-out heute leichter als früher.

Gleichzeitig existieren heute im Internet Plattformen mit hoher Reichweite und umfangreichem Informationsangebot. Hier können Betroffene bequem und anonym Informationen einholen, ohne sich selbst zu gefährden. Darüber hinaus ist ein gefahrloser Austausch mit anderen Menschen möglich und sogar Beratung, wodurch die Unsicherheit der Betroffenen abgebaut werden kann. Das war früher nicht möglich, da man sich oft schon mit dem Wunsch nach Informationen über Homosexualität angreifbar gemacht hatte.

Entwicklung des Begriffs

Die aus dem Englischen übernommene Redewendung „Coming out", die im englischen Ursprung sowohl den Auftritt einer Debütantin bei ihrer Volljährigkeit als auch den Prozess, ein Versteck (Schrank) zu verlassen („*Coming out of the closet*"), bezeichnet, hat in der deutschen Sprache eine feste Bedeutung erlangt, die durch keine anderen deutschen Wörter zu ersetzen ist. Dabei hat das eingedeutschte Wort *outen* auch eigene, weitere Bedeutungen erhalten:

- (transitiv): *jemanden outen* oder *Zwangsouten* ist die auch in der lesbischen und schwulen Community umstrittene, gegen den Willen des Betroffenen erfolgende Bekanntgabe seiner sexuell abweichenden Orientierung. Im Allgemeinen gilt die Praxis als verpönt. Sie wird aber eher akzeptiert und dann als eine Art Notwehr betrachtet, wenn der Betroffene sich z. B. in der Politik aktiv gegen Homosexuelle engagiert. Näheres dazu unter Outing.
- *sich outen* wird oft in einem sehr allgemeinen Umfeld benutzt, um scherzhaft bekannt zu geben, dass man einer in der jeweiligen Gruppe verpönten Haltung, Geschmacksrichtung oder Ähnlichem zuneigt. Beispiel: In einer Jugendgruppe sagt jemand: *Ich oute mich mal als Klassikliebhaber.*
- *outen* wird umgangssprachlich inzwischen auch für die Bekanntgabe beliebiger privater biografischer Momente verwendet, z. B.: *Ich oute mal etwas aus meiner Ausbildungszeit.*

Hilfsangebote und Selbsthilfe

Eine positive Reaktion der Umwelt wirkt auf die Betroffenen erleichternd. Sie fühlen sich oft befreit und in ihrem Selbstvertrauen bestätigt. Sie neigen dazu, optimistisch in die Zukunft zu blicken.

Deswegen gibt es mittlerweile im deutschsprachigen Raum in allen größeren Städten Gruppen und Organisationen, die Hilfe und Selbsthilfe anbieten. Für ländliche Gegenden sind überregionale Organisationen, meist über Webseiten oder Telefondienste, tätig.

Für homosexuelle Jugendliche werden oft spezielle Coming-out-Gruppen angeboten, in denen informations- und hilfesuchende Jugendliche alle Fragen zum Thema besprechen können und darüber hinaus oft auch Anschluss zu Gleichgesinnten finden.

„Coming-out" von Prominenten

Medienwirksames öffentliches Outing von Prominenten findet eher selten statt. Wenn es selbst angestoßen wurde, hat es meist einen tiefergehenden Grund. Es sind Bekanntmachungen alleine vor der Medienwelt, da es für das nähere Umfeld kein Geheimnis mehr darstellt. Meist wurde es aus verschiedensten Gründen vorher nie Stück für Stück innerhalb standardmäßiger Meldungen thematisiert. Es ist damit eine noch schwierigere Gratwanderung: Auf der einen Seite geht es um die einfache Bekanntgabe einer nicht der sozialen Norm entsprechenden sexuellen Orientierung sowie eines oft vorhandenen gleichgeschlechtlichen Weggefährten, was schon alleine und auch im alltäglichen Leben durch die automatische „heterosexuelle Vorannahme" oft als eine Grenzüberschreitung von der Privat- zur Sexualitätssphäre empfunden wird. Auf der anderen Seite steht die Sensationslust der Medien, welche es oft noch als auflagesteigerndes Medienereignis sehen. Sobald der Anfang gemacht wurde, lässt sich die Berichterstattung so gut wie nicht mehr steuern. Als Medium für ein öffentlichkeitswirksames „Going Public" fungiert in den Vereinigten Staaten vor allem das wöchentlich erscheinende *People* oder der monatlich erscheinende *Advocate*, in Deutschland die *Bild*-Zeitung und in Österreich das Wochenmagazin *News*.

Klaus Wowereit wollte durch seine Rede zur Nominierung für das Amt des Regierenden Bürgermeisters von Berlin 2001 einer sich abzeichnenden Thematisierung durch Medien im Wahlkampf zuvorkommen. Mit seinem inzwischen zum geflügelten Wort gewordenen Ausspruch „Ich bin schwul, und das ist auch gut so" war er der erste hochrangige deutsche Politiker, der die Flucht nach vorne ergriff. Jan Feddersen schrieb zu diesem Anlass in der taz: „Das unterscheidet ihn im Übrigen von Kollegen wie Guido Westerwelle oder Ole von Beust." Es verschaffte ihm letztendlich sogar einen leichten Vorteil bei der Wahl durch die vermittelte Glaubwürdigkeit, was im Vorhinein nicht abzusehen war.

Darauf folgte 2003 Ole von Beust, dem von seinem damaligen Innensenator und Koalitionspartner Ronald Schill ein Lebensgefährte und eine damit zusammenhängende Vermischung von Privatem und Amt zur Last gelegt wurden. Von Beust fasste es als Erpressungsversuch auf, entließ Schill, der daraufhin einzelne angebliche Details erzählte. Später outete sich der vermeintliche Lebensgefährte und wirkliche Studienfreund sowie Wohnungsmieter Roger Kusch. Kurze Zeit später wurden die letzten Zweifel durch ein Interview mit von Beusts Vater beseitigt. Von Beust war darüber letztendlich froh, da darin alles Wesentliche gesagt wurde und er nur mehr darauf verweisen musste. Beiden brachte es bei der jeweils darauf folgenden Wahl Sympathiepunkte. Hans-Ulrich Jörges schrieb im Stern: „Mit Ole von Beust hat ein schwuler Christdemokrat, der sich zu seiner Orientierung bekennt, eine absolute "bürgerliche" Mehrheit erobert. Es gibt Liberale [gemeint ist Westerwelle], denen der Mut dazu fehlt."

Guido Westerwelle hatte schon Jahre sein Privatleben nicht versteckt, auch nicht vor Journalisten, mit denen er schon Jahre zuvor auf einem Parteikonvent scherzte: „Outen Sie mich doch." Er ging auch häufiger zu Veranstaltungen in der Szene oder Straßenumzügen und war in der im Oktober 1997 erschienen ersten Ausgabe von *Out!* verzeichnet, wozu er selbst das Foto beisteuerte. Er hatte sich aber offiziell nie dazu geäußert. In den allgemeinen Medien wurde es nach den ungeschriebenen Regeln der Politik-Journalisten als „Privates" fast (siehe oben) nie thematisiert. In homosexuellen Medien dagegen wurde es meist beiläufig, nicht sensationell in Meldungen extra erwähnt oder impliziert und gelegentlichen gab es Diskussionen in der schwulen Szene. Im Jahre 2001 wurde er Parteivorsitzender und bei der Bundestagswahl 2002 trat er als Kanzlerkandidat an. Bei einer diskutierten schwarz-gelben Koalition nach der darauffolgenden Wahl war er als möglicher Außenminister im Gespräch. Da würde schon alleine das Diplomatische Protokoll den Lebensgefährten ins öffentliche Licht rücken, sofern man ihn nicht absichtlich ausgrenzen will und damit auch ein Teil des alltäglichen Lebens. So war klar, dass die Öffentlichkeit sowie die Parteimitglieder und so manche Führungskräfte des potentiellen konservativen Koalitionspartners auf das Thema vorbereitet werden sollten und ein halbwegs offizielles Outing – in welcher Form auch immer – im Raum stand. Im Frühjahr und Sommer 2004 erschien er daraufhin mit seinem Lebensgefährten Michael Mronz bei mehr oder weniger offiziellen Terminen. Als erstes berichtete der Spiegel am 28. Juni in einer Randnotiz von einer „männlichen Begleitung" sowie über ein „stilles Outing" und „stellte damit quasi die Bombe scharf." Danach wurden die gemeinsamen öffentlichen Auftritte häufiger. In der Kölner Lokalpresse wurde daraufhin leise spekuliert, was los sei, aber kein eindeutiger Bericht gebracht. Nach einer Einladung zur Geburtstagsfeier von Angela Merkel sagte er gemeinsam mit seinem Lebensgefährten zu. Dort saßen die beiden am 19. Juli nebeneinander in der ersten Reihe. Stunden nach der Veranstaltung bot ein Berliner Fotograf die Bilder mit dem Hinweis an, dass sich Westerwelle „erstmals" mit seinem Freund gezeigt hatte. Am 21. Juli veröffentlichte die Bild das Foto im Großformat auf der Titelseite mit der Schlagzeile: „FDP-Chef Guido Westerwelle liebt diesen Mann." Im Innenteil erklärte Hugo Müller-Vogg, wie Westerwelle „sein größtes Geheimnis" lüftete und dass der Mann auf dem Foto „nun offiziell als Lebensgefährte des FDP-Vorsitzenden eingeführt" sei. Der Bericht wurde von Westerwelle mit Wohlwollen aufgenommen und in der FDP, auch bezüglich des Blattes, mit „Angemessen" kommentiert. Weitere Anfragen von Journalisten wurden am nächsten Tag mit den Aussagen „Ich lebe mein Leben und mehr sage ich dazu nicht" (Westerwelle), „Privatleben ist Privatsache" (Pressestelle) und „Ich habe mich bisher nicht zu meinem Privatleben geäußert

und werde dies auch in Zukunft nicht tun" (Mronz) abgeblockt. Der Bild-Artikel war für die damalige Zeit trotz der Sensation auffallend wohlwollend formuliert und ganz auf Partnerschaft und nicht auf Sex bezogen. Erst jetzt erschien am gleichen Tag auch im *Kölner Express* erstmals ein deutlicher Bericht zu Westerwelle. Nach einem kurzen Rummel ging man sehr schnell wieder zur Tagesordnung über. Aber danach konnten die Medien ganz offiziell und ohne irgendwelche eventuellen Befürchtungen darüber berichten, wenn beide gemeinsam bei einer Veranstaltung gesichtet wurden.

George Takei äußerte sich öffentlich über seine langjährige Beziehung, und damit automatisch über seine Homosexualität, um die allgemeinen Forderungen nach einer Homo-Ehe zu unterstützen. Balian Buschbaum ging als Transmann am 21. November 2007 bezüglich seiner Beendigung der Sportlerlaufbahn und am 24. Januar 2008 bei Johannes B. Kerner an die Öffentlichkeit, da es in der Gesellschaft wenige Anlaufstellen und nur sehr wenig und sehr ungenaue Informationen zum Thema Transsexualität und insbesondere über Frau-zu-Mann-Transsexuelle gibt. „Deswegen habe ich gedacht: Ich muss was ändern, ich muss aufklären." Auch meinte er: „Der Schritt an die Öffentlichkeit zu gehen, ist für mich nicht schwer, sondern eine logische Konsequenz. Es gibt keinen Grund, mich zu verstecken." Er hat sich schon immer nicht wohl in ihrer Haut gefühlt und wurde als lesbisch wahrgenommen, obwohl er sich nie so gefühlt hat. Es war eine Leidensgeschichte und der Schritt zur Veränderung ist für ihn etwas positives, eine Klarstellung, die Erfüllung eines Lebenstraums. Die Aufmerksamkeit störte ihn nicht, „es ist jetzt einfach aus mir rausgeplatzt [...] mir geht es gut: Ich habe alles rausgelassen und mir alles von der Seele gequatscht."

Manche scheinen auch mehrmals ihr „Going Public" zu haben, besonders wenn bei Boulevardblättern eine Schlagzeile oder ein Werbefaktor gebraucht wird. Bei Richard Chamberlain stand es 1989 erstmals in den Medien,

1991 sprach er selbst erstmals darüber und vollzog somit sein „Going Public". Mit Erscheinen seiner Biografie im Jahre 2003 wurde er in den Medien wieder als vermeintlich „endlich geoutet" hingestellt. Ein anderes Beispiel ist Ulrike Folkerts, welche schon lange nicht mehr versteckt lebte, ab 1996 auch an sportlichen Veranstaltungen wie den Gay Games und den Eurogames teilnahm und 1998 über ihre Beziehung und ihre Teilnahme am Christopher Street Day sprach. Trotzdem erschien sie 1999 und 2005 mit ihrem Lesbischsein zweimal auf der Bild-Titelseite. Die rebellische Inge Meysel trat immer wieder für ihre Ideale, Toleranz, Gerechtigkeit und Zivilcourage ein und fand das Image als „Mutter der Nation" als nicht passend für sie. Sie hatte viele schwule Freunde und ihre offene und direkte Art machte sie bei Schwulen und Lesben beliebt. 1975 gab sie vor 300 Leuten in einer Theater-Talk-Show nach dem Schema des „Heißen Stuhls" im Hamburger Malersaal zu, schon mit einer Frau geschlafen zu haben. Der Spiegel berichtete in einem Nebensatz davon. 1986 wurde im Stern das Zitat „Die Liebe zwischen Frauen ist eine Zukunft" als ihr Kommentar zu einem Bild von Gustave Courbet mit einem lesbischen Liebesakt gedruckt. In einem Interview mit Alice Schwarzer für die Emma-Ausgabe Jänner 1987 erzählte sie, dass in ihrer Teenagerzeit kein Platz für eine feste Beziehung mit meinem Mann war. Ihr war klar, dass sie dann schwanger werden würde, dies aber für sie nicht mit ihrem Karrierewunsch als Schauspielerin vereinbar war. „Männer waren gestrichen, bis 21, dann ist es doch noch passiert. Aber da hatte ich schon längst eine Liebesbeziehung zu einer Frau. Mit einer Kollegin. Tempi passati." Richtig bekannt wurde ihr gleichgeschlechtliches Erlebnis und ihr Bekenntnis zu einer gewissen Bisexualität erst ab 1992. Nach einem Talkshow-Auftritt titelte die Bild am 24. April 1992: „Mutiges Bekenntnis. Inge Meysel: Ich habe Frauen geliebt." In einem dpa-Interview wird sie 1992 zitiert: „Ich war bisexuell, ich, die ‚Mutter der Nation'." und „Ich habe mit 17 durch eine Frau die körperliche Liebe kennen gelernt. Aber das war das einzige Mal.". In einem Interview in der Bunten meinte sie im Jahre 2001: „Wer nicht bisexuell ist, verpasst doch das Beste."

Rosa von Praunheim offenbarte im Jahr 1991 einige homosexuelle Kollegen von Film, Funk und Fernsehen. Dazu gehörten u. a. Alfred Biolek und Hape Kerkeling.

Das Bekanntwerden des ehrenamtlichen BDSM-Engagements des UN-Waffeninspekteurs Jack McGeorge führte im angelsächsischen Sprachraum zu einer umfangreichen gegen ihn gerichteten Medienkampagne, in deren Verlauf sich Hans Blix und Hua Jiang, Pressesprecherin des UN-Generalsekretärs Kofi Annan, eindeutig auf McGeorges Seite stellten.

Literatur

- Silvy Pommerenke: *Küsse in Pink. Das lesbische Coming-out-Buch.* Verlag Krug & Schadenberg, Berlin 2008, ISBN 978-3-930041-62-6
- Sonja Schock: *Und dann kamst Du - und ich liebte eine Frau.* Verlag Krug & Schadenberg, Berlin 1997, ISBN 978-3-930041-12-1
- Ellen Bass; Kate Kaufman: *Wir lieben, wen wir wollen: Selbsthilfe für lesbische, schwule und bisexuelle Jugendliche.* Berlin 1999. ISBN 3-929823-62-4
- Thomas Grossmann: *Schwul, na und?* Reinbek bei Hamburg 2002. ISBN 3-499-19109-1
- Pia Werner; Barbara Wörmann: *Jane liebt Julia: das Coming-Out-Buch für Lesben.* München 2000. ISBN 3-426-77449-6
- Rolf Winiarski: Coming Out Total. Der Ratgeber für ein selbstbewusstes Leben. Berlin 2002. ISBN 3-86187-323-0
- Dorit Zinn: *Mein Sohn liebt Männer.* Frankfurt am Main 1992. ISBN 3-596-11260-5
Türkische Übersetzung: *Oğlum erkekleri seviyor,* ISBN 975-7836-10-9
- Meike Watzlawik, Friederike Wenner: *...und ich dachte, Du bist schwanger! – Frauen erzählen ihr Coming-out* Stuttgart 2002. ISBN 3-932855-06-X
- Kathrin Passig und Ira Strübel: *Die Wahl der Qual.* Rowohlt-Verlag 2004, ISBN 3-499-61692-0
- Kurt Wiesendanger: *Vertieftes Coming-out. Schwules Selbstbewusstsein jenseits von Hedonismus und Depression*, Vandenhoeck & Ruprecht, 2005, ISBN 3-525-46232-8

Von „http://de.wikipedia.org/wiki/Coming-out"

Cover (BDSM)

Covern (engl. *Cover* - Deckung, Schutz) ist im Bereich BDSM ein gebräuchlicher Begriff für einen „Schutzengel" bei Blinddates. Der Begriff wird in einem ähnlichen Zusammenhang auch in anderen, nicht-BDSM-bezogenen, Online-Communitys verwendet, beispielsweise auf Flirt-Sites oder Webseiten zur Anbahnung von hetero- oder homosexuellen Kontakten.

Die subkulturelle BDSM-Szene verwendet zur Kommunikation untereinander und zum Kennenlernen Gleichgesinnter vielfach das Internet. Viele der realen Kontakte ergeben sich daher aus anfangs virtuellen Bekanntschaften. Diese ersten Begegnungen werden innerhalb der Szene als nicht völlig ungefährlich eingeschätzt, da die Möglichkeit, sich aus einer als unangenehm empfundenen Situation zu befreien, bei einigen sexuellen Praktiken, beispielsweise dem Bondage, nicht zwangsläufig gewährleistet ist.

Um dieses Risiko zu minimieren, werden unbeteiligte Dritte über den Ort und den Zeitpunkt des Treffens informiert. In Vereinbarungen wird festgelegt, ob das Cover persönlich, telefonisch oder durch SMS über das Wohlergehen der gecoverten Person informiert wird. Findet keine Rückmeldung statt oder verwendet der Gecoverte ein vereinbartes Codewort, werden Hilfsmaßnahmen durch den Schutzengel eingeleitet.

In vielen Communitys, beispielsweise der größten deutschsprachigen BDSM-Community Sklavenzentrale oder der Schweizer BDSM-Hilfsorganisation SOS-BDSM, stellen sich ehrenamtliche Mitglieder als Cover zur Verfügung und bieten kostenlosen Schutz an. Organisation wie die Bundesvereinigung Sadomasochismus oder die SMJG verweisen auf kostenlose oder kostenpflichtige Online-Agenturen, die anonymes Covern anbieten. Es wird darauf hingewiesen, dass das Risiko eines sexuellen Missbrauchs durch ein Cover zwar minimiert, aber nicht ausgeräumt werden kann.

Literatur

- Kathrin Passig, Ira Strübel: *Die Wahl der Qual: Handbuch für Sadomasochisten und solche, die es werden wollen.* Rowohlt Taschenbuch 2004, ISBN 3499616920
- National Coalition of Anti-Violence Programs: *Safe Dating*, Abschnitt „Silent Alarm", verfügbar als PDF (174 kB)

Von „http://de.wikipedia.org/wiki/Cover_(BDSM)"

Cuckold

Als **Cuckold** (auch kurz als **Cucki** oder **Cuck**) wird vor allem in der BDSM-Szene ein Mann bezeichnet, der in einer festen Partnerschaft oder Liebesbeziehung durch den intimen Kontakt seiner Partnerin mit anderen Männern (sogenanntes Fremdgehen) sexuellen Lustgewinn erlangt. Dabei kann der Cuckold dominantes, voyeuristisches, masochistisches und/oder devotes Verhalten bevorzugen.

Im englischen Sprachgebrauch ist *Cuckold* gleichzeitig die Entsprechung des veralteten deutschen Begriffes Hahnrei, also ein Mann, der durch das Fremdgehen seiner Partnerin gedemütigt wird. Mit der Einführung des englischen Lehnwortes in die deutsche Sprache findet hier eine Differenzierung zwischen dem klassischen heimlichen Fremdgehen und offen ausgelebten sexuellen Vorlieben innerhalb der Beziehung statt.

Etymologie

Das englische Wort "Cuckold" setzt sich aus zwei Bestandteilen zusammen: Das *Cuck* leitet sich vom englischen *Cuckoo* oder vom französischen *Coucou* ab (beides: *Kuckuck*), das pejorative Suffix von *-ald*.

Entsprechend dem Verhalten des Kuckucksweibchens, das seine Eier anderen Vögeln zur Brut und Aufzucht unterschiebt, wurde bereits im Mittelalter dieses Verhalten auf den Menschen für solche Fälle übertragen, in denen eine verheiratete Frau das mit einem anderen Mann gezeugte Kind ihrem Ehemann als dessen eigenes Kind unterschiebt (Kuckuckskind). Im Mittelenglischen taucht für den vorgeführten Ehemann 1250 der Begriff „cokewold" auf. Als „wittol", einer Ableitung des mittelenglischen Begriffes „willing" (*willentlich*), wird derjenige Mann bezeichnet, der wissentlich einen Geliebten seiner Frau duldet oder wünscht. Der Begriff taucht 1589 in Verbform als „cuckolding" auf und beschreibt verschiedene Formen nichtmonogamer Beziehungen.

Differenzierung Cuckold und Wifesharing

Innerhalb der BDSM-Szene wird zwischen dem Wifesharing und dem Cuckolding unterschieden. Beim Wifesharing (englisch: Teilen der Frau) hat der Mann unter Umständen auch geschlechtliche Beziehungen zu anderen Frauen und kommt damit dem Swinger nahe. Dabei kann der Mann dominant handeln und seine Frau aktiv einzelnen Männern oder Gruppen zum Geschlechtsverkehr anbieten oder eher devot handeln, indem er seiner Frau einen Liebhaber gestattet und sich aktiv oder passiv am Liebesakt beteiligt (flotter Dreier). Voyeuristische Elemente können hierbei von wesentlicher Bedeutung sein.

Der Cuckold ist in der Regel devot veranlagt, das Cuckolding selbst ist häufiger Bestandteil der female led relationship und/oder eine Spielart innerhalb des Femdom und wird deshalb auch zu den Spielarten des BDSM gerechnet. Der Cuckold genießt es, von seiner Frau dominiert zu werden, und zwar nicht nur zwangsläufig in sexuellen, sondern auch in alltäglichen Dingen. Es kann ihn erregen, wenn seine Frau bzw. Partnerin einen oder mehrere feste Liebhaber hat, insbesondere wenn sie zu diesen eine engere Bindung aufbaut. Er betrachtet sich häufig selbst nicht als vollwertigen Mann und sieht sich nicht in der Lage, seine Partnerin in vollem Umfang zu befriedigen. Demütigung in diesem Bereich kann eine erotisierende Wirkung auf den Cuckold haben, selbst wenn er durchaus in der Lage ist, seine Partnerin zu befriedigen. Es erfüllt ihn mit Stolz, wenn seine Frau von „echten Männern" begehrt wird. Die Beziehung seiner Frau zu ihren Liebhabern wird von ihm unterstützt und gefördert, oft auch in der Weise, dass er ihr bei der Vorbereitung auf sexuelle Aktivitäten (beispielsweise Schminken, Baden) hilft. Oft dehnt sich die bewusst gewollte Unterordnung auch auf den Liebhaber aus, indem der Cuckold auch ihm gegenüber eine devote Rolle einnimmt und sich von ihm dominieren und erniedrigen lässt. Das kann so weit gehen, dass der Cuckold die Rolle eines Dieners einnimmt, der beispielsweise seiner Partnerin und ihrem Liebhaber das Frühstück ans Bett bringt oder Kleidung und Schuhe des Liebhabers reinigt, während dieser sich mit seiner Frau amüsiert. Sexuelle Dienste, beispielsweise vorbereitenden Cunnilingus oder das Reinigen der Intimzonen des Paares nach vollzogenem Geschlechtsverkehr werden in der erotischen, vor allem der BDSM-Literatur beschrieben. Im Bereich Femdom gehört die Keuschhaltung des Cuckolds zu den häufig in der Literatur auftauchenden Fantasien; trotz gründlicher Recherche konnten jedoch keine Quellen gefunden werden, die eine solche Verbindung in der Realität außerhalb von relevanten Keuschheits- und Cuckold-foren beschreiben.

Bei allen, auch extremen, Ausformungen liegt der Beziehung zwischen dem Cuckold und seiner Partnerin eine intensive gegenseitige Zuneigung zugrunde. Obwohl die Partnerin sexuelle und auch andere emotionale Befriedigung bei ihrem Liebhaber findet, ist die Bindung zum Partner wesentlich stärker als zum Liebhaber. Viele dominant veranlagte Frauen genießen das bewusste Machtgefälle (*engl. power exchange*) innerhalb der Partnerschaft und genießen es, ihre Macht über den Partner, insbesondere vor ihrem Liebhaber, aber auch manchmal in der Öffentlichkeit, zu demonstrieren. Für einen devot-masochistisch veranlagten Cuckold kann es im Gegenzug eine besondere Auszeichnung darstellen, von seiner Partnerin Demütigung und damit Aufmerksamkeit und Wertschätzung als unterwürfiger Teil der Beziehung zu erfahren. Es finden keinerlei Heimlichkeiten zwischen den Partnern statt. Daher werden Cuckold-Beziehungen häufig als sehr intensiv und beständig beschrieben. Hierbei sind durchaus gewisse Ähnlichkeiten zu den Grundsätzen der Polyamorie zu finden.

Literatur

- Kiran Nagarkar, *Cuckold* (englisch), Verlag HarperCollins India, Oktober 1999, ISBN 81-7223-360-4
- Lucy Fairbourne, *Male Chastity: A Guide for Keyholders* (englisch), Velluminous Press, Juli 2007, ISBN 1-905605-14-5
- Elise Sutton, *The FemDom Experience* (englisch), Lulu.com, Januar 2007, ISBN 1-4303-0464-2
- Phyllis Kronhausen, Eberhard Kronhausen, *Erotic Fantasies: A Study of the Sexual Imagination* (englisch), Grove Press, Januar 1994, ISBN 0-8021-3006-2

Von „http://de.wikipedia.org/wiki/

Cuckold"

D-Ring

Ein **D-Ring** ist ein aus Metall oder Kunststoff gefertigter, dem Buchstaben „*D*" nachempfundener geschlossener Halbkreis. Er dient im Regelfall der schnellen und unkomplizierten Verbindung unterschiedlicher Gegenstände, in Ausnahmefällen wird er auch als dekoratives Element an Kleidungsstücken und Ähnlichem verwendet.

Neben der direkten Verbindung mit beispielsweise Seilen und Ketten kommen D-Ringe regelmäßig in Verbindung mit Anschlagmitteln wie Karabinerhaken, Schäkeln und Panikhaken zur Anwendung.

Im Tauchsport sind D-Ringe regelmäßig in unterschiedlicher Anzahl an Jackets zu finden und dienen zur sicheren Befestigung diverser Ausrüstungsgegenstände.

Im Bekleidungssektor werden D-Ringe z.B. auch als doppelte Ausführung an Gürteln angewendet. Dasselbe Verschlussprinzip kommt auch beim Kinnriemen von Motorradhelmen zum Einsatz („Doppel-D-Ring").

D-Ringe in den Bereichen BDSM und Bondage

Im Bereich des BDSM sind D-Ringe häufig Bestandteile von Halsbändern. Hierbei dient ihre Verwendung häufig, im Gegensatz zur Verwendung von O-Ringen gerade nicht der Anzeige eines bestehenden festen sadomasochistischen Verhältnisses zwischen Top und Bottom, sie erlauben beispielsweise die Befestigung einer Leine an einem Halsband.

D-Ringe stehen in diesem Zusammenhang stattdessen oft für eine rein funktionale Befestigungsmöglichkeit ohne symbolische Metaebene (sogenannte „*reine Arbeitshalsbänder*").

Piercingringe für zum Beispiel Bauchnabelpiercings weisen teilweise ebenfalls die typische Form auf und basieren häufig auf Barbells.

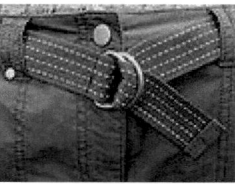

Ein mit einem Beschlag befestigter D-Ring an einem Fahrzeug.

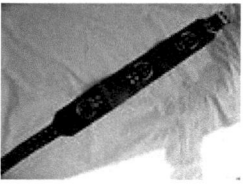

Doppelte D-Ringe im Gürtel

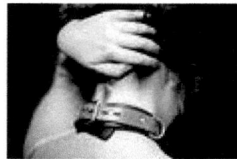

Typischer Bondage-Gürtel mit D-Ringen.

Typisches BDSM-Halsband mit D-Ring.

Von „http://de.wikipedia.org/wiki/D-Ring"

Datenschlag

Datenschlag ist eines der bekanntesten deutschsprachigen Informationsangebote im WWW zum Thema BDSM (Sadomasochismus). Die Gruppe wurde 1996 von 15 Personen gegründet und besteht aus einer nichtöffentlichen Mailingliste und der öffentlichen Website.

Ziel ist es, möglichst viele Informationen zu sadomasochistischen Themen zusammenzutragen und zu veröffentlichen. Aus diesen Bemühungen resultierten eine Chronik, die weltweit ausführlichste Bibliographie zum Thema und eine Enzyklopädie sadomasochistischer Begriffe namens „Der Papiertiger".

Datenschlag engagiert sich gegen Diskriminierung von Sadomasochisten aufgrund ihrer Vorlieben und fördert sicherheitsbewusstes und ethisches Handeln innerhalb der sadomasochistischen Subkultur.

Struktur

Neben einer umfangreichen allgemeinen Sammlung themenbezogener Texte und praxisbezogener Howtos weist die Projektseite folgende drei Schwerpunkte auf:

- **Der Papiertiger**
Eine Enzyklopädie des Sadomasochismus
- **Der Dachs**
Die Datenschlag Chronik des Sadomasochismus
- **Der Bisam**
Die Datenschlag Bibliothek des Sadomasochismus

Von „http://de.wikipedia.org/wiki/Datenschlag"

Devot

Devotes Verhalten bezeichnet unterwürfiges und ergebenes Verhalten eines Individuums gegenüber einem anderen mit einem höheren Status. Das Gegenteil zu devot ist dominant.

Ursprung

Das Wort stammt vom lateinischen *devovēre* ab, welches für „verwünschen, weihen, heiligen" steht. Am nächsten kommt der heutigen Verwendung allerdings die Übersetzung „hingeben".

Das bekannteste Beispiel aus der römischen Geschichte ist Decius Mus (vgl. Liste der römischen Konsuln), der sich in einer Schlacht, die den Römern verlorenzugehen drohte, selbst hingab, um die sichere Niederlage abzuwenden. Ein Priester half ihm bei dem Ritual; danach stürzte Decius sich in die Reihen der Feinde, fiel und führte so den Sieg herbei (siehe Livius).

Im 15. Jahrhundert wurde der Ausdruck devote Christen von der katholischen Kirche für andächtige, fromme Christen benutzt, die gelobten, ihr Leben dem Glauben zu widmen. Diese Christen sollten einen Gegenpol zum Humanismus und der beginnenden Aufklärung darstellen und somit dem zunehmenden Machtverlust der Kirche entgegenwirken.

BDSM

Im BDSM-Bereich ist das Adjektiv devot sexuell konnotiert. Dort werden Personen als devot bezeichnet, die sich zur eigenen Luststeigerung anderen unterwerfen und sich freiwillig durch die Anwendung physischer oder psychischer Methoden dominieren lassen. Hierbei werden häufig im Vorfeld die Regeln festgelegt, in deren Grenzen der devote Part die Abgabe von Kontrolle als erotisches Stimulans empfindet.

Von „http://de.wikipedia.org/wiki/Devot"

Die Form

Die Form ist eine 1977 ursprünglich als BDSM-Live-Act gegründete französische Musikformation bestehend aus Philippe Fichot und seiner Lebensgefährtin Éliane P. Der Klang reicht von minimalistisch elektronisch bei früheren Werken über düster apokalyptische Stimmungen bis hin zu komplexen Melodieführungen bei späteren Werken.

Die Form wird mit zu den Pionieren und Avantgardisten elektronischer Musik gezählt. In der Bandgeschichte wurde mit unterschiedlichen musikalischen Stilen und Richtungen experimentiert. Die Musik blieb aber rein elektronisch. Neben ungewöhnlichen Soundcollagen gehörten von Anfang an auch die photographischen Arbeiten Fichots zum Gesamtkunstwerk von Die Form. Hier wird die Vorliebe Fichots für das Skurril-Morbide deutlich. Thematisch beschäftigt sich Die Form mit sexual-erotischen Vorstellungen des Menschen, allerdings nicht von einem voyeuristischen, sondern eher von einem psychologischem Standpunkt aus. Fichot sagte einmal, dass Die Form ein Projekt sei, das auf der Suche nach der „*Ewigen Schönheit*" sei. Dabei kann man einen starken Bezug der Band zum Sadomasochismus, Fetisch, später aber auch Tod und Trauer ausfindig machen.

Geschichte

Das Werk von Die Form lässt sich in vier unterschiedliche Phasen unterteilen: Zeichneten sich zunächst Songs wie *Sex by Force* oder *Masochist* noch industriell-experimentell, so wandelten sich das Klangbild Ende der 1980er Jahre ins Elektronisch-poppige. Anfang der 1990er zeigte sich das Projekt vom Siegeszug des Techno inspiriert, das Album *Confessions* mit dem Alltime-Hit *Silent Order* dürfte für diese Stilmenage stehen: tanzbar, technoid und doch verspielt. Kurz darauf änderte sich erneut der Stil des Projekts. Mit *Suspiria de Profundis*, der erste Teil der sogenannten *Trilogy of Passions*, wird mit Songs wie *Cantique* ein Stil eingeschlagen, dem die Band bis heute fast durchgängig treu ist: ruhig, melodiös, klassisch inspiriert und fast schon theatralisch. Die *Trilogy of Passions* (*Suspiria de Profundis*, *L'âme électrique*, *Duality*) sollte den Durchbruch für Die Form darstellen.

Ebenso sieht man in der Live-Performance der Gruppe radikale Veränderungen. Bestachen die ersten Live-Shows durch Brutalität und Gewalt, wandelte sich dieses mehr in Richtung S/M und Fetisch, um plötzlich einem doch verdutzten Publikum eine Butoh-Show zu bieten (ab *Trilogy of Passions*). Ab dem Album *Duality* war es erneut Zeit für neue Akzente auf der Bühne: Weniger Butoh, aber dennoch ausdrucksstarke Performances ihrer Tänzerin und der Sängerin Éliane P.

Die Form haben unzählige Bands inspiriert, neben ihren Alben ein Dutzend von Kassetten veröffentlicht. Ende 2005 wurde das Fotobuch *The Visionary Garden* neu aufgelegt.

Neben Die Form existieren oder existierten noch zahlreiche Nebenprojekte, beispielsweise Elektrode oder D.F. Sadist School. Vertrieben wird ihre Musik über das eigene Label BainTotal.

2007 war Die Form nach acht Jahren Bühnenabstinenz erstmals wieder live in Deutschland zu sehen. Am 17. März 2007 war Die Form exklusiv beim Dark-Dance-Treffen in Lahr, Baden Württemberg, und präsentierte ihre neue Show. Außerdem spielten sie ein spezielles Konzert beim Bachfest Leipzig am 15. Juni 2007. Am 24. Januar 2008 wurde ein Album mit Die Form-schen Bachinterpretationen veröffentlicht.

Pfingsten 1996 spielte Die Form erstmals auf dem alljährlich stattfindenden Wave-Gotik-Treffen in Leipzig, dem heute weltweit größten Festival der "schwarzen Szene". Auch 2009 war Die Form wieder zu sehen beim Wave-Gotik-Treffen. Aufgrund der Nachfrage zu den Anfangsarbeiten, speziell den Kassetten, wurde Anfang 2010 über das Label "Vinyl on Demand" (VOD) eine Retrospektive über diese Schaffensepisode veröffentlicht. Die 6LP-Box "Chronology" beinhaltet viele einzelne Stücke der Anfangszeit und diverser Nebenprojekte (Eva-Johanna Reichstag, D.F. Sadist School, Krylon Hertz, etc.).

Diskographie

- 1982: Die Puppe
- 1983: Some Experiences with Shock
- 1987: Poupée Mécanique
- 1988: Archives & Doküments (die 3-LP-Box wurde aufgrund des Begleitbuchs am 29. Dezember 1999 indiziert)
- 1988: Photogrammes
- 1990: Corpus Delicti
- 1991: Archives & Documents 2
- 1991: Ad Infinitum
- 1992: Confessions
- 1994: Suspiria de Profundis
- 1995: L'âme électrique
- 1996: Vicious Circles: The Best Of
- 1997: Duality
- 1998: Histories I&II (Greatest Hits)
- 2000: Extremum/XX
- 2001: Die Puppe II (Re-Release)
- 2001: Some Experiences With Shock (Re-Release)
- 2001: Corpus Delicti 2 (Re-Release)
- 2001: AKT - Sideprojects & Experimental Collection
- 2003: Archives & Documents 3
- 2004: InHuman
- 2006: ExHuman
- 2008: Bach Project
- 2009: Noir Magnétique
- 2010: Chronology - The Bain Total Years 77-85

Zwischen 2001 und 2002 erschien die komplette Diskographie von Die Form remastered bei Trisol. Außer den Aufgeführten unterscheiden sich die restlichen Alben nur durch Bonustracks und werden daher nicht nochmal extra aufgeführt.

Maxis und EPs

- 1984: Heart Of The Monster EP
- 1988: Face to Face, Vol. 1 (Split-LP mit Asmus Tietchens)
- 1990: Savage Logic (MCD)
- 1992: Tears of Eros EP
- 1994: Silent Order (Re-Versions) (Remix-MCD)
- 1994: Rose Au Coeur Violet EP
- 1996: Phenomena of Visitation (MCD)
- 1998: The Hidden Cage/Spiral (MCD)
- 1999: Rain of Blood EP
- 1999: Automatic Love 2 (Split-MLP in Sägeform mit NUNS)
- 2000: Deep Inside (MCD)
- 2003: Zoopsia (MCD)
- 2008: Her[t]z Frequenz

Bücher

- 1995: The Visionary Garden
- 2005: The Visionary Garden 2: Mémoire(s) d'un œil mécanique (Erschienen bei Ultra Mail Prod.)

Nebenprojekte

D.sign - Projekt mit Philippe Fichot, Éliane P. & Mark Verhaeghen (Klinik (Band)) ===
- 1988: D.sign (MCD)

D.F.sadist school
- 1990: Les 120 Journées de Sodome (Die Form Side-Project 1)
- 1991: Bacterium (Split-CD mit Etant Donnés)
- 1995: The Visionary Garden (Die Form Side-Project 6)
- 2005: The Visionary Garden (Re-Release inkl. 1 Videotrack, nur erhältlich mit dem gleichnamigen Fotobuch)

Societe Anonyme - Die Form Solo Project
- 1991: S.A. 123 (Die Form Side-Project 2)

Sombre Printemps
- 1991: Ambient&Film Music (Die Form Side-Project 3)

Elektrode
- 1993: Die Operative Maschine (Die Form Side-Project 4)

Ukiyo - Die Form und Aube
- 1994: Ukiyo (Die Form Side-Project 5)

Kassetten - als Die Form oder unter Pseudonymen
- 1977: unreleased
- 1978: K.01 "I" (2 verschiedene Covers)
- 1978: K.02 KRYLON HERTZ "I" (C.20, and re-issue C.30)
- 1980: ENDLESS K7 1: FINE AUTOMATIC "Caddy Musak"
- 1980: ENDLESS K7 2: FINE AUTOMATIC "Freezer Musak"
- 1980: ENDLESS K7 3: FINE AUTOMATIC "Flipper Musak"
- 1981: ENDLESS K7 4: DIE FORM "Disabled Landscape"
- 1981: K.04 "Virgin Flavour"
- 1981: K.05 KRYLON HERTZ "Smuggle Death"
- 1981: K.06 "Eva-Johanna REICHSTAG & DIE FORM : Memorial 78-79"
- 1982: K.08 FINE AUTOMATIC (C. 60) (re-issue from the endless cassettes)
- 1982: K.10 CAMERA OBSCURA "1"
- 1982: K.11 CAMERA OBSCURA "2"
- 1982: K.12 CAMERA OBSCURA "3" & DIE FORM "Final Edition"
- 1982: K.14 "Le Plomb des Cartes" / "La Loge Infernale"
- 1983: K.16 MENTAL CODE "Flexible Music Vol. 2/3"
- 1983: K.19 "Excisions" (3 verschiedene Covers)
- 1983: K.20 "Archives & Doküments 1"
- 1985: K.22 "Du coeur humain"
- 1985: K.25 "Red Action" (co-production B.T./T.M., other side by KOSA)
- 1985: K.27 FINE AUTOMATIC / D.F. SADIST SCHOOL "OrgasMechanism"
- 1985: K.28 GRAPH 4 "Messe Basse" (one side cassette) (poems soundtrack)
- 1985: K.29 "HURT" D.F. SADIST SCHOOL (one side cassette)
- 1987: K.30 "Archives & Doküments 2 "Die Puppe" (C.50) (re-issue of the first LP / 1982)
- 1987: K.31 "Archives & Doküments 3 "Some Experiences With Shock" (re-issue of the 2nd LP / 1984)
- 1987: K.32 "Es lebe der Tod" (C.50)
- 1986: K.X. "X.ACTION" (SADIST SCHOOL 1.984) [Changed to K.33 around 1988]
- 1986: K.F. "Fetish 1" (C.50) [Chan-

ged to K.34 around 1988. Most tracks were later re-released on the releases of Archives and Documents on CD and LP]
- 1986: K.04 "Virgin Flavour 2" C.60 (re-issue, total remix extra-track)
- 1986: K.14 "Le Plomb des Cartes" / "La Loge Infernale" (C.90) (re-issue, total remix extra-track)
- 1989: K.35 "Flexible Music vol.1" (guest : DZ LECTRIC)
- 1998: "Limited Documents Vol. 1" (incl. unveröffentlichte Tracks von 1982-86, limited edition von 300 Kopien mit 1 Originalfoto)

Von „http://de.wikipedia.org/wiki/Die_Form"

Domenica Niehoff

Nachtszene in Hamburgs Vergnügungs- und Rotlichtviertel St. Pauli – hier galt Domenica als die „Königin der Reeperbahn".

Domenica Anita Niehoff, bekannt als **Domenica** (* 3. August 1945 in Köln; † 12. Februar 2009 in Hamburg), war eine Prostituierte, Domina und Streetworkerin in Hamburg. Sie galt als Deutschlands prominenteste ehemalige Prostituierte. Bekannt wurde sie vor allem durch Auftritte in Fernseh-Talkshows in den 1980er-Jahren, in denen sie für die Anerkennung und Legalisierung des Berufsstands der Prostituierten kämpfte.

Leben

Frühes Leben

Domenica Niehoffs Mutter Anna floh mit ihren Kindern aus ihrer Ehe mit einem gewalttätigen italienischen Ehemann. Sie hielt ihre Kinder mit kleinen Betrügereien über Wasser, wurde jedoch bald festgenommen. Niehoff wuchs daraufhin mit ihrem Bruder bis zu ihrem 14. Lebensjahr in einem katholischen Waisenhaus auf. Sie machte eine Ausbildung als Buchhalterin. Mit 17 Jahren lernte sie einen 42-jährigen Bordellbesitzer kennen, den sie später heiratete.

Nach zehnjähriger Ehe, 1972, als Niehoff 27 Jahre alt war, erschoss sich ihr Mann vor ihren Augen. Im selben Jahr begann sie, in dem Hamburger Vergnügungs- und Rotlichtviertel St. Pauli in dem Großbordell *Palais d'Amour* und in der Herbertstraße als Prostituierte zu arbeiten. Später betrieb sie ein eigenes Studio und wurde als Domina bekannt.

Öffentliche Bekanntheit

1979 erreichte sie deutschlandweit Bekanntheit und avancierte in den 1980er-Jahren durch zahlreiche Medienauftritte zum gefragten Medienstar und zur prominentesten Prostituierten Deutschlands. In Fernseh-Talkshows trat sie als Vorkämpferin für die Rechte von Prostituierten, die Anerkennung und die Legalisierung des Berufsstands der Prostituierten auf.

Als bekannte Prostituierte kam sie in Kontakt mit Prominenten aus Kunst und Kultur und diente ihnen als Muse. Die Popgruppe *Trio* bildete auf dem Plattencover der Single *Bum Bum* nichts weiter als das tief ausgeschnittene Dekolleté der Hamburger Prostituierten ab. Auf den Brüsten stehen – mit Lippenstift gezeichnet – die beiden Wörter „Bum" und „Bum". Zunächst sollte das Foto aus Gründen des Jugendschutzes verboten werden, durfte dann aber doch für das Cover der Single verwendet werden – sie spielte auch im gleichnamigen Musikvideo der Band mit.

Der Schriftsteller Wolf Wondratschek widmete ihr Gedichte, er schwärmte „eine Hure bis hinein in ihr großes träges Herz", „und bis in die Beine eine Frau", „wenn sie mit dem Hintern wackelt, fließen die Flüsse bergauf". Niehoff verkehrte gesellschaftlich u. a. mit Tomi Ungerer, Horst Janssen, Alfred Hrdlicka und dem Ehepaar Gloria und Johannes von Thurn und Taxis. Sie trat in mehreren Filmen auf, u. a. *Messalina – Kaiserin und Hure* (1980), *Desperado City* (1981), *Taxi nach Kairo* (1987), *Fernes Land Faiseh* (1994). 1993 drehte der Regisseur Peter Kern einen dokumentarischen Spielfilm über ihr Leben, der von Kritikern jedoch als zu langatmig bewertet wurde.

Tätigkeit als Streetworkerin

1990 beendete sie – im Alter von 45 Jahren – ihre Tätigkeit als Prostituierte und arbeitete verstärkt in sozialen Projekten.

1991 war Niehoff Mitinitiatorin des Prostituierten-Hilfsprojektes *Ragazza e. V* im Hamburger Stadtteil St. Georg. Sie betreute als Sozialarbeiterin junge drogensüchtige Mädchen und Frauen, die ihre Sucht durch Prostitution finanzierten und aus der Prostitution aussteigen wollten. 1997 gab sie ihre Mitarbeit auf. Der *Hamburger Morgenpost* sagte sie: „Ich halte das nicht mehr aus [...] Mir sind mehr als ein halbes Dutzend Mädchen weggestorben an einer Überdosis Gift, an AIDS, und eine wurde ermordet. Das hält man vielleicht als 35-jährige aus, aber nicht mehr mit meinen 52 Jahren."

Spätes Leben

Anlässlich der *Internationalen Comic-Tage* in Hamburg 1993 widmeten ihr neun bekannte Comiczeichner ein Portfolio mit neun Blättern.

1994 veröffentlichte sie ihre Autobiografie „Körper mit Seele – Mein Leben", die von Hans Eppendorfer aufgezeichnet wurde.

Zum Besuch von Papst Johannes Paul II. in Berlin 1996 sprach Niehoff in einem papstähnlichen Gewand bei einer Demonstration den Transvestiten Charlotte von Mahlsdorf „heilig", was konservative Politiker von der CSU veranlasste, im Bundestag einen Gesetzentwurf vorzustellen (Beschimpfung eines religiösen Bekenntnisses ohne Störung des öffentlichen Friedens), der jedoch von den übrigen Parteien abgelehnt wurde.

1998 bis 2000 betrieb sie am Hamburger Fischmarkt eine kleine Kneipe („Fick"), die sie aus finanziellen Gründen (20.000 DM Steuerschulden) schließen musste.

2001 starb ihr Bruder. Bis 2008 lebte sie in Boos (Eifel) in dem von ihrem Bruder geerbten Haus, bevor sie wieder nach St. Pauli in ein Mehrfamilienhaus zog. Aus der Erbschaft konnte sie nach eigenen Angaben ihre Verbindlichkeiten begleichen.

Die Ausstellung *Sexarbeit Prostitution – Lebenswelten und Mythen* im *Museum der Arbeit* in Hamburg schenkte berühmten Prostituierten wie Rosemarie Nitribitt, Christine Keeler und auch Domenica Niehoff besondere Beachtung (4. November 2005 bis 7. Mai 2006).

Grab Domenica Niehoff

Domenica Niehoff starb im Februar 2009 im Allgemeinen Krankenhaus Altona in Hamburg an den Folgen eines Lungenleidens. Ihre letzte Ruhe fand Domenica auf dem Ohlsdorfer Friedhof, im *Garten der Frauen*.

Literatur

- Domenica Niehoff: *Domenicas Kopfkissenbuch*. Droemer Knaur, München 1989, ISBN 3-426-03994-X.
- Domenica Niehoff: *Körper mit Seele. Mein Leben*. Aufgezeichnet von Hans Eppendorfer, Droemer Knaur, München 1994, ISBN 3-426-75062-7.
- Fee Zschocke (Texte), Andrej Reiser (Fotogr.): *Domenica und die Herbertstraße*. Eichborn, Frankfurt am Main 1981, ISBN 3-8218-1701-1.
- *Domenica Portfolio*. Grafikmappe, Schreiber & Leser, München 1993. (A-3; 10 Blätter handsigniert auf hundert Exemplare limitiert und 9 Blätter auf 200 Exemplare limitiert.)
- Barbara Lukesch: *Gespräch zwischen den beiden ehemaligen Prostituierten Domenica Niehoff und Brigitte Obrist zum Thema „Prostitution und Ausstieg"*. In: Das Magazin, 24. August 1996. (Als Onlinetext verfügbar.)

Media

- *Menschen bei Maischberger*, frei zugängliches RealVideo der Fernsehsendung „Menschen bei Maischberger" vom 22. Mai 2007 mit Domenica Niehoff zum Thema „Hure – ein ganz normaler Beruf?"

Von „http://de.wikipedia.org/wiki/Domenica_Niehoff"

Domina (BDSM)

Beardsley: Club der Flagellanten in London, 1895

Eine **Domina** (von lat. Domina = Herrin) war ursprünglich die Vorsteherin eines Stiftes oder eines Klosters. Eine weitere Übersetzung ist „Herrin des Hauses", von lat. Domus = Heim.

Heute wird die Bezeichnung Domina in aller Regel für Frauen verwendet, die gegen Entgelt sadistische und dominante Praktiken (vgl. Femdom) anbieten. Im angloamerikanischen Sprachgebrauch ist der Begriff *Dominatrix* häufiger.

Begriffliche Abgrenzung

Domina auf einem Bondagebett in einem Dungeon

Die Bezeichnung Prostituierte für Dominas ist umstritten, da Dominas in der Regel keinen Geschlechtsverkehr mit ihren Kunden praktizieren. Sie fallen dennoch unter das Prostitutionsgesetz und profitieren von den darin enthaltenen Regelungen, z. B. der Versicherung in gesetzlichen Krankenkassen.

In der nichtkommerziellen BDSM-Subkultur ist der Begriff Domina unüblich. Eine Frau mit dominanten Neigungen wird hier als *FemDom*, umgangssprachlich auch als *Domse* oder *Domme* bezeichnet. Vielfach stellen dominante Frauen Titel wie *Herrin*, *Madame*, *Mistress* oder *Lady* ihrem Namen voran.

Sado

Sado (abgeleitet vom Wort Sadismus) ist in der kommerziellen BDSM-Szene neben Meister oder Herr der einzige Begriff, der das männliche Gegenstück zu einer Domina bezeichnet. "Dominus" ist eher ein von den Massenmedien geschaffener Begriff. Die meisten Sados haben sich auf homosexuelle Freier spezialisiert; im Gegensatz zu den Geschäftspraktiken von Dominas ist Geschlechtsverkehr zwischen Sados und ihren Kunden verbreitet. In Deutschland ist die Anzahl spezialisierter Sados wesentlich geringer als die von Dominas.

Verbreitung

Dominas sind im Bereich der kommerziellen Erotik verbreiteter als ihre männlichen Äquivalente.

Eine bekannte Domina war im 19. Jahrhundert die Britin Theresa Berkley, Betreiberin eines Bordells in Soho. Sogenannte Flagellationsbordelle existierten bereits mehrere hundert Jahre zuvor. Die bekannteste deutsche Domina war die Hamburgerin Domenica Niehoff.

Studios

Gepolsterte Spankingbank

Heutige Domina-Studios weisen in der Regel eine auf die Kunden ausgerichtete Inneneinrichtung auf, in der diese ihre Fantasien umsetzen können, und sind entweder eigenständige Einrichtungen oder an Bordelle angeschlossen. Teilweise sind in den Studios auch professionelle submissive und/oder masochistische Frauen für Rollenspiele zu dritt oder für dominant-sadistische Männer buchbar; sie werden häufig als *Sklavia* bezeichnet.

Neben sogenannten Dungeons, kerkerartigen Räumlichkeiten mit Streckbänken, Käfigen, Flaschenzügen, Slings und Andreaskreuzen sind auch Räume für Kliniksex weit verbreitet. In diesen Räumlichkeiten finden unter anderem medizinisch orientierte Rollenspiele statt, in denen beispielsweise Dilatatoren, Kanülen, Gynäkologiestühle und Klistiere verwendet werden.

Zusätzlich zu diesen oft sehr aufwendig gestalteten Räumlichkeiten stehen überwiegend sadomasochistische Accessoires und Sexspielzeuge zur Verfügung. Neben Peitschen, Peniskäfigen, Gerten, Klammern und Dildos finden sich Kleidungsstücke für Rollenspiele wie Uniformen, Masken, Latex- sowie Lederkleidung und Utensilien zur Feminisierung.

Filme

Neben zahlreichen pornografischen

Produktionen entstanden in den letzten Jahrzehnten auch mehrere Spielfilme und Dokumentationen, die sich mit dem Thema auseinandersetzen.

Spielfilme
- 1997: Preaching to the Perverted. Ein britischer Liebesfilm des Regisseurs Stuart Urban aus dem Jahr 1997. Der Film schildert die sadomasochistische Beziehung einer US-amerikanischen Domina mit einem als Spitzel in die Londoner BDSM-Szene eingeschleusten jungen Computerfachmann. Der Film wird als Reaktion auf den Spanner Case angesehen.
- 1994: Undercover Cops.
- 1987: Personal Service. Der Film schildert die Erlebnisse einer äußerlich erzkonservativen Bordellbetreiberin beim Kampf um ihr auf sadomasochistische Freier der englischen High Society zugeschnittenes Bordell.
- 1985: Verführung: Die grausame Frau. Der Film schildert die sadomasochistischen Erlebnisse einer Gruppe unterschiedlicher Menschen im unmittelbaren Umfeld einer Domina und wurde durch Leopold von Sacher-Masochs Roman Venus im Pelz inspiriert.
- 1983: Die flambierte Frau. Der Film schildert die Entwicklung der Beziehung zwischen einer Domina und einem Callboy.
- 1976: Maîtresse

Dokumentationen
- 2006: Beruf: Domina – das Geschäft mit Lust und Peitsche. (Dokumentation des Autors Markus Matzner über zwei Schweizer Dominas) online und kostenlos unter Beruf: Domina
- 1996: Die Peitsche der Pandora
- 1984: Domina – Die Last der Lust. In Schwarzweiß und Farbe gedrehte deutsche Filmdokumentation des Regisseurs Klaus Tuschen aus dem Jahr 1985. Der Film begleitet die Westberliner Domina „Lady de Winter" durch ihren Alltag.

Fußnoten

Literatur
- Tomi Ungerer: *Schutzengel der Hölle*, Diogenes 1986, ISBN 3-257-02016-3
- Annick Foucault: *Françoise maîtresse*, Gallimard 1994, ISBN 2-07-073834-5
- Shawna Kenney: *I Was a Teenage Dominatrix: A Memoir*, Last Gasp 2002, ISBN 0-86719-530-4
- Alexander Sixtus von Reden/ Josef Schweikhardt: Lust und Leidenschaft um 1900, Tosa-Verlag, Wien 2000, (S. 109–111), ISBN 3-85492-203-5 (über *Ruth von der Weide* als angeblich erste Domina der Moderne)
- Mirko J. Simoni: *HERA Rechtsanwältin am Tage – Domina in der Nacht*, 11 Tage aus Ihrem Leben – Eine authentische Erzählung, Schwarzkopf & Schwarzkopf 2006, ISBN 3-89602-745-X

Von „http://de.wikipedia.org/wiki/Domina_(BDSM)"

Dungeon (BDSM)

Ansicht eines Dungeon in New York.

BDSM-Szene: Junge Frau am Andreaskreuz.

Gepolsterte Spankingbank

BDSM-typische, „Sling" genannte Schaukel.

Dungeon (im deutschen Sprachgebrauch meist *der Dungeon*; von englisch für „Verlies", „Kerker") nennt man im Bereich BDSM jede Räumlichkeit, die für entsprechende Aktivitäten speziell hergerichtet ist.

Ausstattung

Das architektonische Erscheinungsbild entsprechender Räume weist eine erhebliche Bandbreite auf. Es reicht von kleineren schlichten Zimmern über aufwendig schallisolierte Bereiche in Wohnungen oder Kellerbereichen bis hin zu perfekt ausgestatteten „Verliesen" in professionellen Dominastudios, Bordellen oder Swingerclubs. Ihre Ausstattungen zielen zumeist darauf ab, ein Ambiente zu bieten, in dem BDSMler ihre eigenen Fantasien weitreichend umsetzen können, und sind daher so mannigfaltig wie das Spektrum deren verbreitester Wünsche. Wenn auch nicht zwingend notwendig, weisen gerade aufwändig gestaltete Dungeons häufig eine kerkerartige Charakteristik auf, die sich teilweise an der Ästhetik alter Ritterfilme orientiert. Oft sind die Räumlichkeiten mit Streckbänken, Käfigen, Ketten, Andreaskreuzen, Flaschenzügen oder Böcken ausgestattet und weisen stählerne Befestigungsringe an Decken, Wänden oder Böden auf.

Zumeist finden sich in den Räumlichkeiten umfangreiche Sammlungen an Sexspielzeugen. Hierbei liegt der Schwerpunkt der Ausrüstung im Bereich sadomasochistischer Accessoires wie zum Beispiel Peitschen, Gerten, Seile, Handschellen, Klammern und Dildos.

Hintergründe

Seit mehreren Jahren werden zunehmend professionell ausgestattete Dungeons auch zeitweise an interessierte Paare oder Gruppen vermietet, die so die Möglichkeit haben, umfangreiche Ausrüstungen und Spielzeuge zu verwenden, ohne selbst mehrere tausend Euro investieren zu müssen.

Bei Veranstaltungen in den USA werden häufig sogenannte Dungeon Monitore eingesetzt, um im Auftrag der Veranstalter Sicherheit und Einvernehmlichkeit der Aktivitäten sicherzustellen.

Literatur

- Jay Wiseman: *SM 101: A Realistic Introduction.* Greenery Press (CA) 1998, ISBN 0-9639763-8-9
- Philip Miller, Molly Devon: *Screw the Roses, Send Me the Thorns: The Romance and Sexual Sorcery of Sadomasochism*, Mystic Rose Books, 1995. ISBN 0-9645960-0-8.
- Dossie Easton, Janet W. Hardy: *The New Topping Book.* Greenery Press (CA) 2002, ISBN 1-890159-36-0

Von „http://de.wikipedia.org/wiki/Dungeon_(BDSM)"

Einlauf (Medizin)

Als **Einlauf** (*Klistier*, *Klysma*) wird das Einleiten einer Flüssigkeit über den After in den Darm bezeichnet. Die Wörter Klistier, engl. *clyster*, franz. *clistère*, ital. *clistere* lassen sich von den griechischen Wörtern „Klysteer" (= der Spüler) und „Klysterion" (= Reinigung) ableiten. Als Synonym verwendeten die Griechen den Begriff „enema", der Eingang in die englische Sprache gefunden hat und heute häufiger benutzt wird als „clyster".

Ärzte verordnen Einläufe gegen Verstopfung und zur Darmreinigung. Abhängig von der Anforderung an die Darmentleerung kommen unterschiedliche Arten von Einläufen zum Einsatz. Die häufigste Form ist das einfache *Klistier*, das bei akuter Verstopfung oder vor diagnostischen Eingriffen im Enddarmbereich eine schnelle Defäkation zur Folge hat. Orthograde Darmspülungen oder *Reinigungseinläufe* dienen vor Darmspiegelungen oder Operationen im Bauchraum zur Darmreinigung. Irrigationen oder *hohe Einläufe*, *Heber- oder Schwenk-Einläufe*, und *rektale Darmspülungen* sind Varianten. Eine Sonderform des Einlaufes, nämlich die Irrigation, wird bei Enterostoma und Stuhlinkontinenz eingesetzt. Diese Technik ist mit der rektalen Darmspülung vergleichbar. Seltene Anwendungen sind der Lactulose-Einlauf bei dekompensierter Leberzirrhose, der Resonium-Einlauf bei Hyperkaliämie, und Medikamenten-Klistiere z. B. bei entzündlicher Colitis ulcerosa. Die Flüssigkeitsmengen variieren von 120 bis 2000 ml (bei Kindern entsprechend weniger). *Mikroklistiere* enthalten nur ca. 5 ml; sie dienen zur Verabreichung von Medikamenten bei Kindern.

In der Alternativmedizin gehören Darmspülungen zu den ausleitenden Verfahren (siehe auch Subaquales Darmbad).

Manchmal werden Klistiere und Einläufe auch für sexuelle Praktiken der Klinikerotik, Klysmaphilie, zur Vorbereitung auf sexuellen Analverkehr und als „Körperstrafe" im Rahmen von BDSM verwendet.

Geräte

Je nach Art des Einlaufs kommen unterschiedliche Geräte zum Einsatz. Medizinische Einmalklistiere haben 100 bis 200 ml Inhalt. Sollen dagegen größere Mengen an Spülflüssigkeit verabreicht werden, so wird eine Klistierspritze oder ein Irrigator verwendet. Bei Personen ohne Schließmuskelschwäche (Stuhlinkontinenz) werden einfache, flexible Darmrohre benutzt, für Patienten mit Schließmuskelschwäche gibt es solche mit einem abdichtenden Ballon (Ballondarmrohre). Zur Selbstanwendung gibt es handbetriebene *Klistierpumpen*, die Flüssigkeit aus einem Behälter (etwa aus dem Waschbecken) ansaugen. Irrigator-Einlaufsysteme sind Behälter oder Faltbeutel, die erhöht aufgehängt werden.

Sogenannte *Birnspritzen* aus Kautschuk-Gummi pressen durch Zusammendrücken des Druckballs etwa 200–400 ml Wasser in den Darm, je nachdem welches Gerät verwendet wird.

Irrigator-Set

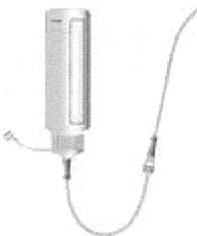

Irrigator-Pumpe 750 ml, ermöglicht einfache Selbstanwendung

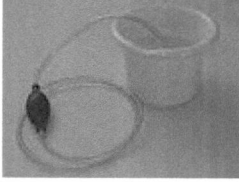

Klysopumpe mit separatem Flüssigkeitsbehälter

Birnspritze 200 ml

Geschichte

Trichter- oder Einlaufklistiere zählen zu den ältesten Darmeinlauf-Methoden. Der Einlauf erfolgt aus einem Behälter (Irrigator), der erhöht gehalten oder aufgehängt wird. Im Altertum wurden Einläufe vielfach mittels Flaschenkürbissen oder geschnitzten Holzgefäßen durchgeführt. Diese Methode wird bis heute von Naturvölkern angewendet.

In der altägyptischen Medizin war der Gebrauch von Klistieren zur Durchführung von Darmentleerungen gebräuchlich. Man glaubte, dass Stuhlansammlungen zum Schutz und zur Förderung der Gesundheit regelmäßig aus dem Körper herausbefördert werden müssen. Es soll sogar Spezialärzte für Klistieranwendungen gegeben haben. Im Papyrus Chester Beatty VI werden verschiedene Rezepte genannt, die durch einen Einlauf zur Anwendung kamen.

Auch in der griechischen Medizin galt das Klistier als therapeutisch bedeutsames Instrument. Nach der Vorstellung des Hippokrates von Kos (460–377 v. Chr.) beruhte die Gesundheit auf dem Gleichgewicht der Körpersäfte. Verstopfung bedeute, dass sich die Körpersäfte nicht im Gleichgewicht befinden. Darmklistiere gelangten vor allem bei Verstopfung und Magen-Darm-Erkrankungen zur Anwendung und sollten den Darm von verdorbenen, krankmachenden und überschüssigen Säften reinigen.

Im indischen Ayurveda und im Yoga hat der Einlauf Bedeutung sowohl für die körperliche als auch für die mentale Gesundheit. Der hier Basti genannte Einlauf wird durch Einsaugen von Wasser mittels Muskelkontraktionen des Beckenbodens und des Anus vollzogen, oder man verwendet Druckklistiere, die ehemals aus Harnblasen von Tieren hergestellt wurden.

Druckklistier aus einer Tierblase. Afrikanische Holzplastik, 19. Jahrhundert

Ein weiteres altes Klistiergerät ist das Druckklistier. Es besteht aus einem komprimierbaren Behälter, an den eine Rektalkanüle angesetzt wird. Indianer aus dem Amazonasgebiet fertigten als erste Gummibälle aus Kautschuk und setzten diese zum Klistieren ein. Im Mittelalter verwendete man zur Herstellung von Druckklistieren meistens Tierblasen, Leder oder Pergament, die zu einem Sack zusammengenäht wurden. An den Behälter wurde ein Ansatzrohr gebunden, das in der Regel aus Edelmetall, Horn oder Knochen bestand und am Ende oder seitlich eine oder mehrere Ausflussöffnungen hatte. Durch Druck auf den Behälter konnten Flüssigkeiten von Hand in den Darm oder andere Körperhöhlungen gepresst werden.

Transportabler Selbstklistier-Apparat nach Giovanni Alessandro Brambilla aus dem 18. Jahrhundert. Medizinhistorisches Museum der Universität Zürich

Klistierspritze, 18. Jahrhundert. Medizinhistorisches Museum der Universität Zürich

Mechanische Klistierspritzen aus Metall mit Gewinde, Kolben, Stempel und Kanüle gibt es seit dem 15. Jahrhundert. Zu Zeiten Molières und des Sonnenkönigs war die Gabe eines Klistiers eine Selbstverständlichkeit und wurde als Allheilmittel von Leibärzten verordnet.

Seit dem 17. Jahrhundert gibt es bereits Geräte zum Selbstklistieren, die ebenfalls auf dem Kolbenprinzip beruhen. Die Entwicklung entsprang dem Wunsch vieler Patienten, ihren Intimbereich nicht vor einem Fremden entblößen zu müssen. In Zeiten der gesellschaftlichen Akzeptanz und Normalität (bis etwa Mitte des 20. Jahrhunderts) wurde der Einlauf nicht nur als medizinisches Mittel, sondern auch als Körperstrafe in der Erziehung eingesetzt. In dem Maße, in dem das Klistier aber an Bedeutung in der Medizin verlor, wurden auch die übrigen Klistieranwendungen seltener.

Literatur

- Koelbing, Huldrych: *Die ärztliche Therapie. Grundzüge ihrer Geschichte.* Darmstadt 1985
- Leven, Karl-Heinz: *Antike Medizin. Lexikon.* München 2005.
- Widmann, M; Mörgeli, C.: *Bader und Wundarzt. Medizinisches Handwerk in vergangenen Tagen.* Medizinhistorisches Institut und Museum der Universität Zürich, 1998
- Zglinicki, F.v.: *Kallipygos und Äskulap. Das Klistier in der Geschichte der Medizin*, Kunst und Literatur. Baden-Baden 1972.

Von „http://de.wikipedia.org/wiki/Einlauf_(Medizin)"

Elektroplug

Ein **Elektroplug** [ˈplʌg] (von engl. *plug* = Stöpsel), auch **E-plug** oder **Reizstrom-Plug** genannt, ist ein Sexspielzeug. Er ist eine Art Dildo, der in den Anus eingeführt wird. Elektroplugs werden sowohl von Männern als auch von Frauen verwendet. Sie dienen der Vorbereitung auf den Analverkehr sowie der sexuellen Stimulation. Verwendung finden Elektroplugs mit bi- oder monopolaren Reizstromgeräten, umgangssprachlich auch TENS genannt.

Form

Diverse Merkmale unterscheiden den Elektroplug von einem herkömmlichen Butplug oder Dildo: Bei einem bipolaren Elektroplug müssen die beiden Pole durch ein nicht elektrischleitendes Material voneinander getrennt werden. Der Elektroplug wird über zwei Kabel mit dem Reizstromgerät verbunden. Bei unipolaren Modellen befindet sich ein Verbindungskabel am Elektroplug der Stromkreis muss über einen zweiten Pol geschlossen werden. Hierfür kann z. B. ein E-Cockring oder ein E-Dilatator verwendet werden. Von der Form her unterscheidet sich der Elektroplug nicht wesentlich von der Form eines konventionellen Plugs.

Elektroplugs werden in verschiedenen Größen, Materialien und Formen angeboten. Beim Kauf eines Elektroplugs ist auf eine gute Verarbeitung zu achten um ein Verletzungsrisiko ausschließen zu können. Beim Kauf ist ebenfalls auf die verschiedenen Anschlussmöglichkeiten zu achten.

Verwendung

Die Verwendung findet der Elektroplug als Stimuationshilfe. Der E-Plug wird dazu in den Anus eingeführt und verbleibt für einige Minuten in diesem Durch das zufügen der Reizstromschwingungen verspürt die tragende Person ein vibrierendes und stimulierendes Gefühl. Elektronisches Sexspielzeug sollte nur von gesunden Menschen und nicht während einer Schwangerschaft Verwendung finden.

Von „http://de.wikipedia.org/wiki/Elektroplug"

Erotic Power Exchange

Erotic Power Exchange (*engl.: Erotischer Machtaustausch*, abgekürzt EPE) bezeichnet eine Beziehungsform innerhalb der BDSM-Szene, die Sadomasochismus enthalten kann, den Schwerpunkt jedoch auf die Verschiebung der erotisch/sexuellen Kontrolle vom passiven zum aktiven Partner (Dominanz & Unterwerfung) legt.

Beziehungskonzept und Ausgestaltung

Das Beziehungskonzept EPE ist in weiten Teilen mit D/s (Dominanz & Unterwerfung) gleichzusetzen, dabei wird der erotisch/sexuelle Aspekt betont, die Partner sind ansonsten gleichberechtigt. Der aktive Partner greift nicht in den Alltag des Partners ein, sondern darf lediglich über dessen sexuelle Stimulation und deren Erfolg entscheiden. Begriffe, die die Unterwürfigkeit des passiven Partners betonen (z. B. *Machtmodell, feudalistisch*) werden bewusst vermieden. Der Begriff EPE definiert keine grundsätzliche Beziehungsstruktur, keine ausdrückliche Betonung der Dauerhaftigkeit der Beziehung oder die Intensität in der der sexuelle Machtaustausch gelebt wird. Damit steht EPE im Gegensatz zum darüber hinausgehenden und weitere Lebensbereiche erfassenden Total Power Exchange (TPE). Wie in allen Beziehungsformen, die dem BDSM zuzurechnen sind, ist sie höchst individuell und lebt vom Konsens über die Ausgestaltung der Partnerschaft. Meist ist die Rollenverteilung (*Top und Bottom*) festgelegt und die Rollen werden zwischen den Beziehungspartnern nicht getauscht (*Switchen*). Die EPE-Beziehung kann von einer lockeren Spielbeziehung mit gelegentlichen sexuellen Begegnungen und einer nur stundenweise abgegebenen Kontrolle bis hin zur dauerhaft angelegten Lebenspartnerschaft mit ständiger geistiger Präsenz des EPE reichen, die auch als 24/7 EPE bezeichnet wird. Innerhalb der sexuellen Beziehung reicht das Spektrum von dauerhafter Keuschhaltung bis hin zu Rollenspielen mit häufigen Orgasmen, oft im Rahmen eines Tease-and-denial-Szenarios (engl.: *Erregen und verweigern*), wobei immer das Einverständnis beider Partner den gewählten Praktiken zugrunde liegt.

Abgrenzung zwischen EPE und Missbrauch

Die Abgrenzung zu beziehungsinternem sexuellem Missbrauch und/oder häuslicher Gewalt kann schwierig sein, insbesondere wenn sadomasochistische Praktiken aufgrund ihrer Art (*Fesselung, Spanking, Rape Games*) scheinbar gegen den Willen des passiven Partners durchgeführt werden. Um diese Abgrenzung zu ermöglichen, haben verschiedene Organisationen gemeinsam das VICSS-Konzept formuliert.

- **Voluntary** (*Freiwilligkeit*): Alle am EPE beteiligten Partner sollten die Entscheidung freiwillig und ohne Zwang treffen. Manchmal ist der Zwang nicht offensichtlich, insbesondere dann, wenn einer der Partner wirtschaftliche oder soziale Konsequenzen zu erwarten oder zu befürchten hat, solange er oder sie den Wünschen des Anderen nicht zustimmt. Sobald sich einer der Partner in seiner Entscheidung nicht frei fühlt, handelt es sich um Zwang.
- **Informed** (*informiert, sachkundig*): Alle beteiligten Partner sollten ihre Entscheidung aufgrund korrekter Informationen treffen und in der Lage sein Situation und Konsequenzen der Entscheidung abzuschätzen. Dabei darf kein Zweifel daran bestehen, dass die Auswirkungen der Entscheidung klar sind.
- **Consensual** (*einvernehmlich*): Alle Partner sind mit dem was geschieht oder geschehen soll einverstanden und haben die Möglichkeit frühere Entscheidungen mit aktuellen Gefühlen, Reaktionen oder für sie wichtigen Informationen abzugleichen.
- **Sane** (*vernünftig*): Entscheidungen hinsichtlich EPE sollten mit klarem Kopf gefällt werden. Entscheidungen, die aufgrund von Drogen-, oder Alkoholmissbrauch oder übereilt getroffen werden, sind nicht einvernehmlich.
- **Safe** (*sicher*): Alle Handlungen sollen sowohl physisch als auch psychisch sicher sein. Zieht man risikoreiche Praktiken in Betracht bzw. bewegt man sich in Grenzbereichen (*Edge Play*) sollen alle Beteiligten über die möglichen Risiken, Folgen und Auswirkungen informiert sein.

Sobald eine der genannten Voraussetzungen nicht erfüllt ist, gilt das VICSS-Konzept als nicht erfüllt und nach dieser Definition liegt dann Missbrauch vor. In einer EPE beinhaltenden Beziehung ist die Abgrenzung zwischen Missbrauch und EPE insbesondere bei länger andauernden Beziehungen schwierig und erfordert immer wieder ein kritisches Hinterfragen und Bewerten der Praktiken und des Zusammenhangs in dem die Praktiken verwendet werden.

Feministische Diskussion

Die im vorigen Abschnitt erläutere Abgrenzungsproblematik zwischen BDSM, insbesondere EPE und Missbrauch führt seit Beginn der Entwicklung der neuen Frauenbewegung (etwa ab 1968) immer wieder zu heftigen Diskussionen zwischen den Vertreterinnen des Feminismus und den sogenannten sexpositiven Feministinnen. Die Ersteren betrachten es als erotisches Aufladen von Gewalt und Machtgefälle und/oder frauenverachtendes Verhalten, wobei ausschließlich die (häufiger auftretende) Rollenverteilung dominanter Mann und submissive Frau betrachtet wird. Die Vermischung von Sexualität und Gewalt führte bei vielen Feministinnen zu einer völligen Ablehnung solcher Beziehungsformen. Hingegen verstehen sexpositive Feministinnen und Feministinnen aus der BDSM-Szene Sadomasochismus als eine Form sexueller Selbstbestimmung und betonen wiederholt die einvernehmliche, freiwillige und lustvolle Unterwerfung und Femdom als Ausdruck befreiter weiblicher Sexualität, in der alle weiblichen Neigungen legitim sind.

Von „http://de.wikipedia.org/wiki/Erotic_Power_Exchange"

Erotische Elektrostimulation

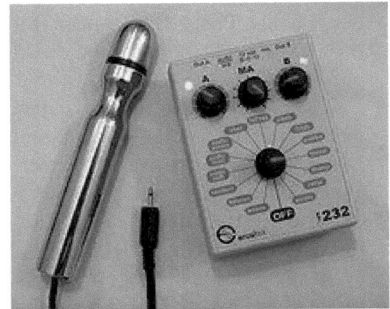

Ein Gerät zur erotischen Elektrostimulation mit zweipoliger Sonde.

Erotische Elektrostimulation (auch bekannt als *E-Stim* oder *Elektrosex*) ist eine Sexualpraktik, bei der Gleichstrom oder niederfrequente Wechselströme zur sexuellen Stimulation eingesetzt werden. Sie entwickelte sich aus der medizinischen Reizstrom-Technik. Zur Applikation der Ströme werden zumeist speziell entwickelte Geräte (wie etwa TENS oder Violet Wands) verwendet.

Erotische Elektrostimulation wurde in der Vergangenheit zumeist mit BDSM in Verbindung gebracht.

Geschichte

Die Entwicklung der erotischen Elektrostimulation lässt sich zumindest bis in die fünfziger Jahre des 20. Jahrhunderts zurückverfolgen. Zu diesem Zeitpunkt kam in den USA ein Gerät namens *Relaxacisor* auf den Markt. Das Gerät wurde als „passives Trainingsgerät" beworben und diente der Muskelstimulation durch elektrische Ströme. Vergleichbare Geräte finden auch heute noch unter der Bezeichnung EMS (elektrische Muskelstimulation) oder der ebenfalls gebräuchlichen Bezeichnung MENS-Geräte (Microamperage Electrical Neuromuscular Stimulator) medizinische Anwendung.

Als alternative Einsatzmöglichkeit wurden die Elektroden von einigen Leuten auch auf ihren Geschlechtsorganen oder in deren Nähe befestigt. Seit den 70er Jahren des 20. Jahrhunderts wurden zunehmend auch TENS-Geräte (transkutane elektrische Nerven-Stimulation) zum Zweck der erotischen Elektrostimulation verwendet. Weder MENS- noch TENS-Geräte eigneten sich jedoch gut für die neuen Anwendungsformen. In den 1980er Jahren entstand eine erste Gerätegeneration, die speziell für dieses Anwendungsfeld entwickelt war.

Gerätetypen

Medizinische Geräte

Medizinische TENS-Geräte (transkutane elektrische Nerven-Stimulation) dienten ursprünglich der Desensibilisierung. Ihre Konstruktion ist etwa darauf ausgerichtet, die Reizübertragung der Nerven im Rahmen einer Schmerzbehandlung zu reduzieren. Obwohl sie häufig auch zur erotischen Elektrostimulation eingesetzt werden, empfinden viele Nutzer die so erlebte Erfahrung als nicht sonderlich reizvoll.

Medizinische MENS-Geräte (Microamperage Electrical Neuromuscular Stimulator) dienten ursprünglich dem „passiven Training". Die Geräte wurden mit der Zielsetzung konstruiert Muskelkontraktionen auszulösen. Sie eignen sich daher für Anwendungen in einem erotischen Zusammenhang nur sehr beschränkt.

„Body Toning"-Geräte

Seit Anfang der 1990er Jahre wurde eine immer größere Anzahl Geräte an Endverbraucher verkauft die unter Stichworten wie „Body-Toner" oder „Elektromassage" beworben wurden und zumeist der Körperformung im Fitnessbereich dienen sollten. Wie die aus der medizinischen Linie stammenden Geräte wurden auch diese Modelle nicht als erotische Spielzeuge entworfen. Sie unterscheiden sich ganz erheblich in ihrer Verarbeitungsqualität und modellspezifischen Möglichkeiten, meistens ist der von ihnen gelieferte elektrische Strom für erotische Anwendungen nicht ausreichend stark.

Eigenkonstruktionen

Einige Anhänger der Methode versuchen, eigene Geräte zu entwerfen oder Konstruktionen aufgrund entsprechender Pläne, wie der zahlreich im Internet verfügbare Bauanleitungen, nachzubauen oder sogar Geräte umzubauen, die für erotische Anwendungen am menschlichen Körper niemals vorgesehen waren. Diese improvisierten, selbstkonstruierten Geräte stellen eine große Gefahr dar.

Da die verwendete Technologie im Schnittpunkt zwischen Elektrotechnik, Biologie und Medizin steht, die Zusammenhänge komplex und teilweise noch unerforscht sind, sind die mit ihr verbundenen Gefahren und Risiken selbst für Experten aus den einzelnen Fachgebieten nicht immer abschätzbar. Hinzu kommen Aspekte der Gerätesicherheit, die von Laien kaum berücksichtigt werden. In der Vergangenheit kam es sogar schon zu Todesfällen.

Spezielle Geräte

Spezielle Geräte zur erotischen Elektrostimulation werden eigens für die erotische Nutzung entworfen und hergestellt.

Die ersten analogen Modelle wurden in den 1980er Jahren entworfen, seit den 1990er Jahren sind digitale Geräte am Markt. In der Regel erlauben beide Grundkonstruktionen die individuelle Steuerung der verwendeten Frequenzen und Stromstärken. Digitale Modelle erlauben es zumeist verschiedene Betriebszustände stufenlos ineinander übergehen zu lassen, teilweise auch diese zu speichern, oder sie den eigenen Wünschen entsprechend zu modifizieren, um so an die individuellen Wünsche optimal angepasste Reize zu liefern.

Neben stationären Modellen (wie im Bild oben) gibt es auch kompakte mobile Geräte mit Akkus oder Batterien. Einige mobile Geräte verfügen zusätzlich über Funkfernsteuerungen mit teilweise mehreren hundert Metern Reichweite oder lassen sich durch interne Mikrophone oder die Signale externer Musikquellen steuern. Es bestehen erhebliche Preisunterschiede je nach Qualität, Ausstattung und Leistungsfähigkeit des ein-

Elektroden

Es gibt unterschiedlichste Elektroden die zur erotischen Elektrostimulation verwendet werden. Neben den klassischen medizinischen Ein- und Mehrwegelektroden gibt es mittlerweile eine Vielzahl an speziell für diesen Verwendungszweck entwickelten Modellen. Neben leitenden Butt Plugs existieren beispielsweise an die Anatomie der Vulva angepasste Elektroden. Neben speziell an die weibliche Anatomie angepassten Modellen existieren auch für Männer konzipierte. Insgesamt ist die Auswahl an verfügbaren Elektrodenmodellen groß.

Der Einsatz der Elektroden ist zumeist mit der Verwendung von elektrisch leitendem Kontakt- oder Gleitgel verbunden. Während auf Silikon basierende Gleitgele aufgrund ihrer geringen Leitfähigkeit für solche Anwendungen nicht geeignet sind, finden hierbei auf Wasser basierende Gele (häufig nach Zugabe von kleineren Mengen Kochsalz) Anwendung.

Die verwendeten Kontaktmittel werden zumeist abhängig von ihrer Vereinbarkeit mit dem Material der verwendeten Elektroden sowie den erwünschten Eigenschaften in Bezug auf ihre Leitfähigkeit ausgewählt. Sie haben erheblichen Einfluss auf Stärke und Qualität des verwendeten Signals.

Anwendungsformen

Ein grundsätzliche Unterschied zwischen mobilen und stationären Geräten ist die in Bezug auf das Einsatzumfeld erhöhte Flexibilität der Geräte. In Zusammenhang mit ebenfalls verfügbaren Fernbedienungen erweitert sich das Spektrum der Anwendungsmöglichkeiten enorm.

Geräte mit zwei oder mehr Elektroden

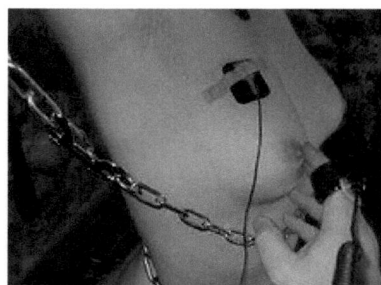

Anwendungsbeispiel einer Einzelelektrode und eines Fingerkontaktes.

Aufgrund des generell höheren Preissegmentes der stationären Geräte weisen diese zumeist mehr Möglichkeiten in Bezug auf die Gestaltung des Signals sowie dessen Charakteristik (Intensität, Dauer sowie Frequenz des Impulses) auf.

Die Mehrheit der verwendeten Geräte weist zwei getrennte, einzeln ansteuerbare Kanäle auf. Einige einfache Geräte verfügen nur über einen einzigen, viele stationäre Geräte über mehr als zwei Kanäle.

Grundsätzlich setzt die gewünschte Wirkung des im Gerät erzeugten Signals nur ein, wenn der Stromkreis geschlossen wird. Hierbei dient der menschliche Körper als finaler Leiter zwischen den beiden Elektroden, in dessen Nerven in Folge die gewünschte Wirkung induziert wird.

Verschiedene Spielzeuge wie etwa elektrifizierte Butt Plugs, Sonden, Wartenbergräder oder Stahlhandschuhe können hierbei anstelle traditioneller Elektroden verwendet werden. Die Möglichkeit die entsprechenden Gegenstände ein- oder zweipolig auszulegen, eröffnet an dieser Stelle zwei grundsätzliche Alternativen:

In der einpoligen Ausführung des Spielzeugs und einer beliebigen zweiten Elektrode wird der Strom über tendenziell größere Strecken geführt, während er bei zweipoliger Spielzeugausführung nur relativ kurz Strecken zurücklegt und daher intensiver wirkt.

Es gibt unterschiedliche Anwendungsvarianten:

- Eine Variante ist die direkte Stimulation der primären Geschlechtsorgane. Hierbei werden Elektroden an der Scheide, Penis, Damm oder Hodensack angebracht und dann direkt elektrische Ströme angelegt.
- Eine andere ist die, ähnlich dem Muskeltraining durch Reizstrom, Elektroden nahe den Geschlechtsorganen anzubringen und diese durch den Durchfluss indirekt zu stimulieren (etwa jeweils eine Elektrode auf der Innenseite der Schenkel).
- Beim Mann wird häufig eine Elektrode in den Anus eingeführt. Durch die elektrische Stimulierung der Prostata kann es dabei zu einer Ejakulation kommen (*Elektroejakulation*), die von einem Orgasmus begleitet wird. In der Tierzucht wird diese Methode verwendet, um Ejakulat für die künstliche Befruchtung zu gewinnen.

Die Manipulation der Stromstärke und der Pulsfrequenz kann zu subjektiv unterschiedlich wahrgenommenen Effekten führen. Bei niedriger Stärke und hoher Frequenz kann der Reiz bei Platzierung einer Elektrode auf der Klitoris mit dem eines Vibrators verglichen werden; hohe Stärke bei niedriger Frequenz erinnert an einen Griff an einen Elektrozaun. Die Empfindungen reichen bei hohen Frequenzen von einem Kitzeln oder Prickeln bis zu einem stechenden Gefühl wie von vielen Nadeln, bei niedrigen Frequenzen von einem Pochen oder Puckern bis zum sprichwörtlichen elektrischen Schlag.

Violet Wands

→ *Hauptartikel: Violet Wand*

Hierbei sorgt ein mit elektrischer Ladung belegter Glaskolben durch Kontakt an beliebigen Körperteilen für kleine elektrische Schläge. Diese Spielart wird häufig mit Augenbinden im BDSM-Umfeld eingesetzt. So weiß der passive Partner nicht, an welcher Stelle seines Körpers die nächste elektrische Entladung stattfinden wird, und die emotionale Spannung wird stark gesteigert. Bei dieser Technik wird durch die Benutzung, prinzipiell nicht gut leitfähiger, Glaskolben bei den elektrischen Entladungen der Körper zwar einer ho-

hen Spannung ausgesetzt (bis zu einigen tausend Volt), aber der Strom fließt nur über kurze Zeiträume. Es wird also nur wenig Energie über den Körper geführt.
Hochfrequenz 309

Glas-Sonde und Gehäuse mit Tesla-Transformator

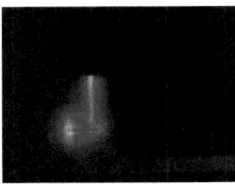

Glas-Sonde mit violett leuchtendem Argon

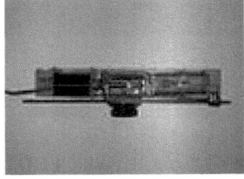

Innenleben des Gerätes mit Wagnerschem Hammer

Gefahren

Elektrostimulation kann bei Missbrauch zu Gewebeschäden und sogar zum Tod führen. Das größte Risiko ist ein elektrischer Schock. Der menschliche Körper reagiert empfindlich auf elektrische Ströme. Schon relativ kleine Spannungen (unter 40 Volt) können unter ungünstigen Bedingungen (starker Schweiß und damit gute elektrische Leitfähigkeit) zu tödlichen Verletzungen führen. Dies liegt zum einen daran, dass die Signalleitung der Nerven im menschliche Körper vereinfacht eine Form von elektrischen Signalen sind. Werden dem Körper nun extern elektrische Signale zugeführt, so können die körpereigenen Signale gestört werden, und es zum Beispiel zu Herzkammerflimmern kommen. So wird generell davon abgeraten, Elektroden oberhalb der Gürtellinie anzuwenden. Insbesondere das Legen einer elektrischen Verbindung durch jeweils eine Elektrode an einer Brustwarze gilt wegen der Nähe zum Herzen als riskant. Eine andere Verletzungsart durch elektrische Ströme sind innere Verbrennungen, die durch die Energiedichten der elektrischen Leistung hervorgerufen werden können (dies speziell durch den sogenannten Skineffekt bei höherfrequenten elektrischen Strömen). Die letzte Verletzungsart durch elektrische Ströme ist die Möglichkeit einer Vergiftung, die durch dissoziierte Eiweißmoleküle oder Produkte der Elektrolyse hervorgerufen werden kann. Dies ist meist die Folge lang andauernder Durchströmung und kann auch Stunden nach einem elektrischen Schlag noch zum Tode führen.

Das Risiko einer elektrischen Verletzung erhöht sich durch die Verwendung ungeeigneten Elektrodenmaterials, durch mangelhaften Kontakt. Dadurch ist die punktuelle Belastung des Kontaktareals zu groß. Erkennbar ist dies dann an Hautrötungen, Verfärbungen, Blasenbildung oder bei Schleimhaut und Übergangsephitelgewebe durch Ausbildung von Aphten, Erosionen und Geschwüren. Diese Verletzungen entstehen durch Elektrolyse und der damit einhergehenden Denaturierung der Eiweiße, was zum Gewebsschaden, oder zu dessen Untergang führt. Das kann etwa bei analen Praktiken zu erheblichen, lebensgefährlichen Verletzungen führen, die sich eventuell erst spät bemerkbar machen, denn der Darm ist ab einem bestimmten Segment nicht schmerzsensibel – im Gegensatz zum Anus. Somit ist die Gefahr, unbemerkt Schäden zu verursachen, groß.

Siehe auch die Erläuterungen zu gefährlichen Strömen oder Spannungen im Artikel Verband der Elektrotechnik, Elektronik und Informationstechnik#Vorschriften und Normen.

Literatur

- „Volker": *Elektrostimulation: Sicherheits-Brevier Teil 32*, in: Schlagzeilen, Bd. 43, Charon-Verlag 1998, S. 12–13
- Exkurs: Einsatz von Elektroreizgeräten zur Hundausbildung (PDF-Datei; 54 kB)
- Reizstrom bei SMIKi.ORG

Von „http://de.wikipedia.org/wiki/Erotische_Elektrostimulation"

Erotisches Rollenspiel

Ein **erotisches** oder **sexuelles Rollenspiel** ist eine Sexualpraktik. Dabei nehmen zwei oder mehr Sexualpartner teil, wobei jeder eine bestimmte Rolle übernimmt und sich dieser Rolle entsprechend verhält und gegebenenfalls kleidet bzw. verkleidet, um sich und/oder dem Partner Lust zu verschaffen.

Formen

Ein erotisches Rollenspiel kann als Stimulation und Vorspiel für den Geschlechtsverkehr oder andere sexuelle Aktivitäten dienen, aber auch den gesamten Umfang der erotischen Aktivitäten darstellen, wie es im BDSM-Kontext oft der Fall ist (ohne dass zwangsläufig im engeren Sinne sexuelle Handlungen vollzogen werden müssen).

Dem Alltag zu entfliehen und sich in eine andere Person zu verwandeln, kann sehr befriedigend wirken, die eigenen sexuellen Fantasien beflügeln und für eine gesteigerte sexuelle Lust sorgen. So werden manche Männer sexuell erregt, wenn sich ihre Partnerin als strenge Lehrerin oder Schulmädchen verkleidet. Man kann auch einmal für kurze Zeit die Prinzessin, den Cowboy in Leder, die unnahbare Nonne, den begehrten Filmstar, einen Piraten oder einen Flugkapitän spielen. Alles, was anmacht, ist erlaubt, je nach Wunsch nur imaginär oder mit echten Kostümen und gespielten Szenen.

Bei den sogenannten Doktorspielen

mimt einer der Sexualpartner den untersuchenden Arzt, ein anderer den Patienten. Beliebte sexuelle Rollenspiele sind auch die so genannten Erziehungsspiele, bei denen der eine Partner in die Rolle des dominanten, erziehenden Parts schlüpft, während sich der andere scheinbar ungehorsam oder auch gehorsam und devot verhält.

Erotische Rollenspiele werden häufig in sadomasochistischen Kreisen gespielt. Der dominante Partner übernimmt dort die Meister- bzw. Domina-Rolle, devote Partner eine Sklavenrolle. Auch Prostituierte verkleiden sich oft, um ihren Kunden vereinbarungsgemäß eine bestimmte, an den persönlichen Vorlieben des Freiers orientierte Rolle vorzuspielen.

Japans Bordelle haben um die Jahrtausendwende eine Marktlücke entdeckt und unter dem Begriff Cosplay erotische Rollenspiele in ihr Sortiment aufgenommen. Neben Prostituierten in Schuluniform oder Anime-Kostüm wird gerne eine Chikan-Situation nachgespielt. So haben einige Salons ein Zimmer zu einem Eisenbahn-Waggon ausgebaut, in dem die Kunden unbeteiligt herumstehende Prostituierte sexuell berühren dürfen.

Erotische Rollenspiele können auch als Chatrollenspiel gespielt werden. Siehe auch Cybersex.

Literatur

- Deborah Addington: *Fantasy Made Flesh. The Essential Guide To Erotic Roleplay.* Greenery Press, Emeryville 2003.
- Marek Martin: *Teile meine Lust: Virtuelle Unterwerfung im Internet.* Sonrrie Verlag, 2007, ISBN 978-3-936968-07-1.

Von „http://de.wikipedia.org/wiki/Erotisches_Rollenspiel"

Erziehungsspiel

Spanking mit einem Paddle

Erziehungsspiele stellen eine besondere Ausprägung einverständlich durchgeführter sadomasochistischer Praktiken bzw. des erotischen Spanking unter Erwachsenen dar.

Meist handelt es sich bei Erziehungsspielen von Erwachsenen um erinnerte oder fiktive Szenarien aus dem häuslichen oder schulischen Bereich, in deren Rahmen ein aktiver, dominanter Partner (Top) den passiven, devoten Partner (Bottom) durch körperliche Züchtigung, Beschämung oder auf eine vergleichbar degradierende Weise für ein behauptetes Fehlverhalten „bestraft". Die erotische Befriedigung wird dabei für den *Bottom* nicht nur durch den physisch erlebten (Lust-)Schmerz, sondern für beide Partner oft auch durch die mit der Behandlung verbundene Demütigung erzielt. Dezidiert sexuelle Aktivitäten können, aber müssen nicht zum Spielumfang gehören. Wie auch bei anderen Handlungen mit Rollenspiel-Charakter können die Beteiligten *switchen*, d. h. die Partner können die Rollen als Top bzw. Bottom *wechseln*. Kaum jemals wird dies jedoch im Verlauf ein- und derselben Session geschehen, und oft auch längerfristig nicht mit demselben Partner. Im Vorfeld wird üblicherweise in groben Zügen der Spielverlauf vereinbart, aber auch ein *Slowword* sowie ein Codewort, mit dem der Bottom jederzeit den Abbruch des Spiels erwirken kann. Wie alle BDSM-Aktivitäten beruht auch diese auf strikter Einvernehmlichkeit (vgl. jedoch Metakonsens).

Die Verabredung eines *Slowwords* neben dem Safeword ist gerade bei Erziehungsspielen zu empfehlen, da zum besonderen Reiz von Erziehungsspielen oft das fingierte Betteln um Strafminderung oder -erlass gehört und daraus bei noch nicht miteinander vertrauten Partnern Missverständnisse entstehen können.

Rechtliches

Strafrechtliche Relevanz kommt diesen (Sexual-)Praktiken regelmäßig nicht zu. Das Zufügen von Schmerzen oder Verletzungen wird zwar regelmäßig den Tatbestand der §§ 223ff. StGB (Körperverletzung) erfüllen, der Top aber wegen Einwilligung des Bottoms gerechtfertigt sein. Eine andere Bewertung käme allenfalls bei einer als sittenwidrig nach § 138 BGB zu betrachtenden Einwilligung in schwerste Misshandlungen in Betracht, oder aber wenn die Einwilligung nicht frei von Willensmängeln zustande gekommen ist, etwa indem der Top ein Abhängigkeitsverhältnis des Bottoms ausgenutzt hat.

Praxis

Erziehungsspiele werden von vielen Dominas, manchmal auch von Prostituierten angeboten, überwiegend aber im privaten Rahmen von Menschen jeder sexuellen Orientierung praktiziert. Die häufigste Form des Erziehungsspiels auf körperlicher Ebene ist die Züchtigung des Gesäßes auf mehr oder weniger intensive Weise; die dabei meist verwandten Begriffe mit Signalcharakter sind „einen Arschvoll bekommen" bzw. „den Arsch versohlt bekommen". Soweit die vielen dafür und für andere Erziehungsspiele in Betracht kommenden Requisiten nicht ohnehin im Haushalt zu finden sind, sind sie gewöhnlich in gut sortierten Sex-Shops oder über das Internet erhältlich. Daneben gibt es eine breite Palette von auf diese Spielart spezialisierten Erotikmagazinen, die teilweise auch Kontaktanzeigen enthalten. Mit der Verbreitung des Internets entstanden auch zunehmend Online-Kontaktbörsen und entsprechende Chats. In der schwulen Szene gibt es in einigen größeren Orten auch Clubs, in denen Erziehungsspiele zum regelmäßigen Angebot gehören; dort stehen oft verschiedene potenziell interessierende Utensilien inklusive Prügelbock zur Verfügung. Gelegentlich sind dort sogar alte Holz-Schulbänke zu finden, um ein Klassenzimmer-Ambiente aus dem frühen 20. Jahrhundert zu suggerieren und damit einen möglichst „realistischen" Rahmen für die Erziehungsspiele anzubieten.

Von „http://de.wikipedia.org/wiki/Erziehungsspiel"

Facesitting

Zeichnung von Francesco Hayez (1791–1882)

Das **Facesitting** (engl. *face* „Gesicht" und *sit* „sitzen"), auch **Gesichtssitzen** oder **Queening** genannt, ist eine Sexualpraktik, bei der ein Sexualpartner sich mit seinem Geschlechtsteil und/oder seinem Gesäß auf das Gesicht des anderen setzt. Dies kann sowohl nackt wie auch angekleidet geschehen.

Der sexuelle Lustgewinn dieser Praktik kann z. B. in oralen Stimuli (Cunnilingus, Anilingus), der Aufnahme des Intimgeruchs des Partners oder persönlichen Fetischen bestehen. Dementsprechend wird zwischen verschiedenen Sitzpositionen unterschieden:

Fullweight (engl. „mit vollem Gewicht"), *Reverse* (engl. „andersherum", Gesicht zu den Füßen des Partners hin gedreht) und weitere Sitzpositionen gehen auch in sadomasochistische Praktiken über. Hierzu gehören beispielsweise das *Drowning* (engl. „Ertränken", Facesitting im/unter Wasser) und das *Bound* (engl. „gefesselt").

Zu den fetischistischen Varianten zählt auch das Jeanssitting, das bekleidete Facesitting mit Jeans. Das Facesitting kann ebenso mit exkrementophilen Sexualpraktiken verbunden sein. Leicht hockendes Sitzen wird u. a. im „Vanillasex" beim Anilingus und Cunnilingus ausgeübt.

Mitunter finden beim Facesitting „Smotherboxes" Verwendung. Diese dienen überwiegend der Bequemlichkeit des Sitzenden und der Sicherheit des liegenden Partners.

Literatur

- Ina Stein, M. Marino: *Das ultimative BD/SM-Lexikon von A–Z*. Carl Stephenson Verlag, Flensburg 2005

Von „http://de.wikipedia.org/wiki/Facesitting"

Fakir Musafar

Fakir Musafar

Fakir Musafar ist der Künstlername von Roland Loomis (* 10. August 1930 in South Dakota). Er gilt als Begründer der Modern Primitive-Bewegung. An seinem eigenen Körper experimentierte er bereits früh mit verschiedenen Techniken der Körpermodifikation wie dem Piercing, dem Branding oder der Suspension und war bekannt für das Tragen extrem enger Korsetts.

Mit zwölf Jahren stach er sich das erste Piercing und führte 1966 oder 1967 eine Brust-Suspension vor. 1977 trat er auf der *International Tattoo Convention* in Nevada erstmals öffentlicher unter dem Pseudonym Fakir Musafar auf. Sein Partner ist Cleo Dubois.

1992 bis 1999 veröffentlichte er die Zeitschrift *BodyPlay and Modern Primitives Quarterly*.

Musafars Texte und Fotografien wurden in *Theater Journal*, *Bizarre magazine*, *Skin Two* und *PFIQ* (Piercing Fan International Quarterly) veröffentlicht.

2005 wirkte Fakir Musafar in dem Dokumentarfilm Modify mit.

Literatur

- Fakir Musafar: *Spirit + Flesh*, Arena Editions, 2004, ISBN 189204157X

Von „http://de.wikipedia.org/wiki/Fakir_Musafar"

Femdom

Ein Femdom-Paar auf dem CSD 2006 in Köln

Femdom ist die gebräuchlichste Abkürzung für *female domination* (engl. für „weibliche Dominanz") und bezeichnet unabhängig von der sexuellen Orientierung die Varianten des BDSM, in der eine Frau die dominante Rolle einnimmt. Der Begriff Femdom kann auch die dominante Frau selbst bezeichnen. Im Gegensatz dazu nennt man die von Männern ausgeübte Dominanz oder den männlichen Dominanten Maledom (engl. *male*= Mann oder männlich). Möglicherweise ist der Begriff Ende der 1980er Jahre an der US-amerikanischen Ostküste entstanden.

Varianten

Innerhalb eines erotischen Rollenspiels oder einer definierten Beziehungsstruktur (vgl. EPE und TPE) unterwirft sich der *Bottom* innerhalb gewisser Zeiträume oder dauerhaft den Wünschen und der Kontrolle seiner aktiven Partnerin *(Top)*. Diese Unterwerfung kann sich ausschließlich auf den sexuellen Bereich und die Wünsche der Top beziehen, es ist aber durchaus möglich, dass sich diese Kontrolle in andere Lebensbereiche erstreckt. Wie in allen Bereichen des BDSM liegt auch hier üblicherweise der Grundsatz der freiwilligen Unterwerfung (SSC oder RACK) zugrunde.

Im BDSM-Kontext wird die weibliche Top als „Femdom", *Domse* oder *Domme* bezeichnet, auch, um sie von der professionellen Variante der weiblichen Dominanz, der *Domina* zu unterscheiden. Oft werden Anreden oder Titel verwendet, die das Machtgefälle zwischen Top und Bottom unterstreichen sollen, beispielsweise „Herrin", „Mistress" oder „Lady", während der Bottom als „Sklave", „Diener" oder „Sub" bezeichnet wird, auch das Siezen der Top oder das Verwenden der 3. Person Singular ist verbreitet.

Female Supremacy

Erstreckt sich die Kontrolle der Top über die sadomasochistischen Rollenspiele hinaus, wird diese Art des dauerhaft veränderten Rollenverständnisses als besondere Form des Femdom angesehen und als eigenständige Beziehungsform mit *Female Supremacy*, *Female Superiority* (engl., weibliche Überlegenheit) oder auch *Female-led Relationship* (engl., weiblich dominierte Beziehung) bezeichnet. Ein grundlegender Gedanke bei dieser Beziehungsart ist, die Umkehrung der patriarchalen Strukturen aufgrund einer angenommenen, natürlichen Überlegenheit der Frau innerhalb der Beziehung zu erreichen. Dabei ist es durchaus möglich, dass die klassischen sexuellen Praktiken des BDSM keinerlei Rolle spielen, sondern sich die Unterwerfung des Bottom im emotionalen und alltäglichen Bereich abspielt.

In Tschechien hat das *Other World Kingdom* (engl., Königreich der anderen Welt) eine solche Umkehrung der gesellschaftlichen Strukturen im Rahmen einer privaten Umgebung, einer Art Fantasierepublik erschaffen.

Praktiken

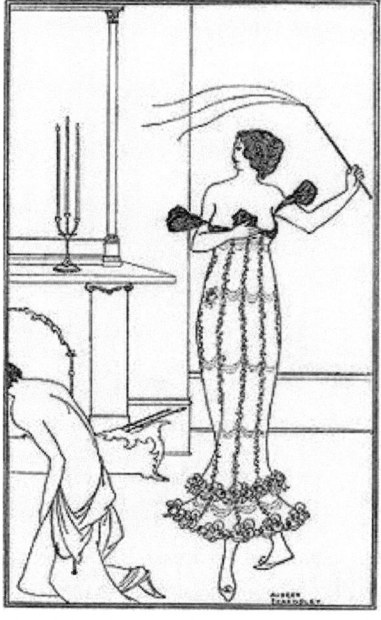

Beardsley: Der Club der Flagellanten in London, Frontispiz, 1895

Häufige Spielarten sind neben den im BDSM in allen Konstellationen verbreiteten Praktiken, zum Beispiel Bondage, Spanking oder Erziehungsspielen, insbesondere auch Facesitting, CBT, Trampling, Feminisierung und andere Bereiche des sexuellen Fetischismus. Insbesondere Reinigungsrituale wie zum Beispiel Bodenschrubben, Wäschewaschen oder Stiefelputzen durch den Mann werden oft praktiziert.

Inzwischen gibt es neben den für alle Spielarten offenen Veranstaltungen in der BDSM-Szene auch reine Play-Partys für dominante Frauen und ihre Begleiter, Stammtische (beziehungsweise Ableger von pansexuellen Stammtischen) nur für Frauen oder dominante Frauen und auch Internetcommunities, die sich überwiegend oder ausschließlich mit den Themen der weiblichen Dominanz auseinandersetzen.

Vorkommen

Zwei Studien in den 1990er Jahren legen nahe, dass innerhalb der BDSM-

Szene zwischen 11 und 28 % der dort aktiven Frauen dominant bzw. sadistisch veranlagt sind. Obwohl Studien über Femdom-Beziehungen noch rar sind, kann man über die Klientel professioneller Dominas Mutmaßungen über die soziale Herkunft der Femdom-Partner anstellen. Kunden von Dominas werden in den Massenmedien stereotypisch als unattraktive Entscheidungsträger im beruflichen Leben präsentiert. Tatsächlich sind sie jedoch vermutlich durchschnittlich attraktive Personen aus unterschiedlichen Berufspositionen, die sich lediglich durch eine besonders ausgeprägte Phantasie auszeichnen.

Feminismus und Femdom

Anfang der 1980er Jahre begann im Laufe der zweiten Welle der Frauenbewegung die Diskussion innerhalb der unterschiedlich positionierten feministischen Gruppen über die weibliche Sexualmoral und insbesondere auch über die Beurteilung des Sadomasochismus zu eskalieren. Dies führte schließlich zu einer Polarisierung der Frauenbewegung und kennzeichnet den Beginn der „Third Wave" (dritte Welle). Auf der einen Seite stehen die radikalen Feministinnen, die jedwede, auch die einvernehmliche Anwendung von sexueller Gewalt und deren Verbreitung in der Gesellschaft ablehnen (vgl. PorNO-Kampagne), auf der anderen Seite entwickelte sich der sexpositive Feminismus, der jede Art weiblicher Sexualität akzeptiert (vgl. Samois).

Innerhalb dieser und auch der in der dritten Welle geführten Diskussionen ist die Unterwerfung der Frau unter die sexuelle Dominanz des Mannes – je nach feministischer Position durch Gewalt, Rollenbild oder Einvernehmlichkeit – zentrales Thema der Auseinandersetzungen, während die weibliche Dominanz und Sadismus kaum diskutiert oder bei radikalen Feministinnen wie Alice Schwarzer negiert wurden. Ein Zitat von Giesela Breiting aus „PorNO. Opfer & Täter. Gegenwehr & Backlash. Verantwortung & Gesetz." beschreibt diese Ansicht: „Daß weibliche Gewaltphantasie gegenüber Männern erotisch bzw. sexuell intendiert sein soll ... ist eine psychologische Unmöglichkeit" und weiter „daß Frauen auf diese Weise sexuell erregt werden können, dürfte zudem kaum realistisch sein."

Gayle Rubin, eine der wichtigsten Vertreterinnen der sex-positiven BDSM-Diskussion im Feminismus fasst die Situation der Debatte in „*Thinking Sex: Notes for a Radical Theory of the Politics of Sexuality.*" wie folgt zusammen: „... Es gab zwei Richtungen feministischen Gedankenguts zu dem Thema. Die eine kritisierte die Beschränkung des weiblichen Sexualverhaltens und verwies auf den hohen Preis für das sexuelle Aktivsein. Diese Tradition feministischer Gedanken zum Thema Sex forderte eine sexuelle Befreiung, die sowohl für Frauen als auch für Männer funktionieren sollte. Die zweite Richtung betrachtete die sexuelle Befreiung als inhärent bloße Ausweitung männlicher Vorrechte. In dieser Tradition schwingt der konservative antisexuelle Diskurs mit."

Wiederholt wurde Kritik daran formuliert, dass die lesbischen Sadomasochistinnen die einzige Gruppe von Frauen sei, die von den Feministinnen nicht unterstützt wird, insbesondere der lesbische Teil der amerikanischen BDSM-Szene hat sich in dieser Diskussion eingebracht, beispielsweise in den Veröffentlichungen von Pat Califia in den USA. In späteren Jahren haben sich zunehmend auch heterosexuelle Frauen aus der sadomasochistischen Szene gegen die negative Beurteilung ihrer Sexualität gewandt, ein Beispiel dafür sind Bücher wie „*Lust an der Unterwerfung. Frauen bekennen sich zum Masochismus*" von Sina-Aline Geißler aus Deutschland.

Femdom in Kunst, Literatur und Film

Bekannt für Verwendung von Femdom-Motiven in ihren Werken sind unter anderem Leopold Ritter von Sacher-Masoch mit dem wohl bekanntesten Roman zum Thema weiblicher Dominanz *Venus im Pelz*. Bis heute vielfach neu aufgelegt und wiederholt indiziert wurden die autobiographischen Werke von Edith Cadivec, die 1924 im *Wiener Sadistenprozess* verurteilt wurde. Marion Zimmer Bradley verwendet die Female Supremacy in *Die Frauen von Isis*, Anne Rice verarbeitet sowohl Maledom und Femdom in hetero- und bisexueller Ausrichtung unter ihren Pseudonymen Anne Rampling mit *Exit to Eden* und A. N. Roquelaure mit der *Dornröschen-Trilogie*. 1993 beschreibt Terence Sellers ihre Erlebnisse aus einer sadistischen Sichtweise in *Der korrekte Sadismus*.

Eines der wichtigsten Motive des Zeichners Eric Stanton ist die weibliche Dominanz, ebenso beschäftigen sich Sardax und „Eneg" (Gene Bilbrew) mit dieser Thematik, Hata Dehli verarbeitet das Motiv im Stil der 1920er Jahre, während Bill Ward dominante Frauen stilistisch oft als Pinup darstellt. Andere wie Namio Harukawa haben sich überwiegend einzelnen Praktiken wie dem Facesitting verschrieben. Das Femdom-Thema wird von Fotografen vielfach aufgegriffen, oft kombiniert mit typisch weiblichen Accessoires und Rollenspiel- beziehungsweise Fetischequipment, beispielsweise Korsett, Highheels oder auch strengen Kostümen ähnlich einer Gouvernante.

Ein bekannter Film zu diesem Thema ist Die flambierte Frau mit Gudrun Landgrebe, in Verfolgt (2006) wurde mit Maren Kroymann eine außergewöhnliche Femdom-Geschichte verfilmt. In der Serie Raumschiff Enterprise: Das nächste Jahrhundert sind die Betazoiden, denen die Schiffsberaterin Deanna Troi (Marina Sirtis) angehört, eine Rasse, in der die Frauen den Männern überlegen sind.

Musikstücke, die sich auf das Motiv Femdom beziehen, sind zum Beispiel *Bitte, Bitte* von den Ärzten, *Schwarze Witwe* von Eisbrecher oder auch in dem Song "I wanna Be Your Slave" von Demented Are Go!, wo das gesamte Spektrum der Femdom genannt wird. Ebenso hat Madonna das Thema in der Bühnenshow ihrer *Confessions-Tour* verarbeitet.

Literatur

- Christina Abernathy, *Miss Aberna-*

thy's Concise Slave Training Manual, Greenery Press, 1996. ISBN 0-9639763-9-7
- Lorelei, *The Mistress Manual: The Good Girl's Guide to Female Dominance.* Greenery Press, 2000. ISBN 1-890159-19-0
- Claudia Varrin, Cynthia Lechan, *The Art of Sensual Female Dominance: A Guide for Women.* Citadel Press, 2000. ISBN 0-8065-2089-2
- Elise Sutton, *Female Domination.*, LuLu Publications, 2003. ISBN 1-4116-0325-7

Von „http://de.wikipedia.org/wiki/Femdom"

Feminisierung (BDSM)

Unter **Feminisierung** versteht man im BDSM-Jargon ein erotisches Rollenspiel, in dem ein Mann durch Kleidung und Verhalten in die Rolle einer Frau schlüpft. Es ist eine spielerische Form des Crossdressing. In der BDSM-Szene bezeichnet man Rollenspiele, bei denen ein anderes Geschlecht als das eigene angenommen wird, auch als *Genderplay* (engl. für Gender=„soziales" oder „psychologisches" Geschlecht einer Person, Play=Spiel).

Eine Feminisierung aus medizinischen Gründen bezeichnet man als Effemination.

Motive und Ausübung

Die Feminisierung erfolgt aus eigener persönlicher Neigung, beispielsweise einer Affinität zu Dessous, oder findet im Rahmen einer BDSM-Beziehung statt. Grundsätzlich ist der Wunsch nach Feminisierung unabhängig von der sexuellen Neigung, tritt aber häufiger in weiblich dominierten Partnerschaften auf und ist eine in der Literatur häufig erwähnte Praktik. Die Dauer der Feminisierung kann von wenigen Stunden, zum Beispiel im Rahmen einer Session, bis hin zu einer dauerhaften Feminisierung, beispielsweise innerhalb einer *female-led relationship* reichen.

Nachdem Männer in Frauenkleidern in der Öffentlichkeit mit Häme und Benachteiligung rechnen müssten, findet diese meist versteckt oder zu Hause statt. Alternativ unternehmen Paare auch Ausflüge in Regionen, in denen die Gefahr, erkannt zu werden gering ist.

Kleidung und Fetisch

Die Feminisierung findet oft versteckt statt, indem zum Beispiel unter der Straßenkleidung komplett Damenwäsche, Damenstrümpfe und Strapse getragen werden und feminine Hygieneartikel zum Einsatz kommen. Männer, die bevorzugt Damenunterwäsche tragen, nennt man innerhalb der Szene DWT (Damenwäscheträger). Manchmal ist Fetischkleidung, beispielsweise Korsett, Gummi- oder Latexwäsche eine weitere Ausdrucksform. Der Wechsel zu Damenkleidung und -schuhen, das Tragen von Schminke etc. kann bestimmten Vorbildern folgen. Häufig wird versucht in der Kleidung und dem Verhalten die Vorstellung der „echten Dame" nachzueifern, die angestrebten Motive erinnern dabei oft an die 1950er und 1960er. Eine andere oft praktizierte Variante ist die Sexualisierung des weiblichen Rollenbildes, beispielsweise sind überzogenes Make-up, extrem aufreizende Kleidung und hohe Schuhe hier Standard und üben auf Träger und seine(n) Partner/in starke sexuelle Reize aus.

Übernahme der weiblichen Geschlechterrolle

Bei der dauerhaften Feminisierung wird oft von den femininisierten Männern die Haushaltsführung übernommen und die Partnerin bzw. der Partner wird zum dominanten Teil der Beziehung. In diesen Beziehungen spielt auch häufig das Thema Cuckold und Keuschhaltung (vgl. Peniskäfig) eine Rolle, weil oft erst durch die sexuelle Entmännlichung eine vollständige (jedoch befristete) Identifikation mit der neuen Rolle erfolgt. Hierbei werden auch weibliche Verhaltensweisen eingeübt und übernommen, ein weiblicher Name verwendet und für das äußere Erscheinungsbild wird häufig ein extremes Zerrbild der Weiblichkeit verwendet, das bei beiden Partnern starke sexuelle Erregung auslöst.

Die weibliche Namensgebung kann ein wichtiger Aspekt zum Wechsel der Geschlechterrolle sein, die Verwendung des (selbstgewählten) Frauennamens markiert hierbei den Übergang von Realität zu Rollenspiel. Innerhalb des Spieles werden auch für die männlichen Geschlechtsorgane die entsprechenden weiblichen Bezeichnungen verwendet. Passiver Analverkehr, evtl. unter Zuhilfenahme eines Strapons, kann Teil der angenommenen Geschlechterrolle sein und ebenfalls für beide Partner stimulierend sein.

Zwangsfeminisierung

Die Zwangsfeminisierung erfolgt im BDSM grundsätzlich zwischen zwei einvernehmlichen Partnern (SSC). Im Vordergrund stehen hierbei einerseits das beiderseitige lustvolle Erleben der Unterwerfung, andererseits können auch sexuell konnotierte Erniedrigung und Demütigung eine gewichtige Rolle spielen, insbesondere unter Einbeziehung der Öffentlichkeit. Der Prozess der Zwangsfeminisierung beinhaltet neben dem Tragen von Kleidung und Make-up, welche der dominante Partner vorschreibt und auswählt, auch das Anordnen geschlechtsspezifischer Verhaltensweisen. Dabei werden oft klischeehafte und übertriebene Frauenbilder als Vorbild genommen, beispielsweise soll durch das Auftreten in der Öffentlichkeit in extrem kurzen Röcken, hohen Schuhen und dem stark überschminktem Gesicht eine Prostituierte nachgeahmt werden und die Erniedrigung des Feminisierten dadurch verstärkt werden. Im englischen Sprachraum wird der Ausdruck „Forced Feminization" verwendet, der sich allerdings auch auf die reale erzwungene Feminisierung beziehen kann, beispielsweise die Vergewaltigung von Männern in Gefängnissen. Diese realen Situationen werden als homosexuelle Fantasien auch im Rahmen der Zwangsfeminisierung in der einschlägigen Literatur beschrieben, während sie für heterosexuelle Männer selten Bestandteil der Feminisierungsfantasien sind. Weitere Synonyme sind *Effeminization* oder *Demale*.

Mitunter wünscht sich der devote Teil sogar eine weiterführende, teilweise sogar gewaltsame Abrichtung auf die Wunschrolle der Frau. Während in manchen Kreisen und Internetforen sogar der Wunsch nach einer freiwilligen Verschleppung ins Ausland, sowie einer medizinischer Geschlechtsumwandlung geäußert wird, sind keine konkreten Fälle belegt. Kastrationsfantasien treten in diesem Zusammenhang ebenfalls in der erotischen BDSM-Literatur auf.

Rollenvorbilder

Neben dem Bild der eleganten und damenhaften Erscheinung und der eher nuttig wirkenden Schlampe ist die Zofe ein sehr beliebtes Rollenbild. Vorbild kann hierbei das viktorianische Zeitalter mit seinen ausgeprägten hierarchischen Strukturen sein. Das Element des Status und des damit verbundenen Machtgefüges (vgl. D/s) verbindet sich hier mit dem *Genderplay*. Dabei wird der Mann freiwillig oder im Rahmen der Zwangsfeminisierung dazu konditioniert, Aufgaben im Haushalt zu übernehmen. Vor allem in der englischsprachigen Szene wird dies oft als *Sissification* bezeichnet, während dieser Begriff in anderen Sprachräumen auch allgemein für Feminisierung verwendet wird.

Von *Sissy boys* (engl. Sissy = Mädchen, Weichling) spricht man im BDSM (im Gegensatz zur homosexuellen Verwendung des Wortes), wenn der Mann sehr kindlich-mädchenhafte Kleidung, zum Beispiel Rüschenhöschen, Häubchen und Petticoats, trägt und darin auch präsentiert wird. Wichtiges Element neben dem Wechsel des Geschlechts ist hierbei die Annahme der Rolle eines sehr jungen Alters (engl. Ageplay). Kleidungsvorbilder finden sich hierbei oft in der Südstaatenromantik (beispielsweise der historischen Kinderkleidung oder Krinolinen). Geschieht dies gegen den Willen oder in Zusammenhang mit Bestrafungen, spricht man auch von Petticoating oder Pinaforing. Eine Überschneidung mit dem Rollenverhalten des Adult Baby kann vorkommen, ist aber nicht zwangsläufig.

Künstlerische Darstellung

Gene Bilbrew „Eneg", Eric Stanton und Bill Ward haben etliche Illustrationen und einige Comics zum Thema Feminisierung veröffentlicht. Nan Gilbert hat sich u. a. fotografisch damit auseinandergesetzt, von Lou Kagan stammt einer der wenigen vollständigen Comics zum Thema der Zwangsfeminisierung „Lady Lovelock".

Von „http://de.wikipedia.org/wiki/Feminisierung_(BDSM)"

Feminist Sex Wars

Die **Feminist Sex Wars** (deutsch: *Sex-Krieg der Feministinnen*) beschreibt die Phase der intensiven und kontroversen Debatten und Diskussionen zwischen den sexpositiven und anti-pornografischen Feministinnen, die von den späten 1970ern an während der 1980er Jahre andauert. In den auch als **Lesbian Sex Wars**, **Porn Wars** oder **Sex wars** bekannten, erbitterten Auseinandersetzungen innerhalb der feministischen und lesbischen Bewegung wurde die Einstellung der Bewegung zu Themen wie Sexualität, Pornographie, Sadomasochismus, der Rolle transsexueller Frauen in der lesbischen Gemeinschaft und andere sexuell orientierte Themen diskutiert. Die Debatten führten letztendlich zur Teilung der feministischen Bewegung in den anti-pornographischen und den sex-positiven Feminismus. Die Phase der Feminist Sex Wars wird oft als der Abschluss der zweiten Welle der Frauenbewegung betrachtet.

In diese Zeit fallen auch die Entstehung der für den angelsächsischen Feminismus bedeutsamen Vereinigungen Samois, eine lesbisch-sadomasochistische Vereinigung, und der anti-pornografischen Feministinnengruppe *Women Against Violence in Pornography and Media* (WAVPM – engl. Frauen gegen Gewalt in Pornographie und Medien), die in ihren Nachfolgegruppierungen bis heute die Diskussion weiterführen.

In Deutschland beginnt diese Phase etwa mit der Sexismus-Klage von 1978 und gipfelt in der von Alice Schwarzer 1987 ins Leben gerufenen PorNO-Kampagne.

Literatur

- Pat Califia: „*A Personal View of the History of the Lesbian S/M Community and Movement in San Francisco*", in: Coming to Power Alyson Publications, 1987, ISBN 0-932870-28-7
- Ann Ferguson, u.a.: Forum: *The Feminist Sexuality Debates*, in Signs: Journal of Women in Culture and Society 10(1), 1984
- Teil 1 (PDF; 202 kB)
- Teil 2 (PDF)
- Art Levine: „*Whip Me, Beat Me and While You're At It Cancel My N.O.W. Membership*" aus der Washington Monthly vom 1. Juni 1987
- Wendy McElroy: *A Woman's Right to Pornography.*, St. Martin's Press, New York, 1995, ISBN 0-312-13626-9
- Irene Stoehr: „*PorNO-Kampagne und Frauenbewegung*", in: Zeitschrift für Sexualforschung, Heft 3/1989 (PorNO-kritischer Aufsatz)
- Nadine Strossen: *Zur Verteidigung der Pornographie. Für die Freiheit des Wortes, Sex und die Rechte der Frauen*, Haffmans Verlag, Zürich, 1997, ISBN 3-251-00380-1
- Jean Roberta: „*Erotica and the Feminist Sex Wars: A Personal Herstory*", Girlphoria.com, 1999
- Gayle Rubin: *Misguided, Dangerous and Wrong: an Analysis of Anti-Pornography Politics* in: *Bad Girls and Dirty Pictures: The Challenge to Reclaim Feminism*. A. Alison und C. Avedon (Hrsg.), Pluto, 1993, S. 18–

40, ISBN 0-7453-0523-7
- Samois: *Coming to Power: Writings and Graphics on Lesbian S/M.*, Alyson Pubns, 1983, ISBN 0-932870-28-7
- Alice Schwarzer: *Weiblicher Masochismus ist Kollaboration!*, erschienen in: EMMA, Bd. 2, 1991
- Ellen Willis: *Feminism, Moralism, and Pornography.*, 1983 in A. Snitow, C. Stansell und S. Thompson (Hrsg.): *Powers of Desire: The Politics of Sexuality*, S. 460–467, ISBN 0-85345-609-7
- Lisa Duggan und Nan D. Hunter:*Sex Wars: Sexual Dissent and Political Culture*, Routledge, 1995, ISBN 0-415-91036-6
- Jane Gerhard: *Desiring Revolution: Second-Wave Feminism and the Rewriting of American Sexual Thought, 1920 to 1982.* Columbia Univ Pr., 2001, ISBN 0-231-11205-X
- Emma Healey: *Lesbian Sex Wars*, Virago, 1996, ISBN 1-86049-230-4
- Dorchen Leidholdt und Janice Raymond: *The Sexual Liberals and the Attack on Feminism.* Pergammon Press, 1990, ISBN 0-08-037457-3

Von „http://de.wikipedia.org/wiki/Feminist_Sex_Wars"

Figging

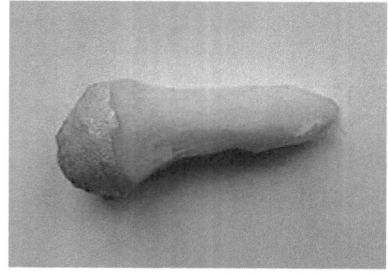

Fertiger Ingwerfinger

Figging ist eine Sexualpraktik im BDSM, bei der ein vorbereitetes Stück Ingwer (ähnlich wie ein Zäpfchen oder ein kleiner Butt Plug) in den Anus des Bottoms eingeführt wird.

Funktionsweise

Da die im Ingwer enthaltenen ätherischen Öle – vor allem die zu den Scharfstoffen gehörenden Gingerole – die Nozizeptoren in der Schleimhaut erregen (dies sind diejenigen Rezeptoren, die sonst auf Hitze und abrasive Reize reagieren), führt dies zu einem fast sofortigen und anhaltenden Wärme- und Schmerzreiz („Brennen") an dieser Stelle.

Figging ist zwar schmerzhaft, aber im Gegensatz zu mechanisch verursachten Reizen (z. B. durch Fisting) ohne Verletzungsgefahr, denn die Hitze und das Brennen sind nur gefühlt. Figging kann als demütigende Form der Körperstrafe empfunden werden und als solche ist die Praktik für BDSM-Spiele reizvoll, u. a. auch zur Intensivierung der Schmerzen bei einer gleichzeitigen Züchtigung des Gesäßes. Zum anderen hat Figging den Nebeneffekt, die Durchblutung der Geschlechtsorgane zu erhöhen, so dass die sexuelle Lust gesteigert und Orgasmen verstärkt werden können.

Die Wirkung des Ingwers baut sich innerhalb von etwa zwei bis fünf Minuten zu ihrem Höhepunkt auf und hält dann zwischen etwa 20 und 30 Minuten an (auch nachdem der Ingwer wieder entfernt wurde), im Extremfall einige Stunden.

Anwendung

Zur Vorbereitung wird ein fingergroßes frisches Stück Ingwerrhizom (Ingwerwurzel) mit einem Schälmesser geschält und in eine geeignete Form zurechtgeschnitzt. Eine Butt-Plug-ähnliche Form bewirkt, dass das eingeführte Ingwerstück vom inneren und äußeren Schließmuskel gehalten werden kann. Bevor das Ingwerstück in den Anus eingeführt wird, kann (wie bei allen analen Praktiken) ein warmer Einlauf zur Reinigung des Rektums angewendet werden.

Neben der Einführung in den Anus können frisch geschälte Ingwerstücke, bzw. aus diesen gepresster Saft, je nach Vorliebe auch zur Reizung der Vagina (bzw. der Schamlippen und der Klitoris) oder der Eichel des Penis verwendet werden. Die Stärke und die Art der Wirkung von Ingwersaft hängt von der Höhe der verabreichten Dosis ab und kann zudem durch die Dauer der Anwendung gesteigert oder variiert werden. In kleiner Dosis und einmal aufgetragen, wirkt Ingwersaft in den meisten Fällen orgasmusfördernd. Bei höheren Dosen oder längerer Einwirkdauer wird die Lust zwar gesteigert, der Orgasmus jedoch für eine Weile unterbunden.

Es empfiehlt sich, die Hände, die in Berührung mit dem geschälten Ingwer gekommen sind, gründlich mit Seife zu waschen und den Kontakt mit den Augen zu vermeiden.

Seltenere Varianten

Statt frischem Ingwer kann auch gemahlenes Ingwergewürz verwendet werden. Die Geschlechtsorgane müssen jedoch auf Grund der fehlenden Feuchtigkeit des Gewürzes z. B. mit Speichel benetzt werden, um die gewünschte Wirkung zu erzielen. Das warme, scharfe Gefühl setzt nach ca. zwei Minuten ein, dauert in diesem Fall allerdings nur ca. zehn Minuten an.

Gelegentlich wird für Figging statt Ingwer auch Chili verwendet. Chilischoten sind jedoch wegen ihres hohen Capsaicingehalts sehr stark reizend und kann zu langanhaltenden starken Schmerzen im Analbereich führen. Daher wird die eher vergleichsweise milde Schärfe des Ingwers bevorzugt. Auch Säure (z. B. Zitronensaft) wird als scharf, aber unangenehm empfunden (ein „hoher" Schmerz, kein „tiefer") und deshalb kaum zum Figging eingesetzt.

Geschichte und Ursprünge

Zu den historischen Ursprüngen dieser Praktik gibt es zwei Überlieferungen. Eine besagt, dass Pferdeverkäufer (siehe Rosstäuscher) ihren Pferden ein solches Ingwerstück in den Anus einführten, wodurch sie lebhafter wurden und ihren Schwanz hoch erhoben hielten. Somit konnte für ein Pferd ein höherer

Preis erzielt werden. Von dieser Praktik leitet sich auch der umgangssprachliche englische Ausdruck *to gin up* ab (etwa: Etwas aufbessern, „aufpeppen", z. B. einen Bericht; das Wort *gin* steht hier für *ginger* (Ingwer), nicht für das Getränk Gin).

Nach einer anderen Überlieferung war Figging im Viktorianischen Zeitalter auch eine Praktik im Rahmen von Körperstrafen, um ein „unartiges" Kind zusätzlich zur Züchtigung noch weiter zu demütigen und zu bestrafen, und um das Anspannen der Gesäßmuskeln während der körperlichen Züchtigung zu verhindern, wodurch sich die schmerzhafte Wirkung der Züchtigung weiter erhöhen ließ.

Bereits im antiken Griechenland gab es eine ähnliche Strafe, die Rettichstrafe, bei der dem Delinquenten eine Rettichwurzel in den Anus eingeführt wurde.

Etymologie

Zur Herkunft der Bezeichnung „Figging" gibt es verschiedene Vermutungen. Das englische Wort *fig* bedeutet Feige. Es könnte jedoch auch eine vereinfachte Schreibweise des Wortes *feague* sein: *to feague* (veraltet) bedeutete (laut Webster von 1913) soviel wie anpeitschen oder antreiben.

Daneben war *fig* bereits zu Shakespeares Zeiten eine der vielen Bezeichnungen für die weibliche Scham. Auch die obszön gemeinte Geste, den Daumen zwischen zwei Finger zu stecken, wurde als *giving the fig* (französisch *faire la figue*, spanisch *dar la higa*) bezeichnet.

Literatur

- Lady Green, Jaymes Easton: *Kinkycrafts: 99 Do-It-Yourself S/M Toys for the Kinky Handyperson: 101 Do-it-Yourself S/M Toys*. Greenery Press, 1998, ISBN 0-9639763-7-0
- Mistress Matisse: *Control Tower & Kink Calendar – What Does This Mean?* thestranger.com, 27. Juni 2006

Von „http://de.wikipedia.org/wiki/Figging"

Fisting

Faustverkehr (engl.: **Fisting**, engl.: *fist* für „Faust") bzw. **Fisten** oder **Fausten** ist eine sexuelle Praktik, bei der mehrere Finger bis hin zu einer oder mehreren Händen in die Vagina (*brachiovaginal*) oder den Anus (*brachioproktisch*) eingeführt werden.

Varianten

Zeichnerische Darstellung

Vaginaler Faustverkehr

In der Regel können bei den ersten Fistingversuchen nur einige Finger eingeführt werden. Da der muskuläre Vaginalschlauch als natürlicher Geburtskanal von Natur aus stark dehnbar ist, kann diese Spielart grundsätzlich unabhängig von Alter und Beckenbau praktiziert werden.

Analer Faustverkehr

Der Anus ist im Vergleich zu einer Vagina von der Anatomie her wesentlich enger und weniger dehnbar. Daher ist ein Einführen der gesamten Hand in dieser Sexualpraxis außerhalb der BDSM-Szene nicht verbreitet.

Doppelter Faustverkehr

Darunter versteht man das sehr viel seltenere Penetrieren der Vagina oder des Anus mit beiden Händen.

Risiken

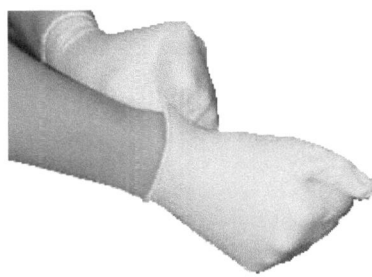

Handschuhe und Gleitmittel können das Verletzungs- bzw. Infektionsrisiko deutlich verringern.

Die unmittelbaren Risiken beim Faustverkehr bestehen bei ruppiger oder gewaltsamer Praxis in Verletzungen des Anus bzw. der Vagina, welche sehr schmerzhaft sein können. In Extremfällen kann es zu einer Perforation des Darms kommen, die einen medizinischen Notfall darstellt; auch Todesfälle wurden vereinzelt beschrieben. Ferner besteht eine besondere Infektionsgefahr nicht nur für eine HIV-Infektion, sondern auch für eine Infektion mit dem Hepatitis-C-Virus oder analen Warzen. Bei Frauen kann es darüber hinaus leicht zu unspezifischen Scheideninfektionen kommen, wenn Darmbakterien in die Vagina übertragen werden. Das Verletzungs- bzw. Infektionsrisiko kann mittels Verwendung von reichlich Gleitmittel und Handschuhen deutlich verringert werden, ist aber entgegen weitverbreiteter Meinung nur wenig vom Alter der gefisteten Person abhängig.

Ungeklärt sind die langfristigen Folgen von analem Fisting und Analdehnung. Therapeutische Analdehnung zur Behandlung von Analfissuren führt nach klinischen Studien zur Schädigung des Schließmuskels. Diese Schädigung macht sich nicht sofort und in jedem Fall durch Stuhlinkontinenz bemerkbar. Dies wird jedoch von Proktologen mit dem Umstand erklärt, dass im jüngeren und mittleren Alter die Beckenbodenmuskulatur die Schädigung des Sphinkters kompensiert und so die Schließfähigkeit sicherstellt. Im fortgeschrittenen Lebensalter schwindet die Beckenbodenmuskulatur jedoch, sodass der Schließmuskel keine Unterstützung mehr erhält. In diesem Stadium könnte eine zuvor unerkannte und äußerlich nicht sichtbare Schädigung zur Stuhlinkontinenz führen. Eigenständige Untersuchungen zu den Spätfolgen des Analfistings im fortgeschrittenen Alter liegen bislang jedoch nicht vor. Schäden des Schließmuskels lassen sich häufig nur durch eine proktologische Ultraschalluntersuchung erkennen, sodass das subjektive Wohlbefinden und die bestehende Kontinenz keine Gewähr für die Intaktheit des Schließmuskels bieten.

Literatur
- Kim Powers: *Fisting. Vorsicht, Verantwortung und Vertrauen.* Carl Stephenson Verlag, Flensburg 2004, ISBN 3-7986-0133-X.
- Deborah Addington: *A Hand in the Bush: The Fine Art of Vaginal Fisting.* Greenery Press, 2002, ISBN 1-890159-02-6.

Von „http://de.wikipedia.org/wiki/Fisting"

Flagellantismus

Flagellations-Demonstration auf der Folsom Street Fair 2004 (Flogging).

Der **Flagellantismus** (vom lateinischen *flagellum*: Peitsche, Dreschflegel, Geißel) bezeichnet eine sexuelle Vorliebe dafür, sich entweder selbst zu schlagen oder von einem Partner schlagen zu lassen. Beim Flagellantismus spielt das Phänomen des Lustschmerzes eine wichtige Rolle.

Begriff

Die Geißelung wird auch Flagellation und die Anhänger dieser Sexualpraktik werden *Flagellanten* genannt. Hier besteht jedoch eine Verwechslungsgefahr mit der ebenfalls Flagellanten genannten christlichen Laienbewegung („Die Geißler").

Der Flagellantismus ist eine Untergruppe des „Sadomasochismus" genannten Teilbereichs des BDSM. Nach veraltetem Verständnis sind passive Flagellanten Masochisten. Heute bezeichnet „Masochismus" jedoch eine medizinische Diagnose, unter die die meisten Mitglieder der BDSM-Subkultur nicht fallen. Die allgemeine und neutrale Bezeichnung für einen passiven Flagellanten ist „Bottom", also derjenige, der „unten" ist.

Der Flagellantismus ist mit dem Spanking verwandt, aber nicht identisch. Unter den Begriff Spanking fallen speziell solche Praktiken, bei denen primär und meist ausschließlich auf das Gesäß geschlagen wird. Spanking kann mit Erziehungsspielen, Rollenspielen und/oder mit Ageplay verbunden sein, muss aber nicht.

Im Gegensatz dazu begrenzen Flagellanten die Züchtigungen nicht auf das Gesäß, sondern beziehen auch andere Körperteile wie z. B. Rücken, die Schenkel oder die Fußsohlen mit ein. Während beim Spanking eine Vielzahl von Züchtigungsgeräten verwendet wird (z. B. Rohrstöcke, Paddles oder auch nur die flache Hand), bevorzugen Flagellanten meist Peitschen, Gerten oder Rohrstöcke – Paddles eignen sich nur für das Gesäß und die flache Hand gilt als nicht schmerzhaft genug. Rollen- und Erziehungsspiele sind beim Flagellantismus eher selten, meist steht der Schmerz und dessen Umwandlung und Wahrnehmung als Lustschmerz im Vordergrund.

Die Peitsche in der Literatur

Therese philosophe ist das erste bekannte Werk, das Flagellationen zum Gegenstand der Literatur machte. Dem folgte Marquis de Sade mit mehreren Werken, in denen er die Flagellation thematisierte. Im 19. und frühen 20. Jahrhundert wurden bestimmte sexuelle Vorlieben bestimmten Völkern zugeordnet. Für die Flagellation war dies vor allem England, so dass in der flagellantischen Literatur die Hauptakteure vor allem Engländer sind. Die meisten Bücher zu diesem Thema erschienen auch tatsächlich in England, oft im bigott verlogenen Stil der viktorianischen Zeit als Manifeste des Erziehungsflagellantismus.

Soziologisch sind Parallelen zu den Bestrafungspraktiken in den britischen Kolonien zur Hochzeit des Kolonialismus zu ziehen, zumal die flagellantische Literatur in ihrem „Mutterland" England in allen Bevölkerungsschichten außerordentlich populär und auch im Stil der „Heftchenliteratur" in hohen Auflagen am Markt war. Johann Heinrich Meibom veröffentlichte eine medizinische Würdigung der Flagellation, der er ein Supplement hinzufügte, das sich ausschließlich mit der englischen Flagellanten-Literatur befasst. Henry Spencer Ashbee gab 1877 unter dem Pseudonym Pisanus Fraxi den *Index Librorum Prohibitorum: being Notes Bio-Biblio-Icono-graphical and Critical, on Curious and Uncommon Books* heraus, in dem er eine ausführliche Bibliographie pornographischer Texte mit Inhaltsangaben erstellte, aus der die große Rolle flagellantischer Literatur hervorgeht.

Der berühmteste Autor flagellantischer Literatur ist Algernon Swinburne. Er schöpfte seine Phantasien aus den Erlebnissen, die er 1849 als Zwölfjähriger in Eton hatte, wo harte Züchtigungen (*birchings*) auf dem noch heute erhaltenen *Flogging-Block* zum Schulalltag gehörten. Ein Großteil seines literarischen Schaffens und seiner Faszination für das Thema kreist um dieses Gerät und die Züchtigungen, die er dort selbst erfuhr oder als Zeuge miterlebte, wenn andere Schüler mit der Rute auf das entblößte Gesäß gezüchtigt wurden. Unter anderem in der Novelle *Lesbia Brandon* (postum 1952) verlegt er seine Züchtigungsphantasien teilweise aber auch in den häuslichen Bereich. Auch James Joyce widmete einige Texte der Flagellation.

Zu den populärsten flagellantischen Werken zählen ferner die *Memoiren einer russischen Tänzerin*. Das dreibändige Werk erschien um 1900 zum ersten Mal und wurde im "Bilderlexikon der Erotik" als "Vademecum" des Flagellantismus bezeichnet. Bis heute wurden die *Memoiren* in zahlreichen Auflagen verlegt, der erste Teil auch separat unter dem Titel *Kindheit in der Leibeigenschaft eines Bojaren*. Ob der Inhalt tatsächlich auf Aufzeichnungen einer Tänzerin des Kaiserlichen Theaters in Moskau und damit auf wahren Begebenheiten der siebziger Jahre des neunzehnten Jahrhunderts beruht, ist bis heute umstritten.

Von „http://de.wikipedia.org/wiki/Flagellantismus"

Folsom Street Fair

Die Folsom Parade bildet das Abschlussereignis der *Leather Pride Week* in San Francisco, Kalifornien.

Die **Folsom Street Fair** ist eine Open-Air-Veranstaltung, die jährlich am letzten Sonntag im September die *Leather Pride Week* in San Francisco, Kalifornien abschließt. Nach dieser Veranstaltung ist eine ähnliche Veranstaltung in Berlin ebenfalls benannt.

Folsom San Francisco

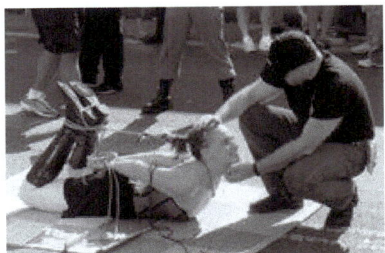

Bondage-Vorführung auf der Folsom Parade 2006.

Das Straßenfest ist der jährliche Höhepunkt der Veranstaltungen der US-amerikanischen Leder- und Fetisch-Szene. Die meistens einfach als *Folsom* bezeichnete Veranstaltung in San Franciscos „South-of-Market- Bezirk" findet auf der Folsom Street zwischen der 7. und der 12. Straße statt. Die Großveranstaltung wird seit 1984 durchgeführt und ist das weltweit größte Fest der Lederszene. Sie ist die drittgrößte öffentliche Veranstaltung in Kalifornien und die größte Messe für BDSM Ausstattungen und Kultur weltweit.

Auspeitschung eines Bottom auf der Folsom Parade 2007.

An der *Folsom* in San Francisco nehmen jedes Jahr durchschnittlich rund 400 000 Besucher teil, unter ihnen viele BDSM-Anhänger und homosexuelle Lederfans aus der ganzen Welt. Auch viele Personen, die nicht dem BDSM- oder Lederspektrum zuzuordnen sind, kommen zum Schauen und Mitfeiern. Sämtliche Einnahmen werden an anerkannte wohltätige Einrichtungen wie z. B. die Aids-Hilfe gespendet; die Veranstaltung erwirtschaftet für diese Zwecke jährlich rund 250.000 US-Dollar.

Weitere außereuropäische Folsoms

Der Erfolg der Ursprungsveranstaltung führte dazu, dass mittlerweile weltweit ähnliche Veranstaltungen durchgeführt werden. So findet in New York City seit 1997 eine kleinere Veranstaltung unter der Bezeichnung *Folsom Street East* statt, die allerdings unter dem Namen nur geduldet ist, nicht zur FOLSOM Familie gehört (wie z. B. Folsom Europe). In Toronto, Kanada gab es einige Jahre eine ähnliche Veranstaltung unter dem Namen *Folsom Fair North* im Church and Wellesley-Bezirk durchgeführt. Sie musste allerdings nach Beendigung der Zusammenarbeit mit San Francisco den Namen in FFN ändern.

Folsom Europe

In Berlin veranstaltet seit 2004 ein Verein aus der lokalen Lederszene im Stadtteil Schöneberg am jeweils ersten Septemberwochenende eine entsprechende Veranstaltung unter der Bezeichnung *Folsom Europe*. Neben den homosexuellen Gruppen waren SMart Rhein-Ruhr e.V., die BVSM e. V. und BDSM Berlin e.V. mit einem eigenen Stand vertreten. Die Überschüsse gehen an Fördergruppen, die Präventions- oder Betreuungsarbeit im Bereich HIV/AIDS leisten. Der Regierende Bürgermeister der Stadt Berlin Klaus Wowereit und der Berliner Tourismusverband unterstützen die Veranstaltung, die das erste Straßenfest für die Leder-Fetisch-Szene in Europa war und heute als deren wichtigstes Treffen gilt.

Reaktionen von Medien und aus der Politik

Die San Francisco Chronicle berichtete in leicht amüsiertem Ton über die dortige Folsom Street Fair 2005.

Pony-Girl vor einem Wagen, *Petplay* auf der *Folsom Parade*, 2005 (San Francisco).

Berlin 2005

Im Jahr 2005 führte das Grußwort Wowereits zu einem lokalpolitischen Eklat. Berliner Redaktionen sprachen in Reaktion auf die erstmalige Unterstützung der *Folsom Europe* von einer „echt harten Nummer", nachdem die lokale CDU das Grußwort Wowereits als „mit der Würde des hohen Amtes nicht vereinbar" bezeichnet hatte und Flugblätter aufgetaucht waren, in denen behauptet wurde, Wowereit „verharmlose rassistische Vergewaltigungspornographie als Lebensfreude pur". Damals vertrat die Berliner CDU die Auffassung, Fotos im schriftlichen Marketingmaterial der Veranstaltung „zeigen unumwunden Akte enthemmter Gewalt" und „faschistoide Motive".

Sein CDU-Gegenkandidat Friedbert Pflüger, der ebenso wie Wowereit noch kurz zuvor den Berliner Christopher Street Day besucht hatte, erklärte hingegen, von ihm würde das Festival kein Grußwort bekommen, man müsse schon genau darüber nachdenken, welche Veranstaltung man mit einem Grußwort auszeichne, und betonte, er würde auch kein Grußwort für eine Erotikmesse schreiben.

Unter der Überschrift „*Lesben und Schwule in der Union sehen Akzeptanz durch Gewalthedonie bei Folsom Europe Fest gefährdet*", unterstützen 2005 die Lesben und Schwule in der Union die Kritik Pflügers an der Veranstaltung. Aus ihrer Sicht sollte die gesellschaftliche „*Akzeptanz durch Gewalthedonie bei Folsom Europe Fest gefährdet*" werden. Der Vorsitzende der Organisation, Jan Kayser, veröffentlichte eine Pressemitteilung, in der er die These aufstellte, dass Folsom Europe mit der aggressiven Darstellung des Festcharakters und dessen potentieller Besucher die Akzeptanz der gesamten Homosexuellenszene in der Gesellschaft gefährden würde. Wenige Tage später erklärte er, dass er in der Pressemitteilung falsch zitiert worden sei und niemals den friedlichen und offenen Charakter des Festes in Frage gestellt habe.

Der Generalsekretär der Berliner CDU Frank Henkel bezeichnete die Teilnehmer des Events als eine Gruppe von Leuten, „*die ihren Lebenssinn darin sehen, abartige Sexualmethoden zu praktizieren*", und unterstrich seine Ansicht, dass die Veranstaltung mit Toleranz und einer weltoffenen Stadt nichts mehr zu tun habe, sondern ein Akt der Selbstinszenierung einer Szene sei.

Der Vorstandsvorsitzender des Folsom Europe e. V. Daniel Rüster wies in einer Presseerklärung die Kritik zurück. Er betonte, dass das Event kein „Sado-Maso-Fest", sondern ein Straßenfest der Leder- und Fetisch-Gemeinde Europas sei. Er unterstrich, das diese spezielle Szene „bereits seit den 70er Jahren gesellschaftspolitisch aktiv" sei und in den 80er Jahren „wesentlich zum Aufbau vieler Aids-Hilfen im In- und Ausland beigetragen" habe. Den Vorwurf der Verherrlichung oder gar Förderung rassistischer Vergewaltigungspornografie wies er vehement zurück.

Berlin 2006

Im Jahr 2006 unterstützte der zu diesem Zeitpunkt um eine Wiederwahl kandidierende Wowereit die Veranstaltung erneut mit einem Grußwort: „Eine Veranstaltung wie das Folsom Europe passt zu Berlin: Als Treffpunkt für Menschen aus aller Welt, die in eine tolerante und weltoffene Stadt kommen, um miteinander zu feiern (…) und so Vorbehalte abzubauen."

Von „http://de.wikipedia.org/wiki/Folsom_Street_Fair"

Gasmaske (BDSM)

Im Bereich BDSM werden **Gasmasken** mitunter von Tops eingesetzt. Sie dienen sowohl zur Bestrafung wie auch zum Lustgewinn. Verwendung finden sie hierbei vor allem bei Gummiliebhabern, sowie als Instrument zur gezielten sensorischen Deprivation und nicht zuletzt auch der präzise gesteuerten Atemkontrolle. Hierbei ist es zumeist bereits ausreichend, den Atemschlauch gezielt zu öffnen und zu schließen. Die Zuführung gasförmiger Substanzen wie Zigarettenrauch oder Poppers kommt vor.

Von „http://de.wikipedia.org/wiki/Gasmaske_(BDSM)"

Gayle Rubin

Gayle S. Rubin (* 1949) ist eine amerikanische Feministin, die hauptsächlich auf dem Gebiet der Anthropologie und der Gesellschaftspolitik gearbeitet hat.

Ihre Arbeiten setzen sich kritisch mit dem Verhältnis von Politik, Gesellschaft, Emanzipation und Sexualität auseinander. Rubin gilt als Begründerin des Sex-Gender-Systems mit ihrer

Schrift "The traffic in women" (1975). Darin unterscheidet sie erstmals das biologische (sex) vom sozial konstruierten (gender) Geschlecht. Ihre Vision ist eine androgyne und genderlose Gesellschaft, in der zugeschriebene Sexualität und "sex roles" abgeschafft sind. (Vgl. Charlotte Ulrich)

1978 zog Rubin nach San Francisco, um dort zum Thema homosexuelle Lederbewegung zu forschen. Am 13. Juni dieses Jahres gründete sie zusammen mit der Schriftstellerin Pat Califia und mehreren anderen Feministinnen Samois, die erste bekannte amerikanische, feministische BDSM-Lesben-Gruppe, die sich in den 80er Jahren politisch für die Rechte von lesbischen Sadomasochisten engagierte und mit "Coming to Power" das erste bekannte BDSM-Handbuch herausbrachte. Die Gruppe löste sich im Mai 1983 auf, woraufhin Rubin sich im Jahr darauf an der Gründung einer neuen Organisation namens "The Outcasts" beteiligte.

Califia und Rubin waren in den 1980er Jahren bekannte Vertreter der "Pro-Sex Aktivisten" in einer Auseinandersetzung, die im angelsächsischen Raum unter der Bezeichnung *The feminist sex wars* bekannt ist.

In *Thinking Sex* analysiert sie 1984, wie im "modernen sexuellen System" Sexualpraktiken hierarchisiert und stigmatisiert werden. Sexuelle Konflikte nehmen aus dieser Sicht häufig die Form einer "moral panic" an. Menschen werden aufgehetzt und eine rationale Diskussion wird unmöglich gemacht. Rubin plädiert für einen sexuellen und theoretischen Pluralismus und erörtert dabei auch die "Grenzen des Feminismus" für eine politische Theorie der Sexualität.

In den Jahren von 1992 bis 2000 war sie Mitglied des Board of Directors des *Leather Archives and Museum*.

1994 stellte Rubin ihre Dissertation im Bereich Anthropologie der University of Michigan fertig, wo sie gegenwärtig als Assistant Professor im Bereich Vergleichende Literaturwissenschaft tätig ist. Der Titel der Arbeit lautet *The Valley of the Kings: Leathermen in San Francisco, 1960–1990*.

Auszeichnungen

- 2000 Leather Archives and Museum "Centurion"
- 2000 National Leather Association Lifetime Achievement Award
- 1992 Pantheon of Leather Forebearer Award
- 1988 National Leather Association Leather Woman of the Year Award

Quellen von und zu Gayle Rubin

- Samois: *Coming to Power. Writings and Graphics on Lesbian S/M*, Alyson Publications, Boston, 3. Auflage Oktober 1987, ISBN 0-932870-28-7
- *The Traffic in Women: Notes on the 'Political Economy' of Sex*, in: Toward an Anthropology of Women. Ed. Rayna Reiter. 157-210, NY: Monthly Review Press, 1975
- *Thinking Sex: Notes for a Radical Theory of the Politics of Sexuality*, in: Henry Abelove u.a. (Hg.): The Lesbian and Gay Studies Reader, New York (Routledge), 1993, (Erstveröffentlichung 1984.), dt. "Sex denken. Anmerkungen zu einer radikalen Theorie der sexuellen Politik" in: *Queer denken. Gegen die Ordnung der Sexualität (Queer Studies)*, hg. von Andreas Kraß, Frankfurt am Main: Suhrkamp 2003, S. 31-79, ISBN 3-518-12248-7
- "Samois", in Marc Stein, ed., *Encyclopedia of Lesbian, Gay, Bisexual, and Transgender History in America*, (New York: Charles Scribner's Sons, 2003),
- Rubin, Gayle, *The Valley of the Kings: Leathermen in San Francisco, 1960-1990*, 1994, Dissertation Abstracts International, 56 (01A), 0249, (UMI No. 9513472)
- 'Studying Sexual Subcultures: the Ethnography of Gay Communities in Urban North America", in: Ellen Lewin and William Leap (hrsg.): *Out in Theory: The Emergence of Lesbian and Gay Anthropology*, (Urbana: University of Illinois Press, 2002), ISBN 0-252-07076-3
- "Sites, Settlements, and Urban Sex: Archaeology And The Study of Gay Leathermen in San Francisco 1955-1995", in: Robert Schmidt and Barbara Voss (Hrsg.): *Archaeologies of Sexuality*, London, Routledge, 2000, ISBN 0-415-22365-2
- "The Miracle Mile: South of Market and Gay Male Leather in San Francisco 1962- 1996", in: James Brock, Chris Carlsson, and Nancy Peters (Hrsg.): *Reclaiming San Francisco: History, Politics, Culture*, San Francisco, City Lights Books, 1998, ISBN 0-87286-335-2
- "From the Past: The Outcasts" from the newsletter of *Leather Archives & Museum* No. 4, April 1998
- "Music from a Bygone Era", in: *Cuir Underground*, Issue 3.4 - May 1997, Onlineversion des Textes (englisch)
- "Elegy for the Valley of the Kings: AIDS and the Leather Community in San Francisco, 1981-1996", in: Martin P. Levine, Peter M. Nardi und John H. Gagnon, ed. *In Changing Times: Gay Men and Lesbians Encounter HIV/AIDS* (University of Chicago Press, 1997)
- "Of catamites and kings: Reflections on butch, gender, and boundaries", in: Joan Nestle (Ed). *The Persistent Desire. A Femme-Butch-Reader*, Boston: Alyson Books, 466 (1992)
- "The Catacombs: A temple of the butthole", in Mark Thompson, ed., *Leatherfolk — Radical Sex, People, Politics, and Practice*, Boston, Alyson Publications, 1992, ISBN 1-55583-187-7
- Rubin, Gayle. *Misguided, Dangerous and Wrong: an Analysis of Anti-Pornography Politics*. in: *Bad Girls and Dirty Pictures: The Challenge to Reclaim Feminism*. Assiter Alison und Carol Avedon (Hrsg.), Boulder Colorado, Pluto, 1993, 18-40, ISBN 0-7453-0523-7
- "Thinking Sex: Notes for a Radical Theory of the Politics of Sexuality. in Carole Vance, ed., Pleasure and Danger, Routledge & Kegan Paul, 1984, ISBN 0-04-440867-6
- "The Leather Menace", in: *Body Politic*, 82(34), 1982
- "Sexual Politics, the New Right, and the Sexual Fringe" in *The Age Taboo*, Alyson, 1981, Seiten 108-115, ISBN 0-932870-13-9

"The Traffic in Women: Notes on the 'Political Economy' of Sex", in: Rayna Reiter, ed., *Toward an Anthropology of Women*, New York, Monthly Review (1975); Anthologie in Second Wave: A Feminist Reader [dt. Der Frauentausch. Zur „politischen Ökonomie" von Geschlecht, in: Dietze / Hark: Gender kontrovers, S. 69-122]
- "Thinking Sex" ist anthologiert in Abelove, H.; Barale, M. A.; Halperin, D. M.(Hrsg.): *The Lesbian and Gay Studies Reader*, New York, Routledge, 1994, ISBN 0-415-90519-2

Von „http://de.wikipedia.org/wiki/Gayle_Rubin"

Gene Bilbrew

Gene Bilbrew (* 1923 in Los Angeles; 1974) war ein US-amerikanischer Cartoonist und Fetischkünstler. Neben seinem Namen benutzte er einige Pseudonyme, darunter *ENEG* (Gene rückwärts geschrieben), *Van Rod* und *Bondy*.

Bilbrew besuchte zeitgleich mit Eric Stanton die School of Visual Arts in New York bei Burne Hogarth. Seine Karriere begann beim Los Angeles Sentinel, einer afroamerikanischen Zeitung, in der er den Comicstrip *The Bronze Bomber* illustrierte, gemeinsam mit seinem Mitautor Bill Alexander. Er zeichnete darüber hinaus die Serie *Hercules* im *Health Magazine*. Er nahm während seiner gesamten Laufbahn als freischaffender Künstler Aufträge der afroamerikanischen Gemeinde an, beispielsweise modernisierte er die künstlerische Gestaltung viktorianischer Titelseiten wie die des *Gypsy Witch Dream Book* oder *Old Aunt Dinah's Dream Book* für die Wholesale Sales Corporation.

Um 1950 wurde Bilbrew der Assistent des einflussreichen Comiczeichners Will Eisner bei dem bedeutenden Comic-Klassiker The Spirit. Nachdem Jules Feiffer eingezogen wurde, der Schöpfer von *Clifford*, einer Humorseite für Kinder, übernahm er die Serie.

Die spätere Bekanntheit Bilbrews wurde durch seine Zusammenarbeit mit Irving Klaw und dessen Vertriebsfirma *Movie Star News* begründet, den er über die Verbindungen Stantons kennenlernte und für den er ab 1951 als Fetischzeichner arbeitete. Viele seiner Illustrationen erschienen zwischen 1956 und 1959 in dem Fetischmagazin Exotique. Schwerpunkt seiner Arbeit als Fetischkünstler waren die Darstellung weiblicher Dominanz und des Bondage.

Literatur (Auswahl)
- *EXOTIQUE - The Correspondence Digest - Issue Number 13*, Burmel Publishing, 1957.
- *Teacher's Pet*, Satan Press, 1965.
- *The Bizarre Art of Bilbrew & Stanton - Vol.1*, Jennifer Jordan, 1980.
- *Esthetique Fetish & Bizarre*, Glittering Images, 1990.

Von „http://de.wikipedia.org/wiki/Gene_Bilbrew"

Genitorturers

Genitorturers ist eine US-amerikanische Industrial-Metal-/Industrial-Rock-Band mit Elektro- und Hardcore-Punk-Einflüssen. Die Band bezeichnet sich selbst als „The World's sexiest Rockband" und ihren Musikstil ganz einfach als „Rock".

Die Band wurde 1991 von Sängerin Gen in Orlando, Florida gegründet und veröffentlichte 1993 ihr erstes Album „120 Days of Genitorture". Anschließend übernahm Morbid-Angel-Sänger und Bassist David „Evil D" Vincent die Aufgabe, den Bass in der Band zu spielen. Die Gruppe tourte bereits durch Amerika, Europa, Japan und Australien. Die Bühnenshows beinhalten explizite Darstellungen aus dem BDSM-Bereich mit wechselnden Darstellern. Es werden auch für jedes Konzert Personen gesucht, die bereit sind als Darsteller im Rahmen ihrer Möglichkeiten und Neigungen teilzunehmen. Während der Konzerte werden, je nach teilnehmender Darsteller und Absprache mit den Örtlichen Veranstaltern, folgende BDSM-Praktiken gezeigt: Piercing (in allen Bereichen), Wachsspiele, Dildospiele, Klistiere, Skarifizierung, Cutting, Branding, Bondage (Basics), usw.

Diskographie

Studioalben
- 1993: *120 Days of Genitorture* IRS Records /Capitol
- 1998: *Sin City* Cleopatra Records / Gforce Records
- 2000: *X Sin City Japan* (Wiederveröffentlichung) ZAIN / Big MF
- 2002: *Public Enemy* (Japan)
- 2009: *Blackheart Revolution* Gforce/MVD, Season Of Mist, RIOT Entertainment, Dynamo Records

EPs und weitere Veröffentlichungen
- 2000: *Machine Love* (Remixalbum) Cleopatra Records
- 2003: *Flesh is the Law* (EP) Dreamcatcher/SPV, Big MF, Gforce Records

VHS + DVDs
- 1997: *Society Of Genitorture* (VHS) G-Spot Films
- 2001: *The Society Of Genitorture* (DVD) MVD - Music Video Distributers / G-Spot films
- 2007: *Live In Sin* (DVD) MVD - Music Video Distributers

Filmmusik und Videospielmusik
- 1999 Filmmusik: Raging Hormones
- 2003 Filmmusik: Vampire Clan
- 2003 Filmmusik: Bike Week Exposed
- Nov. 2004 Videospiel: Vampire: The Masquerade-Bloodlines Activi-

sion
- Juni 2004 Videospiel: True Crime Streets of LA Activision (4 Lieder)

Von „http://de.wikipedia.org/wiki/Genitorturers"

Guido Crepax

Guido Crepax (eigentlich *Guido Crepas*; * 15. Juli 1933 in Mailand; 31. Juli 2003 ebenda) war ein italienischer Graphiker, der die Entwicklung des europäischen Erwachsenencomics in der zweiten Hälfte des 20. Jahrhunderts stark beeinflusst hat.

Werdegang

Guido Crepax wuchs zunächst in Mailand auf. Bereits im Alter von zwei bis vier Jahren schnitt er Figuren aus Zeitungspapier aus, ohne diese vorgezeichnet zu haben. Wegen des Krieges übersiedelte seine Familie 1942 nach Venedig. Da Spiele nur schwer erhältlich waren, bastelte er sich die Figuren selbst und entwickelte eigene Regeln dafür, zum Teil inspiriert von amerikanischen Comics. 1945 kehrte die Familie nach Mailand zurück, wo Crepax als Zwölfjähriger den Film *The Invisible Man* von James Whale für den ersten eigenen Comic adaptierte.

Nach dem Besuch eines naturwissenschaftlichen Gymnasiums studierte Crepax in Mailand Architektur und promovierte dort 1958. Nebenbei arbeitete er als Illustrator von Buchumschlägen und Schallplattencovern. Dabei handelte es sich überwiegend um Veröffentlichungen der klassischen Musik und des Jazz. Sein erster Illustrationsauftrag war die Gestaltung eines Albumtitels für Fats Waller. 1957 zeichnete er Plakate für eine Werbekampagne des Ölkonzerns Shell und gewann damit die italienische *Goldene Palme der Werbung*. Seitdem hat Crepax für unterschiedliche Werbeagenturen und Zeitschriften gearbeitet, unter anderem entwarf er 200 Covers für die medizinische Fachzeitschrift *Tempo Medico*.

In der zweiten Ausgabe der Comic-Zeitschrift *Linus* begann er 1965 die Comicserie *Neutron*, eine Superheldengeschichte. Die Hauptfigur, der mit übersinnlichen Fähigkeiten ausgestattete Kunstkritiker Philipp Rembrandt, wurde bereits in der dritten Folge von der Reporterin Valentina abgelöst. Die Serie *Valentina* machte Crepax international bekannt. Ihr folgten die Heldinnen *Bianca* und *Anita*. Ab 1973 widmete sich Crepax der Umsetzung literarischer Vorlagen wie *Geschichte der O*, *Justine*, *Emmanuelle* und anderen. Für die französische Sach-Comic-Reihe *La Découverte du Monde* steuerte er die Bände über Francis Drake und Charles Darwin bei. In der Folge beschäftigte er sich überwiegend mit weiteren Adaptionen, Mary Shelleys *Frankenstein* war 2002 seine letzte Veröffentlichung.

Werk

Crepax fertigte überwiegend schwarzweiß-Zeichnungen, die sich sehr an den Elementen der Pop-Art orientierten, dabei aber eine eigene Bildsprache entwickelten. Er bediente sich Techniken der Bildmontage, die aus Filmen bekannt sind und übernahm in seinen Comics Effekte wie Zoom und Kameraschwenks, Zeitlupen entstanden durch Bildhäufungen. Häufig zeigte er Nahaufnahmen, teilte seine Figuren auf und zeigte jeweils Details oder Körperteile in Einzelbildern. So folgen zum Beispiel einzelne Panels einem Kleidungsstück über die Brust, Bauch, Becken und Beine bis zum Boden. Zentrales Motiv jedes Panels ist das Kleidungsstück, das ausgezogen wird; der Körper und die vollständige Figur entstehen erst im Kopf des Lesers durch das Zusammensetzen der einzelnen Bilder. In dem Band *Lanterna Magica* verzichtete Crepax 1979 vollständig auf beschreibenden Text und Dialoge. Erst 1980 entstanden farbige Abenteuer von Valentina und Anita.

Großen Einfluss auf sein Werk hatten die Arbeiten des Bondage-Künstlers John Willie, dessen Knotentechniken sich in einigen Werken wiederfinden.

Wiederholt wurden Comics von Guido Crepax von der Bundesprüfstelle für jugendgefährdende Medien indiziert. 1983 erfolgte dies für *Justine*, 1987 für *Venus im Pelz*. Eine Veröffentlichung von Crepax' Werk in deutscher Sprache wird durch diese Tatsache erheblich erschwert. Seit über zehn Jahren wagte sich kein Verleger aus Deutschland mehr an die Bücher des Italieners.

Valentina

Seine bekannteste Schöpfung ist die Figur der emanzipierten Foto-Reporterin Valentina, die Crepax 1965 mit dem Äußeren der von ihm verehrten Schauspielerin Louise Brooks schuf. Mit ihrer hellen Haut und dem dunklen Pagenschnitt diente sie 1926 bereits John Striebel als Vorlage für die Comicfigur *Dixie Dugan*. Crepax führte 1976 einen Briefwechsel mit ihr, in dem sie sich von seiner Darstellung geschmeichelt zeigte.

Valentina zeigt Nacktheit, Kleidungsfetischismus und Fesselspiele in verschiedenen Erzählebenen. Parallel werden die Realität, Träume und Erinnerungen gezeigt. Die Valentina-Serie wurde durch Crepax außergewöhnlichen Zeichenstil, ihre starke grafische Orientierung am Stil der 60er Jahre, traumähnliche Geschichten und ihren starken Gehalt an Erotik international bekannt.

Bianca

Die Serie *Bianca* erzählt von den sexuellen Ausschweifungen der 15-jährigen Internatsschülerin Bianca, die in ihren Tagebuchaufzeichnungen Realität und Phantasie miteinander verspinnt.

Geschichte der O

1973 erhielt Crepax von dem französischen Verleger Jean-Jacques Pauvert den Auftrag, die Geschichte der O zu adaptieren. Die Comicversion erschien 1975 in Frankreich und Italien, eine aufwändig im Siebdruckverfahren hergestellte signierte und nummerierte Edition im Format 52 × 36,5 cm mit Vorworten von Roland Barthes und Alain Robbe-Grillet gilt als der teuerste Erstdruck eines Comics. Die *Geschichte der O* in der Fassung von Crepax wurde auch in den USA, Japan und Brasilien veröffentlicht und ist sein meistverkauftes Buch. In Deutschland ist der Comic wie schon der Roman von Dominique Aury wegen des sadomasochistischen Inhalts und expliziter Gewaltdarstellungen von der Bundesprüfstelle für jugendgefährdende Medien auf den Index gesetzt worden.

Veröffentlichungen

Valentina-Serie

- *Valentina* (1968), Milano Libri
- *Valentina speciale* (1969), Milano Libri
- *Valentina con gli stivali* (1970), Milano Libri
- *Baba Yaga* (1971), Milano Libri, all'interno di Alì Baba Yaga
- *Ciao Valentina!* (1972), Milano Libri
- *Valentina nella stufa* (1973), Milano Libri
- *Diario di Valentina* (1975), Milano Libri
- *A proposito di Valentina* (1975), Quadragono Libri, editiert von Francesco Casetti
- *Valentina in giallo* (1976), Milano Libri
- *Valentina assassina* (1977), Milano Libri
- *Ritratto di Valentina* (1979), Milano Libri
- *Riflesso di Valentina (1979)*, Arnoldo Mondadori
- *Lanterna Magica* (1979), Edizioni d'arte Angolare
- *Valentina pirata* (1980), Milano Libri, Farbe
- *Valentina sola* (1981), Milano Libri, Farbe
- *Valentina, storia di una storia* (1982), Olympia Press; nach *Die Geschichte des Auges* von Georges Bataille
- *Per amore di Valentina* (1983), Milano Libri
- *Io Valentina, la vita e le opere* (1985), Milano Libri
- *Nessuno* (1990), Milano Libri
- *Valentina e le altre* (1991), Mondadori, collana Oscar
- *Valentina, la gazza ladra* (1992), Rizzoli-Milano Libri
- *Valentina a Venezia* (1992)
- *E Valentina va...* (1994), Rizzoli-Milano Libri
- *Al diavolo, Valentina* (1996)
- *In arte... Valentina* (2001), Lizard Edizioni nach; *Die Geschichte des Auges* von Georges Bataille
- *Valentina* (2003), Panini Comics

Andere Heldinnen

- *La casa matta* (feat. Bianca, 1969), Edip
- *Anita, una storia possibile* (1972), Persona/Ennio Ciscato Editore
- *Histoire d'O* (1975), Franco Maria Ricci Editore, nach dem Roman Geschichte der O von Pauline Réage
- *Emmanuelle* (1978), Olympia Press, nach dem Roman von Emmanuelle Arsan
- *Justine* (1979), Olympia Press, nach dem Roman *Justine oder das Unglück der Tugend* von De Sade
- *Hello, Anita!* (1980), L'isola trovata, Farbe
- *Belinda 1 & 2* (1983), Editori del Grifo
- *I viaggi di Bianca* (1984), Milano Libri, inspiriert durch den Roman *Gullivers Reisen* von Jonathan Swift
- *Venere in pelliccia* (1984), Olympia Press, inspiriert durch den Roman Venus im Pelz von Leopold von Sacher-Masoch.
- *Bianca 2. Odesseda* (1987), Editori del Grifo
- *Emmanuelle l'antivergine* (1990), Rizzoli
- *Eroine alla fine: Salomé* (2000), Lizard Edizioni

Andere Arbeiten

- *Neutron* (1965), Linus-Magazin
- *L'astronave pirata* (1968), Rizzoli
- *Il dottor Jekill* (1972), Persona/Ennio Ciscato Editore
- *Circuito interno* (1977), Edizioni Tempo Medico
- *Casanova* (1977), Franco Maria Ricci Editore
- *L'uomo di Pskov* (1977), CEPIM (Sergio Bonelli Editore), Farbe
- *L'uomo di Harlem* (1979), CEPIM (Sergio Bonelli Editore)
- *La calata di Macsimiliano XXXVI* (1984), Editori del Grifo
- *Conte Dracula* (1987), Rizzoli-Milano Libri, nach dem Roman *Dracula* von Bram Stoker
- *Dr.Jekyll e Mr.Hide* (1987), Rizzoli-Milano Libri, nach dem Roman von Robert Louis Stevenson
- *Giro di vite* (1989), Olympia Press, nach dem Roman *The Turn of the Screw* von Henry James
- *Nessuno* (1990), Milano Libri
- *Le clinicommedie* (1990), Editiemme
- *Il processo di Franz Kafka* (1999), Piemme, nach dem Roman *Der Prozess* von Franz Kafka
- *Frankenstein* (2002), Grifo Edizioni, nach dem Roman von Mary Shelley

Deutschsprachige Veröffentlichungen

- *Valentina* (1970), Lukianos-Verlag, Bern
- *Bianca torturata* (1971), H.M. Hieronimi Verlag, Bonn
- *Valentina und Bianca torturata* (1975), Zweitausendeins, Frankfurt am Main
- *Geschichte der O* (1977), Belrose Edition, Rotterdam
- *Der Mann Aus Harlem* (1979), Taschen Comics, Verlag
- *Emmanuelle* (1980), Bahia Verlag, München
- *Justine* (1980), Editions Belrose, Rotterdam
- *Valentina in Stiefeln* (1981), Bahia Verlag, München
- *Valentina im Ofen* (1981), Bahia Verlag, München
- *Bianca* (1982), Bahia Verlag, München
- *Hello, Anita* (1982), Bahia Verlag, München
- *Die Geschichte der O n.2* (1985), Blue Circle, Amsterdam
- *Venus im Pelz* (1986), Sombrero Verlag, Amsterdam
- *Justine* (1992), Edition Erotik, München
- *Julia* (1992), Schreiber & Leser, München
- *Dr. Jekyll und Mr. Hyde* (1996), Schreiber & Leser, München
- *Valentina in Nadelstreifen* (1997), Schreiber & Leser, München

Literatur

- Vincenzo Mollica, Mauro Paganelli: *Guido Crepax*. Bahia Verlag: München 1981. (= *Der Autor und seine Comics* Bd. 1) ISBN 3-922699-06-5
- Paolo Caneppele, Günter Krenn: *Film ist Comics. Wahlverwandtschaften zweier Medien, die Projektionen des Filmstars Louise Brooks in den Comics von John Striebel bis Guido Crepax*. Filmarchiv Austria: Wien 1999. ISBN 3-901932-03-8
- Roland Seim: *Zur Geschichte der Zensur – Entwicklungen und ausgewählte Beispiele*, in Roland Seim, Josef Spiegel (Hrsg.): „Ab 18" – zensiert, diskutiert, unterschlagen. Beispiele aus der Kulturgeschichte der Bundesrepublik Deutschland, Telos Verlag, Münster 2002, ISBN 3-933060-01-X

Von „http://de.wikipedia.org/wiki/Guido_Crepax"

Gynäkologischer Stuhl

Der **gynäkologische Stuhl** (auch als Gynäkologenstuhl oder Untersuchungsstuhl bezeichnet) dient der Durchführung gynäkologischer Untersuchungen des Unterleibes. Dabei handelt es sich eigentlich um eine Liege mit mehr oder weniger stark geneigtem Rückenteil. Rechts und links der Sitzfläche sind schalenförmige Halterungen (Beinhalter oder -stützen) angebracht. Die Patientin liegt dann in der sogenannten Steinschnittlage (SSL).

Gynäkologische Stühle gibt es in vielen verschiedenen Ausführungen. Anspruchsvollere Modelle bieten u. a. die Möglichkeit, die Höhe und die Neigung der Sitzfläche motorisch zu verstellen, um die Untersuchung zu erleichtern.

Den gynäkologischen Stühlen ähnliche Modelle finden auch in der Urologie (für Untersuchungen der Harnröhre und der Harnblase) und der Proktologie (für Untersuchungen des Afters und des Enddarms) Verwendung.

Bereich BDSM

Im Bereich BDSM werden Gynäkologische Stühle mitunter im Bereich des Kliniksex eingesetzt. Sie dienen hierbei überwiegend der Bestrafung und zum Lustgewinn. Ähnlich wie in Slings ermöglicht die spezielle Liegeposition unbeschränkten Zugang zu Rektum, Anus und gegebenenfalls Vagina und bietet eine sehr entspannte Liegeposition.

Von „http://de.wikipedia.org/wiki/Gyn%C3%A4kologischer_Stuhl"

Halsband

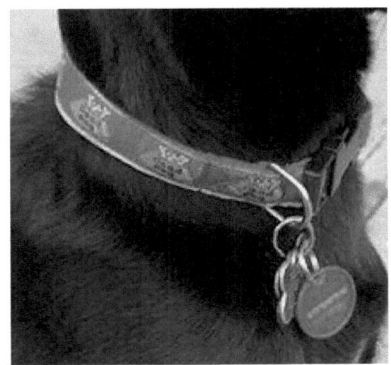

Nylon-Halsband mit Schnellverschluss, sowie Identitätsmarken.

Halsbänder sind Bänder, die als Schmuckstück oder zur Fesselung um den Hals getragen werden. Zur Fesselung finden sie vor allem bei Tieren oder im BDSM Verwendung.

Die verwendeten Materialien sind Metall, Stoff, sowie verschieden farbige Ledertypen. Die weitaus bekannteste Verwendung ist das Halsband für Hunde.

Verschiedene Gruppen benutzen diese Art von Schmuck, um ihre Gesinnung auszudrücken. Dies ist besonders bei Furrys, Punks, Goths und ähnlichen Gruppierungen verbreitet, z. B. in Form von Nietenhalsbändern. Diese sind allerdings bei Konzerten häufig unzulässig und müssen abgelegt werden.

Hundehalsbänder

Die bekannteste Verwendung ist das Hundehalsband. Hundehalsbänder dienen meist dem Führen oder der Bewegungseinschränkung eines Hundes. Dazu bieten sie eine oder mehrere Ösen, an denen eine Leine oder ein Führungsgestänge (Blindenhunde) befestigt werden kann. Hundehalsbänder sind auch in Ausführungen mit nach innen gerichteten Stacheln und als beschränkte oder unbeschränkte Würgehalsbänder auf dem Markt. Gegen Stachelhalsbänder und unbeschränkte Würger bestehen erhebliche Bedenken aufgrund des Tierschutzes, außerdem ist das Verletzungsrisiko nicht unerheblich.

Hundehalsbänder sind häufig mit Hundemarken sowie Adressenanhängern versehen um den steuerrechtlichen Verpflichtungen der Eigentümer nachzukommen (Hundesteuer) oder die Identifizierung des Tieres zu erleichtern.

Neben traditionellen Hundehalsbändern existieren auch funkgesteuerte Modelle, die es dem Besitzer des Tieres erlauben einen elektrischen Schlag oder einen Signalton auszulösen. Sie sind hierzu mit einem Funkempfänger, einer Stromversorgung und Elektroden ausgestattet. Die Elektroden weisen zumeist die Form mehrerer am Halsband nach innen gerichteter, abgerundeter Metallstäbchen auf. Diese durchdringen das Fell des Tieres und stellen einen Kontakt zu seiner Haut her. Solche Telereizgeräte sind unter Tierschutzaspekten kritisch zu beurteilen, in Deutschland nach dem Tierschutzgesetz § 3 Nr. 11 verboten.

BDSM

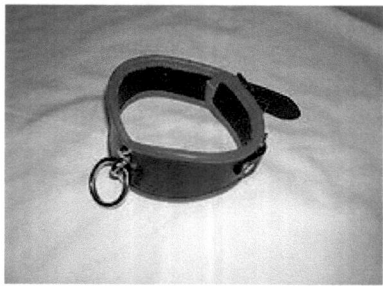

Vorderansicht eines typischen BDSM Halsbandes mit O-Ring.

Im Bereich BDSM werden Halsbänder häufig von Subs getragen. Neben der Verwendung im Rahmen von Bondage symbolisieren sie oft die Bereitschaft zur Unterwerfung oder die Zugehörigkeit zu einem Top. Je nach Zweck und symbolischer Bedeutung können die Halsbänder mit O-Ringen oder D-Ringen ausgestattet sein. Sie erlauben beispielsweise die Befestigung einer Leine an einem Halsband. Neben der funktionalen Befestigungsmöglichkeit ohne symbolische Metaebene (sogenannte „*reine Arbeitshalsbänder*") können die Halsbänder und ihre Ringe für verschiedene symbolische Bedeutungen stehen. Von „http://de.wikipedia.org/wiki/Halsband"

Hanky Code

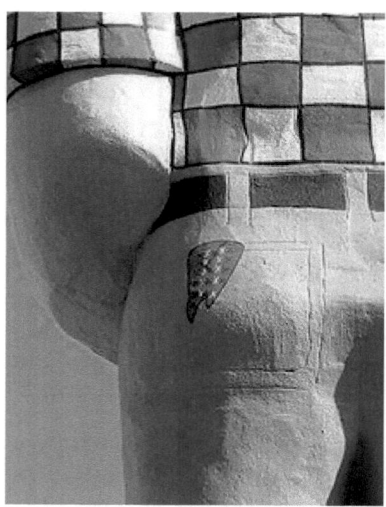

„Hanky Code" aufgemalt auf eine Paul Bunyan-Statue.
In der richtigen Umgebung würde er bekannt machen, dass er gerne aktiv „fistet".

Der **Hanky Code** (auch **Hankie Code** von engl. *hanky* = (in US: kindliche) Kurzform von *Handkerchief* = Taschentuch; daher manchmal auch *Taschentuch-Code*; im Englischen auch bezeichnet als **Handkerchief code**, **bandana code** = Halstuch-Code, **Flag** = Flagge oder **flagging** = „Flagge zeigen") ist ein semiotischer Code, der für Eingeweihte die Möglichkeit schafft, sexuelle Vorlieben und gewünschte Sexualpraktiken unaufdringlich durch das Tragen verschiedenfarbiger Taschen- oder Halstücher anzuzeigen. Er wurde üblicherweise von gezielt nach Sexpartnern suchenden schwulen Männern und von BDSM-Praktizierenden in den Lederszenen Angloamerikas und Europas verwendet. Durch die größere gesellschaftliche Akzeptanz Schwuler, aber auch die gesteigerte Bedeutung von Online-Datingseiten, ist seine Bedeutung jedoch stark zurückgegangen.

Zumeist wird ein in der linken Gesäßtasche getragenes Taschentuch (auf der Seite des Herzens) als Signal dafür gesehen, dass der Träger aktiv sein möchte („Top" bzw. „jener, der penetriert"). Umgekehrt signalisiert das rechts getragene Taschentuch den Wunsch, passiv zu sein („Bottom" bzw. „der Penetrierte" zu sein). Um den Hals getragen kennzeichnet das Tuch den Träger als „nicht festgelegt"; sowohl aktive als auch passive sexuelle Kontakte sind möglich und erwünscht. Bei (BDSM- oder Leder-)Lesben gilt der Signalcode gleichwertig für andere Orte des Tragens – wie zum Beispiel Handtaschen, Brusttäschchen etc.

Geschichte

Das Tragen von farbigen Halstüchern war Mitte/Ende des 19. Jahrhunderts im Wilden Westen bei Cowboys, Lokführern und Bergmännern üblich. Im San Francisco nach dem Kalifornischen Goldrausch waren Frauen rar und Männer tanzten miteinander beim Square Dance. Um die Rollen auseinanderzuhalten entwickelte sich ein Code, bei dem die Tänzer in der männlichen Rolle blaue Halstücher am Arm, am Gürtel oder in der hinteren Hosentasche der Jeans trugen und Tänzer in der weiblichen Rolle rote Halstücher. (Wobei blau nach farbhistorischer Darstellung eigentlich erst nach dem ersten Weltkrieg um 1920 zur Farbe der Männer wurde.) Andere berichten von am rechten oder am linken Arm getragenen Halstüchern. Die volkstümliche Überlieferung der schwul-lesbischen Gemeinde von San Francisco sieht dies als möglichen Ursprung des Hanky Codes.

Um 1964 trugen S&M-Lederkerle in den USA manchmal Plaketten mit einem „S" oder „M".

Schon vor 1970 sind auch von der Gürtelschlaufe hängenden Schlüssel als Zeichen bekannt, „Key Code" genannt. Im TIME Magazine wurde 1975 davon berichtet. Auch hier signalisierte der Schlüssel an der linken Hüfte den „Top" und an der rechten Hüfte den „Bottom". Von diesem Code geht eine andere Entstehungsgeschichte des Hanky Codes aus. Etwa 1970 soll ein Journalist der liberalen New Yorker Wochenzeitung *Village Voice* gescherzt haben, dass es effizienter wäre statt nur durch Schlüssel als Kennzeichen für „Top" oder „Bottom", gleich die sexuellen Vorlieben subtil durch verschiedenfarbige Taschentücher kundzutun.

Nach allgemeiner Auffassung wurde der Hanky Code Anfang der 1970er

Jahre in der schwulen Leder- und Jeans-Szene entwickelt. TIME Magazine berichtete über die Verwendung des Hanky Codes in der Lederszene ebenfalls 1975 und druckte auch eine Tabelle zur Erklärung ab. Die Gruppe Samois druckte im Jahre 1978 den ersten angepassten Hanky Code für Frauen ab. In der US-amerikanischen Kriminalistik wurde der Code 1984 besprochen.

Neben der Lederszene im Speziellen war der Code selten auch in anderen Lokalen und vor allem beim Cruising üblich. Seit Ende der 1970er Jahre ist die Taschentuch-Tradition auch in Südafrika bekannt. Nur wenige benutzten es allerdings als Sex-Indikator, die Mehrheit trug es als modisches Accessoire um den Hals oder am Handgelenk. Über die Bedeutung des in der schwulen Szene bekanntesten Code Rot wussten sie jedoch genug um diese Farbe nie versehentlich rechts hinten zu tragen. Inzwischen hat sich die Verwendung wieder stark auf die Lederszene und der ihr entstammenden Bear Community eingeschränkt, primär durch Veränderungen in der homosexuellen Kultur.

War das Sexualverhalten für die in einer repressiven Gesellschaft Aufgewachsenen in den 1970er und frühen 1980er Jahren nach der Sexuellen Revolution und nach Stonewall recht promiskuitiv und der Hanky Code ein Ausdruck dafür, so änderten Viele mit dem Aufkommen von HIV und Aids ihr Verhalten. Im Jahre 1984 führte eine Gruppe in Texas auch ein Safe-Sex-Hanky ein und machte damit Safer Sex zu einer positiven Wahl statt zu einer Einschränkung. War früher offen schwules Leben und gemeinsames Zusammenleben durch die Regeln der Mehrheitsgesellschaft viel schwieriger, so hat sich die Lage in den letzten Jahren gebessert. Die Möglichkeiten Partner zu finden haben sich erweitert, und die Zahl derer die tagsüber mehr oder minder versteckt leben und nur in der Nacht ein schnelles Abenteuer suchen geht zurück. Mit dem steigenden Selbstvertrauen der Homosexuellen im allgemeinen wächst auch die Risikobereitschaft des einzelnen mit dem anderen ein Gespräch über die Vorlieben zu führen. Weiterhin sind Internet-Kontaktportale wie Gayromeo, Gaychat oder Gaydar für viele zu einem der Hauptkanäle für die Kontaktaufnahme geworden, gerade auch bei schnellen Abenteuern und spezialisierten Vorlieben. All dies führte zu einem Rückgang in der Verwendung der Hanky Codes.

Ein weiteres Problem war, dass die Listen mit Farb/Vorlieben-Kombinationen immer länger wurden und die Farbtöne immer schwerer unterscheidbar wurden, was vor allem an dunklen Orten schwer unterschiedbar ist. Manche ähnliche Farbtöne bedeuteten ganz unterschiedliche Praktiken wie etwa helles Rosa für Dildo-Spiele steht, dunkles Rosa für Brustwarzenspiele und Magenta für Achsellecken. Als Erweiterung war für einige Vorlieben nicht nur die Farbe entscheidend, sondern auch die Art des Stoffes (zum Beispiel Satin) oder das Muster (zum Beispiel gepunktet, gestreift). Damit wurde der Code, selbst für Eingeweihte immer schwerer durchschaubar. Erschwerend kam hinzu dass, über die Grundbedeutungen hinaus, der Code nicht international gleich war, sondern sich sogar von Lokal zu Lokal unterscheiden konnte.

Manche schwulen Kontakt- und Chatportale haben die Verwendung übernommen, wobei man dort über Tooltip auch die Bedeutung lesen kann. Über die schwule Lederszene kam der Hanky Code in modernisierter Form auch in die allgemeine BDSM-Szene und wird dort gelegentlich, beispielsweise auf Partys, verwendet.

Mögliche Verwirrungen

Darüber, welche Seite für aktiv und passiv steht, herrschte nicht immer Einigkeit innerhalb eines Kulturkreises. Tendenziell war im nicht-englischsprachigen Europa die links/rechts-Bedeutung in den Zeiten vor dem Internet zeitweise umgedreht und somit aktiv auf der Seite der rechten Hand.

Bei der Einteilung in „aktiv" oder „passiv" kann es zu Trugschlüssen kommen:
- Beim Oralverkehr wird dieses, wie auch in der Sprache, oft falsch verstanden, ist aber logisch in das System einzuordnen. Eine treffende Erklärung ist: Der „Passive" ist derjenige, der penetriert wird und der „Aktive" penetriert.
- Schwierig ist es auch bei der Prostitution. Ist der Aktive der zahlende Kunde oder der verkaufende Prostituierte? Dabei haben sich im großen und ganzen zwei Traditionen herausgebildet: Im deutschen Sprachraum ist der Kunde „passiv". In den USA ist der Kunde „aktiv".

Alternativen

Vor allem viele der promiskuitiven schwulen Männer empfinden es dennoch als praktisch, auf den ersten Blick erkennen zu können, welche „Rolle" ein potentieller Sexualpartner in puncto Penetration ausübt. Daher kommt es immer häufiger vor, dass anstelle von Taschentüchern in den Gesäßtaschen einfach schwarze Lederarmbänder am entsprechenden Handgelenk getragen werden. Diese Mode kommt in weiten Teilen der schwulen Szene vor und kann wie bei den Schlüsseln früher zu Verwechslungen führen, wenn unwissentlich ein schwarzes Lederarmband aus rein modischen Gründen getragen wird. Es existieren auch Armbänder, die in der Mitte farblich codierte Einlagen aufweisen, hier ist die Farbauswahl derzeit auf *Weiß*, *Gelb*, *Rot* und *Blau* beschränkt.

Tabellenauszug (Farbbeispiele)

Neben den grundlegenden Farben, welche recht übliche Praktiken bezeichnen oder einen intuitiven Zusammenhang haben (z. B. weiß = Sperma, gelb = Urin, braun = Kot, olivgrün = Militär) können andere Farben und Bedeutungen je nach Region und Lokal variieren

Kulturelle Erwähnung

- Peaches veröffentlichte 2006 das Lied *Hanky Code* online, in dem sie Hanky Codes besingt. Zu Beginn weist sie darauf hin, dass man seinen Hanky Code besser kennen sollte bevor man fortgeht, fragt den Zuhörer was aus seiner Tasche hängt und ob man dessen Bedeutung kenne. Im weiteren Verlauf erklärt sie einige Farben und das rechts/links-Tragen.

- Der 2001 veröffentlichte Dokumentarfilm *Beyond Vanilla* (ein Bezug auf Vanilla Sex) wurde von der Produktionsfirma *Hanky Code Productions Inc.* produziert.
- Im Jahre 1983 brachte die Firma *The Parker Sisters - Div.of Fire Island Games, Inc.* ein *Gay Monopoly* heraus, bei dem man Bars und Saunen kaufte. Wenn man auf einem „Manipulation"-Feld landete musste man aus „Ollie's Hanky Code" die oberste der 16 Karten nehmen und korrekt erklären was es links und rechts getragen bedeutet. Bei richtiger Antwort erhielt man $ 69 und bei falscher Antwort musste man $ 69 in die Stonewall-Rücklage zahlen.
- Als der Illustrator der Lederszene der 1970er und 1980er Jahre zeichnete Tom of Finland einige seiner Charakter mit Hanky Codes.

Von „http://de.wikipedia.org/wiki/Hanky_Code"

Harnröhrenstimulation

Harnröhrenstimulation mit dem Finger

Die **Harnröhrenstimulation** bezeichnet eine Sexualpraktik, bei der die männliche oder weibliche Harnröhrenöffnung (lat. *Ostium urethrae externum*) beziehungsweise die Harnröhre (lat. *Urethra*) stimuliert wird. Dies kann entweder manuell geschehen oder durch das Einführen von Objekten.

Bezeichnung

Häufig findet die englische Bezeichnung *Urethral Stimulation* oder *Urethral Play* Verwendung. Umgangssprachlich auf Männer bezogen wird die Harnröhrenstimulation auch *Cockstuffing* (dt. *Penisfüllung*; cock = englischer Slang-Ausdruck für Penis) genannt.

Gründe und Motive

Die Harnröhre stellt einen dicht innervierten, empfindlichen Teil des menschlichen Körpers dar. Die männliche Harnröhre ist vom Corpus Cavernosum umgeben, erektilem Schwellkörpergewebe; ähnliches Gewebe umgibt auch die weibliche Harnröhre. Die weibliche Harnröhre ist darüber hinaus von tieferen Strukturen der Klitoris umgeben. In diesem Sinne ist sie eine erogene Zone und die Stimulation kann als sehr lustvoll empfunden werden und auch zum Orgasmus führen. Aufgrund ihres erogenen Potentials wird die Mündung der Harnröhre auch als *U(rethral)-Punkt* bezeichnet, analog zum G-Punkt.

Methoden der Stimulation

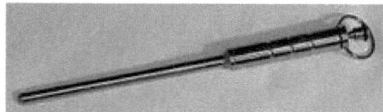

Harnröhrenvibrator

Die Harnröhrenstimulation wird entweder im partnerschaftlichen Vorspiel oder zur Masturbation eingesetzt.

Manuelle Stimulation

Üblicherweise wird dabei der vordere Teil der Harnröhre manuell stimuliert. Dazu kann, je nach Größe der Harnröhrenmündung, die Fingerspitze eingeführt werden und durch massierende Bewegungen stimulieren

Externe Hilfsmittel

Darüber hinaus finden häufig verschiedene Objekte Verwendung. Neben speziell für diesen Zweck geschaffenen, käuflich zu erwerbenden Sexspielzeugen wie Harnröhrenvibratoren und Sonden für die Elektrostimulation werden auch verschiedene, länglich-glatte Alltagsgegenstände, wie zum Beispiel kunststoffummantelte Drähte oder Kerzen, verwendet. Ernst Gräfenberg schildert in einem Artikel mehrere Fälle von Frauen, die sich zu Zwecken der Masturbation Haarnadeln oder auch Bleistifte in die Harnröhre einführen. Medizinische Sonden, die speziell zum Einführen in Körperöffnungen gedacht sind, stellen eine sicherere Alternative dar. Verschiedene Piercings im Genitalbereich können während des Geschlechtsverkehrs zu einer Stimulation der Harnröhre führen.

Urethralverkehr

Beim Urethralverkehr kommt es zum Einführen des Penis in die Harnröhre der Frau. Die Harnröhre muss dazu langfristig graduell gedehnt werden, um einen entsprechenden Umfang zu erreichen. Diese Sexualpraktik ist sehr selten.

Risiken

Die Harnröhrenstimulation kann bei unsachgemäßer Durchführung auf verschiedenem Weg zu Risiken oder Problemen führen:
- Das Einführen von spitzen oder scharfkantigen wie auch zu großen Objekten kann zu einer Verletzung der Harnröhre führen. Die Stimulation sollte beim Auftreten von Schmerzen sofort beendet werden.
- Lose Objekte können, wenn sie zu tief eingeführt werden, nicht wieder eigenmächtig entfernt werden. In solchen Fällen muss der Gegenstand von medizinischem Fachpersonal entfernt werden.
- Durch das Einschleppen von Keimen kann es zu einer Harnröhrenentzündung kommen.

Bei Frauen ist das Risiko aufsteigender Infektionen und Verletzungen der Blase durch die vergleichsweise kurze Harnröhre und deren gradlinigen Verlauf ungleich höher. Bei Männern wird üblicherweise eine Einführung über die

Biegung des Penis (engl. „Cobb's Curve") in den Körper hinein als riskant angesehen, da dort sowohl die Schleimhaut weicher und empfindlicher wird, Irritationen häufiger sind und auch Infektionen durch eingeschleppte Bakterien leichter aufsteigen können.

Die Verwendung nicht steriler Gegenstände und der Verzicht auf Verwendung eines (sterilen) Gleitgels können die Risiken einer Verletzung oder Infektion erhöhen. Medizinische Katheter können sich bei unsachgemäßem Gebrauch sowohl in der Harnblase aufrollen, als auch die Harnblase durchstoßen, dadurch kann es zu lebensbedrohlichen Situationen kommen.

Verbreitung

Die Häufigkeit dieser Sexualpraktik ist unklar, allerdings werden Empfehlungen zur Entfernung von Fremdkörpern dieser Art sowohl aus der Harnröhre wie der Harnblase in einigen klinischen Urologiehandbüchern und gynäkologischen Fachbüchern aufgeführt. Dies legt zumindest nahe, dass Unfälle mit eingeführten Gegenständen vorkommen und diese auch bis in die Blase rutschen können. Die Zahl durch diese Manipulation ausgelöster Infektionen bei Frauen ist unklar, da sich in der Praxis mehrere Ursachen als Erklärung einer Blaseninfektion anbieten. Generell gehören transuretrale Manipulationen zu den häufigsten Ursachen von Infektionen der Harnröhre (vgl. nosokomiale Infektionen), außerhalb des klinischen Umfeldes wird jedoch nicht zwischen medizinisch notwendiger (Katheter, Operationen, Untersuchungen) und sexuell stimulierender Ursache unterschieden. Von „http://de.wikipedia.org/wiki/Harnr%C3%B6hrenstimulation"

Hermes Phettberg

Hermes Phettberg (2008)

Hermes Phettberg (* 5. Oktober 1952 in Hollabrunn als **Josef Fenz**) ist ein österreichischer Schauspieler, Autor und Talkshow-Moderator.

Leben

Phettberg wuchs als Sohn von Weinbauern in Unternalb bei Retz (Niederösterreich) auf, arbeitete zunächst als Bankangestellter in Wien (1969–73). Nach theologischen Fortbildungen wurde er unter anderem Pastoralassistent in der Erzdiözese Wien (1975–79) und Kanzlist im Amt der niederösterreichischen Landesregierung (1982–89) zu Wien.

Erste öffentliche Auftritte

Mitte der 1980er Jahre war H.P. in Wien Mitbegründer des Vereins *Sadomasochismusinitiative Wien* und des Projektes *Polymorph Perverse Klinik Wien*.

Er proponiert außerdem die Gründung eines *Vereins zur Schaffung einer Hochschule für Pornographie und Prostitution*. Öffentlich bekannt wurde er mit sadomasochistischen Kunstaktionen gemeinsam mit Walter Reichl, wie beispielsweise 1993 mit einer „Verfügungspermanenz" in Zürich. Seither tritt Phettberg vor allem bei künstlerischen Happenings und sexuellen Performances sowie Talkshows an allen denkbaren Orten auf. Ein jährlicher Fixpunkt ist sein Auftritt auf der Regenbogenparade, wo er sich Zeitung lesend über den Wiener Ring kutschieren lässt.

Ab 1991 spielte er in verschiedenen Inszenierungen der Theatergruppe *Sparverein ›Die Unz-Ertrennlichen‹* um Kurt Palm meist skurrile Rollen. Seit März 1992 schreibt Hermes Phettberg auch für die Wiener Stadtzeitung *Falter* die wöchentliche Kolumne *Phettbergs Predigtdienst*, die in Form einer Predigt auf den liturgischen Texten des jeweiligen Sonntags im katholischen Kirchenjahr aufbaut.

Am 6. Dezember 1993 hielt Phettberg in der Wiener Buchhandlung Löwenherz erstmals die traditionelle Nikolaus-Lesung ab, für die er seitdem jährlich zum Niklaus-Tag engagiert wird. Im Rahmen des *4. Österreichischen Lesben- und Schwulenforums* im Herbst 1994 in Wien las er um fünf Uhr früh auf einer öffentlichen Bedürfnisanstalt, der ehemaligen Schwenderloge, vor einem „Jeansboy" kniend aus seinen Texten.

Hermes Phettberg (2003)

Phettbergs Nette Leit Show

Ab 12. November 1994 trat H.P. als humoristischer Talkmaster in der von Palm produzierten Bühnen-Talkshow *Phettbergs Nette Leit Show* mit dem von Oliver Hangl verkörperten Assistenten Robin auf, in der vor allem Wiener Prominente, Wissenschaftler und Angehörige „interessanter Berufsgruppen" zu Gast waren. Einige der Gespräche gelten als legendär, beispielsweise das Interview mit Opernkenner Marcel Prawy, der wie Phettberg seine persönlichen Besitztümer vorwiegend in Plastiksäcken aufbewahrte, oder mit Elizabeth T. Spira, Hermann Nitsch, Manfred Deix, Josef Hader u.v.a. Auch die Anfangsfrage an die Gäste wurde oft zitiert: „*Frucade oder Eierlikör?*" und ist der Titel eines Buches mit Auszügen aus den Interviews. Als 1995 bis 1996 erstmals 19 Folgen dieser Show vor

ORF und 3sat im Fernsehen ausgestrahlt wurden, wurde Phettberg durch seine unkonventionellen Fragen und schonungslosen Darstellungen eigener Probleme, erotischer Phantasien und auch genüsslich ausgeweideter Wissenslücken anderer rasch einem größeren Publikum in Österreich, Deutschland und der Schweiz bekannt.

Neuere Medien: WebTV, DVDs, Homepage

2000 wurde Phettberg (gemeinsam mit Mandy E. Mante) durch eine wöchentlich online ausgestrahlte Fernsehsendung, in der er sich fesseln und auspeitschen ließ und währenddessen seinen *Predigtdienst* vortrug, zu einem Pionier des Internetfernsehens als Massenmedium. Im März 2001 betrieb er dann eine Woche lang, also 168 Stunden, ununterbrochenes Live-Internetfernsehen (gemeinsam mit Thomas Holzinger), wobei Phettberg von halbnackten, mit gespreizten Beinen dastehenden „Jeansboys" bewacht, im Verlies einer *Arche Phettberg* gefangen gehalten und in Echtzeit gesendet wurde.

2003/2004 moderierte Phettberg auf ATVplus, dem ersten terrestrischen Privatfernsehen Österreichs, seine Beichtstuhlshow namens *Beichtphater Phettberg* (Regie und Redaktion: Thomas Holzinger, Mandy E. Mante und Paul Poet).

Im Jänner 2007 erleidet Phettberg zum wiederholten Mal einen Schlaganfall und muss nach ärztlicher Behandlung in ein Rehabilitationszentrum. Infolgedessen ist Hermes Phettberg momentan mittellos, verschuldet und Sozialhilfeempfänger. Zudem ist er von 170 auf 73 Kilo abgemagert. Im selben Jahr erscheint am 9. November *Die Phette Box · Phettbergs Nette Leit Show* mit 20 Shows (600 Min.) auf 6 DVDs, während er zusammen mit Kurt Palm den biografischen Dokumentarfilm *Hermes Phettberg, Elender* fertigstellt, der am 7. Dezember im Kino und am 3. Oktober 2008 auf DVD erscheint und unter anderem Phettbergs Begegnungen mit Sandra Maischberger, Harald Schmidt, Helge Schneider, Wolfgang Joop, Elfriede Jelinek u.v.a. dokumentiert.

Seit November 2007 führt Phettberg ein penibles *Gestionsprotokoll*. Dabei handelt es sich um eine Art Tagebuch, dessen aktuelle Einträge jeden Sonntag auf Phettbergs Homepage *Phettberg.at* veröffentlicht werden.

Im Oktober 2009 wirkte Phettberg an dem Projekt *Transkatholische Vögel* im Künstlerhaus-Theater mit. Das Stück basierte auf Texten von Phettberg und des italienischen Regisseurs Pier Paolo Pasolini und beschäftigt sich mit den Parallelen der beiden Künstler. Beide eint ihr Katholizismus, ihre Homosexualität sowie ihre Zugehörigkeit zur politischen Linken.

Auszeichnungen

- 1993: Franz-Grillparzer-Preis der „Anonymen Aktionisten"
- 2002: Preis der Stadt Wien für Publizistik

Bibliografie

- *Die Zeit ist gut genug* (Essay), in: Rotraud A. Perner (Hg.), *Zeit(t)räume*, Löcker, Wien 1993, ISBN 3854092237.
- *Wichsen! Wichsen! Wichsen!* (Essay), in: Oz Almog (Hg.), *Geburt eines Mythos* (Ausstellungskatalog), Kunsthalle Exnergasse, Wien 1994.
- *Die Flagellantenautomatenproblematik* (Essay), in: Roland Schöny (Hg.), *Schlaraffenland · Übersättigung und Agonie* (Veranstaltungskatalog), Spielboden, Dornbirn 1994.
- *Josef Fenz' Exerzitientagebuch 1979*, mündlich publiziert am Klo der Germanistenstiege der Uni Wien, 27. März 1995.
- *Die Spuren der Blicke* (Essay), in: Ursula Hübner, *Angels at the Abyss* (Ausstellungskatalog), Galerie 5020, Salzburg 1995.
- *Hermes Phettbergs Predigtdienst für alle Sonn- und Feiertage des Kirchenjahrs*, Falter, Wien 1995, ISBN 3-85439-156-0. – Eine erste Sammlung der Kolumnen.
- Mit Kurt Palm: *Frucade oder Eierlikör*, Droemer Knaur, München 1996, ISBN 3426-60536-8. – Interviews und Monologe aus *Phettbergs Nette Leit Show*.
- *Hundert Hennen. Katechesen 1992–2003*, 3 Bände, Galrev, Berlin 2004, ISBN 3-933149-35-5. – 585 Kolumnen als Faksimile der Typoskripte.

Zeitschriften

- *Unter Druck*, SM-Magazin, Libertine Sadomasochismusinitiative Wien, Wien 1987–90. – Pseudonym Phettbergs: Grit Fellner.
- *66 Kleinanzeigen an die Jeans des Buchverkäufers*, Stadtzeitung Falter, Wien 1988–90.
- *Stock im Eisen · Von der Fleischeslust der Abartigen*, ursprünglich das Organ des Vereins „Polymorph Perverse Klinik Wien", Heft 1 im Winter 1990/91.
- *Phettbergs Predigtdienst*, seit März 1992 die wöchentliche Kolumne im Falter, Stadtzeitung Wien.
- *Die Republik* (als Herausgeber), sporadisch erschienene Zeitschrift, Eigenverlag, Wien 1992.

Theatrografie

- 1991: *Monostatos* in Palms *Zauberflöte fast forward* (Regie: Kurt Palm)
- 1991: *Der Onkel* in O'Briens *In Schwimmen-zwei-Vögel* (Regie: Kurt Palm)
- 1992: *H.P.* in Palms *Relativ peinliche Existenzen · Phettberg-Personale* (Regie: Kurt Palm)
- 1992: *Kulturstadtrat Dr. h.c. Prohaska* in Möchels *Flatus interruptus* (Regie: Kurt Palm)
- 1992: *H.P., 3 Wochen öffentl. Nichtfernsehen vor ausgeschaltetem Fernsehapparat* (ErotiKreativ des WUK)
- 1992: *H.P./Ostermayer/Rubinowitz, Bekotung von Wiener/-in, Basta und News* (ErotiKreativ des WUK)
- 1993: *Inspector Hubbard* in Knotts *Bei Anruf Mord* (Regie: Kurt Palm)
- 1993: *Comtesse de Mérilhac* in Flauberts *Das schwache Geschlecht* (Regie: Kurt Palm)
- 1993: *N.N.* in Mirbeaus *Der Garten der Qualen* (Regie: Kurt Palm)
- 1993: *Pitchfork* in Ripleys *Disney Killer* (Regie: Gerhard Willert)
- 1994: *H.P.* in *Auf Decken. H.P. begeht 5 Jahre ohne Sex* (mit G.R.A.M. u. VIDO)
- 1994: Rezitator von Müllers *Hamletmaschine* (Regie: Gerald Grassl et

- al./ VIDO)
- 1994: Rezitator von Picassos *Wie man Wünsche beim Schwanz packt* (1. Wiener Lesetheater)
- 1994: Rezitator von Lingens' *Mr. Klestils public 'private matter'* (Regie: Kurt Palm)
- 1994: Moderator des Happenings *5000 Jahre S.D.U.* (Regie: Kurt Palm)
- 1994: *Wilmington* in Metes' *Bringt mir die Hörner von Wilmingtons Kuh* (Regie: Kurt Palm)
- 1994: *Hermes Phettberg* in Phettbergs *Verfügungspermanenz 4* (Spielboden Dornbirn)
- 1994: H.P. in Palms *Relativ peinliche Existenzen 2* (Regie: Kurt Palm)
- 1994: H.P. in Ph.s *Das Phettberg-Tribunal · Kamingespräche* mit Josef Hader et al. (Regie: Kurt Palm)
- 1994: H.P. in Ph./Palms *Phettbergs nette Leit Show* (Theaterpremiere: 12. Nov.; Regie: Kurt Palm)
- 1995: Rezitator als *Molly Blum* (Monolog) aus Joyce' *Ulysses* (Regie: Kurt Palm)
- 1996: Rezitator von Musils *Der Mann ohne Eigenschaften* (Regie: Rolf Schwendter)
- 1997: H.P. in *H.P. plaudert erstmals auf der Couch liegend mit dem Publikum* (Kunstpark Ost, München)
- 1998: H.P. in *Phettberg rettet die Religion* (Tournee 1998–1999, mit Schreibmüller in Ö. u. D.)
- 1999: H.P. in *Die Phettberg-Papiere persönlich*, Kabarett Stadnikow, Wien (sporadisch bis 2001)
- 2001: H.P. in *Wien ist andersrum 6* (mit Lilo Wanders), Wien
- 2003: H.P. in *Phettbergs Hirnstromprotokoll*, Kabarett Stadnikow, Wien (wöchentlich bis 2004)
- 2004: H.P. in *Phettberg spricht mit dem Engel*, Kabarett Stadnikow, Wien (wöchentlich bis 2005)
- 2004: Hermes Phettberg, *Schutt* (Libretto; Musik: Gilbert Handler), Premiere: sirene Opernnheater 2004
- 2007: *Josef Fenz* in Fenz'/Palms *Josef Fenz und ein Publikum sehen einander lieb an* (Regie: Kurt Palm)
- 2009: H.P. in *Transkatholische Vögel · Eine liturgische Posse* (Regie: Gini Müller et al.)

Filmografie

- 1969: *Der Kurier der Kaiserin* (kostümierter Komparse bei Klausjürgen Wussow, aber nicht im Endfilm).
- 1988: *Four Roses*. – Kurzfilm (5 Min., Regie: Roland Wünsch).
- 1993: *0137* (23. Jan. auf Premiere). – *Verfügungspermanenz 2* (Live-Interview: Sandra Maischberger).
- 1993: *Mein Kind*. – Kurzfilm (10 Min., Regie: Gruppe A.S.K.).
- 1993: *Chamber Film*. – Kurzfilm (6 Min., Regie: Georg Steinböck).
- 1994: *Amen*. – Langzeit-Experimentalfilm 1990–97 (Regie: Arnold Schicker).
- 1994: *Phettbergs Nette Leit Show*. – Bis 1996 über 25 Folgen (19 auf ORF und 3sat).
- 1995: *Phettberg*. – Kurzfilm (10 Min., Regie: Marc Adrian).
- 1995: *NDR Talk Show* (15. Sep.). – Mit Otto Waalkes, Inge Meysel et al.
- 1995: *Pudel Overnight Wien · Hermes Phettberg im Interview am öffentlichen WC*. – 30 Min., ORF/3sat.
- 1995: *Phettbergs Nette Leit Show Vol. 1*. – Highlights 1994 (125 Min. auf VHS).
- 1996: *Phettbergs Nette Leit Show Vol. 2*. – Highlights 1995/Sommer (120 Min. auf VHS).
- 1996: *Phettbergs Nette Leit Show Vol. 3*. – Highlights 1995/Winter (120 Min. auf VHS).
- 1997: *Die Harald Schmidt Show* (zweimal im Gespräch mit Harald Schmidt auf RTL).
- 1999: *10 vor 11* (No. 3'99, RTL/Sat. 1, Regie: Alexander Kluge).
- 2000: *Phettbergs Predigtdienst*. – Wöchentliches Web-TV.
- 2001: *Arche Phettberg*. – 168 Stunden Nonstop-Live-Web-TV.
- 2001: *Gipfeltreffen · Hermes Phettberg trifft Helge Schneider*. – 17. Juni auf ZDF (Regie: Roger Willemsen).
- 2003: *Beichtvater Phettberg*. – Beichtstuhlshow, bis 2004 auf ATVplus.
- 2004: *Die Kurt-Krömer-Show* (16. Mai auf RBB). – Gespräch mit Kurt Krömer.
- 2007: *Die Phette Box · Phettbergs Nette Leit Show*. – 20 Folgen (600 Min. auf 6 DVDs).
- 2007: *Hermes Phettberg, Elender*. – Kinofilm (80 Min.; Regie: Kurt Palm) und DVD (2008).
- 2009: *Transkatholische Vögel*. – Theateraufzeichnung (Regie: Gini Müller et al.) für Kino/DVD.
- 2011: *Pinocchio* (H.P.: Türsteher). – Kurzfilm (4 Min., Regie: Michael B. Adam), Filmakademie Stuttgart.

Radiografie

- *Josef Fenz räumt seine Wohnung zusammen, bemerkt etwas dabei und überlegt sich's wieder*, in: Die Musicbox (mit Fritz Ostermayer), Radio Ö3, 16. Jan. 1992.
- *Hermes Phettberg stellt fest, daß seine Wohnung unaufräumbar ist, und errichtet das Denkmal des unbekannten Konsumenten*, in: Die Musicbox (mit Fritz Ostermayer), Radio Ö3, 8. März 1994.
- *Hermes Phettberg am Schwenderflo Wien*, in: Diagonal – Radio für Zeitgenossen (mit Peter Waldenberger), Radio Ö1, 16. Sep. 1995.

Literatur

- Fritz Ostermayer: *Hermes Phettberg räumt seine Wohnung zamm*, Edition selene, Klagenfurt/Wien 1995, ISBN 3-85266-019-X. – Zwei leicht divergierende Auflagen.
- Beatrix Pirchner: *Phettbergs Phaxen* (Comic), Edition Va Bene, Wien/Klosterneuburg 1995, ISBN 3-85167-044-2.
- Klaus Kamolz: *Hermes Phettberg Die Krücke als Zepter*, Links, Berlin 1996, ISBN 3-86153-106-2.
- Joseph Kühn: *Phettbergs Stationen* (Ausstellungskatalog), VIDO, Wien 1996.
- Franzobel: *Phettberg. Eine Hermes-Tragödie*, Edition selene, Wien 1999, ISBN 3-85266-099-8.
- Helmut Neundlinger: *Tagebuch des inneren Schreckens. Über Hermes Phettbergs "Predigtdienste"*, Klever, Wien 2009, ISBN 978-3902665119

Zeitschriften

- Gerald Grassl: *Nachrichten aus dem*

31. Stock/ Sonderausgabe Phettberg, Magazin Lust & Laune, Wien, Nov. 1993.
- Susanne Stampf-Sedlitzky: *Vorsicht, Phettberg!* (Interview), in: Focus Magazin, No. 10'96, Focus, München 1996. – Auch auf Focus.de: *Vorsicht, Phettberg!*, gepr. 2011-0529-2255 (ed. 1996-0304-0000).
- Alexandra Lautenbacher: *Wieder übern Berg (?)* (Interview), in: Focus Magazin, No. 17'99, Focus, München 1999. – Auch auf Focus.de: *Wieder übern Berg (?)*, gepr. 2011-0601-2355 (ed. 1999-0426-0000).

Von „http://de.wikipedia.org/wiki/Hermes_Phettberg"

Hodensackinfusion

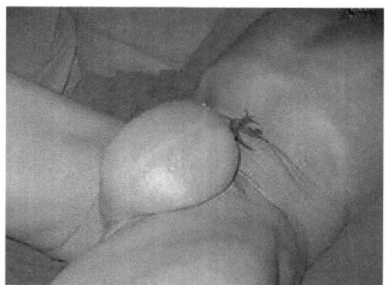

Hodensackinfusion

Bei einer **Hodensackinfusion** wird sterile isotone Kochsalzlösung langsam in den Hodensack des Mannes infundiert. Dies führt zu einem geschwollenen, schwer hängenden Hodensack, was bei entsprechenden Vorlieben als erotisch empfunden wird.

Seit einiger Zeit wird auch sterile Glucoselösung für die Hodensackinfusion verwendet, wobei bei geringerer Infusionsmenge eine stärkere Vergrößerung des Hodensacks gegenüber einer Infusion mit isotoner Kochsalzlösung erreicht wird. Die Wirkung einer Glucoseinfusion hält ebenfalls länger an als die einer Infusion mit isotoner Kochsalzlösung.

Da auch größere Flüssigkeitsmengen über einen längeren Zeitraum infundiert werden können und der Körper diese Menge an Flüssigkeit nicht sofort abbaut, dauert es einige Tage, bis die Schwellung zurückgegangen ist. Während dieser Tage muss der Hodensack weiterhin genau beobachtet werden, um eine eventuell auftretende Infektion zu erkennen. Eine schwere Infektion des Hodensacks kann eventuell sogar die Zeugungsfähigkeit gefährden. Durch die Einstiche auftretende Hämatome brauchen meist länger, bis sie wieder verschwunden sind.

Risiken

Da es sich bei dieser Praktik um einen Eingriff handelt, kann es immer zu einer Infektion kommen. Sterile Instrumente sollten selbstverständlich sein, schließen die Möglichkeit einer Infektion jedoch nicht aus. Besonders gefürchtet ist die „Fournier'sche Gangrän", bei der es zur Wanderung der Infektion durch alle Wandschichten des Hodens und der umgebenden Weichteile kommt und große Anteile der Haut absterben können. Diese schwere Komplikation kann auch zum Tode führen.

Männer, die an einem Hodenhochstand litten, der durch eine Orchidopexie korrigiert wurde, dürfen diese Praktik nicht anwenden, da der Hoden nicht mehr frei beweglich ist sondern am Hodensack angewachsen ist. Durch die Dehnung des Hodensacks würde die Gefahr bestehen, dass der Hoden abstirbt.

Es sollte keine Flüssigkeit in den Hoden selbst infundiert werden, da sich dort die Spermien bilden und der dann im Hoden auftretende Druck nicht förderlich für die Spermienbildung ist.

Von „http://de.wikipedia.org/wiki/Hodensackinfusion"

Intersec Interactive Inc.

Die **Intersec Interactive Inc.** betrieb mit **Insex.com** von 1997 bis 2005 eine der größten pornographischen Websites im Internet. Sie behandelte den Bereich BDSM und war dabei angeblich auch eine der extremsten US-amerikanischen Seiten. Noch vor der Durchsetzung von Breitband-Internetzugängen führte sie als eines der ersten Unternehmen die Übertragung von Live Streams ein und nahm auch in der Darstellung von SM-Praktiken im Internet eine Vorreiterrolle ein. Dabei war vor allem der hohe Grad an Realismus auffällig, da hier den darstellenden Frauen tatsächlich Schmerzen zugefügt wurden. Ende 2005 musste das Unternehmen seine Produktion einstellen, nachdem es unter den Druck der US-Regierung geraten war.

Seitenkonzept

Im Jahr 1997 gründete Brent Scott die *Intersec Interactive Inc.*, welche anschließend mit der Produktion der Website Insex.com begann. Es ist bekannt, dass Scott bereits als Kind sexuelle Fantasien hatte, bei denen auch Wonder Woman eine große Rolle spielte. Er drückte diese Fantasien zunächst in Zeichnungen aus und lehrte schließlich Kunst an der Carnegie Mellon University. Da seine Werke jedoch Bondage zeigten und allgemein einen düsteren Charakter hatten beeinträchtigte dies seine akademische Laufbahn. Er entdeckte schließlich das Internet, um seine Fantasien auszuleben.

Auf der Website Insex.com wurde zahlenden Mitgliedern pornographisches Material angeboten, das BDSM, Bondage, Spanking, Erotische Asphyxiation, Elektrostimulation und vielen anderen SM-Praktiken wie zum Beispiel den Einsatz von Nadeln beinhaltete, wobei stets Frauen dominiert wurden. Die Videos wurden im RealVideo-Format angeboten, meist in der Qualität von 225 später dann bis zu 450 kbit/s. Ab 2003 wurden die Videos oft auch im Format 16:9 widescreen produziert.

Prinzipiell konnten drei Arten von Videos unterschieden werden. Es gab die "Tests", in denen Frauen zu sehen waren, die erstmalig an einer "Session" bei Insex teilnahmen. Weitere Videos zeigten das "Training" von Frauen, die regelmäßig zu Shoots kamen. Diese Produktionen hatten eine Länge von 30 bis 90 Minuten und waren zum Download verfügbar. Ein Highlight stellten die "Live Feeds" dar. Hier wurden die Session per Live Stream in Echtzeit im Internet übertragen. Zahlende Mitglieder konnten das Geschehen live verfolgen und über einen Chat Fragen, Anregungen und Anweisungen geben. Einige dieser Live Feeds dauerten bis zu 48 Stunden. Insgesamt hatte die Website bald 35.000 Mitglieder, die jeweils etwa 60 $ für eine einmonatige Mitgliedschaft bezahlten.

Im Gegensatz zu der Masse ähnlicher pornographischer Seiten wurde bei den Produktionen von Insex.com nicht geschauspielert. Normalerweise sind professionelle Models solcher Websites darauf angewiesen, dass sie nach einem Shoot an ihrem Körper keine sichtbaren Spuren (Striemen, blaue Flecken, Verbrennungen) zurückbehalten, um in den folgenden Tagen auch an anderen Produktionen teilnehmen zu können. Um dies zu gewährleisten, gibt es ein festgelegtes Drehbuch und meist nur leichte Andeutungen von Peitschenschlägen oder ähnlichem. Zwar wurden die Abläufe der Sessions auch bei Insex zuvor besprochen, doch das Zufügen von Schmerzen war echt. Die Frauen hatten nicht zu spielen, sondern waren das Objekt der Geschehnisse. Mit einem speziellen Safeword konnten sie die Session jedoch unterbrechen, wenn sie meinten den Torturen nicht mehr gewachsen zu sein. Bei den "Live Feeds" richtete sich die Bezahlung der Models oft danach, wie weit sie in dieser Hinsicht gingen. Der dabei erreichte Grad von Realismus in den Sessions trug maßgeblich zum Image der Website bei und stellte bis heute eine Besonderheit dar. Meist war Brent Scott als "PD" selbst als "Dom" zu sehen, später aber auch andere Beteiligte wie Cyd Black, Claire Adams und Princess Donna. Zunächst wurde kein Sexualverkehr gezeigt und anstelle dessen lediglich Vibratoren und Dildos benutzt. Erst 2004 wurde dies aufgrund mehrfacher Nachfragen der Mitglieder geändert. Allgemein konnten Mitglieder in dem zugehörigen Forum der Website maßgeblich auf die Inhalte der Sessions einwirken.

Aus den angegebenen Gründen beteiligten sich verhältnismäßig sehr wenige Mainstream Porno-Darstellerinnen an den Insex-Produktionen. Meist waren die Models "normale" Frauen aus dem Großraum New York City, die sich auf anonyme Anzeigen in der Zeitung gemeldet hatten. Mit diesen wurde jeweils am Anfang und am Ende einer Session ein Interview geführt. Auch dies steigerte den Grad des Realismus. Eine Eigenheit war es, Models mit Nummern zu bezeichnen, die sich aus dem Datum der ersten Aufnahme ableiteten (zum Beispiel 912, 1020, 101). Etwas später wurden parallel zu Insex.com noch InsexM.com gestartet, dessen Inhalt praktisch derselbe war, nur dass hier Männer von Frauen dominiert wurden.

Shutdown der Website

Die neokonservative US-Regierung begann ab 2005 mit der Bekämpfung von pornographischen Websites im Internet. Als Hebel diente der U.S. Law Code 18/ Section 2257, ein Gesetz das ursprünglich zur Bekämpfung von Kinderpornografie gedacht, aber nun flexibler gestaltet worden war. Eine "anti-obscenity unit" das FBI begann im August 2005 damit gegen Websites vorzugehen, die "bestiality, urination, defecation, as well as sadistic and masochistic behavior" beinhalteten. Neben einigen anderen Produktionsunternehmen war auch die Intersec Interactive Inc. betroffen. Die Behörden wandten sich an die Bank, welche die Kreditkartenabrechnung des Unternehmens abwickelte. Da diese einer Auseinandersetzung mit dem FBI entgehen wollte, stellte sie die Zusammenarbeit mit Intersec Interactive ein. Ohne die Möglichkeit des Geldeinzugs und ohne die Alternative einer anderen Bank war es nicht länger möglich das Unternehmen am Leben zu halten.

Schon im Herbst 2005 wurde bekannt, dass das Unternehmen einen Käufer suche, da "continuing to produce insex.com from the U.S. would be too great a potential liability." Man war sich zwar sicher vor einem Gericht Recht zu bekommen, aber die Leitung erkläre: "while Intersec is certain that a potential prosecution would have no chance of success... the staff is unwilling to fight a lengthy and expensive court battle only to emerge victorious but bankrupt."

Die gesamte Domain sowie ihr Inhalt von über 500 Videos und Tausenden Photos wurde für 4 Mio. US-Dollar zum Verkauf angeboten und schließlich für einen unbekannten Preis von einem niederländischen Unternehmen gekauft. Diese übernahm die Websites mit dem Sub-Unternehmen "Intersec Europe B. V " (Standort Den Haag). Während also Insex.com geschlossen wurde, dienen die Seiten InsexM.com und InsexArchives.com seither als Archivseiten, von denen der alte Inhalt nach wie vor gegen Bezahlung heruntergeladen werden kann.

Auswirkungen

Ein paar wenige Models, wie zum Beispiel Sarah Jane Ceylon, Lorelei Lee, Liz Tyler, Gina Rae Michaels und Adrianna Nicole, wurden vor allem durch ihr regelmäßiges Auftreten bei Insex.com bekannt. Außerdem sind einige ehemalige Mitarbeiter des Stabes von Intersec Interactive wie Claire Adams, Cyd Black, Princess Donna und Matt Williams in der Branche geblieben und haben nach dem Shutdown zu Kink.com gewechselt. Insex beeinflusste unter anderem auf diese Weise viele heutige BDSM-Websites im Internet. So geht beispielsweise der Einsatz von Fucking Machines auf eine Initiative von Brent Scott zurück, und aufgrund des Erfolges führte auch Kink.com die "Live Feeds" wieder ein. Scott selbst setzt seine Arbeit auf den Domains hardtied.com und infernalrestraints.com fort. Allerdings sind die dortigen Sessions weit weniger extrem, so dass die Seiten nicht an den Erfolg ihrer Vorgänger anschließen konnten.

Im Jahr 2008 produzierten Anna Lor-

entzon und Barbara Bell, beide ehemalige Mitglieder des Intersec Interactive Stabes, einen Dokumentarfilm namens "Graphic Sexual Horror" über das Unternehmen und seine Geschichte. Der Film wurde im Januar 2009 beim Slamdance Film Festival gezeigt. Der Film gewann außerdem einen Preis als bester Dokumentarfilm bei CineKink Film Festival 2009, sowie weitere Nominierungen beim Calgary Underground Film Festival, HotDocs Film Festival und Buenos Aires Film Festival.
Von „http://de.wikipedia.org/wiki/Intersec_Interactive_Inc."

Irving Klaw

Irving Klaw (* 9. November 1910 in Brooklyn, New York; 3. September 1966) war ein US-amerikanischer Fotograf.

Klaw betrieb von den 40ern bis in die 60er Jahre des 20. Jahrhunderts einen US-amerikanischen Postversand, über den er Fotografien attraktiver Frauen in Bondage vertrieb. Er war einer der ersten Fetischfotografen und sein Model Bettie Page wurde zum ersten bekannten Bondagemodel.

Sein Familienbetrieb *Movie Star News* ging aus einem Zeitschriftengeschäft hervor. Aufgrund verstärkter Nachfrage seitens seiner Kundschaft begann er – zusammen mit seiner Schwester Paula – Bondage- und Fetischfotografien zu verkaufen. Nur sehr wenige der Motive zeigten wirkliche Nacktheit. Klaw verlegte und vertrieb illustrierte Abenteuer/Bondage-Serien von Eric Stanton, Gene Bilbrew, Adolfo Ruiz und anderen.

In den 50er Jahren wurde Irving Klaw in den USA als der „König des Pin-Ups" bekannt. Er produzierte mehrere Filme, von denen *Varietease* (1954) und *Teaserama* (1955) am bekanntesten wurden. In beiden Filmen trat Bettie Page auf. Sie wurden in den USA im Jahre 2000 auf DVD wiederveröffentlicht.

Die Kefauver-Anhörungen vor dem US-Senat im „Komitee zu jugendlichen Straftätern" (*Senate Subcommittee on Juvenile Delinquency*) bedeuteten den Anfang vom Ende für Irving Klaws Geschäftsmodell des Postversands von Fotografien. Die Untersuchung griff Comics massiv an und begründete dies mit der Tatsache, dass diese von vielen jugendlichen Straftätern gelesen wurden. Das Komitee versuchte ebenfalls Pornographie mit der Entwicklung jugendlicher Straftäter in einen Sachzusammenhang zu stellen. Robert Kennedy, damaliger US-Justizminister, unterstützte diese Auffassungen.

Irving Klaw gab – aufgrund des politischen und sozialen Drucks, dessen er sich zunehmend ausgesetzt sah – sein Geschäft schließlich auf und verbrannte seine Negative. Es wird geschätzt, dass mehr als 80 % seiner damaligen Negative zerstört wurden. Paula Klaw behielt damals heimlich einige der besseren Negative in ihrer Obhut, die so bis heute erhalten blieben.

Irving Klaw starb am 3. September 1966 aufgrund von Komplikationen einer unbehandelten Blinddarmentzündung. Er hinterließ zwei Söhne, Arthur und Jeffrey.
Von „http://de.wikipedia.org/wiki/Irving_Klaw"

Jack McGeorge

Harvey John „Jack" McGeorge (* 1949; 18. August 2009) war ein Mitarbeiter des United States Marine Corps und des United States Secret Service. Er fungierte als Munitions- und Waffenexperte für die United Nations Monitoring, Verification and Inspection Commission (UNMOVIC) und arbeitete dann als privater Berater in Sicherheitsfragen mit den Schwerpunkten Terrorismus und Sprengstoffe.

BDSM-Affäre

Am Thanksgiving-Wochenende 2002 veröffentlichte die Washington Post auf ihrer Titelseite einen Artikel aus dem hervorging, dass McGeorge auch ein führendes Mitglied der BDSM-Szene in Washington D. C. ist. McGeorge war Gründer der Washingtoner BDSM-Gruppe *Black Rose* und einer der Organisatoren der *Leather Leadership Conference*, außerdem war er Vorsitzender der *National Coalition for Sexual Freedom (NCSF)*, einer in den USA bundesweit gegen die Diskriminierung von BDSMlern kämpfenden Gruppe. Er veranstaltete regelmäßig Fortbildungsseminare zu BDSM-Themen. In diesen Funktionen war er sowohl regional als auch auf nationaler Ebene in den USA tätig.

Das Bekanntwerden dieser Tatsachen führte im angelsächsischen Sprachraum zu aufgeregten Pressereaktionen. Insbesondere das Verhältnis zwischen privaten sadomasochistischen Aktivitäten und beruflicher Identität geriet in den Fokus der öffentlichen Diskussion. Einige Kommentatoren verglichen in diesem Zusammenhang BDSM wiederholt mit den Foltertechniken des Regimes Saddam Husseins, andere die heutige Diskriminierung von BDSM-Anhängern mit der Situation von Homosexuellen in der Vergangenheit.

McGeorge unternahm keinen Versuch, seine Aktivitäten in der SM-Szene zu leugnen; sein voller Name erschien regelmäßig an prominenten Stellen mehrerer Webseiten, er bestätigte dies wiederholt gegenüber der Washington Post und anderen Medien. Dennoch bot er nach dem Zwangs-Outing, in der Hoffnung, die Glaubwürdigkeit der UNMOVIC im Vorfeld der Waffeninspektionen im Irak zu schützen, Hans Blix seinen Rücktritt an.

Nachdem Blix sich unter Hinweis auf die hohe fachliche Qualifikation McGeorges geweigert hatte, das Rücktrittsgesuch anzunehmen, unternahmen in Folge einige Journalisten einen weiteren

Anlauf in ihrer Kritik. Sie wiesen darauf hin, dass sich irakische Muslime durch das BDSM-Engagement des Inspekteurs gestört fühlen könnten und so seine Tätigkeit hintertreiben würden. Hieraufhin erklärte *Hua Jiang*, Pressesprecher:n des damaligen UN-Generalsekretärs Kofi Annan, dass BDSM nicht mit wesentlich größerer Wahrscheinlichkeit zu interkulturellen Problemen im Nahen Osten führe als irgendwelche anderen Themen.

Von „http://de.wikipedia.org/wiki/Jack_McGeorge"

John Willie

John Alexander Scott Coutts (* 9. Dezember 1902; 5. August 1962), auch bekannt unter seinem Künstlernamen **John Willie**, war ein Pionier der Fetischfotografie und Bondagekünstler.

Leben

Coutts wurde in Singapur geboren und wuchs in England auf; er stammte aus einer wohlhabenden Bankiersfamilie. In den 30er Jahren des 20. Jahrhunderts brachte er sich, während er in Australien lebte, selbst das Zeichnen bei. 1940 zog er nach New York City um, wo er von 1946 bis 1959 sein Bondage- und Fetischmagazin *Bizarre* veröffentlichte. Die Ausgabe Nr. 2 erschien zuerst 1946, Ausgabe Nr. 1 wurde erst nach der Ausgabe Nr. 13 im Jahr 1954 veröffentlicht. Der Grund hierfür ist unbekannt.

Das Magazin enthielt Fotografien, von denen viele seine Ehefrau zeigten. Ein weiterer wichtiger Bestandteil jeder Ausgabe waren zahlreiche Leserbriefe, die dazu führten, dass er beschuldigt wurde, die meisten von ihnen selbst zu erfinden. Er beharrte jedoch stets darauf, dass diese Briefe echt seien.

Als Bondagekünstler wurde *John Willie* insbesondere durch den von ihm geschaffenen Charakter *Sweet Gwendoline* bekannt. *Willie* zeichnete diese (voll-)weibliche Figur in einem klaren, anatomisch korrekten Stil, der spätere Künstler wie z. B. ENEG und Eric Stanton deutlich beeinflusste. Weitere von ihm entwickelte Charaktere sind die schwarzhaarige Geheimagentin *U69* (aufgrund der damaligen Zensur in einigen Ausgaben auch als „U89" bezeichnet, möglicherweise Vorbild für *Emma Peel*), welche die naive *Gwendoline* regelmäßig aus misslichen Lagen (meist freiwilligen wie unfreiwilligen Fesselungen) befreien muss, und der meist etwas tollpatschige *Sir Dystic d'Arcy*, der einzige männliche (wahrscheinlich eine Parodie *Willies* auf sich selbst) in den Geschichten, der mit der dominanten *Gräfin* zusammen lebt und die es auf *Gwendolin* abgesehen haben.

Das Comic wurde von Irving Klaw veröffentlicht, demselben Verleger, der Bettie Page als Bondagemodell entdeckt und Eric Stanton gezwungen hatte, Kleidung über die Peitschenmale in den Originalen von *The Escape Artist* und *The Missing Princess* zu zeichnen.

1961 entwickelte Coutts einen Gehirntumor und war gezwungen, sein auf Postversand beruhendes Geschäft aufzugeben. Er zerstörte sein Archiv und kehrte nach England zurück, wo er ein Jahr später starb.

Seine Figur „Sweet Gwendolin" war das „Vorbild" für den Song „Sweet sweet Gwendoline" der Berliner Band Die Ärzte. Die Figur wurde – allerdings in abgewandelter Form als Skelett – auf der LP „Ab 18" und auf Eintrittskarten eines ihrer Konzerte abgedruckt. Später wurde das Lied von der Bundesprüfstelle für Jugendgefährdende Medien (BPJM) indiziert.

Zitat

„Wenn ein Modell keine gute Schauspielerin ist oder nicht ‚dieses besondere Gesicht' hat, ist es für sie schwierig, betrübt und elend dreinzuschauen, während sie für mich arbeitet. Mein Studio ist ein sehr heiterer Ort – und so ganz anders, als die Stimmung, die *Gwendoline* umgibt, wenn sie *der Gräfin* in die Finger fällt." – übersetzt nach John Willie, *The Art of John Willie, Sophisticated Bondage (Book Two)* (Seite 1)

Von „http://de.wikipedia.org/wiki/John_Willie"

Kathrin Passig

Kathrin Passig

Kathrin Passig (* 4. Juni 1970 in Deggendorf) ist eine deutsche Journalistin und Schriftstellerin. Ihr literarisches Debüt, die Erzählung *Sie befinden sich hier*, gewann 2006 den Ingeborg-Bachmann-Preis.

Leben

Die in Berlin lebende Kathrin Passig veröffentlichte zusammen mit Ira Strübel im Jahr 2000 *Die Wahl der Qual*, ein Sachbuch über BDSM. Sie gehörte 1999 auch zu den Gründern des BDSM Berlin e. V., dessen Vorstand sie bis 2009 angehörte, und ist Mitarbeiterin des Projektes Datenschlag. Sie arbeitet als Journalistin für diverse Zeitungen; ihre gemeinsam mit Holm Friebe verfassten Kolumnen für die *Berliner Zeitung* sind in dem Bändchen „Das nächste große Ding" (Verbrecher-Verlag, 2006) erschienen, ebenso ihre gemeinsam mit Ira Strübel verfassten Kolumnen für die taz (2007). Unter anderem übertrug sie *Chronicles Volume One*, die

Memoiren von Bob Dylan, und die gesammelten Aussprüche von George W. Bush ins Deutsche (beides zusammen mit Gerhard Henschel).

Mit anderen Personen aus dem Umfeld des Fanzines Luke & Trooke und des Internetforums Höfliche Paparazzi gründete sie 2002 die Zentrale Intelligenz Agentur in Berlin, deren Geschäftsführerin sie bis Sommer 2009 war. Nach mehreren Metamorphosen beschäftigt sich die ZIA heute mit der Entwicklung von Kulturformaten.

Beiträge von Passig erschienen unter anderem in Berliner Zeitung, die tageszeitung, GEO, c't und Spiegel Online.

Auszeichnungen

Dem von der ZIA betriebenen Weblog Riesenmaschine, an dem Passig sowohl inhaltlich als auch in der Entwicklung der Software maßgeblich beteiligt ist, wurde 2006 ein Grimme Online Award verliehen.

Mit ihrem literarischen Debüt, der Erzählung *Sie befinden sich hier*, die in der Form des inneren Monologes Not und Verwirrung einer im Schnee erfrierenden Person schildert, gewann Passig 2006 den Ingeborg-Bachmann-Preis und den Kelag-Publikumspreis bei den *Klagenfurter Tagen der Deutschsprachigen Literatur*.

Werke

- mit Ira Strübel: *Die Wahl der Qual.* Rowohlt, Reinbek 2000, ISBN 978-3-499-62408-7.
- mit Holm Friebe: *Das nächste große Ding.* Rowohlt, Reinbek 2007, ISBN 978-3-499-62293-9. (Übersicht)
- mit Aleks Scholz: *Lexikon des Unwissens.* Rowohlt, Reinbek 2007, ISBN 978-3-87134-569-2.
- mit Ira Strübel: *Strübel & Passig.* taz-Kolumnen. Verbrecher, Berlin 2007, ISBN 978-3-935843-97-3. (Übersicht)
- mit Sascha Lobo: *Dinge geregelt kriegen – ohne einen Funken Selbstdisziplin.* Rowohlt, Berlin 2008, ISBN 978-3-87134-619-4.
- mit Aleks Scholz: *Verirren. Eine Anleitung für Anfänger und Fortgeschrittene.* Rowohlt, Berlin 2010, ISBN 978-3-87134-640-8.

Übersetzungen

- William Marshall: *Hongkongcrash.* Aus dem Englischen von Kathrin Passig. Rotbuch, Hamburg 1998, ISBN 3-88022-445-5.
- Bob Dylan: *Chronicles Volume one.* Deutsch von Gerhard Henschel und Kathrin Passig. Hoffmann und Campe, Hamburg 2004, ISBN 3-455-09385-X.
- Jacob Weisberg: *Voll daneben, Mr. President! Wahre Worte von George W. Bush.* Deutsch von Gerhard Henschel und Kathrin Passig. Rowohlt, Reinbek 2003, ISBN 3-499-61619-X.
- Harlan Coben: *Der Insider.* Aus dem Amerikanischen von Gunnar Kwisinski und Kathrin Passig. Goldmann, München 2007, ISBN 978-3-442-44534-9.

Audioproduktionen

- *Sie befinden sich hier.* Audio-CD. Argon, Berlin 2006, ISBN 3-86610-199-6.

Von „http://de.wikipedia.org/wiki/Kathrin_Passig"

Keuschhaltung

Keuschhaltung bezeichnet eine sadomasochistische Sexualpraktik, bei der der eine Partner über den Orgasmus des anderen bestimmt und ihn gegebenenfalls über längere Zeit verweigert.

Sexueller Sadismus und sexuelle Dominanz beinhalten nicht nur die Präferenzen, anderen Schmerzen zuzufügen, sondern auch den Wunsch, das Lustempfinden anderer zu reduzieren. Daher kommt es insbesondere in TPE- und Femdom-Beziehung zur Keuschhaltung, die mit Peniskäfigen oder Keuschheitsgürteln unterstützt werden kann.

Keuschhaltung bedeutet dabei Orgasmusverzicht, aber keine Abstinenz von sexuellen Anreizen. Vielmehr kann der Verzicht durch Tease and Denial noch zusätzlich gesteigert werden.

Von „http://de.wikipedia.org/wiki/Keuschhaltung"

Keuschheitsgürtel

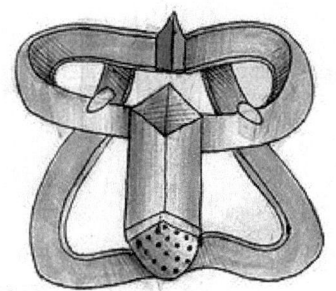

Keuschheitsgürtel aus „Bellifortis" (um 1405)

Ein **Keuschheitsgürtel** oder *Florentiner Gürtel* ist ein Instrument zum Teilentzug der Selbstkontrolle, das heute vor allem bei BDSM-Praktiken angewendet wird. Es soll den Geschlechtsverkehr beziehungsweise die Masturbation des Trägers verhindern. Die typische Konstruktion besteht aus einem Stahlgürtel um die Taille in Verbindung mit einem Stahlband durch den Schritt und einem Schloss. Auch abweichende Konstruktionen für die Anwendung beim Mann (siehe Peniskäfig) sind gebräuchlich.

Geschichte

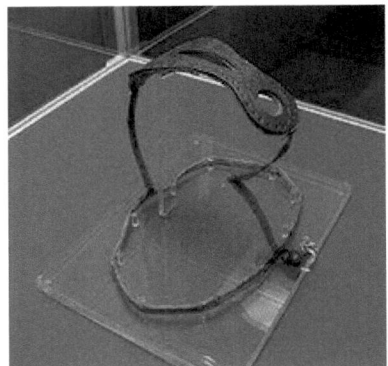

„historischer" Keuschheitsgürtel

Satirischer Holzschnitt aus dem 16. Jahrhundert, der darauf abzielt, dass bei einem alten hässlichen Ehemann auch ein Keuschheitsgürtel nicht vor Untreue schützt.

Um 1400 wurde der Keuschheitsgürtel in Padua erwähnt. Ob er ausschließlich die Enthaltsamkeit der Ehefrau bei Abwesenheit des Mannes gewährleisten sollte, ist ungewiss. Man vermutet eher, dass es sich auch um ein Sexspielzeug handelte. Möglicherweise wurde der Keuschheitsgürtel auch als Straf- und Folterwerkzeug verwendet. Um 1500 soll der Keuschheitsgürtel eingeführt oder sogar in Massen produziert worden sein.

Der Annahme, dass der Keuschheitsgürtel die Enthaltsamkeit der Frau über einen langen Zeitraum gewährleisten sollte, etwa während der Mann auf Kreuzzügen unterwegs war, widersprechen hygienische Erkenntnisse, da die Materialien der damaligen Zeit die Haut wund scheuerten und durch die ungenaue anatomische Anpassung sich Urin und Menstruationsblut im Gürtel hätten sammeln können. Dies hätte zu schmerzhaften Infektionen der Haut beziehungsweise der Scheide geführt, was in früheren Zeiten wegen der geringen medizinischen Möglichkeiten lebensgefährlich gewesen wäre.

Es gibt keinen eindeutigen Beleg dafür, dass der Keuschheitsgürtel bereits im Mittelalter bekannt war. Man vermutet, dass es sich um einen Mythos handelt, der in der Barockzeit erfunden und verbreitet wurde, um das Bild des „finsteren Mittelalters" zu zeichnen. Andere Geschichten erzählen, der Keuschheitsgürtel sei von den Dogen Venedigs erfunden worden, um fällige Steuerschulden bei Prostituierten wirksam eintreiben zu können.

1889 wurde ein Leder-Eisen-Gürtel von Anton Pachinger, einem deutschen Sammler von Antiquitäten, auf einem Friedhof an einem Skelett einer jungen Frau gefunden.

Die gelegentlich in Museen gezeigten angeblich mittelalterlichen Exponate haben sich alle als Produkte aus dem 19. Jahrhundert erwiesen. Diese wurden unter anderem in England von Dienstmädchen zum Schutz vor Vergewaltigungen getragen. Aus dem 19. Jahrhundert sind ähnliche Vorrichtungen bekannt, die zur Anwendung bei Kindern und Jugendlichen bestimmt waren und die zur damaligen Zeit als krankhaft angesehene Masturbation verhindern sollten.

Gegenwart

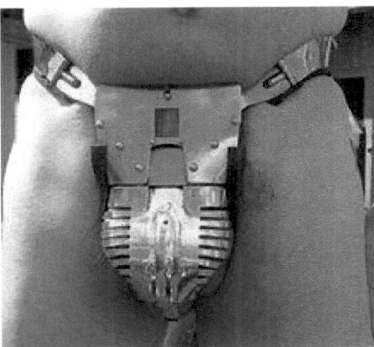

Moderner Keuschheitsgürtel für Männer

Heute ist der Keuschheitsgürtel eher als Utensil bei erotischen Rollenspielen, besonders im BDSM-Bereich von Bedeutung, wird aber auch als Möglichkeit genutzt, seinem Partner den Wunsch nach einer monogamen Beziehung zu beweisen.

Dabei ist der Keuschheitsgürtel aus modernen Werkstoffen wie Acryl oder aber auch teurer, aus rostfreiem Stahl hergestellt. Er passt sich der Anatomie des Trägers millimetergenau an, da bei vielen Herstellern Maßanfertigungen möglich sind. Spezielle Polsterungen und penible Intimhygiene sind unbedingt nötig, um bei längerem Tragen Gesundheitsschäden (Wundreiben, Dekubitus, Infektionen) möglichst gering zu halten.

Literatur

- Eva Larrass: *Der Keuschheitsgürtel, Phantasie und Wirklichkeit.* In: *Waffen- und Kostümkunde.* Band 34, 1992, Seite 1–12
- Alexander Schulz: *Das Band der Venus: die Geschichte des Keuschheitsgürtels.* Isny 1984

Von „http://de.wikipedia.org/wiki/Keuschheitsg%C3%BCrtel"

Kiefersspreizer

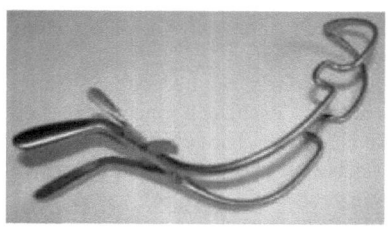

Kiefersspreizer nach Jennings

Ein **Mundspreizer**, eigentlich **Kiefersspreizer**, ist ein medizinisches Gerät und dient dazu, den Mund während einer ärztlichen Untersuchung geöffnet zu halten (z. B. beim Zahnarzt). Er besteht aus zwei Metallbügeln mit Gelenken, dazu noch einer Raste oder einer Feststellschraube. Trotz seines martialischen Aussehens verhindert er nur das versehentliche Zubeißen eines eigentlich kooperierenden Patienten, er ist nicht geeignet, einen geschlossenen Mund trotz Gegenwehr zu öffnen, und bei entsprechender Gegenwehr kann er auch aus dem Mund geschoben werden.

Formen

Die verschiedenen Arten von Mundspreizern unterscheiden sich nur marginal in der Konstruktion, die Modelle sind alle nach ihren jeweiligen Erfindern benannt:

- Davis-Boyle
- Denhardt
- Doyen-Jansen
- Featherstone
- Fergusson-Ackland
- Heister
- Jennings
- Mason-Ackland
- Molt
- Roser-König
- Schmid
- Whitehead

Mundspreizer im BDSM

Als eine Sonderform des Knebels (hält den Mund offen, nicht geschlossen, verhindert aber artikuliertes Sprechen) ist der Mundspreizer inzwischen ein recht verbreitetes Sexspielzeug im Bereich BDSM. Da vielen Bottoms das Schlucken mit einem Spreizer schwer fällt, neigen sie zu übermäßig starker Speichelsekretion, was eine demütigende Komponente hinzufügt.

Von „http://de.wikipedia.org/wiki/Kiefersspreizer"

Kink.com

Kink.com ist ein amerikanisches Unternehmen mit Sitz in San Francisco, das mehrere pornografische Websites betreibt. Angeboten werden hauptsächlich Bilder und Videos zu verschiedenen Spielarten des BDSM und anderen Fetischen. Kink.com gehört zu den erfolgreichsten Produzenten im Bereich der BDSM-Pornografie.

Geschichte

Peter Acworth zog 1996 aus England in die USA, um an der Columbia University zu promovieren. Auf Grund eines Zeitungsartikels kam er auf die Idee zur Gründung einer pornografischen Website. 1997 entstand aus dieser Idee das Unternehmen Cybernet Entertainment und die erste Website *Hogtied.com*, auf der zuerst nur fremdproduzierte Bondage-Fotos angeboten wurden. Das Unternehmen erzielte in kürzester Zeit so hohe Gewinne, dass Acworth sich dazu entschloss, die Universität zu verlassen und nach San Francisco zu ziehen. Um konkurrenzfähig zu bleiben, begann er in seiner Wohnung eigenes Material aufzunehmen. 2000 stellte er seine ersten Mitarbeiter ein und eröffnete die zweite Website, Fuckingmachines.com. In den darauffolgenden Jahren wurden weitere Seiten eröffnet, die verschiedene Nischen bedienen. 2006 wurde das Unternehmen in Kink.com umbenannt. Heute betreibt Kink.com 14 kostenpflichtige Websites und hat 90 feste Mitarbeiter. Alle Seiten zusammen haben etwa 70.000 zahlende Abonnenten.

Sicherheit

Kink.com richtet sich nach dem Konzept Safe, Sane, Consensual und macht dies auch auf der Website deutlich.. Es existieren öffentlich zugängliche Richtlinien, die die Sicherheit der Models gewährleisten sollen und denen Models und Regisseure vor Beginn der Dreharbeiten zustimmen müssen. Diese schreiben unter anderem vor, dass unmittelbar vor und nach den pornographischen Szenen Interviews mit den Models gezeigt werden müssen, in denen deutlich wird, dass das Model den vorgenommenen Handlungen zustimmt, vorher Grenzen festlegen und die Dreharbeiten jederzeit unterbrechen oder beenden kann.

San Francisco Armory

San Francisco Armory

Im Dezember 2006 erwarb Kink.com für 14,5 Millionen Dollar das San Francisco Armory. Hierbei handelt es sich um ein historisches Gebäude in San Francisco, das früher als Waffenarsenal der Nationalgarde diente und im National Register of Historic Places aufgeführt ist. Das Grundstück des Gebäudes ist als Gewerbegebiet ausgeschrieben, das Armory stand jedoch 30 Jahre leer, da es auf Grund seiner Architektur für die meisten Unternehmen nicht besonders attraktiv war. Einige Anwohner, die auf eine die Nachbarschaft bereichernde Nutzung des Armory hofften, waren überrascht und enttäuscht über die Entscheidung, das Gebäude einem Pornounternehmen zu überlassen. Sie gründeten eine Bürgerinitiative, die sich zum Ziel setzte, den Kauf rückgängig zu machen. Am 8. März 2007 besuchten 200 Menschen eine Anhörung, auf der Bürger ihre Bedenken äußern konnten. Auch Mitglieder der BDSM-Szene waren anwesend. Sie begrüßten den Einzug und riefen zu mehr Toleranz gegenüber sexuellen Fetischen auf. Eine einberufene Kommission kam zu dem Ergebnis, dass der Kauf nicht gegen geltendes Recht verstoße.

Regelmäßig auftretende Darsteller

Neben vielen Darstellerinnen und Darstellern, die nur ein bis zwei Szenen drehen, gibt es einige, die öfters auf den verschiedenen Seiten von Kink.com zu sehen sind. Zu ihnen gehören unter anderem Annette Schwarz, Bobbi Starr, Gia Darling, Gia Paloma, Jada Fire, Justine Joli, Melissa Lauren, Mika Tan, Penny Flame, Sandra Romain, Sasha Grey, Shy Love, Steve Holmes und Steven St. Croix.

Auszeichnungen

- XBIZ Awards 2009
- FSC Leadership Award
- Outstanding Achievement in Original Web Content

Von „http://de.wikipedia.org/wiki/Kink.com"

Klammer (BDSM)

Breite Klammern mit Kette.

Eine **Klammer** ist ein Sexspielzeug, das zumeist von Tops im Rahmen von BDSM verwendet wird. Sie dienen sowohl zur Bestrafung wie auch zum Lustgewinn.

Klammern dienen dazu, empfindliche Körperteile wie Brustwarzen durch unterschiedlich stark angewandten Druck und Zug zu stimulieren. Sie werden an Männern und Frauen angewendet und stellen eine Alternative zur Nutzung von Wäscheklammern dar. Mitunter werden an die mit den Klammern verbundenen Ketten zusätzliche kleine Gewichte gehängt, um so die Zugkraft zu erhöhen. Ein solches Vorgehen dient zugleich einer zusätzlichen Immobilisierung der geklammerten Person, da jede Bewegung einen zusätzlichen Nervenreiz auslöst.

Modelle

Krokodilklammer

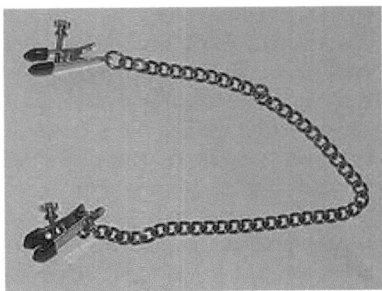

Krokodilklammern mit Endhüllen.

Krokodilklammern bestehen zumeist aus zwei circa 5-10 cm langen Metallplättchen, die mit einer Federklammer verbunden sind. In der Regel befindet sich auf den jeweiligen Enden kleine Kunststoffhüllen, um das Gewebe zusätzlich vor Druckschäden zu schützen. Bei einigen Modellen lassen sich diese Hüllen abziehen. Die häufig unter diesen Hüllen ausgeprägten Metallzähnchen ermöglichen wahlweise eine erhöhte Fixierung an der gewählten Stelle. Bei vielen Modellen lässt sich der minimale Abstand zwischen den beiden Schenkeln der Klammer stufenlos durch das Verstellen einer kleinen Gewindestange über ein Metallrädchen variieren.

„Pinzetten"-Klammern

„Pinzetten"-Klammern bestehen zumeist aus zwei circa 5-10 cm langen Metallstäbchen. Um eine effizientere Fixierung an dem jeweiligen Körperteil zu ermöglichen, sind diese in der Regel leicht gekrümmt. In der Regel befindet sich auf den jeweiligen Enden kleine Kunststoffhüllen, um das Gewebe zusätzlich vor Druckschäden zu schützen. Ein kleiner Ring umgibt die beiden Metallstäbchen und erlaubt es, den eingesetzten Druck durch seine unterschiedliche Positionierung auf der Längsachse der Stäbchen zu regulieren. Je weiter der Ring entlang der Stäbchen geschoben wird, desto höher ist der Druck. „Pinzetten"-Klammern werden hauptsächlich an Brustwarzen verwendet.

Schmetterlingsklammern

Schmetterlingsklammern mit Kette.

Das ursprünglich aus Japan stammende Design der Schmetterlingsklammern ermöglicht es, dass sich der Druck der Klammern erhöht, sobald sich die an der Kette eingesetzte Zugkraft erhöht.

Im Gegensatz zu anderen Modellen ist so die Gefahr, dass die Klammern aufgrund von Zugkräften verrutschen, sehr stark reduziert. Schmetterlingsklammern sind sehr flach aber mit einem Format von circa 10 cm mal 5 cm recht groß. Die am Gewebe aufliegenden Stellen sind durch kleine Kunststoffplatten abgegrenzt. Die Klammern werden durch Federn an der ausgewählten Körperstelle gehalten und üben einen im Vergleich zu anderen Modellen deutlich höheren Druck aus.

Anwendung

Typische Anwendungsregionen sind die inneren und äußeren Schamlippen, die Klitoris, die Brustwarzen und der Hodensack. Selbst bei geringem Druck schränken sie die Blutzirkulation in den betroffenen Gewebebereichen ein und generieren einen dumpfen Schmerz der in angrenzende Regionen ausstrahlt. Nach dem Entfernen der Klammern verstärkt sich der Schmerzreiz, dies kann durch einen anschließend nur sehr langsam abgebauten manuellen Druck auf die entsprechende Stelle gemindert werden.

Die Entfernung gesetzter Klammern erfolgt in der Regel manuell, kann aber auch unter Zuhilfenahme von Peitschen, Gerten oder Schnüren geschehen.

Gefahren

Im Bereich des Drüsengewebes der weiblichen Brust kann der Einsatz von Klammern zu Entzündungen führen. Die Verwendung am Hodensack kann ebenfalls erheblichen Gewebeschäden nach sich ziehen. Viele Klammern sind mit abnehmbaren Kunststoffkappen ausgestattet um oberflächliche Schäden zu reduzieren.

Von „http://de.wikipedia.org/wiki/Klammer_(BDSM)"

Klinikerotik

Typisches Pflegerinnenkostüm für das erotische Rollenspiel

Bei der **Klinikerotik** handelt es sich um einen Sammelbegriff aus dem Bereich des BDSM. Hierbei werden sexuelle Praktiken, im Kontext mit Situationen von ärztlichen Behandlungen, Krankenhausaufenthalten oder medizinischen Untersuchungsmethoden meist in ein erotisches Rollenspiel, beispielsweise als Arzt und Patient, zwischen einvernehmlichen Sexualpartnern einbezogen. Eine Verbindung zum sexuellen Fetischismus kann sich neben der Wahl der Materialien auch in den Kostümen selbst ausdrücken, die häufig auch aus Latex hergestellt werden.

Der Begriff wird oft synonym zu *Doktorspiel*, *Kliniksex* oder *Weiße Erotik* gebraucht. Letzterer Ausdruck leitet sich von der für medizinisches Personal stereotypen weißen Kleidung ab. Der englische Begriff *Medical Play* kann sowohl das erotische Rollenspiel wie auch Rollenspiele bezeichnen, die beispielsweise mit Kindern zur schonenden Einstimmung und Vorbereitung auf Krankenhausaufenthalte oder Untersuchungen durchgespielt werden.

Ausprägungen

Je nach Wünschen der Beteiligten gestalten sich entsprechende Rollenspiele und die in deren Verlauf angewandten Praktiken höchst unterschiedlich. Die Bezeichnung *Klinikerotik* deckt sowohl einfache Spielarten ab, bei denen sich einer der Partner schlicht einen Arztkittel anzieht bis hin zur Anwendung medizinischer Geräte und Hilfsmittel wie Spritzen, Blasenkatheter, Gummihandschuhe, Zäpfchen, Fieberthermometer und Einläufe, aber auch simulierte Operationen und Hypnose können Teil des Rollenspiels sein.

Klinikerotik steht in einem direkten Zusammenhang mit Phantasien und Vorstellungen zum Kontrollverlust. Das Gefühl der Ohnmacht Ärzten und Pflegenden gegenüber, die Unterwerfung unter ihre Entscheidungen, sowie die Vorstellung eines absoluten Zwangs, dem man als "Patient" unterliegt, wird im Spiel zwischen den Beteiligten in einen erotischen Akt transferiert. Das Gefühl der Wehr- und Hilflosigkeit wirkt auf manche Menschen erotisch stimulierend, für sexuelle Fetischisten kann auch die Anwendung von Gummi- oder Latexhandschuhen und die Kostümierung an sich eine Stimulanz bedeuten.

Oftmals finden sich bei Spielen aus dem Bereich der Klinikerotik für BDSM typische Aspekte wieder, wie z. B. das Fesseln des "Patienten" an ein Bett oder der Zwang, sich bestimmten Forderungen und Vorgaben zu unterwerfen. Durch die Anwendung medizinischer Utensilien kommt es zu konkretem körperlichen Zwang. Grundlage sämtlicher Handlungen ist stets Einvernehmlichkeit, die Ausübung körperlicher und geistiger Übermacht über den Partner ist oft fester und von allen Beteiligten angestrebter Bestandteil des Spieles (vgl. Safe, Sane, Consensual).

Praktiken der Klinikerotik

Typische Praktiken, die auch in anderen erotischen Rollenspielen und im BDSM eingesetzt werden sind beispielsweise Klismen, Nadelungen, Prostatamassagen, simulierte Operationen oder Kastrationen und die Verwendung einfacherer Hilfsmittel wie Verbandsmaterialien zu Fixierung, Gummihandschuhen und Desinfektionsmittel als haptischen, optischen und/oder olfaktorischen Reiz. Darüber hinaus gibt es etliche Praktiken, die mit einem höheren Risiko verbunden sind und die nicht ohne entsprechende Erfahrung eingesetzt werden sollten.

Einspritzungen

Auf- oder Unterspritzen der weiblichen oder männlichen Brust, der Brustwarzen, Labien, Klitorisvorhaut oder Penisvorhaut ist eine häufig erwähnte Praktik der Klinikerotik und erscheint auch vielfach in der erotisch-fiktiven sadomasochistischen Literatur. Wie häufig diese Praktiken tatsächlich angewandt werden, ist unklar. Die Auf- und Unterspritzungen, bzw. die Infusion größerer Mengen Flüssigkeit, meist sterile Kochsalzlösung ist aus hygienischer und physiologischer Sicht nicht ungefährlich.

Hauptartikel: Hodensackinfusion
Eine vieldiskutierte und risikoreiche Praktik in der Klinikerotik ist die *Hodensackinfusion*. Hierbei wird sterile Kochsalzlösung langsam in den Hodensack des Mannes infundiert. Dies führt zu einem geschwollenen, schwer hängenden Hodensack, was bei entsprechenden Vorlieben als erotisch empfunden wird. Diese Praktik zählt auch zum Bereich des Cock and Ball Torture.

Harnröhrenstimulation

Hauptartikel: Harnröhrenstimulation
Die Reizung des Harnröhreneingangs und die Dehnung der Harnröhre wird von einigen Menschen als erregend empfunden, darüber hinaus kann auch die Kontrolle über die Blase über Katheter in einem Machtgefälle als lustvoll empfunden werden. Im weitesten Sinne gehört die Blasenspülung ebenfalls in diesen Bereich.

Dentalerotik

Dentalerotik bezeichnet das erotische Rollenspiel als Zahnarzt und Patient, hierbei werden Geräte aus der Zahnmedizin eingesetzt, beispielsweise Kieferspreizer und Spiegel, aber auch Betäubungsspritzen um das Gefühl der Wehrlosigkeit zu verstärken.

Abgrenzung zu BIID

Hauptartikel: Body Integrity Identity Disorder (BIID)

Neben dem rollenspielerischen Umgang mit medizinischen Geräten und Szenarien kann im Rahmen einer BIID, einer vom tatsächlichen körperlichen Zustand abweichende Körper- oder Sinneswahrnehmung, der Umgang mit klinischen Geräten, Rollstühlen, Prothesen etc. gewünscht werden. Die Menschen mit dieser Störung werden als *Wannabes* oder *Pretender* bezeichnet und im Allgemeinen nicht zu den Klinikerotikern gerechnet, auch wenn leichtere Formen deutliche Parallelen zum Rollenspiel zeigen.
Von „http://de.wikipedia.org/wiki/Klinikerotik"

Korsett

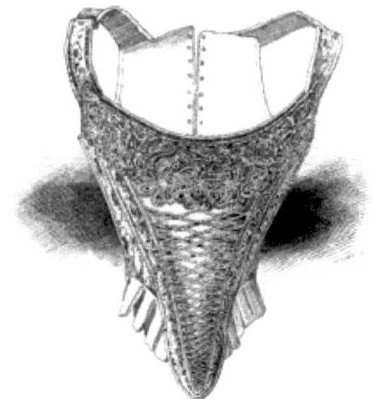

Schnürbrust des 18. Jahrhunderts

Als **Korsett** (von frz. *corset*, ursprünglich Diminutiv von altfrz. *cors* „Körper") wird ein steifes, zur Unterkleidung gehöriges Kleidungsstück bezeichnet, das eng am Oberkörper anliegt und diesen der jeweils geltenden Modelinie entsprechend formen soll. Daher veränderte das Korsett im Verlauf der Jahrhunderte mehrmals Form und Zuschnitt; die Versteifungsmethoden wandelten sich mit dem Fortschritt der Technik.

Geschichte

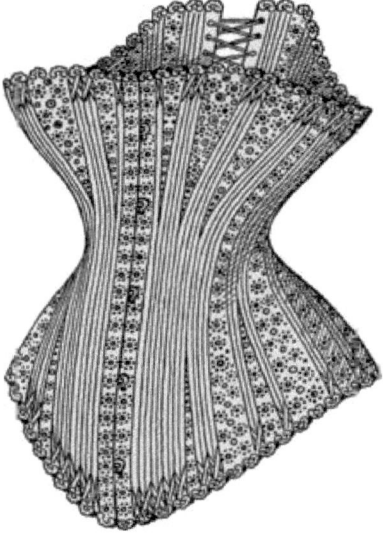

Korsett von 1880

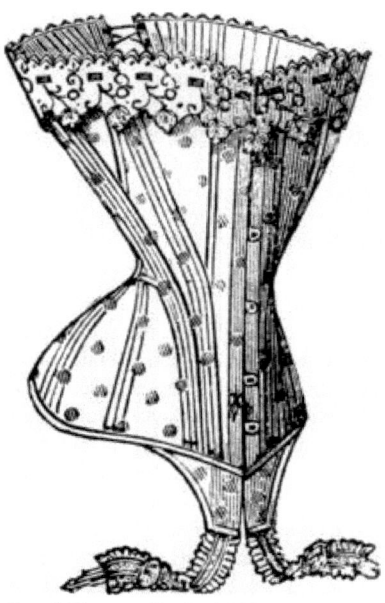

Coutil-Korsett, Paris, 1905

Die ersten Vorläufer des Korsetts entwickelten sich in der ersten Hälfte des 16. Jahrhunderts aus versteiften Miedern. Ihre Existenz ist vor 1562 nur insofern erwiesen, als die in Gemälden dargestellten Kleider ab ca. 1530 in der dargestellten Form (flachgedrückte Brust und kegelförmiger Oberkörper) ohne Korsett nicht möglich wären. Das älteste erhaltene Exemplar stammt aus dem Grab der Eleonora di Toledo (gestorben 1562) und ist mit Rohr versteift.

Die spanische Hoftracht, die um 1600 vorherrschend war, erforderte ein Korsett, das den Oberkörper zu einem Konus formte und die Brust flachdrückte. Um ca. 1640 entwickelte sich daraus eine ebenfalls konische Korsettform, die aber die Brust nicht flachdrückte, sondern hochhob. Mit geringen Veränderungen blieb diese Form bis zur Französischen Revolution gültig. Den Begriff *Korsett* gab es damals noch nicht; man sprach von *steifen Miedern* (Frauenzimmer-Lexicon, 1715), *Leibstückern* (Liselotte von der Pfalz, um 1720), *Schnürleibern* oder *Schnürbrüsten* (Journal des Luxus und der Moden, 1780er).

Bis zum Anfang des 20. Jahrhunderts blieb Fischbein das wichtigste Versteifungsmaterial, auch wenn im Lauf des späten 19. Jahrhunderts Korsettstäbe aus Federstahlband, Stahlspiralen und Horn erfunden wurden.

In der Zeit von Directoire, Empire und frühem Biedermeier waren Korsetts nicht unbedingt nötig; erst um ca. 1840 wurden sie wieder unabdingbar. Stattdessen trugen unter dem Einfluss des Dandytums um ca. 1820–50 häufig Männer Korsetts. Etwa um diese Zeit fasste der Begriff *Korsett* im deutschen Sprachgebrauch Fuß. 1828 wurden metallene Schnürösen erfunden, 1829 der erste Vorderverschluss mit Haken und Ösen (*Planchet*).

Zwischen 1840 und 1870 entwickelte sich die Sanduhrform, die heute noch als die klassische Korsettform gilt: Relativ große Ober- und Hüftweite bei möglichst kleiner Taillenweite. Bis um 1870–85 wurden die Korsetts nach unten hin länger, das heißt sie formten auch die Hüfte und den Bauch, der bei den früheren Korsetts hervorquoll. In den 1890ern erforderte die Mode ganz besonders kleine Taillenweiten.

Gegen 1900 entwickelte sich eine neue Korsettform: Das S-Korsett, das die Brust raus- und den Bauch reindrückt und damit eine unnatürliche Haltung erzwingt. Um 1910 wurde dieses S-Korsett durch Unterbrustkorsetts abgelöst; um 1913–15 gerieten Korsetts im Zuge der stärker werdenden Frauenbewegung und sprunghaft zunehmender Berufstätigkeit von Frauen (wegen des Ersten Weltkrieges) vollends aus der Mode. Stattdessen wurden bis in die 1960er Jahre hinein Hüfthalter getragen.

Gesundheit und Kleiderreform

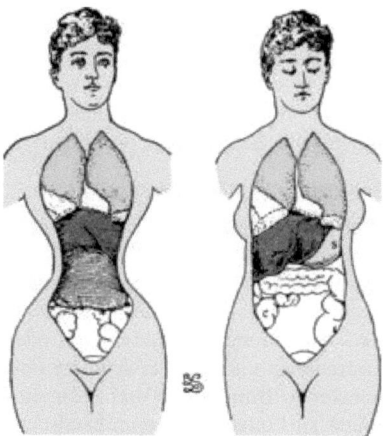

vermutete *Organverlagerung* durch das Korsett

Immer wieder warnten Ärzte vor dem schädlichen Einfluss der Schnürbrust, da sie bei verfrühtem Schnüren den Knochenbau verforme und bei übertriebenem Engschnüren die inneren Organe komprimiere und verlagere. Wie weit solche Veränderungen tatsächlich eintraten, und wenn ja, ob diese tatsächlich im eigentlichen Sinne gesundheitsschädlich waren, ist nicht belegt.

Auf die Mode blieben diese Warnungen ohne Einfluss. Mädchen bekamen ihre erste Schnürbrust in der Regel im Alter von 12 bis 14 Jahren, gelegentlich wurden aber auch schon Kleinkinder in schnurgesteifte Mieder gesteckt. Eine daraus resultierende allfällige Verformung des Skeletts wurde nicht nur in Kauf genommen, sondern war sogar erwünscht.

Die Kritik wurde im Verlauf des 19. Jahrhundert immer lauter, verstärkt durch die Forderungen der Frauenbewegung. Erste Versuche einer „reformierten", das heißt korsettlosen Frauenkleidung gab es Mitte des 19. Jahrhundert mit dem „Bloomer-Kostüm", aber erst Anfang des 20. Jahrhunderts gewann die Reformbewegung unter dem Einfluss von Jugendstilkünstlern wie Henry van de Velde und Anna Muthesius Anhänger. Bis um 1910 waren „Reformkleider" regelrecht sackartig, als ob eine elegante Linie ohne Korsett nicht vorstellbar wäre. Erst mit den Modeschöpfern des Art Déco, allen voran Paul Poiret und Gabrielle „Coco" Chanel, entwickelte sich ab etwa 1912 eine Modelinie, die auch ohne Korsett auskam.

Modernes Korsett

Heute

Seit den 1920er Jahren werden Korsetts fast nur noch zu erotischen Zwecken, als sexueller Fetisch oder unter historischen Kostümen (z. B. im Theater oder beim Reenactment) getragen. Weiterhin werden Korsette zu medizinischen Zwecken getragen. Sie können bei Wirbelsäulen-Erkrankungen wie Skoliose und Kyphose helfen.

Hervorzuheben ist die Schwarze Szene, insbesondere die Gothic-Subkultur, in der häufig Korsetts getragen werden. Ebenso ist das Korsett im BDSM-Bereich beliebt.

Seit den 1990er Jahren wurde das Korsett mehr und mehr salonfähig. Vorbilder in der Musikszene und der Modewelt ebneten den Weg für eine breitere Verwendung von Korsetts.

Weniger enge und steife, meist elastische Korsetts werden auch als *Korselets* (gleichbedeutend zu fr. *corselet* und altfr. *corsel = kleiner Leib*) bezeichnet.

Rekorde

Die schmalste dokumentierte Taillenweite wird Ethel Granger zugeschrieben, die ihre Taille auf 13 Zoll (33 cm) schnürte. Das Guinness-Buch der Rekorde gibt an, dass die schmalste Taille an einer lebenden Frau Cathie Jung gehört, die mit ihrem Mann Bob, einem ehemaligen orthopädischen Chirurgen, im US-Bundesstaat North Carolina lebt. Cathie Jung schnürt ihre Taille zu besonderen Anlässen auf 38 cm, im Alltag auf 43 cm ein.

Ausstellung

- 2010: *Mode sprengt Mieder – Silhouettenwechsel*. Hirmer, München ISBN 978-3-7774-2491-0 (Ausstellungskatalog Münchener Stadtmuseum)

Von „http://de.wikipedia.org/wiki/Korsett"

Korsett-Piercing

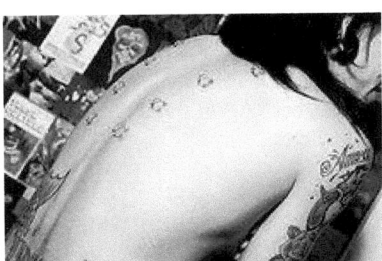

Korsett-Piercing ungeschnürt mit BCRs

Ein **Korsett-Piercing** besteht aus zwei Reihen von Piercings, die meist senkrecht und symmetrisch am Rücken entlang verlaufen und mit Bändern korsettähnlich miteinander verschnürt werden können. Andere Positionierungen sind jedoch ebenfalls üblich.

In der Regel wird ein Korsett-Piercing meist nur temporär innerhalb einer Körperkunst-Vorstellung oder für ein Fotoshooting gestochen und nach wenigen Stunden wieder herausgenommen. Eingesetzt werden dabei gewöhnlich Ball Closure Rings (BCR), die ähnlich einem D-Ring dem Einfädeln der Bänder dienen.

Im Gegensatz zum Einsatz von BCRs ermöglichen Surfacebars das Verheilen der Stichkanäle und somit das permanente Tragen des Korsettpiercings. Dabei können Aufsätze wie zum Beispiel Slaveringe die herkömmlichen Ringe ersetzen.

Geschichte und Kultur

Auch wenn Korsetts schon lange existieren, ist das Korsett-Piercing eine Neuerscheinung, die sich mit der Entwicklung der Piercingindustrie in den späten 1990er Jahren etablierte. Wie auch beim richtigen Korsett wird es meist von Frauen getragen und mit Erotik und Ästhetik in Verbindung gebracht, insbesondere in der Fetisch-Szene.

Von „http://de.wikipedia.org/wiki/Korsett-Piercing"

Käfig

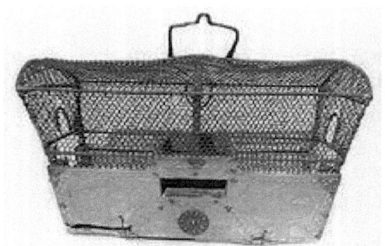

Vogelkäfig (18./19. Jahrhundert)

Auch ein Käfig: Hundezwinger

Eisenkäfig (hier: Florenz, ausgehendes 17. Jahrhundert) als Folterwerkzeug

Ein **Käfig** (von lateinisch *cavea*) ist ein allseitig geschlossenes Behältnis, dessen Seiten mehr oder weniger perforiert sind. Er kann transportabel oder auch als Gebäude ausgeführt sein.

Im Gegensatz zum Käfig ist ein Korb nicht allseitig geschlossen. Die Seiten eines Käfigs sind meist nicht nur gerade Flächen, sondern können auch so stark gewölbt sein, dass dieser die Form einer Kugel hat, da oft flexibles Flechtwerk aus unterschiedlichsten Materialien verwendet wird. Bei einem sehr flexiblen Flechtwerk mit schon textilen Eigenschaften ist es kein Käfig mehr, sondern ein Netz.

Ein Käfig schließt den Inhalt nicht hermetisch von äußeren Umwelteinflüssen ab, was auch eine seiner wichtigsten Eigenschaften ist. Deshalb wird er oft für die Haltung von Tieren verwendet, was Tierschützer bei vielen Varianten der Käfighaltung als problematisch bis Tierquälerei einstufen. Bei Tierkäfigen ist das Geflecht oft aus Metall gearbeitet. Dieses Metallgeflecht besteht entweder aus Draht oder aus metallenen Gitterstäben. Den Untergrund bildet meist ein fester Boden, es sei denn man möchte, dass die Exkremente der Tiere hindurchfallen (Hühner in Käfighaltung). Die Größe ist je nach Zweck unterschiedlich. Sie reicht vom Löwenkäfig bis zum kleineren Vogelkäfig, auch *Vogelbauer* genannt.

Aus Tierschutzgründen sind Käfige in Deutschland lediglich noch zum Transport von größeren Tieren und in zunehmendem Maße immer seltener auch im Zirkus gestattet, wo besonders die Raubtiere und Bären meist in Käfigwagen untergebracht sind. Wenn also Käfige einen größeren Auslauf bieten, nennt man sie eher Zwinger oder auch Gehege, bei Vögeln spricht man von einer Voliere.

BDSM

Auch im Bereich des BDSM spielen Käfige eine Rolle und werden gerne vom dominanten Spielpartner, auch Top (BDSM) genannt, verwendet um den submissiven Part (Bottom) spielerisch zu demütigen, zu bestrafen oder dessen Bewegungsfreiheit einzuschränken, um einen Lustgewinn auf beiden Seiten zu erreichen.

Mechanische Bauteile

Ein Bauteil von Wälzlagern, Linearlagern oder anderen Linearführungen wird auch als Käfig (Kugelkäfig, Rollenkäfig, etc.) - genauer Wälzkörperkäfig bezeichnet. Er kann aus Blech bestehen oder als Massivkäfig ausgeführt sein („aus dem Vollen gefräst"). Als Materialien werden Stahl, Messing, Kunststoff oder Hartgewebe verwendet. Aufgabe des Käfigs ist es, die Wälzkörper, z. B. Kugeln in einem Kugellager, gleichmäßig auf dem Umfang zu verteilen und ein gegenseitiges Berühren zu verhindern. Wälzlager ohne Käfig nennt man vollrollige Lager.

Andere Käfige

Der so genannte Faradaysche Käfig gleicht nicht zwangsläufig dem oben genannten Behältnis. Es wird damit lediglich ein Raum bezeichnet, der gegen elektrische Ströme abgeschirmt ist. Das kann auch die Karosserie eines Autos sein. Oft wird der Überrollbügel eines Autos auch als Käfig bezeichnet.

Schutzgitter um Maschinen, die ein Hineingreifen verhindern sollen, werden ebenfalls Käfig genannt.

Redensart

Die Redensart „*Sie sitzt in einem Goldenen Käfig*" soll besagen, dass jemand trotz großen Reichtums sich in Unfreiheit befindet.
Von „http://de.wikipedia.org/wiki/K%C3%A4fig"

Latexkleidung

Beispiel für Latexkleidung

Latexkleidung bezeichnet Kleidungsstücke, die aus (Natur-)Gummi oder Naturkautschuk gefertigt sind.

Nomenklatur

Latexkleidung müsste korrekterweise Gummikleidung heißen, denn mit Latex werden verschiedene Substanzen bezeichnet, so auch der Milchsaft des Kautschukbaumes (Hevea brasiliensis). Nach der Vorbehandlung durch Räuchern/Walzen wird daraus Kautschuk. Erst durch Vulkanisation, also dem Einbringen von Schwefel und Erhitzen, wird das Material stabilisiert. Dieses Endprodukt nennt man dann Gummi. Der gleiche Begriff wird auch für die synthetische Herstellung aus Erdöl verwendet, da das Endprodukt chemisch identisch ist. Gemeinhin spricht man aber dennoch von Latexkleidung, um eine Abgrenzung zu Autoreifen etc. deutlich zu machen.

Verwendung

Kleidung aus Latex wird in folgenden Bereichen verwendet:
- als Schutzkleidung vor
  - giftigen oder ätzenden Stoffen (Chemikalien oder Gasen)
  - Infektionen (Medizin)
  - Schwangerschaft und Geschlechtskrankheiten (Kondome)
- in der Mode (beispielsweise Regenmäntel)
- im Bereich BDSM, siehe auch Gummifetischismus

Arten von Latexkleidung

Getauchte Ware

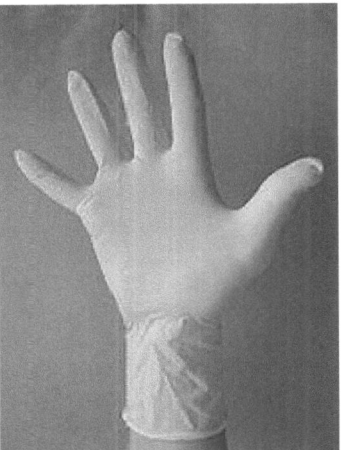

Latexhandschuh

Hierbei wird eine Form aus Keramik oder dergleichen in ein Bad aus flüssigem Latex getaucht und danach herausgezogen. Es bildet sich eine Schicht von ca. 0,05 - 0,1 mm. Um die gewünschte Dicke des Materials zu erreichen, wird gegebenenfalls mehrfach getaucht. Nachteil dieser Verfahrensweise ist die schwankende Materialstärke (und daraus resultierend die unterschiedliche Reißfestigkeit). Außerdem ist eine Maßanfertigung nicht möglich.

Gängige Latexartikel, die im Tauchverfahren hergestellt werden, sind Handschuhe und Strümpfe in verschiedenen Längen und Kondome. Auch Luftballons werden auf diese Art hergestellt.

Geklebte Ware

Frau in einem lila Latex-Catsuit.

Hier wird das Kleidungsstück aus Bahnen von bereits fertigem Latex geschneidert. Der Preis ist meist um ein Vielfaches höher als bei getauchter Ware. Die Festigkeit und damit die Haltbarkeit des Materials übertrifft die getauchter Ware allerdings bei weitem. Die Vorteile sind eine konstante Materialstärke und gleichbleibende Festigkeit und Haltbarkeit der Kleidung. Außerdem kann das Kleidungsstück von einem Schneider perfekt an die Figur des Kunden angepasst werden.

Genähte Ware

Analog den geklebten Waren werden die Kleidungsstücke aus vorgefertigten bzw. vorgeschnittenen Latexbahnen hergestellt, dabei werden diese mit Faden zusammengenäht. Dies wirkt sich zum Teil negativ auf die Elastizität aus - auch wenn versucht wird, die Nähte längenveränderlich auszuführen -, da diese genähten Outfits nicht so stark nachgeben wie geklebte Kleidungsstücke. Zudem wirkt sich jeder Einstich negativ auf die Haltbarkeit aus. Um beim Nähen kleine Risse zu vermeiden, die sich fortsetzen können, wird Latex teilweise mit heißen Nadeln genäht.

Farben

Die aus der Pflanze gewonnene Latexmilch hat eine weißliche Farbe. Nach der Vorbehandlung durch z. B. Erhitzung bekommt das Material seine typische hellbeige Kautschukfarbe. Bei der Fertigung von Meterware werden neben Schwefel (zur Vulkanisation) auch Farbpigmente zugegeben. Im Prinzip ist dabei jede Farbe möglich, am häufigsten werden die Farben Schwarz und Rot gefertigt. Transparentes und weißes Latex verfärben sich leichter.

Materialstärken

Typische Werte der Materialstärke liegen bei getauchtem Material zwischen 0,25 mm und 0,75 mm. Bei geklebten Stücken liegt die am häufigsten verarbeitete Stärke zumeist bei 0,15 – 0,35 mm. In Stärken von 0,6 – 0,9 mm werden zumeist (wegen der nachlassenden Elastizität des Materials) nur Mäntel und Accessoires wie zum Beispiel Gürtel gefertigt. Auf dem Markt sind Stärken bis 2 mm erhältlich.

Die Dicke des Gummis wird neben der Dehnungsfähigkeit meist als Maß für den Tragekomfort angesehen. So werden beispielsweise Strümpfe aus 0,35 mm Material gefertigt. Es bietet durch seine Dicke die entsprechende Reißfestigkeit, die insbesondere an den stark belasteten Fersen erwartet wird. Hochwertige, geklebte Stücke werden oft aus dünnerem, 0,15 – 0,3 mm dicken Material gefertigt. Die dünnere Schichtdicke ermöglicht einen wesentlich höheren Tragekomfort, insbesondere wenn das Latexkleidungsstück unter der normalen Kleidung getragen wird.

Pflege von Latexkleidung

Latex ist ein Naturprodukt, das zwar sehr temperaturbeständig ist, aber durch den Kontakt mit Fetten und Ölen zersetzt werden kann; auch UV-Licht schädigt die Struktur der Latexkleidung, dadurch ist eine intensive Pflege nötig. Um die Haltbarkeit zu optimieren, sollten folgende Grundsätze beachtet werden:

- Der Kontakt mit Fetten und Ölen ist zu vermeiden. Gleiches gilt für viele Metallarten (z. B. Kupfer, Messing).
- Nach dem Tragen sollten die Kleidungsstücke mit speziellen Reinigungsprodukten oder mit fett-/ölfreier Waschlotion (pH 5,5) gereinigt werden.
- Nach dem Trocknen sollte die Kleidung mit Talkum behandelt werden, damit das Latex nicht verklebt und elastisch bleibt, oder
- Alternativ kann auch Silikonöl oder entsprechende Pflegeprodukte verwendet werden. Einen Spritzer in klares Wasser geben, die Wäsche darin walken und so zum Trocknen aufhängen.
- Es empfiehlt sich, jedes einzelne Kleidungsstück hängend im Schrank aufzubewahren, da sich Spuren von Falten unter Umständen nicht mehr entfernen lassen
- Die Kleidungsstücke sollten dunkel gelagert werden, da Latex lichtempfindlich ist (UV-Strahlung).

Latex in der öffentlichen Wahrnehmung

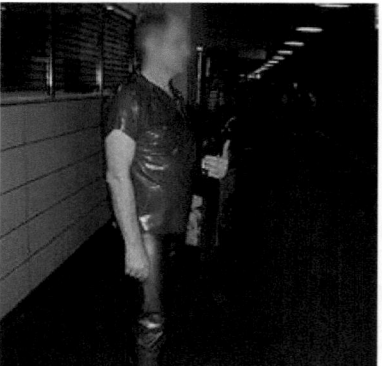

Latexkleidung in der Öffentlichkeit U-Bahn Berlin

Latexkleidung wird teils unter Textilkleidung aber zunehmend mehr auch öffentlich getragen. Für Frauen reicht das vielfältige Angebot von tragbarer eleganter Kleidung bis zu Fetischmode und entsprechend kontrovers ist die Reaktion der Öffentlichkeit. In Großstädten wie Berlin ist Latexmode im öffentlichen Raum immer häufiger zu sehen und so sind z.B. glänzende Latexröcke getragen in Kombination mit Textilkleidung in Friedrichshain oder Prenzlauerberg keine Seltenheit mehr. Vor allem abends wird hin und wieder auch ausgefallene, hochwertige Latexmode im öffentlichen Raum getragen. Solche Outfits sind aber nach wie vor selten. Stark fetischlastige Latexmode findet sich hingegen eher im Rotlichtmilieu. Von Herren getragene Latexkleidung stößt dagegen nach wie vor auf generelle Vorurteile. Herren in Latexkleidung werden außerhalb von Clubs häufig als *nicht salonfähig* betrachtet und generell mit dem Rotlichtmilieu bzw. der BDSM-Szenarien in Verbindung gebracht oder für homosexuell gehalten. Eine Ursache dürfte das fantasielose, stark SM lastige Angebot der Herrenkollektionen sein In den letzten Jahren hat die Akzeptanz für Latexkleidung generell zugenommen. Vor allem in Diskotheken sieht man zunehmend offen getragene Latexkleidung ohne das jemand noch besonders Notiz davon nimmt. Das Tragen von Latexkleidung wird von der Trägerin oder vom Träger meist als angenehm oder anregend empfunden.

Latexkleidung in der Popkultur

Besonders Latexkleidung in Musikvideos hat dazu beigetragen, dass das Tragen populärer wird. Beispiele dafür sind

- Selene trägt in den Film Underworld (gespielt von Kate Beckinsale) einen glänzender hautengen Latex-Catsuit mit passendem Korsett.
- Beyoncé Knowles trägt ein rotes Latexkleid und andere schwarze Latexkleidung in ihrem Musikvideo zu Green Light.
- Fergie tägt ein blaues Latexkleid und andere Latexkleidungen in ihrem Musikvideo zum Hit Fergalicious.
- Ryu Hayabusa aus der Serie Ninja Gaiden trägt Latexkleidung.
- Lady Gaga trägt einen weißen Latexcatsuit im Musikvideo zu ihrem Song "Bad Romance".
- Britney Spears trägt einen roten Catsuit im Musikvideo zum Lied *Oops, I did it again* und ein schwarzes Latextop in *Womanizer*
- Katy Perry trägt oft Kleider aus Latex.
- Pussycat Dolls Nicole Scherzinger trägt häufig Kleidung aus Latex
- Christina Aguilera trägt in ihrem Musikvideo zu "Not myself tonight" Latexkleidung

Von „http://de.wikipedia.org/wiki/Latexkleidung"

Leather-Pride-Flagge

Die Leather-Pride-Flagge, ein Symbol für die BDSM- und Ledersubkultur.

Die **Leather-Pride-Flagge** ist ein Symbol der homosexuellen Leder- und der BDSM-Subkultur.

Die Flagge wurde von Tony DeBlase entworfen. Er stellte das Design am 28. Mai 1989 erstmals auf der US-amerikanischen *International-Mr.-Leather*-Veranstaltung in Chicago in den USA vor. Das Original der Flagge ist im *Leather Archives and Museum* in Chicago zu sehen

Obwohl die Flagge auch in der homosexuellen Subkultur verbreitet ist, ist sie kein ausschließlich homosexuelles Symbol, sondern auch in der BDSM-Szene verbreitet.

Tony DeBlase äußerte sich zu ihrer symbolischen Bedeutung unter Drummer magazine:

„Die Flagge besteht aus neun horizontalen Streifen gleicher Breite. Von oben und von unten wechseln die Streifen zwischen Schwarz und Königsblau. Der zentrale Streifen ist weiß. Im oberen linken Quadranten der Flagge befindet sich ein rotes Herz. Ich überlasse es dem Betrachter, die Farben und Symbole zu interpretieren."

Von „http://de.wikipedia.org/wiki/Leather-Pride-Flagge"

Leather Archives and Museum

Das **Leather Archives and Museum** (LA&M) ist eine Einrichtung der internationalen homosexuellen Lederszene und Teil der BDSM-und Fetisch-Subkultur mit Hauptsitz in Chicago.

Die Einrichtung vereint sowohl über eines der größten Archive, als auch eines der größten Museen zum Thema weltweit und ist in ihrer Konzeption international einzigartig.

Das Leather Archives and Museum veröffentlicht themenspezifische Publikationen und richtet Informationsveranstaltungen und Ausstellungen zum Thema aus. Neben einer ständigen Ausstellung organisiert es Wechsel- und internationale Wanderausstellungen. Ein weiteres Hauptaufgabenbereich ist die Dokumentation der Geschichte der weltweiten Lederszene. Anthony (Tony) F. DeBlase entwickelte hierzu eine sogenannte *Leather History Timeline* die auch in Druckform verlegt wurde.

Die Einrichtung besitzt ein Auditorium mit 164 Sitzplätzen, einen Lesesaal mit Bibliothek, Büroräume für die dort Beschäftigten und ein professionelles, klimatisch kontrolliertes Archiv.

Die in die Einrichtung integrierte *Teri Rose Memorial Library* verfügt über 5.000 themenbezogene Bände und rund 11.000 Zeitschriftenexemplare.

Das LA&M unterhält eine europäische Koordination (Dependance) in Amsterdam.

Geschichte

Die Einrichtung wurde 1991 in privater Initiative in Illinois gegründet und feierte am 27. Mai 2006 ihr 15jähriges Bestehen.

Mitte 1997 übernahm Joseph W. Bean das Amt eines Executive Directors. Unter ihm veranstaltete die Einrichtung eine Reihe wechselnder Ausstellungen und initiierte eine Fund-Raising-Kampagne mit dem Ziel, ein eigenes Gebäude als zukunftsicheren Standort zu erwerben. Die Resonanz auf die Kampagne ermöglichte es, dass Ende 1999 ein eigenes Gebäude in Chicago bezogen werden konnte.

Rick Storer, der Joseph W. Bean im Januar 2002 in seinem Amt folgte, führte die begonnenen Aktivitäten fort. Infolge weltweiter Spenden, an denen sich auch deutsche BDSM-Gruppen beteiligten, konnten die Hypotheken, die noch auf der Immobilie lasteten, im August 2004 getilgt werden. Gleichzeitig wurde die Ausstellungsfläche auf acht Bereiche erweitert.

Nachdem sich die Einrichtung zunächst auf Ausstellungen in den USA beschränkt hatte, führte sie im Jahr 2005 erstmals eine Wanderausstellung in Europa durch die aufgrund ihres Erfolgs verlängert wurde.

Newsletter

Das Leather Archives and Museum veröffentlicht unter dem Titel *Leather Times. News from the Leather Archives & Museum* regelmäßig Forschungsergebnisse und Berichte zu seinen Aktivitäten. Die Publikation ist sowohl gedruckt als auch online verfügbar.

Projekt-Publikationen

- Leather Archives & Museum (Hrsg.): *Leather History TimeLine*, 4.Auflage, 1999, Chicago (zusammengestellt von Anthony F. DeBlase, auch als Online-Version)

Ausstellungen

Das Leather Archives and Museum bietet unter anderem Ausstellungen zu folgenden Künstlern und Einrichtungen:
- Les Farnek
- Etienne
- Joseph W. Bean
- David Greiger
- Naomi Leilani Kawkam
- Kris Studios

Weiterhin bietet die Einrichtung mehrere Online-Ausstellungen mit unterschiedlichen Schwerpunkten:
- *The Oral History project* mit Dokumentationen zum Leben von:
- *The Tony DeBlase Collection*
- *National Library Week Survey*
- *International Mr. Leather, 25 Years of Champions*
- *Kris Studios of Chicago*
- *Colors of the Cycle MC*
- *What Kinky People Are Reading*
- *Online Art Exhibit*
- *Online Photography Exhibit*

Von „http://de.wikipedia.org/wiki/Leather_Archives_and_Museum"

Lebendmöbel

CSD 2006: Zwei Bottoms werden unterwegs als Sitzmöbel benutzt

---

Lebendmöbel ist ein erotisches Rollenspiel, das eher unter der Bezeichnung **Forniphilie** (von engl. **forniphilia**) bekannt ist und in verschiedenen Formen vorkommt. Diese Sexualpraktik gehört zu der Gruppe der Spiele im Bereich des BDSM, bei denen der Bottom von einem Top zu einem Gebrauchsgegenstand gemacht wird.

Außerhalb des Sadomasochismus wird auf Partys oft ein *erotisches Lebendbuffet* angeboten, bei dem das Essen auf dem Körper einer nackten Frau (seltener Mann) angerichtet wird (s.u.).

Das Rollenspiel

Kennzeichen

Bei der Forniphilie benutzt der Top den Bottom unter anderem als Aschenbecher, Fußhocker, Sitzbank oder Tisch. Der Bottom kann dabei nackt oder im Gegenteil durch Kleidung von seiner Umwelt möglichst vollständig isoliert sein; er kann durch Fesselungen (Bondage) in der benötigten Haltung verharren müssen oder sie selbst einnehmen. Oft wird beim Spiel eine möglichst lange Zeitdauer angestrebt, um den Objekt-Status des Bottoms zu unterstreichen. Der Bottom muss dabei nicht völlig passiv sein. Bei einigen Formen wie einem Tisch kann seine Mithilfe unerlässlich sein, wenn zum Beispiel ein Weinglas auf seinem Rücken abgestellt wurde und er dafür sorgen muss, dass es nicht umkippt.

Häufige Formen

Aschenbecher: Es gibt zwei Varianten für die Umsetzung: Entweder fängt der Bottom mit einer oder zwei geöffneten Händen die Asche auf oder diese wird in seinen offenen Mund abgeklopft. Bei der letzten Form müssen einige Sicherheitsmaßnahmen beachtet werden.

Buffet: Wie beschrieben, liegt der Bottom meist nackt auf einem Tisch und wird mit Essen bedeckt, das der Top oder die Tops dann abnehmen. Die Form gilt als in Japan verbreitet und kann dort Teil eines Geschäftsessens sein. Es gibt strenge Verhaltensregeln, z. B. die Reinigung betreffend.

Fußbank und **Hocker**: Der Bottom kniet auf allen Vieren oder ist zu einer Kugel zusammengeschnürt, während der Top seine Füße auf ihn legt. Das Spiel enthält damit Elemente des Fußfetischismus.

Kerzenhalter: Diese Formen verwenden Elemente der Wachsspiele: Der Bottom muss in seinen Händen oder seinem Mund Kerzen halten, oder sie werden ihm in Körperöffnungen gesteckt.

Sitzgelegenheit: Diese Formen erfolgen meist als Sitzbank bei einem Top mit leichtem Körpergewicht und einem Bottom, der auf allen Vieren liegt. Die Verwendung des Bottoms als Stuhl mit Rückenlehne erfordert einiges an Aufwand. Ein bekanntes Beispiel für einen weiblichen Bottom, der zu einem Bürostuhl umgewandelt wurde, findet sich bei den Arbeiten des Bondage-Künstlers Gord. Die verwandten Praktiken Facesitting bzw. Queening und Smothering werden meist nicht zur Forniphilie gezählt.

Statue: Der Bottom wird nicht direkt als Möbelstück verwendet, sondern als Zierelement benutzt oder allgemeiner zur Schau gestellt (siehe dazu Puppe).

Tisch: Der Bottom kniet auf allen Vieren, wobei sein Rücken die Tischplatte darstellt. Teilweise wird ein Brett oder Ähnliches als echte Tischplatte benutzt, um das Abstellen von Geschirr zu vereinfachen.

Toilette: die Kombination von Forniphilie mit Natursekt oder Scat. Der Bottom kann dabei in eine Konstruktion eingeschlossen oder so gefesselt werden, dass es ihm unmöglich ist, den Mund zu schließen, zum Beispiel unter einem Toilettenstuhl.

Spielelemente

Der Bottom kann in seiner Position gefesselt sein, einmal um seine Passivität zu erzwingen, aber auch um es ihm zu erleichtern, diese Stellung einzunehmen (siehe auch *Bondage*). Auch das genaue Gegenteil kann der Fall sein, wenn der Bottom so gefesselt wird, dass er sich anstrengen oder selbst quälen muss, um die erwartete Stellung zu halten. Wenn der Bottom als Statue ausgestellt wird, kann Zierbondage benutzt werden, um Körperteile zu betonen, wie beispielsweise durch eine Brustbondage.

Zum Bereich der Lebendmöbel gehören auch Spiele, bei denen sich der Bottom nicht bewegen darf, vergleichbar einem mentalen Bondage.

Lebendmöbel im Internet

Auf verschiedenen Webseiten im Internet werden Darstellungen zum Thema *Lebendmöbel* bzw. *Forniphilie* zugänglich gemacht. Die dortigen Darstellungen bewegen sich mitunter in einer nach deutschem und anderem nationalen Recht rechtlichen Grauzone, z. B. aufgrund von § 184 Abs. 1 Nr. 2 StGB, obwohl oft diverse Jugendschutzbemühungen ersichtlich sind, wie z. B. einfache Alterskontrollsysteme und Bilderzensur mittels abdeckenden Balken – ein Beispiel ist die Seite:

- Bericht auf houseofgord.com: *Welcome to House of Gord* (englisch; ausführlicher Text des auf Forniphile spezialisierten Bondage-Künstlers Gord)

Lebendmöbel in der Populärkultur

- Die bekanntesten Beispiele für Forniphilie im Mainstream stammen von dem britischen Pop-Art-Künstler Allen Jones, der 1969 drei lebensechte Plastiken *Hutständer*, *Tisch* und *Stuhl* von Frauen in Fetsch-Kleidung anfertigte.
- In dem Kinofilm *Clockwork Orange* (1971) von Stanley Kubrick werden Statuen von nackten Frauen als Tische benutzt; diese stammen ebenfalls von Allen Jones.
- Die deutsche Musik-Gruppe Tic Tac Toe verwendet in dem Videoclip zu ihrem Lied *Mr. Wichtig* von der CD *Klappe die 2te* eine Szene, in dem ein schwarzer Mann im String-Tanga den drei Sängerinnen als Tisch dient. Auf die Glasplatte, die er auf seinem Rücken trägt, stellen sie Gläser ab und legen ihre Füße hoch.
- Ein ähnliches Motiv ist auf einem Cover der Maxi-CD *Hell is Heaven* von dkay.com zu sehen.
- Fotos von Frauen als Tische hat Bob Carlos Clarke (1987) angefertigt.
- Eine Folge der amerikanischen TV-Krimiserie *CSI* zeigt einen Forniphilie-Club mit 3 „Möbeln"; die gezeigten Posen sind direkt von Arbeiten des Bondage-Künstlers Gord angeregt.
- In dem Neil-Gaiman-Band *Endless Nights* aus der Comic-Serie *The Sandman* wird eine Frau in der von P. Craig Russell gezeichneten Folge *Death* als Tisch für ein Schachspiel benutzt.

Literatur

- Rod Ashford (Hrsg.): *Erotique: masterpieces of erotic photography.* Carlton Books Ltd., London 1999 (= Carlton book), ISBN 1-85868-577-X. (Text englisch) (Enthält unter anderem Fotos von Bob Carlos Clarke)
- Gilles Néret (Hrsg.): *Erotica universalis; Vol. 1.* Mehrteiliges Werk, Taschen Verlag, Köln u.a. 2000, ISBN 3-8228-5909-5. (Text dt., engl. und franz.) (Enthält unter anderem auch Beschreibungen und Abbildungen der Arbeiten von Allen Jones)

Referenzen

Von „http://de.wikipedia.org/wiki/Lebendm%C3%B6bel"

Liliane von Rönn

Liliane von Rönn (* 7. Juli 1949 in Saarbrücken) ist eine deutsche Domina, Prostituierten- und Frauenrechtlerin.

Rönn besuchte von 1964 bis 1967 die Pflegevorschule in Düsseldorf, von 1967 bis 1968 absolvierte sie ein Praktikum in einem Kinderheim. Danach studierte sie bis 1970 Sozialpädagogik, ohne Abschluss. Nachdem sie zwei Jahre in gastronomischen Betrieben gearbeitet hatte, entschied sie sich 1972 dafür, als Domina zu arbeiten, und begann in der Herbertstraße in Hamburg ein Arbeitsverhältnis. 1979 eröffnete sie ihr eigenes Studio.

Nach dem Mord an einer Kollegin durch einen Mann, der sich einbildete, sich durch eine Prostituierte mit HIV infiziert zu haben, und diese wahllos erschoss, wurde sie im April 1987 Mitbegründerin der Solidarität Hamburger Huren (SHH), um gegen die Diskriminierung von Prostituierten und deren Umfeld anzugehen. Rönn veranstaltet im Rahmen der SHH Kongresse und hält Vorlesungen zum Thema.

Literatur

- Wolfgang Weirauch: *Die Lady mit der Peitsche: Interview mit Liliane*

Maledom

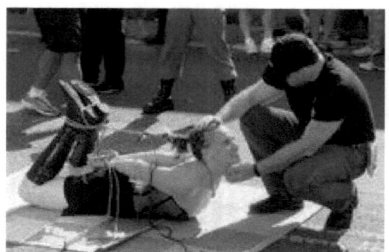

Folsom Street Fair: Maledom

Maledom ist die Abkürzung für *male domination* („männliche Dominanz") und bezeichnet die heterosexuelle Variante im BDSM, in der der Mann die dominante Rolle einnimmt. Das Gegenstück zu Maledom ist Femdom.

In der BDSM-Szene sind Maledom-Rollenspiele weit verbreitet und können hauptsächlich dem Bereich des DS (Dominance and Submission), aber auch dem „klassischen" SM (Sadomasochismus) oder BD (Bondage and Discipline) zugeordnet werden. Die submissive *Sklavin* oder *Dienerin* verehrt den *Herrn* oder *Dom* von lat. *Dominus* (Herr, Hausherr); direkte sexuelle Handlungen können, müssen aber nicht im Mittelpunkt des Verhältnisses stehen. In der Regel geht Maledom mit „safe, sane and consensual" einher.

Kritik

Maledom-Korrelationen werden häufig von Feministinnen kritisiert, da dieses Rollenmodell aus ihrer Sicht die Minderwertigkeit der Frau oder Gewalttätigkeiten gegen Frauen implizieren soll. Ein Beispiel dafür ist die PorNO-Kampagne.

Maledom in Buch und Film

Maledom-Szenarios sind in der sadomasochistischen Literatur weit verbreitet, bekannte Beispiele sind die Geschichte der O und die Werke von John Norman.

Beispiele für die Verwendung von Maledom-Motiven im Film sind 9½ Wochen mit Kim Basinger und Mickey Rourke oder Secretary mit Maggie Gyllenhaal und James Spader.

Literatur

- Sina-Aline Geißler: *Lust an der Unterwerfung. Frauen bekennen sich zum Masochismus*, Heyne 1992, ISBN 3-453-05233-1
- John Warren: *The Loving Dominant*, Greenery Press, 2001, ISBN 1-890159-20-4
- Jack Rinella: *The Master's Manual: Handbook of Erotic Dominance*, Daedalus Publishing, 1997, ISBN 1881943038

Von „http://de.wikipedia.org/wiki/Maledom"

Maria Beatty

Die Filmemacherin **Maria Beatty** (* in Caracas, Venezuela) lebt in Paris und New York. Sie führt Regie und ist Schauspielerin und Produzentin. Ihre Filme sind häufig in Schwarz/Weiß und beschäftigen sich mit verschiedenen Aspekten der weiblichen Sexualität, häufig mit lesbischen Motiven und einschließlich BDSM und Fetischismus. In einigen davon tritt sie selbst auf, wie etwa in *The Elegant Spanking* (1995) und *The Black Glove* (1997). Mit *Boy in the Bathtub* (2006) wagte sich Beatty an ihren ersten abendfüllenden Spielfilm.

The Seven Deadly Sins wurde 2004 beim *Festival Internacional de Cine Erotico De Barcelona* in der Kategorie *Bester Fetisch Film* ausgezeichnet.

Der Dokumentarfilm *Inspired – Fetisch-Szenen* (2003, Max von Strömungen) zeigt die Arbeit der Regisseurin Maria Beatty bei der Verfilmung einer fetischistischen Fantasie. Dazu gehören auch Interviews mit den Darstellerinnen sowie der Besuch des Ateliers einer Korsettmacherin. Weitere Dokumentationen, die Interviews mit Maria Beatty enthalten, sind *Fetishes* (1996, Nick Broomfield) und *Didn't Do It For Love* (1997, Monika Treut).

Werke

- 1989: Gang of Souls
- 1991: Sphinxes withous Secrets
- 1992: Imaging her Erotics
- 1992: Sluts and Goddesses
- 1995: The Elegant Spanking
- 1996: The Dueling Pages, erster Teil der dreiteiligen Serie *Box of Laughter*
- 1997: The Black Glove
- 1997: Let the Punishment fit the Child
- 1998: The Boiler Room
- 1999: Leda and the Swan
- 1999: Testify my love
- 2000: Ladies of the night
- 2001: Tight Security, mit Porsche Lynn und Inga
- 2002: The Seven Deadly Sins
- 2002: Lust
- 2004: Ecstasy in Berlin 1926, mit Sonya Sovereign und Paula Rosengarthen
- 2005: Silken Sleeves
- 2006: Mask of Innocence
- 2006: Boy in a Bathtub
- 2007: Coma

Von „http://de.wikipedia.org/wiki/Maria_Beatty"

Masochismus

Unter **Masochismus** versteht man die Tatsache, dass ein Mensch (oftmals sexuelle) Lust oder Befriedigung dadurch erlebt, dass ihm Schmerzen zugefügt werden oder er gedemütigt wird.

Das Gegenstück zum Masochismus ist der Sadismus; Theodor Reik fasst den Masochismus implizit als *passiven Sadismus* auf.

Herkunft des Begriffs

Der Begriff Masochismus wurde im Jahr 1886 erstmalig von dem deutschen Psychiater und Rechtsmediziner Dr. Richard von Krafft-Ebing wissenschaftlich verwendet. Er bezieht sich auf den Schriftsteller Leopold von Sacher-Masoch (1836-1895), der in mehreren Werken Schmerz- und Unterwerfungsverhalten in Beziehungen zu Frauen schildert (z.B. *Venus im Pelz*, 1870).

Medizinische Einordnung

Sadomasochismus gilt nach ICD-10 als „Störung der Sexualpräferenz" (Schlüssel F65.5), die dort wie folgt beschrieben wird:
Es werden sexuelle Aktivitäten mit Zufügung von Schmerzen, Erniedrigung oder Fesseln bevorzugt. Wenn die betroffene Person diese Art der Stimulation erleidet, handelt es sich um Masochismus; wenn sie sie jemand anderem zufügt, um Sadismus. Oft empfindet die betroffene Person sowohl bei masochistischen als auch sadistischen Aktivitäten sexuelle Erregung.
Die American Psychiatric Association hat mit dem Erscheinen des DSM IV im Jahr 1994 weiterreichende Diagnosekriterien veröffentlicht, nach denen Sadomasochismus eindeutig nicht mehr als Störung der Sexualpräferenz angesehen wird. Die Diagnose Masochismus (DSM IV 302.83) oder Sadismus (302.84) darf demnach hinsichtlich der sexuell motivierten Ausprägung dieser Störungen nur noch gestellt werden, wenn der Betroffene anders als durch die Ausübung sadistischer oder masochistischer Praktiken keine sexuelle Befriedigung erlangen kann, oder seine eigene sadistisch oder masochistisch geprägte Sexualpräferenz selbst ablehnt und sich in seinen Lebensumständen eingeschränkt fühlt oder anderweitig darunter leidet (sgn. "B-Kriterium").

Einvernehmlich gelebte oder auch heimliche sexuelle Vorlieben für masochistische Praktiken im Sinne des BDSM erfüllen in aller Regel die Kriterien für die Diagnosestellung des Masochismus im heutigen medizinischen Sinne nicht und sind eine soziologisch andersartige, aber nicht seltene Ausprägung der individuellen Sexualität. Die Übergänge zwischen individuell ausgeprägter Sexualität und Störung der Sexualpräferenz können jedoch nicht in allen Fällen sicher definiert werden. Eine Überlagerung von sexuellen Präferenzstörungen und der Ausübung von sadomasochistschen Praktiken kommt jedoch vor.

Ursachen

Für die Ursachen des Masochismus gibt es tiefenpsychologische und lerntheoretische Konzepte. Tiefenpsychologen sehen im Masochismus ein Abwehrverhalten um Ängste und Gewissenskonflikte, die im Zusammenhang mit dem Loslösen von der Mutter stehen, zu unterdrücken. Psychologen erklären Masochismus dagegen mittels der Lerntheorie: Masochismus entwickelt sich demnach u.a. über klassische und operante Konditionierung, z.B. bei Masturbationsphantasien.

Ausprägungen des Masochismus

Masochistische Praktiken können zu Verletzungen verschiedenster Art (z. B. Schnittwunden, Knochenbrüche, Prellungen, Quetschungen, Überdehnungen der Extremitäten, Zerrungen, Gehirnerschütterung) führen. Im Extremfall können masochistische Verhaltensweisen tödlich enden.

Nicht vorwiegend sexuell motivierter Masochismus

Der Masochist empfindet Sehnsucht nach Unterordnung und Demütigungen, teils sogar nach persönlichen Misserfolgen. Die Patienten beziehen Lustgefühle aus entsprechenden Situationen und führen entsprechende Situationen teils absichtlich herbei. Als besondere Form des nicht vorwiegend sexuell motivierten Masochismus können auch kompensatorische Handlungen zur Selbstverletzung angesehen werden. In diesem Zusammenhang können auch psychische Störungen wie Onychophagie und Trichotillomanie eingeordnet werden. Nicht selten werden solche Selbstverstümmelungen mit (subjektiv empfundenem) hohem psychischen Druck in Zusammenhang gebracht. Oft liegen die Ursachen jedoch tiefer und sind in der Persönlichkeit des Betroffenen verankert.

Sexuell motivierter Masochismus

Masochisten empfinden sexuelle Befriedigung in Situationen der Demütigung bzw. Unterdrückung oder durch das Erleben von Schmerzen. Der Sexualpartner kann dabei auch durch ein anonymes, unpersönliches oder fiktives Gegenüber ersetzt sein. Selbstverletzungen kommen auch hier vor, in der Regel jedoch nicht als kompensatorische, sondern als Teil der sexuellen Handlung. Abzugrenzen hiervon ist der *kompensatorische Masochismus* bei dem die masochistischen Handlungen nicht als Einleitung oder Mittel zur Durchführung sexueller Handlungen einschließlich des Geschlechtsverkehrs vorgenommen werden, sondern diese ersetzen.

Behandlung

Die Behandlung des Masochismus ist oftmals langwierig und schwierig; versuchsweise mit Psychotherapie.

Von „http://de.wikipedia.org/wiki/Masochismus"

Max Mosley

Max Mosley in seiner aktiven Rennfahrerzeit (1969)

Max Rufus Mosley (* 13. April 1940 in London) ist ein britischer Sportfunktionär, Anwalt und von 1993 bis Oktober 2009 Präsident des Welt-Automobilverbands FIA.

Leben

Jugend

Max Mosley ist der zweite Sohn des britischen Politikers Oswald Mosley und Diana Mitfords. Oswald Mosley war zunächst Minister für die Labour Party; Abgeordneter für sowohl die Konservativen als auch die Labour Party in den 1920er Jahren. Während der 1930er Jahre verließ Oswald Mosley den Weg der demokratischen Parteien und wurde zum Leiter der British Union of Fascists.

Max Mosley verbrachte seine Kindheit in Irland, bevor er nach Frankreich und später nach Stein an der Traun in Deutschland zum Schulbesuch geschickt wurde. Er spricht auch heute noch fließend Deutsch. Nach der Rückkehr nach England wurde er in Millfield aufs Internat gesandt. Am Christ-Church-College in Oxford legte er 1961 zunächst einen Abschluss in Physik ab. Während seiner Studienzeit war er Sekretär der Oxford Union, eines privilegierten Debattierklubs der Stadt und Universität Oxford. Mosley setzte seine Studien in Gray's Inn in London fort. An dieser britischen Anwaltskammer spezialisierte er sich auf Patent- und Warenzeichenrecht. 1964 machte er seinen Abschluss zum Barrister. Die Northumbria University in Newcastle upon Tyne verlieh ihm 2005 den Ehrendoktor im Zivilrecht.

Mitte der 1960er Jahre diente Mosley in der Territorial Army, wo er zum Fallschirmspringer ausgebildet wurde.

Rennsport

Mosley war auch Rennfahrer. Mitte der 1960er Jahre fuhr er in der Formel 2, war aber nicht besonders erfolgreich. Danach entschloss er sich, den Helm an den Nagel zu hängen und versuchte sich als Teamchef. Im Jahr 1969 gründete er zusammen mit einigen Freunden den Rennstall March. Als Teamchef war Mosley erfolgreicher. Das March-Team belegte schon in der ersten Saison den dritten Platz in der Konstrukteurswertung und konnte diesen Erfolg 1971 wiederholen. Mosley trat 1977 als Teamchef zurück.

Er begann im selben Jahr seine Karriere als Funktionär der FOCA, dem Gegenspieler der FISA, deren Präsidentschaft er 1991 übernahm. Nachdem die FISA 1993 aufgelöst wurde, stellte sich Mosley zur Wahl des FIA-Präsidenten, die er gewann. Er war seitdem bis Oktober 2009 ununterbrochen Präsident der weltweit höchsten Automobilvereinigung.

Mosley kündigte im Juli 2004 an, sich nicht mehr zur Wahl zu stellen, tat dies aber dennoch und wurde im Oktober 2005 ohne Gegenkandidat erneut gewählt. Seine Rücktrittsgedanken waren vor allem durch den Streit mit den Teams ausgelöst, die nicht nur eine höhere Beteiligung an den Werbeeinnahmen fordern, sondern auch die Reglementsreformen der vergangenen Jahre nur mit Unmut annahmen. Die Hersteller drohten, ab 2008 eine eigene Rennserie zu gründen, inzwischen forderten dies nach dem Rückzug Fiats aus der GPWC nur noch Mercedes-Benz, BMW, Renault, Honda und Toyota.

Im Juni 2009 gab Mosley bekannt, sich nach Ablauf seiner Amtszeit im folgenden Oktober keiner Wiederwahl mehr zu stellen. Vorausgegangen war ein heftiger Streit um eine von Mosley gewollte Budget-Obergrenze von 45 Millionen Euro pro Team. Trotz einer Vielzahl von Treffen hatten sich FIA und FOTA nicht einigen können, woraufhin am 19. Juni die Rennställe Ferrari, McLaren-Mercedes, Renault, Toyota, BMW-Sauber, BrawnGP, Red Bull und Toro Rosso damit gedroht hatten, die Formel 1 zu verlassen und eine eigene Serie zu gründen.. Am 15. Juli 2009 schrieb Mosley an den Vorstand der FIA und teilte mit, dass er im Oktober endgültig nicht mehr kandidieren werde und dass er für seine Nachfolge Jean Todt vorschlage.

BDSM-Skandal

Im März 2008 berichtete die britische Boulevardzeitung News of the World von der Existenz eines fünfstündigen Videos, auf dem Mosley als „Gastgeber einer Sexorgie mit Prostituierten in Nazi-Uniformen" zu sehen sein soll. Der Vorgang fand in der internationalen Presse erhöhte Aufmerksamkeit. Mosley erläuterte den sadomasochistischen Kontext der Handlungen und bestritt den Bezug der Situation zum Nationalsozialismus ausdrücklich; die Echtheit des Videos an sich stellte er nicht in Frage. In Folge betonte Mosley wiederholt gegenüber verschiedenen Medien, dass es sich um Rollenspiele ohne jeden politischen Bezug zum Dritten Reich gehandelt habe.

Im Mai 2008 stellte sich heraus, dass Mosley sieben Wochen lang im Auftrag Dritter von einer Londoner Detektivagentur beschattet wurde.

Die am 3. Juni 2008 in Paris einberufene außerordentliche Generalversammlung der FIA sprach Mosley nach geheimer Abstimmung mit fast Zweidrittelmehrheit vor allen Dingen aufgrund seiner Verdienste um die Sicherheit im Motorsport das Vertrauen aus, sodass Mosley bis Ende 2009 als Präsident der FIA im Amt bleiben sollte. Er kündigte allerdings an, sich bis dahin vermehrt aus der Öffentlichkeitsarbeit zurückzuziehen und Aufgaben zu delegieren. Verschiedene nationale Automobilverbände, darunter der ADAC, kritisierten die in Paris getroffene Entscheidung und kündigten an, ihr Engagement innerhalb der FIA zu überdenken.

Am 24. Juli 2008 entschied ein britisches Gericht, dass die *News of the World* mit ihrer Berichterstattung rechtswidrig in das Privatleben Mosleys eingegriffen habe, und verhängte Schadensersatzzahlungen in Höhe von 60.000 Pfund (rund 75.000 Euro). Das Geld ließ Mosley der FIA Foundation zukommen. In Deutschland standen Klagen von Mosley gegen den Springer-Verlag und gegen die Wochenzeitung Die Zeit zur Entscheidung an. Die Frage aus dem britischen Gerichtsverfahren, ob die quergestreiften Pyjamas, die Mosleys Gespielinnen bei der Party trugen, an die längsgestreifte Kleidung der KZ-Häftlinge erinnert, sollten auch in deutschen Gerichtsverfahren eine entscheidende Rolle spielen.

Die Deutsche Presse-Agentur veröffentlichte am 5. Mai 2009 eine Korrekturmeldung zu ihrer Berichterstattung. Insgesamt ging es um 25 Unterlassungsbegehren, drei Strafanzeigen und eine Schadenersatzklage über 1,5 Millionen Euro gegen den Axel-Springer-Verlag (eine Million (Bild) und 500.000 Euro (Bild.de)). In einer außergerichtlichen Einigung kamen der Springer Verlag und Mosley überein, dass der Verlag Spenden für karitative Organisationen über insgesamt 200.000 Euro leisten musste, auf Wunsch Mosleys jeweils die Hälfte an eine Stiftung der Formel-1-Organisation und an eine Kinderklinik des Deutschen Herzzentrums Berlin. Mosley erhielt weiterhin die Gelegenheit in einem der größten je in der Bild-Zeitung abgedruckten Interviews, mit einer großen Ankündigung auf der Titelseite, seine eigene Position zu den „Nazivorwürfen" darzustellen.

Sonstiges

Am 5. Mai 2009 wurde Alexander Mosley, ältester von zwei Söhnen Mosleys, im Alter von 39 Jahren tot in seiner Wohnung in Notting Hill aufgefunden. Er war an einer Überdosis Kokain verstorben.

Von „http://de.wikipedia.org/wiki/Max_Mosley"

Metakonsens

Als **Metakonsens** werden innerhalb der BDSM-Szene umstrittene erotische Rollenspiele bezeichnet, die sich im Grenzbereich zwischen einvernehmlichem und nicht einvernehmlichem Handeln bewegen. Der Metakonsens wird im Deutschen seltener auch mit dem englischen Begriff „*consensual nonconsent*" (**CNC**) = die einvernehmliche Nichteinvernehmlichkeit bezeichnet.

Anwendung

Bei einem solchen Szenario erhält der Top (aktiver Partner) im Vorfeld vom Bottom (passiven Partner) bewusst die Erlaubnis, nach seinem Gutdünken über die Grenzen des Rollenspiels, bzw. der sogenannten Session zu entscheiden. Im Gegensatz zu den üblicherweise anerkannten Prinzipien des sicheren, risikobewussten und einvernehmlichen Handelns (SSC, RACK) bei dem der Bottom jederzeit das Spiel durch Verwenden eines vereinbarten Signals, meist dem sogenannten Safeword, beenden kann, verzichtet er hier freiwillig auf diese Möglichkeit. Dies tut er in dem Bewusstsein, dass er anschließend keinerlei Kontrolle mehr über die Situation hat und diese auch sehr unangenehm bis hin zu gefährlich werden kann.

Typische Praktiken in diesem Zusammenhang sind die sogenannten Tunnelspiele, die, wenn sie einmal begonnen haben, nicht vor Ablauf einer bestimmten Frist beendet werden können (Anspielung auf einen Tunnel, aus dem es auch keine Nebenausfahrten gibt). Diese können zum Beispiel Einreibungen mit reizenden, wärmenden Salben oder Figging sein. Ein häufiger vorkommendes Szenario, das den Charakter eines Metakonsens trägt, sind Bestrafungen aus dem Bereich der Erziehungsspiele: Um dem Bottom bestimmte Verhaltensweisen an- oder abzuerziehen, werden vom Top vorsätzlich Strafen gewählt, die für den Bottom unangenehm oder schmerzhaft sind und ihm seine Verfehlung bewusst machen sollen und die meist nicht durch ein Safeword unterbrochen werden können.

Der Metakonsens lässt sich über den sexuellen Bereich hinaus auch auf die gesamte Partnerschaft ausdehnen (vgl. Total Power Exchange).

Diskussion innerhalb der BDSM-Szene

Der Metakonsens ist unter BDSMlern umstritten:

- Befürworter betonen die Tatsache, dass der Bottom sich auf ein solches Szenario bewusst einlässt und sich nur innerhalb einer gefestigten Beziehung auf metakonsensuelle Spiele einlassen würde. Ein erfahrener Top, bzw. der Partner des Bottom hat zudem nicht das Interesse, dem Bottom dauerhaft zu schaden und würde das Spiel bei Auftreten einer realen Gefahr abbrechen.
- Kritiker weisen darauf hin, dass der Bottom dabei ein reales, potenziell nicht einvernehmliches Erlebnis hat und nicht klar ist, ob und zu welchen psychischen Schäden dies führen könnte. Notfälle und Extremsituationen führen in der kritischen Argumentation innerhalb metakonsensueller Rollenspiele häufiger zu schweren psychologischen Ausnahmesituationen (*Absturz*).

Rechtslage

Die Rechtslage ist unklar und stellt sich je nach nationalen Rahmenbedingungen sehr unterschiedlich dar (vgl. BDSM#Rechtlicher Status).

Von „http://de.wikipedia.org/wiki/Metakonsens"

Mundbirne

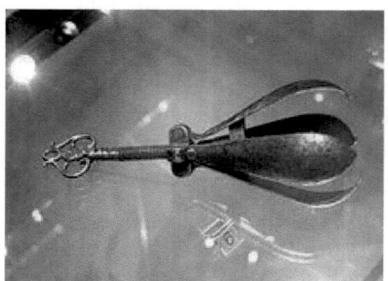

mittelalterliche Mundbirne im Museum der Festung Salzburg (Österreich)

Die **Mundbirne**, auch **Folterbirne** oder **Spreizbirne** genannt, ist ein Folterinstrument und gehört zu den sogenannten Schädelschrauben. Sie besteht aus zwei oder mehr löffelförmigen Schalen, die in namensgebender Birnenform zusammengelegt und am verjüngten Ende beweglich miteinander verbunden sind. Im Inneren befindet sich ein einfacher Gewindemechanismus, über den die Teile auseinandergedrückt werden können, indem das Gewinde, normalerweise mittels einer Schraube am verjüngten Ende, entsprechend bewegt wird.

Abgesehen von einer schmerzhaften Kiefersperrung, welche dieses Gerät mit sich brachte, konnte es auch so weit aufgespannt werden, dass Zähne oder auch Kiefer brachen. Daneben wurde es aber auch zur äußerst schmerzhaften Dehnung von Vagina und Anus verwendet. In der Psychiatrie des 18. Jahrhunderts war die Verwendung einfacher, starrer Modelle durchaus üblich, um das Sprechen der Patienten zu unterbinden, ein Brüllen war damit jedoch immer noch möglich. Heute gibt es im BDSM-Bereich Nachbauten der historischen Mundbirne, die als Knebel oder aber zur Dehnung von Anus und Vagina verwendet werden.

Von „http://de.wikipedia.org/wiki/Mundbirne"

Nobuyoshi Araki

Nobuyoshi Araki (jap. 荒木 経惟 *Araki Nobuyoshi*; * 25. Mai 1940 in Minowa, Tokio) ist einer der bedeutendsten Fotografen Japans. Bekanntheit erlangte der Künstler vor allem im Genre der Aktfotografie. Er lebt und arbeitet in Tokio.

Er ist der Sohn eines Schuhverkäufers. Er studierte von 1959 bis 1963 Fotografie an der Chiba Universität und arbeitete im Anschluss zunächst für eine Werbefirma.

Araki war früh ein begeisterter Bewunderer von Brassaï, Henri Cartier-Bresson und Jean-Luc Godard. Seine eigene Karriere begann 1964 mit Bildern über Kinder in der Stadt, dann fotografierte Araki seine eigene Hochzeitsreise. Aus diesen Fotos entstand das heute legendäre Buch *Sentimental Journey*. In den 1970ern löste sich Araki von der Pressefotografie und der Reportage-Fotografie und begann, das Zwischenmenschliche zu zeigen. Er dokumentierte die Abgründe der Seele und fand schnell den Zugang zur Erotik. Zu dieser Zeit begann er, seine Fotografien unter anderem im Avantgarde-Comicmagazin *Garo* zu veröffentlichen. Araki erfand den Begriff „Foto-Ich". Dieses sei ein Wechsel zwischen Fiktion, Wahrheit und Wunsch. Araki ist ein ambitionierter Betrachter der Umwelt und fotografiert täglich. In Japan werden seine Fotos teilweise wegen „Obszönität" zensiert, wobei der Künstler die „schwarzen Balken" der Zensur in einigen seiner Bücher ironisch aufgreift und seine Bücher mit Pinsel und Farbe selbst zensiert.

Eines seiner bekanntesten Models ist die isländische Sängerin Björk, die seine Arbeiten bewundert. Araki fotografierte unter anderem Bilder für ihr 1996 erschienenes Album *Telegram*.

Araki hat über 350 Bücher veröffentlicht.

Ausstellungen (Auswahl in Europa)

- 1995 - 1996 *Nobuyoshi Araki - Tokyo Novelle*, Kunstmuseum Wolfsburg, Wolfsburg
- 2007 - 2008 *Araki Gold: Noboyushi Araki a Roma*, Instituto Nazionale per la Grafica, Roma
- 2008 *Noboyushi Araki: Kinbaku*, Jablonka Galerie, Berlin
- 2008 *Araki Meets Hokusai*, kestnergesellschaft, Hannover
- 2010 *Noboyushi Araki: Kinbaku*, Jablonka Galerie, Köln

Auszeichnungen

2008: Österreichisches Ehrenzeichen für Wissenschaft und Kunst

Literatur

- Nobuyoshi Araki: *Araki - Tokyo Lucky Hole*. englisch - Französisch - deutsch; Taschen, Köln 1997, ISBN 3-8228-8189-9.
- Filippo Maggia: *Araki Gold*. Skira Flammarion, 2008, ISBN 978-88-6130-298-3.
- Nobuyoshi Araki: *Self, Life, Death*. Phaidon Press, New York 2005, ISBN 0-7148-4555-8
- Nobuyoshi Araki: *Kinbaku*. Jablonka Galerie, Berlin 2008, ISBN 978-3-931354-42-8
- Nobuyoshi Araki: *Araki Portfolio*. englisch und deutsch; te Neues, 2009, ISBN 978-3-570-19846-9.
- *The Flower as Image. Exhibition at Louisiana Museum of Modern Art*. Humlebaek 2004, ISBN 87-90029-99-2.
- *Hokusai: japanische Holzschnitte aus der Sammlung Thun; Anlässlich der Ausstellung "Araki Meets Hokusai"*. Kestner-Gesellschaft hannover, Heidelberg 2008, ISBN 3-939583-98-7.

Von „http://de.wikipedia.org/wiki/Nobuyoshi_Araki"

Ohnmachtsspiel

Beim **Ohnmachtsspiel** oder **Würgespiel** wird absichtlich eine Ohnmacht herbeigeführt. Das Aufwachen kann mit einem euphorischen Gefühl verbunden sein. Möglich sind verschiedene Verfahren, zum Beispiel Hyperventilation, Strangulation, Atmen gegen Widerstand oder Abdrücken der Halsschlagader. In der Jugendsprache sind zahlreiche weitere Bezeichnungen (Halstuchspiel, Tomatenspiel) bekannt.

Anlass und Wirkungsweise

Es handelt sich dabei um ein berauschendes Verfahren ohne rauscherzeugende Substanz. Vor allem Jugendliche suchen auf diese Weise Erfahrung in ungewöhnlichen Bewusstseinszuständen. Motive können Mutproben, Gruppendruck und pubertäre Experimentierlust sein. Die autoerotische Selbststrangulation, die zur Steigerung des sexuellen Empfindens führen soll (vgl. Atemkontrolle), wird im Allgemeinen nicht zum *Ohnmachtsspiel* gezählt und vor allem von Erwachsenen praktiziert.

Die durch geringen Partialdruck des (sauren) CO im Blut verursachte Asphyxie kann bleibende Hirnschäden verursachen. Insbesondere die gefährliche Strangulationsmethode hat unter anderem in den Vereinigten Staaten (*Choking Game*) und in Frankreich (*Jeu du foulard*) (frz. „Halstuchspiel") zu Todesfällen geführt.

Geschichte

Im südfranzösischen Ort Manosque soll die Praktik bereits seit Anfang des 20. Jahrhunderts vielfach angewendet worden sein. Der aus diesem Ort stammende Schriftsteller Jean Giono hat die Methode in seiner 1948 entstandenen Novelle *Faust au village* beschrieben. In England soll das Spiel ebenfalls schon kurz nach dem Zweiten Weltkrieg verbreitet gewesen sein.

Todesfälle

Eine Auswertung von Medienberichten durch die U.S Centers for Disease Control and Prevention (CDC) identifizierte 82 mit dem Spiel in Zusammenhang stehende Todesfälle von amerikanischen Jugendlichen zwischen 6 und 19 Jahren im Zeitraum 1995 bis 2007 – die meisten davon bei dem gescheiterten Versuch, sich ohne Mitspieler mit Hilfsmitteln, wie zum Beispiel Gürteln, die Halsschlagadern kurzfristig abzudrücken, was zu einer tödlichen Strangulation führte. Der erste durch die Medien aufgegriffene Todesfall in Deutschland ereignete sich am 5. Dezember 2009 in Falkensee. Es sollen aber bereits zuvor mehrere Todesfälle in Deutschland vorgekommen sein. Auch Michael Hutchence, Sänger der australischen Rockband INXS, soll auf diese Weise ums Leben gekommen sein.

Die Französin Françoise Cochet, deren Sohn auf diese Weise starb, hat eine Initiative betroffener Eltern gegründet, die *Association de Parents d'Enfants Accidentés par Strangulation* (APEAS). Eine weitere französische Betroffenen-Initiative ist *SOS Benjamin*

Von „http://de.wikipedia.org/wiki/Ohnmachtsspiel"

Old Guard

Old Guard (engl. Alte Garde) bezeichnet die Strukturen und das Rollenverständnis innerhalb der US-amerikanischen schwulen Lederszene zwischen dem Ende des 2. Weltkrieges bis etwa zur Mitte der 1980er Jahre. Die in den 1980ern und 1990ern entstandene Gegenbewegung bezeichnet man als **New Guard** oder **New Leather**.

Old Guard

Das im Jahr 1972 erschienene Buch von Larry Townsend *The Leatherman's Handbook* stellt die Verbindung zwischen der schwulen Lederszene und dem BDSM dar und beschreibt den Verhaltenscodex der Old Guard. Diese Verhaltensregeln betonten unter anderem eine strikte Rollenfestlegung und -teilung zwischen dominantem und submissivem Partner (beispielsweise kein Switchen) und formales sowie betont männliches Verhalten untereinander. Weitere Praktiken der Old Guard betonen Werte wie Disziplin, Ehre, Brüderlichkeit und Respekt und sollen einen strikten Lebensstil und ein privilegienbasiertes Rangsystem innerhalb der Subkultur unterstützt haben. Aufgrund der staatlichen Verfolgung Homosexueller und der gesellschaftlichen Ablehnung der Subkultur schloss sich die Old-Guard-geprägte Szene nach außen hin in Form von Zirkeln ab.

Diese Zeit wird retrospektiv häufig verklärt, die Rollenpolarität als angenehm beschrieben, angesichts der Zunahme des switchenden Anteils der Subkultur. Ob es tatsächlich eine festgelegte Laufbahn gab, die Sadomasochisten vom Bottom bis hin zum Top durchlaufen musste ist unklar, wird aber häufig erwähnt, beispielsweise in dem in der Lederszene bekannten Roman *Mister Benson*

Gelegentlich wird auch die frühe Gay-Bewegung als Old Guard bezeichnet.

New Guard

Als Gegenbewegung zur rigiden Struktur der Old Guard entstand in den 1980ern und 1990ern die New Guard, die auch als New Leather bezeichnet wird. Diese Bewegung war dem Switchen gegenüber positiv eingestellt und akzeptierte ein viel breiteres Spektrum erotischer Spielarten und beförderte die Anzahl der pansexueller Clubs. Dieser Ausdruck wird überwiegend in der USA verwendet, während Old Guard auch in Europa als Synonym für die restriktive Auffassung des BDSM verwendet wird.

High and Low Protocol

Eine weitere sprachliche Unterscheidung zwischen der rigiden und der gemäßigten Auffassung der Rollenverteilung und der Verhaltensregeln ist der gruppenbezogene Begriff *high or low protocol* (engl. hohes oder niedriges Protokoll), wobei das *high protocol* die strikten Auffassungen der Old Guard beschreibt und *low protocol* eher einen gemäßigten und entspannten Umgang mit der BDSM-Thematik beschreibt.
Von „http://de.wikipedia.org/wiki/Old_Guard"

Outing

Outing ist ein aus dem Englischen übernommener Begriff der Schwulen- und Lesbenbewegung, der sich zu Beginn der 1990er Jahre auch in der deutschen Sprache durchsetzte.

Begriffsherkunft und -entwicklung

Outing umschrieb ursprünglich das erzwungene Coming-out öffentlicher Personen durch bekennende und politisch aktive Homosexuelle. Die Praxis des „Outens" ist vor dem Hintergrund der *Act-Up-Bewegung* entstanden und wurde als bewusst provokative Aktion eingesetzt, um durch das Benennen von homosexuellen Prominenten diese dazu zu zwingen, sich auch in der Öffentlichkeit zu ihrer Homosexualität zu bekennen. Bekannte englischsprachige Outing-Ziele waren u. a. die Schauspielerin Jodie Foster oder der Popsänger Boy George. Outing wurde ausdrücklich nicht als Diffamierung verstanden, sondern als offensiver Befreiungsschlag innerhalb der *Gay Liberation Community*, der besonders homosexuelle Jugendliche dabei unterstützen sollte, ein gesundes Selbstbewusstsein zu entwickeln und prominente Identifikationsfiguren zu finden.

In verschiedenen Teilen der europäischen Lesben- und Schwulenbewegung wurde diese Praxis kontrovers diskutiert. Ein gewichtiges Gegenargument war, niemandem stehe zu, über die Bereitschaft anderer zu befinden, ihre sexuelle Orientierung offen zu legen. Angesichts der eigenen Forderung, der Staat, also die Allgemeinheit, habe sich aus dem Privatleben heraus zu halten, sei es unvertretbar, dass egal wie sehr engagierte Menschen mit Privilegierten unter den Mit-Diskriminierten gezielt so verfahren. Darauf präzisierte die britische Organisation *OutRage!* die Kriterien für ihre Vorgangsweise Mitte der 1990er Jahre: zu outen seien demnach Prominente, die ihre eigene gleichgeschlechtliche Orientierung geheim halten, sich jedoch öffentlich homophob äußern oder verhalten – ob aus Neid auf andere, denen ein offenes Leben (leichter) möglich ist, oder zur Ablenkung. Das Argument beschrieb also quasi Verräter – das medial spektakulärste Beispiel waren Bischöfe. Die meisten Organisationen jedoch kamen nach eingehender Debatte nicht zuletzt innerhalb der International Lesbian and Gay Association zu dem Schluss, die Achtung der Privatsphäre müsse aus ethischen Erwägungen Vorrang haben, zudem solle nicht anderen Beispielen von Präzedenzfällen für die Durchlöcherung grundlegender Menschenrechte gefolgt werden.

Diffamierendes Fremd- und gezieltes Selbstouting

Der Bericht eines auflagenstarken Magazins über eine punktuelle Outing-Aktion von Bischöfen 1995 in Österreich vermengte schließlich die Ausdrücke *Coming-out*, *Going Public* (siehe *äußeres Coming-out*) und *Outing*. Dieser streng genommen falsche Wortgebrauch verbreitete sich im bestehenden Begriffsvakuum rasend schnell. In kürzester Zeit war für österreichische Zeitungen, den ORF, ebenso den Spiegel und schließlich die meisten deutschsprachigen Massenmedien Outing praktisch alles – von freiwilligem Deklarieren bis zur ursprünglichen Bedeutung, also einer Bloßstellung. Da letzteres Seltenheitswert behielt, blieb der Begriff in Widerspruch zum selbst auf Englisch noch recht neuen, wenn auch schlüssigen Wortsinn nunmehr mit dem freiwilligen Schritt verbunden. So wurde der beispielhafte Schritt des regierenden Berliner Bürgermeisters Klaus Wowereit („… und das ist auch gut so!") medial als Outing gewürdigt.

Verselbständigung des Begriffs

Nicht lange davor hatte sich der Terminus erst im englischen Sprachraum als Synonym dafür etabliert, andere Menschen öffentlich an den Pranger zu stellen, inzwischen aber bereits unabhängig vom Thema der Bloßstellung, und wurde in diesem Sinn von der Sensationspresse und den Boulevardmedien eingesetzt. Somit wirkten das Ausblenden des thematischen Zusammenhangs mit sexueller Orientierung einerseits und der Bloßstellung andererseits (auch das strahlte nach und nach auf den englischsprachigen Raum aus) zusammen.

Nur bei präziserem Sprachgebrauch wird als Outing weiterhin die Veröffentlichung privater Gewohnheiten der Betroffenen zumindest gegen deren Willen, womöglich mit der Absicht einer gezielten Rufbeschädigung, bezeichnet. So unscharf inzwischen das Wort, so zählebig die Praktiken der Regenbogenpresse. Hier sind beliebte Outing-Themen: sexuelle Vorlieben, der Gebrauch von (vor allem illegalen) Drogen, Medikamentenmissbrauch, der Besuch von Prostituierten, Mitgliedschaften in so genannten Sekten und eheliche Untreue.

Unabhängig von sexuellen Vorlieben oder von der sexuellen Orientierung wird der Begriff in einem gleichartigen Sinn – also gegenüber der Öffentlichkeit zu sich selbst zu stehen – auch häufig im Zusammenhang mit Transsexualität bzw. Transgender verwendet.

Dass auch das Bekanntwerden eines privaten Engagements im Bereich BDSM noch immer zu erheblichen beruflichen Problemen führen kann, zeigt exemplarisch der Outing-Fall des UN-Waffeninspekturs Jack McGeorge aus dem Jahre 2003.

Outing in Deutschland

In Deutschland wurde diese umstrittene Praxis durch den Filmemacher Rosa von Praunheim übernommen. Großes Aufsehen erregte dieser am 10. Dezember 1991, als er den Moderator Alfred Biolek, den Komiker Hape Kerkeling und fälschlicherweise den Schauspieler Götz George in der RTL plus-Sendung *Explosiv – Der heiße Stuhl* öffentlich als schwul bezeichnete.

Dem steht gegenüber, dass die Behauptung, eine Person sei homosexuell, rechtlich betrachtet problematisch ist, da diese, insbesondere wenn Beweise fehlen, als Verleumdung strafrechtlich verfolgt werden kann.

Der Begriff Outing in der englischen Sprache

Der Begriff *Outing* bezeichnete in der englischen Sprache ursprünglich eine Exkursion, beispielsweise einen Schul- oder Firmenausflug, und wird auch heute noch meistens in dieser originären Bedeutung verwendet. Erst seit Ende des 20. Jahrhunderts kam die neue Bedeutung analog zum deutschen Begriff hinzu, und schließlich ebenso – zeitlich verzögert – ihre Verwässerung.
Von „http://de.wikipedia.org/wiki/Outing"

Painstation

Painstation auf der Games Convention 2006

Eine **Painstation** (v. engl. *pain* „Schmerz" u. *station* „Station") ist ein auf Pong basierendes Kunstobjekt und Arcade-Spiel mit Schmerzfeedback der Künstlergruppe „/////////fur//// art entertainment interfaces" (sic).

Geschichte

Das System wurde ursprünglich von Tilman Reiff und Volker Morawe, zwei Studenten der *Kunsthochschule für Medien Köln* im Jahr 2001 als interaktives Kunstobjekt entwickelt und später unter dem Namen der Künstlergruppe „/////////fur//// art entertainment interfaces" weiterentwickelt. Die Konstrukteure wurden hierbei durch das Kinderspiel *Folter-Mau-Mau* und die Entwicklung moderner Computerspiele inspiriert. Ein filmisches Vorbild gab es bereits 1983 in dem James-Bond-Film Sag niemals nie. Der Verlierer in dem fiktiven Computerspiel „Domination" wird mit Elektroschocks über den Joystick bestraft. Wer den Joystick loslässt hat verloren.

Dem ursprünglichen Konzept folgten mehrere weitere Entwicklungsstufen die weltweit in unterschiedlichstem kulturellem Kontext regelmäßig ausgestellt werden.

Nach Gesprächen mit Sony bezeichnen die Künstler das System mittlerweile als „The artwork formerly known as PainStation".

Aufbau

Während das zugrundeliegende künstlerische Konzept im Lauf der Jahre konsequent beibehalten wurde, entwickelte die Gruppe das System evolutionär weiter.

Grundkonzept

Painstations bestehen aus einem speziell angefertigten Gehäuse, das zwei Spielern die Möglichkeit zum gemeinsamen Spiel einer speziell angepassten und in ihren Möglichkeiten erweiterte Variante des Videospielklassikers Pong gegeneinander bietet. Die elektronische Steuerung ist über Analog-Digital-Wandler mit mehreren Komponenten verbunden, die den Spielern sensorisches Feedback bieten.

Während des Spiels ruht die jeweils linke Hand des Spielers auf einer Auflagefläche („Pain Execution Unit", PEU), die zugleich als Sensor und als Feedbackinstrument dient. Mögliche Feedbackimpulse sind Hitzeimpulse, Stromstöße und eine in die Spielkonsole integrierte Miniaturpeitsche. Das Feedback erfolgt abhängig vom Spielverlauf und kann in seiner Intensität zunehmen. Der jeweilige Gegner kann versuchen, das Feedback über seine Aktionen gezielt zu verändern.

Folgende Bonus-Items können in der 2006 aktuellen Softwareversion durch Treffer aktiviert werden:
- Increase Ballspeed (3 Level)
- Double Pain Execcution Time
- Quadruple Pain Execcution Time
- Almost Unblockable Ricochet
- Cut High Of Bar By 50 %
- Deadly Row
- Electric Boogaloo
- Burn In Hell
- Death Penalty
- Cheese!
- Ease The Pain!
- Cluster Bomb

Entfernt einer der beiden Spieler im Verlauf des Spiels seine Hand von der Auflagefläche, hat er das Spiel verloren.

Painstation

Herzstück des ursprünglichen Systems war die Hardware eines Apple G3 Macintosh, sowie eine eigens angefertigte Steuerungsplatine. Die Programmierung erfolgte unter Macromedia Director und C++. Das Modell entstand überwiegend aus zur Verfügung stehenden Altmaterialien unter Verwendung eines Röhrenmonitors. Die ersten 5 Highsccreplätze wurden ursprünglich aus Abschreckungsgründen in absurden Höhen computergeneriert, jedoch wurde ein Eintrag tatsächlich auf der Games Convention 2006 von einem Spieler überschrieben. Seitdem steht mit 300 Punkten auf dem 2. Platz "GOL".

Painstation 2.0

Ab 2002 entstand das Nachfolgemodell Painstation 2.0.

Es bietet, neben einer spielabhängig variierbaren Schmerzintensität, mehrere auswechselbare Peitscheneinsätze und eine zusätzliche Lichtquelle, die zur Blendung des Spielgegners eingesetzt werden kann. Nachdem die auf *Director* basierende Software des Vorgängermodelles auf mittlerweile veralteter Hardware basierte, wurde sie für das neue Modell für den Einsatz unter Windows komplett neu programmiert. Die Anwendung ist unter C++ und der Verwendung von OpenGL ausgeführt. Die PEUs wurden erstmal mit Laser aus rostfreiem Stahl herausgearbeitet. Die höhere Prozessorleistung erlaubt es nun, im Verlauf des Spiels die Geschwindigkeit des Peitschenmotors und die Stärke der elektrischen Schläge individuell anzupassen. Das System wurde erstmals mit einem Münzannahmesystem ausgestattet, um eine Kostenpflicht zu ermöglichen. Das Gerät ist mit einem 15-Zoll-LCD Monitor ausgestattet und wurde der Öffentlichkeit erstmals am 25. Juni 2003 in der Harald Schmidt Show vorgestellt.

Painstation 2.5

Das neue, in Metalltönen dreifarbig lackierte Gehäuse besteht überwiegend aus MDF-Platten und weist einen modularen Aufbau auf. Dieser erleichtert den Transport des Systems und den Austausch defekter Komponenten. Neben einem 15-Zoll-Farbbildschirm kommt intern weiterhin handelsübliche PC-Technik und eine spezielle Steuerungsplatine zum Einsatz. Der Schmerzlevel kann von 50 Prozent bis 150 Prozent angepasst werden. Der Spieler muss vor Spielbeginn über einen Opt-In-Knopf ausdrücklich bestätigen, dass er an dem Spiel teilnehmen möchte. Die Plätze der Spieler weisen eine Lederpolsterung auf, die Kontrollelemente des Systems wurden ergonomischer angeordnet. Ein neu hinzugekommener Ventilator in der PEU kühlt das System zwischen den Spielrunden stärker herunter, um elektronische Probleme zu vermeiden, und wirkt während der Spielrunden für die Spieler schmerzlindernd.

Ausstellungen

Das System wurde bisher unter anderem in folgenden Ausstellungen und Messen öffentlich vorgestellt:
- *Schmerz* Ausstellung in Berlin 2007
- *pong.mythos* im Museum für Kommunikation in Frankfurt am Main vom 16. November 2006 - 21. Januar 2007
- *Emergences 2006*, Maison de la Villette, Paris, vom 29. September 2006 - 1. Oktober 2006
- GamesConvention, Leipzig, 2006
- *Electrical Fantasista Exhibition*, BankART NYK, Yokohama, vom 24. Februar 2006 - 14. März 2006
- *Blind Spots*, Hannah Maclure Centre, Dundee, vom 30. Januar 2006 - 19. Mai 2006
- *Venus im Pelz*, Neue Galerie, Graz, 2003
- *DEAF 03*, Parkhuis, Rotterdam, 2003
- *Cyberarts Exhibition*, OK Center, Linz, 2002
- *Altitude 2001*, Köln, 20. Juli 2001
- *Technisches Museum*, Wien
- *Computerspielemuseum Berlin*, Januar 2011

In den vergangenen Jahren wurde das System außerdem wiederholt in Clubs, sowie auf LAN- und BDSM-Partys ausgestellt.

Auszeichnungen

- International Media Art Award, SWR/ZKM 2003
- Prix Ars Electronica 2002, Anerkennung/Interaktive Kunst

Kunstsammlungen

- Die Art-Collection der Kunstgruppe etoy ist im Besitz einer Painstation 2.5
- *Schmerz* Ausstellung in Berlin 2007

Von „http://de.wikipedia.org/wiki/Painstation"

Patrick Califia

Patrick Califia (* 1954 nahe Corpus Christi, Texas; früher **Pat Califia**) ist ein US-amerikanischer Schriftsteller mit den Themenschwerpunkten weibliche Sexualität und Erotische Literatur. Er ist außerdem ein bisexueller Transmann und Autor von Essays und Poesie.

Werdegang

Califia wurde als Kind von Mormonen geboren. 1971 hatte er in Salt Lake City sein Coming-out als Lesbe und änderte seinen Namen in *Pat Califia*. Er wählte den Nachnamen nach der mythischen Amazonenkönigin *Califia*. Nachdem er sich zunächst regional als Aktivist engagierte, reiste er 1973 nach San Francisco, um dort am *San Francisco Sex Information Switchboard* im Bereich Sexuelle Aufklärung zu arbeiten.

Sein erstes Buch erschien unter dem Titel *Sapphistry*, ein Sachbuch, in dem vorurteilslos Butch-Femme-Sexualität, sowie BDSM-Sicherheitsaspekte und -Praktiken beschrieben werden. Weitere Arbeiten erschienen in lesbischen, schwulen und feministischen Zeitschriften. Seine während seines Studiums der Psychologie an der San Francisco State University gewonnenen Forschungsergebnisse wurden 1979 im *Journal of Homosexuality* veröffentlicht.

Mit der Gründung von Samois verlagerten sich Califias Interessen zunehmend in Richtung des Feldes lesbische Erfahrungen im BDSM und dem Verfassen von Beiträgen für das von Alyson Publications veröffentlichte Buch *Coming to Power*. 1996 veröffentlichte Califia als Mitherausgeber zusammen mit Robin Sweeney die Fortsetzung *The Second Coming: A Leatherdyke Reader*. 1992 gründete Califia das vierteljährlich erscheinende Lederfrauenmagazin *Venus Infers*.

In dieser Zeit verfasste Califia ebenfalls Aufsätze in den Bereichen *Queer Studies* und *Gender Studies*, hierbei setzte er sich auch mit seinen persönlichen Themen auseinander. Zu dieser Zeit fiel bei Califia die Entscheidung für eine zukünftige männliche Geschlechterrolle. Califia unterzog sich einer auf Testosteron basierenden Hormontherapie und wechselte seinen Namen in Patrick.

Califia leidet seit den 90er Jahren an Fibromyalgie, wodurch seine Fähigkeit zum Tippen und Schreiben eingeschränkt ist. Gegenwärtig (2006) arbeitet er in einer Privatpraxis in Kalifornien als Ehe- und Familientherapeut. Califia veröffentlicht weiterhin regelmäßig und besucht Veranstaltungen der Ledercommunity. Califia hat einen gemeinsamen Sohn mit seinem ehemaligen Partner Matt Rice.

Califias aktuelles Buch ist *Boy in the Middle*, eine Sammlung erotischer Geschichten.

In *Public Sex: The Culture of Radical Sex* analysiert Califia die Feindlichkeit gegenüber Pornografie seitens des Staats und großer Teile der Frauenbewegung.

Veröffentlichungen

Sachbücher

- Pat Califia: *A Personal View of the History of the Lesbian S/M Community and Movement in San Francisco*. In: *Coming to Power: Writings and Graphics on Lesbian S/M*. Alyson Publications, Boston, 3. Auflage Oktober 1987, ISBN 0-932870-28-7
- *Sapphistry: The book of lesbian sexuality*, Naiad Press, 1988, ISBN 0-941483-24-X
- *Sex Changes: The Politics of Transgenderism*, Cleis Press, 1997, ISBN 1-57344-072-8
- *Public Sex: The Culture of Radical Sex* (Essays), Cleis Press, 2000, ISBN 1-57344-096-5
- *Sensuous Magic: A Guide for Adventurous Lovers*, Masquerade Books, 1998, ISBN 1-56333-610-3
- *Speaking Sex to Power: The Politics of Queer Sex* (Essays), Cleis Press, 2001, ISBN 1-57344-132-5

Prosa

- *Macho Sluts* (Stories), Alyson Publications, 1989.
- *No Mercy* (Stories), Alyson Publications, 2000, ISBN 1-55583-542-2
- *Doc and Fluff: The Dystopian Tale of a Girl and Her Biker* (Novel), Alyson Publications, 1996, ISBN 1-55583-369-1
- *Melting Point* (Stories), Alyson Publications, 1996, ISBN 1-55583-380-2
- *Mortal Companion* (Novel), Suspect Thoughts Press, May 2004, ISBN 0-9710846-9-6
- *Boy in the Middle* (Stories), Cleis Press, 2005, ISBN 1-57344-218-6
- *Blood and Silver* (Stories), Running Press, 2007, ISBN 0786718099
- *Hard Men* (Stories), Alyson Publications, 2004, ISBN 1555836461

Lyrik

- *Diesel Fuel - Passionate Poetry*, Masquerade Books, 1997, ISBN 1563335352

Herausgeberschaften

- *Doing It for Daddy: Short Sexy Fiction About a Very Forbidden Fantasy*, Alyson Publications, 1994, ISBN 1-55583-227-X
- *The Second Coming: A Leatherdyke Reader*, Alyson Publications, 1996, ISBN 1-55583-281-4
- *Bitch Goddess: The Spiritual Path of the Dominant Woman*, Greenery Press, 1998, ISBN 1890159042
- *Forbidden Passages: Writings Banned in Canada*, Cleis Press, 1995, ISBN 1-57344-019-1

Sachbücher in deutscher Übersetzung

- *Wie Frauen es tun - Das Buch der lesbischen Sexualität*, Orlanda, 1999, ISBN 3929823535 (vormals: *Sapphistrie - Das Buch der lesbischen Sexualität*)
- *Das S/M Sicherheitshandbuch*, ikoo, 1994, ISBN 3886779505 (1992 bei Orlanda)
- *Das schwule 1 x 1 - Tips und Tricks für alle Lebenslagen*, Bruno Gmünder, 2001, ISBN 3861870134
- *Sinnliche Magie - Ein Leitfaden für abenteuerlustige Paare*, ikoo, 1995, ISBN 3886779637

Prosa in deutscher Übersetzung

- *Frauen und andere Raubtiere*, Erotische Geschichten (übers. von Antje Wagner und Manuela Lachmann), Querverlag, März 2009, ISBN 3896561642

Von „http://de.wikipedia.org/wiki/Patrick_Califia"

Pegging (Sexualpraktik)

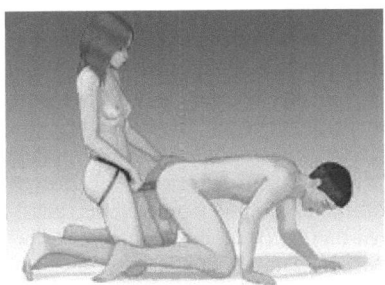

Beispiel einer möglichen Peggingstellung

Ein Strap-on mit Multifunktionsdildo und innerem Vibratorei; zwei Anschlusskabel sind sichtbar

Pegging bezeichnet eine sexuelle Praktik, bei der ein Mann von einer Frau mittels eines Strap-ons anal penetriert wird. Selten wird die Bezeichnung auch benutzt, wenn eine Frau mit einer anderen mittels Strap-on Analverkehr ausübt. Häufig handelt es sich hierbei um eine Spielart in Zusammenhang mit BDSM.

Vom passiven Partner kann Pegging als angenehm empfunden werden, wenn der Anus langsam genug gedehnt und genug Gleitmittel verwendet wird. Durch Prostatastimulation ist es dem Mann möglich, zum Orgasmus zu kommen.

Das Wort leitet sich vom englischen Verb „to peg" – annageln, anpflocken – ab und ist mit der oben angegebenen Bedeutung ein 2001 eingeführter Neologismus, der durch den amerikanischen Kolumnisten Dan Savage geprägt wurde.

Alternativ wird im Englischen auch der schon länger bestehende Ausdruck „bend-over boyfriend", kurz „BOB" verwendet.

Literatur

- Violet Blue: *The Adventurous Couple's Guide to Strap-On Sex*, Cleis Press, 2007, ISBN 1-57344-278-X. Von „http://de.wikipedia.org/wiki/Pegging_(Sexualpraktik)"

Peniskäfig

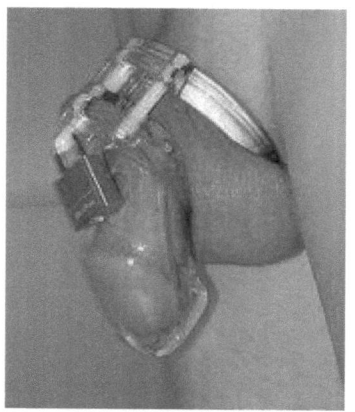

Moderner Keuschheitsgürtel für Männer

Ein **Peniskäfig** oder eine **Keuschheitsschelle** ist ein Sexspielzeug zur Fesselung oder zum Teilentzug der Selbstkontrolle über das männliche Geschlechtsorgan (Genitale). Es wird im Rahmen von BDSM-Aktivitäten eingesetzt und verhindert im Rahmen erotischer Rollenspiele die Erektion, Masturbation und teilweise auch den Orgasmus.

Aufbau des Peniskäfigs

Die Penisschelle besteht aus einem Rohrabschnitt, meist aus Plastik oder Edelstahl, der über den Penis gezogen, fixiert und mit einem kleinen Schloss so gesichert wird, dass es ohne Schlüssel nicht wieder entfernt werden kann. Dem Träger des Peniskäfigs soll dadurch der Zugriff auf sein Geschlechtsteil entzogen und die Möglichkeit zur Erektion genommen werden. Alle geschlechtlichen Handlungen sollen dadurch von dem Partner, der den Schlüssel besitzt, dem sogenannten *Keyholder* oder Schlüsselhalter, kontrollierbar sein. Aus Sicherheitsaspekten, beispielsweise wegen einer etwaigen Befreiung aus dem Käfig nach einem Unfall, werden auch nummerierte Einmalschlösser aus Kunststoff verwendet, die eine sofortige Befreiung erlauben, aufgrund der Nummerierung jedoch ohne die Möglichkeit, die Schelle unbemerkt vom *Keyholder* wieder anzulegen.

Ein weiteres Modell, das auf einer anderen Funktionsweise aufbaut, ist das sogenannte *Hell's Gates*. Anstelle eines Rohrabschnitts verfügt dieses Sexspielzeug über Ringe (meist sieben), die zur Spitze des Penis hin enger werden. Hierbei kann nicht der Orgasmus selbst verhindert werden, sondern die Erektion wird durch die zunehmende Enge schmerzhaft.

Darüber hinaus gibt es auch Modelle aus Leder oder Latex, die eher kurzfristig angelegt werden. Klassische Keuschheitsgürtel erfüllen denselben Zweck einer Schelle, lassen sich aber nicht unbedingt mit Sicherheitsaspekten und den Schutz vor Entdeckung (Flughafenscanner oder Auftragen unter der Kleidung) vereinbaren.

Formen und Auswirkungen des Spiels

Die Dauer des Spiels hängt vom gegenseitigen Einvernehmen der Partner ab und folgt prinzipiell den Regeln des *Safe, Sane, Consensual*, den im BDSM grundlegenden Vorstellungen von sicherem, gesundem und einvernehmlichem Handeln. Die männliche Keuschhaltung gehört zu den klassischen Spielarten des Femdom, wird aber auch in homosexuellen Beziehungen verwendet. Die Grenzen zum Cuckolding, einer Form der Keuschhaltung, bei der der Partner andere Sexualpartner hat, sind fließend. Im Extremfall liegt eine sogenannte „Never-inside-Beziehung" vor, bei der Geschlechtsverkehr innerhalb der Beziehung ausgeschlossen wird. Ein wichtiges Element des Spiels mit der Keuschheit ist das *Tease and Denial*, das Erregen und Verweigern, bei dem Geräte zur Keuschhaltung eingesetzt werden können, um das Gefälle zwischen dem dominanten, aktiven Partner (Top) und dem devoten, passiven Partner (Bottom) deutlich und körperlich erfahrbar zu machen. Dies kann von der Verweigerung des Orgasmus über die Dauer eines Rollenspiels von einigen Stunden gehen, aber auch über mehrere Wochen andauern. Zusätzliche

Demütigung kann durch die Provokation einer nicht lustvollen Ejakulation durch Prostatamassage erzeugt werden, das in der sadomasochistischen Subkultur meist als „Melken" bezeichnet wird.

Als einer der Effekte des Spiels mit der Keuschheit wird eine zunehmende Konzentration des Keuschgehaltenen auf die sexuellen Bedürfnisse des *Keyholders*, ähnlich den Effekten einer sensorischen Deprivation beschrieben und als sehr erotische Stimulation für Menschen beschrieben, die Kontrolle durch ihren Partner und erotische Spiele im Rahmen des *Tease and Denial* als lustvoll empfinden.

Gesundheits- und Hygieneaspekte

Ein Problem dieses Spiels ist die Hygiene. Der Käfig sollte bei der täglichen Körperreinigung vom Penis entfernt und selbst auch gereinigt werden. Beim Tragen einer Keuschheitsschelle sollte die Scham rasiert sein, da sich das Einklemmen von Haaren bauartbedingt nicht vermeiden lässt. Davon unabhängig kann längeres Tragen zu Wundreiben und Infektionen führen.

Literatur

- Lucy Fairbourne: *Male Chastity: A Guide for Keyholders*. Velluminous Press (englisch), Juli 2007, ISBN 1905605145
- Phyllis Kronhausen, Eberhard Kronhausen: *Erotic Fantasies: A Study of the Sexual Imagination*. Grove Press (englisch), Januar 1994, ISBN 0802130062
- Elise Sutton: *The FemDom Experience*. Lulu.com (englisch), Januar 2007, ISBN 1430304642

Von „http://de.wikipedia.org/wiki/Penisk%C3%A4fig"

Penismanschette

Eine **Penismanschette** ist ein erotisches Hilfsmittel um einerseits die Erektion des Mannes zu steigern und zu verlängern als auch das Lustgefühl und Lustempfinden bei der Frau zu intensivieren.

Penismanschetten sind meist aus Gummi, Latex oder Leder. Die Oberfläche kann glatt, genoppt, gerillt oder mit einer sonstigen Struktur versehen sein.

Sie können mit metallenen Einsätzen (Ringen, Kugeln etc.) versehen werden, um ein noch stärkeres und intensiveres Lustempfinden für beide Teile hervorzurufen.

Vorsicht ist bei zu kleinen Penismanschetten geboten, da diese bei starker Erektion des Gliedes eine Quetschung desselben hervorrufen können. Bei der Frau können Penismanschetten Abschürfungen hervorrufen, vor allem wenn mit metallischen Einsätzen versehen. Es sollte unbedingt die Gebrauchsanweisung gelesen werden. Für Anfänger wird auch die Verwendung von Gleitcremes empfohlen.

Siehe auch: Penisring

Von „http://de.wikipedia.org/wiki/Penismanschette"

People v. Jovanovic

People v. Jovanovic („Das Volk gegen Jovanovic") ist der Titel eines US-amerikanischen Gerichtsverfahrens aus dem Staat New York, das unter anderem bedeutende rechtliche Risiken für Sadomasochisten aufzeigt, die im Rahmen von SSC einvernehmliche Körperverletzung praktizieren. Die US-amerikanische Bestsellerautorin Linda Fairstein spielte in dem Verfahren in ihrer damaligen Funktion als Anklagevertreterin eine umstrittene Rolle. Das Verfahren warf bedeutende Fragen in der Beweisbewertung vor den Bestimmungen des US-amerikanischen Opferschutzgesetzes *Rape Shield Law* auf und hatte ein außergewöhnlich starkes Medienecho in der US-amerikanischen Öffentlichkeit.

Der 1966 geborene *Oliver Jovanovic* wurde 1996 in einem Strafverfahren beschuldigt, die 1976 geborene *Jamie Rzucek* einer sadomasochistischen Folter unterzogen zu haben, nachdem er sie kurz zuvor im Internet kennengelernt hatte. 1998 wurde Jovanovic zunächst für schuldig befunden und verurteilt, ein Berufungsverfahren führte jedoch 1999 dazu, dass dieses Urteil verworfen wurde, da Teile des E-Mail-Verkehrs zwischen den beiden Beteiligten innerhalb des Verfahrens vorschriftswidrig als Beweis ausgeschlossen worden waren. Jamie Rzucek verweigerte im Wiederaufnahmeverfahren die Aussage, so dass der Fall schließlich eingestellt wurde.

Vorgeschichte

Im Sommer 1996 lernte die am Barnard College eingeschriebene Studentin Jamie Rzucek in einem Internet-Chatroom den an der Columbia University tätigen angehenden Mikrobiologen Oliver Jovanovic kennen. Sie tauschten mehrere E-Mails aus und telefonierten wiederholt miteinander. In den ausgetauschten Botschaften erwähnte Jovanovic Fotoaufnahmen des kontroversen Künstlers Joel-Peter Witkin, die Leichen als Motive hatten, und Rzucek beschrieb ihr Interesse an Snuff-Filmen. Am 22. November 1996 trafen sich die beiden zu einem gemeinsamen Abendessen und gingen anschließend in Jovanovics Wohnung, wo sie sich gemeinsam ein Video des Films *Meet the Feebles* anschauten.

Später behauptete Rzucek, dass sie im Anschluss hieran gegen ihren Willen von ihm für 20 Stunden festgehalten, gefesselt, geknebelt und auf unterschiedliche Weise sexuell missbraucht und gefoltert worden wäre. Jovanovic beharrte darauf, dass alle Handlungen auf Einvernehmlichkeit zwischen den Beteiligten beruht hätten.

Nach diesen Geschehnissen tauschten die beiden weitere E-Mails aus. In einer dieser E-Mails schilderte Rzucek ihren Zustand so, dass sie zwar „... körperlich und geistig ziemlich zerschrammt, aber noch niemals so glücklich gewesen sei, lebendig zu sein." Weiterhin schrieb sie unter Verwendung eines Zitats aus Burroughs' *Naked Lunch*: „Der Geschmack ist so überwältigend köstlich und zur gleichen Zeit ziemlich übelkeiterregend."

Kurz darauf erstattete Rzucek Anzeige bei der Polizei, nachdem sie sich zuvor mit Freunden und Familienangehörigen über die Geschehnisse unterhalten hatte. Linda Fairstein, Verantwortliche der Abteilung Sexualverbrechen im Büro des Bezirksstaatsanwaltes von Manhattan, leitete daraufhin ein Strafverfolgungsverfahren ein.

Urteil und Folgen

Nach einer Geschworenverhandlung vor dem Supreme Court, New York County, unter dem Vorsitz von William A. Wetzel, in deren Verlauf Rzucek sechs Tage lang aussagte, wurde Oliver Jovanovic am 29. Mai 1998 wegen Kidnappings, sexuellen Missbrauchs und Körperverletzung zu „15 Jahren bis lebenslänglich" verurteilt. Rzucek hatte unter anderem ausgesagt, dass sie Jovanovic nie einen Hinweis auf ihr Interesse an sadomasochistischen Praktiken gegeben hätte. Noch kurz vor der Entscheidung der Geschworenen weigerte sich Jovanovic, auf einen durch die Staatsanwaltschaft angebotenen Handel (*plea bargain*) einzugehen.

Der Fall hatte aufgrund seines sadomasochistischen Hintergrundes, aber auch, weil er das Thema elektronisches Onlinedating detailliert aufgriff, ein großes Echo in den amerikanischen Medien. Die New York Post titelte auf ihrer ersten Seite: *„Cybersex Schach Folter" – Die Verurteilung im Gerichtssaal von Richter William Wetzel ist der schlimmste Justizirrtum seit der Abschaffung des Lynchens.* Andere Medien griffen die massive Kritik auf.

Nachdem er 20 Monate inhaftiert gewesen war, wurde Oliver Jovanovic im Dezember 2000 aus der Haft entlassen; während dieser Zeit hatte ihn ein Mithäftling angegriffen und seine Kehle aufgeschlitzt. Das zuständige Berufungsgericht, *New York State Supreme Court, Appellate Division, First Department*, stellte hierbei fest, dass der ursprüngliche Richter Vorschriften zur Befragung von Vergewaltigungsopfern bezüglich ihres sexuellen Vorlebens (sogenanntes *rape shield law*) falsch angewendet hatte. Das Gericht vertrat die Auffassung, dass insbesondere Auszüge aus E-Mails, in denen Rzucek ihre sadomasochistischen Interessen und Erfahrungen schilderte, nicht von der Beweiserhebung hätten ausgeschlossen werden dürfen. In einer dieser Nachrichten beschrieb sich Jamie Rzucek selbst als „drängender Bottom" (eine unterwürfige Person, die ihren dominanten Partner dazu drängt, ihr größeren Schmerz zuzufügen), in einer anderen E-Mail als BDSM-„Sklavin" ihres sadomasochistischen Freundes.

Wiederaufnahme

Die Anklage legte gegen diese Entscheidung erfolglos Widerspruch ein und bot Oliver Jovanovic einen weiteren Handel an, den dieser ebenfalls ablehnte. Am Vorabend des Wiederaufnahmeverfahrens wurde bekannt, dass Rzucek nicht bereit war, erneut auszusagen, und der Fall wurde zurückgewiesen. Während des gesamten Verfahrens profitierte Jovanovic von einem weitreichenden und sehr aktiven Netzwerk von Unterstützern. Er gab später an, dass seine Verteidigungskosten sich auf über 500.000 US-Dollar beliefen.

Im Oktober 2004 reichte Jovanovic eine Zivilklage gegen die Stadt New York City ein. Er vertritt die Auffassung, dass die falschen Anschuldigungen seinen Ruf geschädigt haben und seine Ankläger über zuvor in anderem Zusammenhang seitens Rzucek ebenfalls fälschlich vorgebrachte Vorwürfe informiert gewesen seien. Die Klageschrift benennt in diesem Zusammenhang ausdrücklich die umstrittene ehemalige Anklägerin Linda Fairstein, die es nach ihrem Ausscheiden aus der Staatsanwaltschaft als Autorin autobiografisch geprägter Kriminalromane zur Millionärin gebracht hat. Seit Ende 2005 arbeitet Jovanovic als Dozent für Bioinformatik an der Columbia University.

Von „http://de.wikipedia.org/wiki/People_v._Jovanovic"

Petplay

Pony-Girl vor einem Wagen: Petplay auf der *Folsom Parade* 2005

Unter **Petplay** (engl. *Pet* = (Haus-)Tier, *play* = Spiel), **Animal Play** (engl. *Animal* = Tier) oder auch **Zoomimik** versteht man ein erotisches Rollenspiel, bei dem mindestens ein Partner die Rolle eines Tieres spielt. Üblicherweise wird das Petplay zu den Sexualpraktiken des BDSM gezählt. Klassische Elemente des BDSM, beispielsweise Machtgefälle, Unterwerfung, sexuell stimulierende Erniedrigung und sadomasochistische Praktiken können Bestandteil des Spieles sein. Diese Rollenspiele finden grundsätzlich zwischen einvernehmlichen Partnern statt (vgl. SSC). Nicht zum Petplay gehört das sexuelle Spiel mit echten Tieren, das als Sodomie oder Zoophilie bezeichnet wird. Ebenfalls abgegrenzt vom Petplay im BDSM werden die Furrys, bei denen anthropomorphe Tiere im Mittelpunkt stehen.

Sexuelles Tierrollenspiel – Petplay

Ausübung und Verbreitung

Für etliche Petplayer ist das Rollenspiel nur eine Ergänzung ihrer sonstigen Praktiken aus dem BDSM-Bereich und wird wie viele Bereichen des BDSM vor allem über das Internet diskutiert. Es gibt einige Communitys speziell für diese Spielart, aber auch etliche allgemeine BDSM-Foren und Communitys haben Bereiche oder Angebote für Petplayer. In den letzten Jahren sind auch im deutschsprachigen Raum vereinzelt Stammtische nur für Petplayer entstanden, in anderen Ländern gibt es diese ebenfalls. Ausgeübt wird diese Praktik überwiegend in vor der Öffentlichkeit geschützten Bereichen, beispielsweise zuhause oder in speziellen für Petplayer geeigneten mietbaren Räumlichkeiten (Ställe, Freiflächen). Dominas bieten in ihren Studios, je nach ihrer Ausrichtung, ebenfalls die Möglichkeit zum Petplay an. Durch die vielfache Verbindung mit anderen Spielarten des BDSM ist das Petplay insgesamt eine bekannte und weitgehend akzeptierte Spielart innerhalb der BDSM-Szene, während bestimmte Varianten, vor allem die Schlachtungsfantasien aus dem Pigplay (engl. *Pig* = Schwein) zumeist auch innerhalb der Szene auf Unverständnis und heftige Kritik stoßen. Innerhalb der Szene wird auch darauf hingewiesen, dass Lebensbeziehungen, die den Rollenbildern des Petplay unterworfen sind, sorgfältig auf Merkmale einer destruktiven Beziehung hin beobachtet werden sollten.

Neben dem Rollenwechsel von Mensch zu Tier ist es möglich, dass der Rollenspieler während des Spiels auch ein anderes als sein biologisches Geschlecht annimmt (vgl. Genderplay); obwohl keine Rollenwechsel hin zum entgegengesetzten Geschlecht beschrieben sind, gibt es in der erotischen Literatur die Eigenbeschreibung des Petplayers als ein neutrales, nicht einem Geschlecht zuordenbares „Es". Innerhalb der Tierrolle ein anderes Alter anzunehmen (vgl. Ageplay) ist üblich, besonders die Rolle des Hundewelpen (engl. „*Puppy Play*") kommt so häufig vor, dass dieser Begriff oft synonym zu Dogplay (engl.: *Dog* = Hund) verwendet wird.

Motive

Halsband: Wichtiges Symbol im Petplay und BDSM

Neben dem Wunsch nach einem Machtgefälle innerhalb der sexuellen Beziehung zum Partner (vgl. D/s) geht es beim Petplay für den devoten Partner (Bottom) häufig darum, menschliche Verhaltensweisen für eine begrenzte Zeit abzulegen zu können, um neue und andere Verhaltensweisen auszuleben, also beispielsweise dem dominanten Mitspieler (Top) gehorchen und ohne Sprache auskommen zu müssen. Devote Petplayer beschreiben gelegentlich dass sie ihre Rolle nach den dem jeweiligen Tier zugeschriebenen Eigenschaften wählen, zum Beispiel Treue des Hundes, Gelehrigkeit des Ponys, etc. und dabei ein Tier auswählen, dessen Charakter ihnen selbst am meisten entspricht. Die Tierrolle selbst ist meist die passive, kontrollierte Rolle, das aktive Gegenüber übernimmt meist die entscheidende und kontrollierende Rolle. Während in der Tierrolle die Verantwortung für das Verhalten weitgehend an den Top abgegeben werden kann, ist es möglich, dass der Top seine eigene Befriedigung neben der Kontrolle seines Gegenübers auch aus der Verhaltensbeeinflussung, etwa über die „Dressur" seines Partner bezieht.

Abgrenzungen

Zeichnung einer antropomorphen Füchsin

Tierrollenspiele, in denen das Annehmen der Rolle selbst Ziel und Motivation des Spielers ist, nennt man auch Zoomimik. Nicht zu den zoomimischen Spielarten gehören diejenigen Spielarten, bei denen das Machtgefüge zwischen den beteiligten Partnern als wesentlich empfunden wird. Für die Zoomimik ist eine möglichst vollständige Adaption an die Rolle wesentlich (beispielsweise Hufe, Fell oder Ohren) während dies bei Petplayern, die dieses Rollenspiel und das Machtgefüge oder die im Spiel ausgelebte Demütigung das sexuelle Element bildet, nicht im selben Maße wesentlich für das Erlebnis der Tierrolle ist. Der Sexualforscher Magnus Hirschfeld hat beide Formen als „zoomimischer Masochismus" beschrieben. Als Oberbegriff für diese Formen sowie auch andere Formen wie „Furries" (engl.: Fellige) wird in der Literatur gelegentlich auch der Ausdruck Zoomorphie verwendet, der allgemein den Wunsch beschreibt sich in ein Tier zu verwandeln oder sich wie eines zu verhalten.

Rollenvorbilder im Petplay

Vorbilder für die Tierrolle sind im Allgemeinen domestizierte Tiere, die sogenannten Haus- und Nutztiere. Diese Tierrolle wird vom Bottom eingenommen und es wird versucht, die für das gespielte Tier typische Verhaltensweisen zu imitieren. Auf der dominanten Seite steht als Gegenspieler der Mensch, dessen Rolle vom Top eingenommen wird. Rollenübergreifende Bezeichnung für den Top ist in diesem Fall *Owner* (engl. Besitzer), der Bottom wird als *Pet* bezeichnet. In den einzelnen Rollenspielen wird meist das passende Begriffspaar verwendet, zum Beispiel nennt man den Bottom im Ponyplay entsprechend Pony, den Owner eines Ponys Reiter. Es gibt jedoch auch Pet-Spielarten ohne signifikantes Machtgefälle, zum Beispiel bei Pet-Pet-Beziehungen oder wenn bei Pet-Owner-Beziehungen eine Art partnerschaftliche Haustierbeziehung besteht. Bestandteil vieler Petplay-Rollenspiele sind neben Dressur und sportlichen Aktivitäten die „Tierzucht", Ent- und Besamung, die Kontrolle über Orgasmus, Selbstbefriedigung und alle übrigen sexuellen Aktivitäten des Pet durch den Owner. Beliebte Utensilien bei allen Varianten des Petplay sind deshalb Keuschheitsgürtel und Peniskäfig. Es ist durchaus möglich, dass innerhalb des Rollenspieles keine sexuellen Handlungen stattfinden, sondern das Spiel nur als anregend empfunden oder als Vorspiel ausgeübt wird.

Pony/Pferd

Ponyplay (Zeichnung)

Das *Ponyplay* ist das in der BDSM-Szene wohl geläufigste Sinnbild für das Petplay und gehört auch außerhalb der Szene zu den bekanntesten Spielarten. Hierbei nimmt der Bottom die Rolle eines Pferdes oder eines Ponys ein. Unterschieden werden hier gelegentlich Dressurponys, Reittiere und Arbeitspferde (*beast of burden*) die jeweils ihre Rolle entsprechende Aufgaben haben und von ihrem Besitzer (Trainer, Reiter) zur Erfüllung ihrer Aufgaben dressiert werden. Zum Teil werden sehr aufwendige Geschirre (Harness), Wagen (Sulky) und sonstige Arbeitsgeräte angefertigt und auch im Freien in meist vor der Öffentlichkeit geschützten Umgebungen benutzt. Typischerweise gehören hier Reitgerte, Peitsche und Bitgag (trensenartiger Knebel) zu den Sinnbildern für die Unterwerfung des Ponys unter den Willen seines Besitzers.

Hund

Im *Dogplay* (engl. *Dog*=Hund) werden typische Elemente der Hundehaltung und -erziehung nachgeahmt (Apportieren, an der Leine gehen, aus dem Napf fressen, etc.). Diese Spielart ist einfach umzusetzen, da nicht viele und preiswerte Utensilien genutzt werden und dementsprechend auch bekannt. Einige sinnbildliche Elemente des Dogplays werden auch im nicht tierrollenbezogenen BDSM verwendet, das Tragen eines Halsbandes oder einer Leine kommen beispielsweise unabhängig vom Petplay in mehreren BDSM-Praktiken vor. Eine überwiegend im englischen Sprachraum verwendete Abkürzung für das Dogplay ist *K-9* (oder K9), im Englischen ausgesprochen als Canine, dem im Lateinischen und auch teilweise im Englischen verwendeten Wort für Hund, bzw. Hundeartige.

Schwein/Kuh

Die beiden klassischen Vertreter der Nutztiere Schwein und Kuh kommen auch im Petplay vor. Beide Rollen werden entsprechend ihrer realen Nutzung für den Menschen spielerisch umgesetzt: Das Schwein wird gemästet, zur Zucht eingesetzt, in manchen Fällen auch zur gespielten Schlachtung geführt, während im Rollenspiel mit der Kuh eher die erotische Laktation im Vordergrund steht.

Andere Tiere

Ponygirl mit Kopf-Harness (Geschirr)

Neben den gut dressierbaren oder nützlichen Haustieren kommen auch andere Haustiere im Petplay vor. Beispielsweise wird die Katze als Rollenvorbild häufiger erwähnt, wegen der ihr eigenen Selbstständigkeit und Unabhängigkeit vom Menschen ist diese Rolle innerhalb der Vorstellung von Dominanz und Unterwerfung insbesondere für den Top nicht ganz einfach umzusetzen. Es werden gelegentlich auch Ziegen und Schafe als Rolle erwähnt, aber auch jedes andere Tier ist denkbar. Gelegentlich werden in der erotischen Literatur Fantasien mit Wildtieren beschrieben, die aber dann meist gefangen und domestiziert werden, um die Interaktion mit dem dominanten Partner in seiner Rolle als Tierbesitzer zu ermöglichen.

Kunst und Literatur

Petplay, insbesondere das Ponyplay, nimmt sowohl in der erotischen und fiktiven BDSM-Literatur als auch in der BDSM-bezogenen darstellenden Kunst einen bedeutenden Platz ein. Eines der frühesten bekannten Werke des erotischen Dogplays ist das 1733 von Cosmo Pierio Bohemo aus dem Polnischen übersetzte Buch „Der wunderbare Hund". Noch früher ist die Beschreibung von Ponyplay-Praktiken in der Historia Augusta, wo diese als sexuelle Ausschweifungen des Kaisers Elagabal im dritten Jahrhundert beschrieben werden. Neuere Forschungen haben jedoch gezeigt, dass es sich hierbei eher um die literarisch ungesetzten Phantasien eines unbekannten Autors aus der Zeit um die Wende vom 4. zum 5. Jahrhundert handelt.

Die Batman Comics von Bob Kane, die ab dem Jahre 1939 erschienen sind, stellen mit Catwoman und anderen Charakteren Beispiele für die Zoomimik im Allgemeinen dar, wobei die Beziehung zwischen Batman und Catwoman immer auch einen sexuellen Anklang hat. Anne Rice hat sich unter dem Pseudonym Anne N. Roquelaure in den Geschichten „The Sleeping Beauty Novels", insbesondere in „Dornröschens Erlösung", literarisch mit dem Ponyplay beschäftigt. Während bei ihr allerdings nur Ponyboys auftreten, werden im Buch „Das Internat in den Reben" von Hans-Peter Lepper, in dem Ponyplay eine wichtige Rolle spielt, überwiegend Frauen in der Rolle des Ponys geschildert. Insbesondere John Willie und Eric Kroll haben im Magazin »Bizarre« das Ponyplay über ihre Bilder an ein größeres Publikum verbreitet. Die Fantasiewelt des Pigplay verarbeitet Marie Darrieussecq in dem Buch „Schweinerei".

Neben etlichen Comics und erotischen Fotografien haben sich vor allem Sardax, Eneg und Badia, Illustratoren aus der BDSM-Szene, zeichnerisch mit dem Petplay beschäftigt. Im japanischen Hentai wird die Fantasievorstellung der Zoomimik und der Antropomorphologie auch auf Fabelwesen ausgedehnt, häufige Motive hierbei sind Wesen mit Tentakeln oder drachenähnliche Geschöpfe, während Zeichner wie Asaji Muroi sich eher mit der klassischen Variante des Dogplay auseinandersetzen.

Petplay im TV, Film und sonstigen Medien

Einer der frühesten Filme in dem das Thema Petplay auftaucht ist, ist Gwendoline (The Perils of Gwendoline in the Land of the Yik Yak), der 1984 unter der Regie von Just Jaeckin gedrehte Film zeigt unter anderem ein Wagenrennen mit menschlichen Ponys in Ben Hur-Manier. Neben pornographischen Filmen, beispielsweise aus der Reihe „Alex D." und weiteren Filmen aus dem BDSM-Genre wie zum Beispiel dem 1997 erschienenen Film Preaching to the Perverted oder dem Dokumentarfilm „Pup" von Antonia Kao taucht Petplay auch in Mainstreamproduktionen auf.

In der Folge „Fühlt wie du" aus der Krimiserie Kottan ermitteln werden Andeutungen auf Petplay gemacht, wobei nicht konsensueller Sadismus eine wesentliche Rolle spielt und in der 1992 erschienen Komödie Boomerang steuert Grace Jones einen römischen Streitwagen, der von sechs Ponyboys gezogen wird. 1992 erschien Tim Burtons Fortsetzung von Batman, Batmans Rückkehr in dem Michelle Pfeiffer als Catwoman und Danny DeVito als Pinguin auftreten. Außerdem sind in den Musikvideos von Dr. Bombay („SOS, The Tiger Took My Family") und den New Radicals („You get what you give"), beide von 1999, Themen des Petplay verarbeitet. Im Film Secretary (2002) wird ebenfalls Szenen einer BDSM-Beziehung dargestellt, die Elemente des Petplay verwendet.

Madonna nahm auf ihrer Confessions-Tour im Jahre 2006 Elemente des BDSM in ihre Bühnenshow auf, darunter auch als Ponyboys gekleidete Männer und Peitschen als Requisit.

Literatur

- Bill Henkin, Sybil Holiday: *Consensual Sadomasochism : How to Talk About It and How to Do It Safely*. Daedalus Publishing Company 1996, ISBN 1-881943-12-7
- Gloria Brame, William Brame : *Different Loving: The World of Sexual Dominance and Submission*, Villard 1996, ISBN 0-679-76956-0
- Karen Salmanson: *How to Make Your Man Behave in 21 Days or Less, Using the Tricks of Professional Dog Trainers*, Workman Publishing, New York, ISBN 978-1-56305-626-0
- Steven Toushin, Puppy Sharon: *The Puppy Papers: A Woman's Life and Journey into BDSM*, Wells Street Publishing 2004, ISBN 1-884760-03-1
- SMagazin vom Februar 2002, Seite 21 ff., Herausgeber: Schlagartig!, Sadomasochismus-Organisation Ös-

Piercing

Verschiedene Piercings im Gesicht

Piercing (von engl. *to pierce* [pɪəs], „durchbohren, durchstechen" über altfrz. *percier* und lat. *pertundere*, „durchstoßen, durchbrechen") ist eine Form der Körpermodifikation, bei der Schmuck in Form von Ringen oder Stäben an verschiedenen Stellen des menschlichen Körpers durch die Haut und darunter liegendes Fett- oder Knorpelgewebe hindurch angebracht wird. Obwohl das Phänomen an sich schon alt ist, gibt es im Deutschen erst seit Mitte der 1990er Jahre, als es auch hier in Mode kam, mit dem englischen Begriff **Piercing** auch eine allgemeine Bezeichnung dafür.

Geschichte und Kultur

Thailänderin mit gedehnten Ohrläppchen

Das gezielte Durchstechen verschiedener Haut- und Körperstellen wie Lippen oder Ohren als traditioneller Körperschmuck wird seit Jahrtausenden von zahlreichen Kulturen und Ethnien praktiziert. Die frühesten Belege in Form von Schmuck oder Zeichnungen lassen sich bis auf 7000 Jahre zurückdatieren. Dabei handelt es sich neben der schmückenden Funktion meistens um die Abgrenzung zu anderen Volksstämmen, um spirituelle Rituale oder die symbolische Darstellung und Zelebrierung eines Veränderungsprozesses der Reife oder des gesellschaftlichen Status. Die meisten Oberflächenpiercings, wie das Korsett-Piercing oder das Madison-Piercing, stellen dagegen eine Neuerscheinung der späten 1990er Jahre dar.

Traditionelle Piercings

Inderin mit Nasen- und Ohrensteckern

Bei den Ureinwohnern Amerikas, Afrikas und Asiens sind Piercings in den Ohrläppchen, den Nasenflügeln und der Nasenscheidewand, den Lippen und den Genitalien überliefert. Der Schmuck dieser Kulturen wurde aus Holz, Quarz, Perlmutt, Ton, Horn und Knochen und einfachen Metallen gefertigt. Erste Ohrlöcher sind in Ägypten etwa 1550 v. Chr. nachweisbar. Die Totenmaske des altägyptischen Pharao Tutanchamun zeigt diesen mit geweiteten Ohrlöchern. Auch bei Buddha-Statuen oder Relikten der Azteken werden vergrößerte Ohrlöcher dargestellt.

Überlieferte Steinskulpturen der Olmeken zeugen von gedehnten Ohrlöchern. Weiterhin sind Ohrlöcher, Lippenpflöcke und Septumschmuck von mittelamerikanischen Völkern, wie den Purépecha, den Zapoteken und den Azteken bekannt.

Mursi-Frau mit Lippenteller und gedehnten Ohrläppchen

Bei den Mursi im Süden Äthiopiens gehören durchstochene oder eingeschnittene und besonders weit gedehnte Piercings in den Lippen und Ohrläppchen zum Schönheitsideal, man spricht hierbei von Tellerlippen. Je größer der Teller ist, desto mehr Ansehen gilt der Frau. Heute dient der ausgefallene Schmuck auch bewusst als Touristenattraktion. In Indien tragen viele Frauen traditionell Stecker in den Ohrläppchen und dem Nasenflügel. Gemäß dem hinduistischen Glauben werden Kindern im Rahmen des Karnavedha-Rituals Ohrlöcher gestochen, um sie vor Krankheiten zu schützen.

Für Europa existieren nur wenige Hinweise auf vormittelalterliche Piercingtraditionen. Zu den wenigen überlieferten Relikten zählt eine etwa 2600 Jahre alte keltische Bronzemaske aus der Hallstattzeit die beidseitige Ohrlöcher aufweist.

Spirituelle Piercings

Laut Berichten spanischer Eroberer aus dem 16. Jahrhundert, sowie überlieferter Steinreliefs wurden in Mittelamerika Ohren, Zungen, Wangen und Genitalien als Opfergabe und zur innerlichen Reinigung durchstochen.

In der thailändischen Stadt Phuket findet seit 1825 jährlich das Vegetarian Festival statt. Während der ersten neun Tage des neunten Monats des chinesischen Kalenders versetzen sich die zahlreichen Teilnehmer im Rahmen einer Götterbeschwörung in Trancezustände und stechen sich während einer Prozession Schwerter, Äste, Eisenstangen oder Alltagsgegenstände mit teilweise erheblichem Durchmessern durch Wangen, Zunge oder andere Körperstellen. Dabei fungieren sie als Medium der neun Schutzgeister und werden während des Rituals als Besessene derer betrachtet.

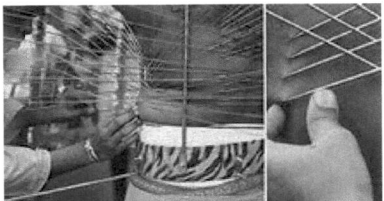

Ritual auf dem Thaipusam-Festival

Eine ähnliche Tradition wird jährlich in Malaysia im Januar/Februar auf dem Thaipusam-Festival zelebriert.

Die Teilnehmer beginnen dabei bereits Monate im Voraus sich mit Hilfe eines Lehrers auf das Fest vorzubereiten bei dem sie sich in einen Trance-Zustand versetzen. Haken oder Spieße durch verschiedene Körperstellen stechen und anschließend bunt geschmückt und mit beigeführten Opfergaben eine Prozession zu einem Tempel des Gottes *Subramaniam* antreten um dabei ein Gelübde zu erfüllen, sich von Sünden reinzuwaschen oder um Gesundheit und Glück zu bitten. Blut tritt dabei verhältnismäßig selten aus den Wunden aus, die teilweise mit Asche desinfiziert werden.

Beim Sonnentanz handelt es sich um eine Zeremonie verschiedener Indianerstämme der amerikanischen Prärie und Plains, bei dem sich die Tänzer die Haut an Brust oder Rücken durchstechen und mit Schnüren verbundene Holzpflöcke hindurchführen. Die Schnüre werden an einen Baum gebunden, um den die Indianer vier Tage lang von Sonnenaufgang bis Sonnenuntergang ohne Schatten, Nahrung und Wasser tanzen. Diese Tradition ist von der Bewegung der Modern Primitives unter der Bezeichnung Body-Suspension aufgegriffen worden.

Piercings in der westlichen Kultur

Teilweise waren verschiedene Piercings, wie zum Beispiel das Brustwarzenpiercing, schon in früheren Jahrhunderten in Europa anzutreffen, sie blieben jedoch weitestgehend auf kleine, meist höfische Kreise beschränkte Moden, die später wieder in Vergessenheit gerieten. Lediglich das Durchstechen des Ohrläppchens fand eine weite Verbreitung. Ohrlöcher waren jedoch bis Anfang der 1970er Jahre im westlichen Kulturkreis nur bei Frauen akzeptiert und wurden meistens selber oder vom Juwelier gestochen. Eine Ausnahme hiervon bildete lediglich der Berufsstand der Zimmerleute, welche sich im Rahmen der Walz traditionell ein Ohrloch mit einem Zimmermannsnagel stechen lassen. In den 1960er Jahren brachten vor allem Hippies Ohr- und Nasenpiercings von ihren Hippie trails nach Indien in den westlichen Kulturkreis ein.

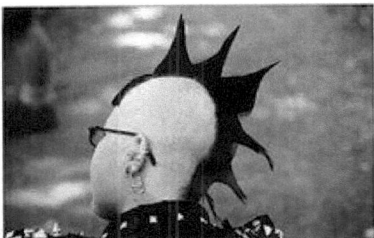

Punk mit Tunnelpiercing und Sicherheitsnadel als Ohrpiercing

Auch die Schwulenszene experimentierte bereits in den 1970er Jahren mit Piercings, beispielsweise wurde ein Ohrring im rechten Ohrläppchen Schwulen lange Zeit als Erkennungszeichen zugeschrieben. Bereits in den 1950er und 1960er Jahren experimentierte Fakir Musafar als Pionier intensiv mit Körpermodifikationen älterer Kulturen, um dabei spirituelle Erfahrungen zu sammeln. Der mit ihm in Kontakt stehende Amerikaner Doug Malloy etablierte das Bodypiercing kurz darauf in einem kleineren Kreis der Homosexuellen- und Fetischszene. Der Tätowierer Horst Heinrich Streckenbach führte in seinem Studio "für Haut- und Körperschmuck" in Aschaffenburg und später in Frankfurt / Main bereits seit den späten vierziger Jahren auch Bodypiercings durch. Streckenbach traf sich 1975 in Reno mit Jim Ward "The Gauntlet", und sie tauschten ihre Erfahrungen aus. Zwar gab es mit *The Gauntlet* in Los Angeles schon 1975 den ersten Piercing-Shop, die Verbreitung dieser Mode begann in den 1980er Jahren in Kalifornien, als die Bewegung der *Modern Primitives* entstand. Dabei wurden bewusst die bei Naturvölkern verbreiteten Bräuche aufgenommen, um den eigenen Körper zu modifizieren. Dazu gehörten vor allem Tätowierungen, Piercings oder Narbenbildungen (Scarification), später auch das Branding. Im Jahr 1977 wurde das Magazin PFIQ gegründet und etablierte sich als Forum und Plattform der Szene.

Noch zu Beginn der 1990er Jahre blieb das Piercing überwiegend auf die Punk- und hier insbesondere die Crustcore-Szene sowie die BDSM-Szene beschränkt und breitete sich von dort im Laufe weniger Jahre aus. Im Jahr 1993 wurde das Thema Piercing in die Schlagzeilen gebracht, als sich die Schauspielerin Alicia Silverstone in einem Musikvideo der Band Aerosmith ein Bauchnabelpiercing stechen ließ. Das Video gewann den MTV Video Music Awards und sorgte, auch durch das zu jener Zeit ungewöhnliche Piercing, für eine breite Berichterstattung. In dessen Folge kam es zu einer starken Nachfrage nach Bauchnabelpiercings, ein Trend, der in den folgenden Jahren auch auf andere Piercings überging. Ab Mitte der 1990er Jahre wurde Piercing zunehmend zu einem Phänomen der Jugendkultur, teilweise durch die Etablierung von Subkulturen wie Punk oder Techno, in denen vor allem das Gesichtspiercing schon länger verbreitet war, aber auch befördert durch zahlreiche Stars wie Lenny Kravitz, Tommy

Lee oder dem NBA-Spieler Dennis Rodman, die ein breites Mainstreampublikum ansprachen.

Heutzutage hat sich das Piercing fest als modisch-kulturelles Phänomen in der modernen westlichen Gesellschaft etabliert.

Verbreitung

Populär sind moderne Piercings vor allem bei jüngeren Menschen. In Deutschland trugen 2009 einer repräsentativen Erhebung der Universität Leipzig zufolge neun Prozent aller Frauen und drei Prozent aller Männer ein Piercing. Unter den 14- bis 24-jährigen Frauen lag der Anteil bei 35 Prozent, bei den 25- bis 34-jährigen Frauen bei 22,5 Prozent. Männer waren am häufigsten im Alter von 25 bis 34 Jahren gepierct (9,3 Prozent). Eine 2008 veröffentlichte Studie aus dem Regensburger Raum (Daten vermutlich 2005 erhoben) hat bei 8,6 Prozent aller Befragten ein Piercing festgestellt: bei 12,0 Prozent der Frauen und 4,1 Prozent der Männer. Mehr als die Hälfte der Menschen mit Piercing (52,8 Prozent) war dabei jünger als 18 Jahre. Die am häufigsten modifizierte Körperstelle war die Ohrmuschel, gefolgt von Nabel und Nasenloch.

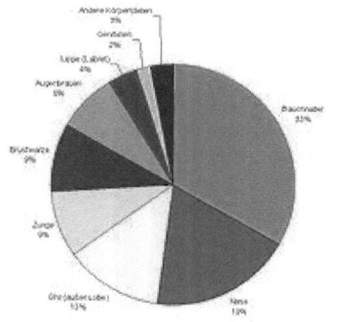

Anteil der gepiercten Körperstellen (außer Ohrläppchen), (Großbritannien, 2005)

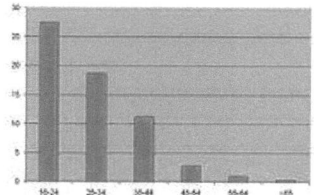

Anteil der Personen mit mind. einem Piercing (außer Ohrläppchen) pro Altersgruppe (Großbritannien, 2005)

Im Jahr 2005 wurde in Großbritannien von Wissenschaftlern der *Health Protection Agency* des National Health Service sowie der *London School of Hygiene & Tropical Medicine* eine Erhebung über Piercings an 10503 Erwachsenen aus verschiedenen Regionen des Landes durchgeführt. Es zeigte sich, dass zehn Prozent der Befragten gepierct waren (Ohrringe wurden nicht mit einbezogen), die durchschnittlich Anzahl der Piercings (unter den gepiercten Personen) lag bei 1,71. Der Anteil war höher bei Frauen und bei jüngeren Personen, etwa die Hälfte der Frauen in der Altersgruppe der 16- bis 24-jährigen hatte mindestens ein Piercing. Die häufigstgenannten Körperstellen für Piercings waren Bauchnabel (33 Prozent), Nase (19 Prozent), Ohr (13 Prozent ausgenommen Ohrläppchen/Lobe-Piercing), Zunge (9 Prozent), Brustwarzen (9 Prozent), Augenbrauen (8 Prozent), Lippe (4 Prozent), Genitalien (2 Prozent) und andere Körperstellen (3 Prozent). Bei den Frauen war das Bauchnabelpiercing das häufigste Piercing, bei den Männern war es das Brustwarzenpiercing.

Aktuelle Trends und Entwicklungen

Junger Mann mit gedehnten Ohrläppchen, Labret- und Brustwarzenpiercings

Die Profession des Piercings ist einer ständigen Weiterentwicklung unterworfen. Während eine Vielzahl an Piercings auf Jahrtausende alte Traditionen zurückgehen (Nostril-Piercing, Labret-Piercing, Apadravya etc.) die lediglich im westlichen Kulturkreis wiederentdeckt werden, sind andererseits in den letzten Jahren eine Vielzahl von Piercings (Lippenband-, Industrial- oder Nefertiti-Piercing) oder Techniken (Microdermals) neu erfunden worden.

Auch ist das Piercing Moden und Trends unterworfen. So waren die ersten Piercings, die in den 1990er Jahren eine breitere Masse ansprachen, Augenbrauen-, Zungen- und Bauchnabelpiercings, wobei die beiden ersten Varianten inzwischen eine geringere Nachfrage verzeichnen. Auch das von Steve Haworth in den 1990er Jahren erfundene Lippenbandpiercing wird heutzutage wieder seltener gestochen. Zur Zeit erfreuen sich der seitlich versetzte Labret, der Tragus, das Septumpiercing sowie das Dehnen der Ohrläppchen wachsender Beliebtheit. Bei den Frauen stellt das aus dem Labret hervorgegangene Madonna-Piercing ein "Trendpiercing" dar, entsprechendes gilt für das Brustwarzenpiercing, welches durch viele Stars popularisiert wurde und momentan in den USA zu den am meisten nachgefragten Piercings gehört. Auch Intimpiercings werden zunehmend häufiger gestochen, was neben dem generell wachsenden Interesse an Piercings auch auf die zunehmende Präsenz von Nacktheit in den Medien sowie die Ästhetisierung dieses Körperbereichs zurückzuführen ist. Durch die mittlerweile zur Normalität gewordene Schamhaarentfernung erfreuen sich auch Piercings im Bereich auf dem Venushügel wie das Christina-Piercing oder das Nefertiti einer zunehmenden Beliebtheit. Die Leipziger Wissenschaftlerin Dr. Aglaja Stirn äußerte dazu:

„*Und so verwundert nicht, dass sich immer mehr Frauen für die Option interessieren, auch im Intimbereich Korrekturen durch chirurgische Eingriffe vornehmen zu lassen oder es mit einem Piercing zu versehen, da dieser Bereich dem Auge mehr zugänglich geworden ist.*"
– Dr. Aglaja Stirn

Verlauf

Stechen

Methoden des Stechens

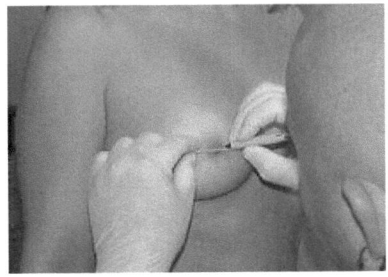

Vor dem Stechen werden Ein- und Austrittsstelle mit einem Filzstift markiert - hier bei einem Brustwarzenpiercing

Die zu piercende Körperstelle wird zunächst desinfiziert, um Infektionen zu vermeiden. Gegebenenfalls wird die Stelle zuvor auch von Haaren befreit. Der Ein- und Austrittspunkt des Stichkanals wird üblicherweise mit einem Stift markiert und mit einer Piercing-Zange fixiert. Diese weist am Kopf zwei ringförmige Klemmen auf, durch welche die Piercingnadel auf der markierten Stelle angesetzt und hindurchgeführt werden kann. In Europa werden Piercings meist mit einem peripheren Venenkatheter gestochen. Hierbei ist die Nadel durch einen Plastik- oder Teflonüberzug geschützt. Nachdem die Nadel durch die Haut gestochen wurde, wird sie entfernt. Lediglich der Überzug verbleibt in dem Stichkanal. Mit Hilfe dieses Überzuges wird der Schmuck durch den Stichkanal gezogen. Bei schwer zugänglichen und engen Stellen wird beim Durchstechen häufig zusätzlich eine Receiving Tube gegengehalten, um einen Gegendruck zu erzeugen und die Nadel abzufangen, bevor sie gegenüber dem Stichkanal liegendes Gewebe verletzen könnte.

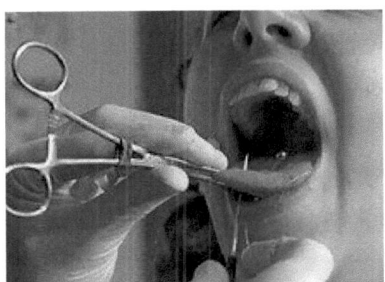

Stechen eines Zungenpiercings mit einem Venenkatheter

In den USA verwenden Piercer üblicherweise eine aus Chirurgenstahl gefertigte spezielle Piercingnadel mit einem Hohlraum. Der Schmuck wird hierbei direkt in die Nadel eingesetzt und anschließend beim Durchschieben in das Bindegewebe eingesetzt.

Bei Ohren- oder Nostril-Piercings wird außerhalb von Piercingstudios, beispielsweise bei Juwelieren, häufig die Ohrlochpistole angewendet. Von seriösen Piercern wird dieses Verfahren allerdings abgelehnt, da dabei die Gefahr besteht, dass das Gewebe einreißt oder an Knorpelstellen splittert. Außerdem ist die Pistole nicht vollständig sterilisierbar. Zudem sind die hierbei verwendeten Ohrstecker für den Ersteinsatz ungeeignet.

Eine weitere Methode ist der sogenannte Dermal Punch. Dabei werden Gewebeteile mit einer Hohlnadel bis zu einem Durchmesser von acht Millimetern heraus gestanzt. Dieses wird vor allem angewendet, um größeren Schmuck in Knorpelgewebe einsetzen zu können. Weil hierbei Gewebe komplett entfernt und nicht verdrängt wird, heilen gepunchte Piercings besser, da der Schmuck weniger Druck ausübt.

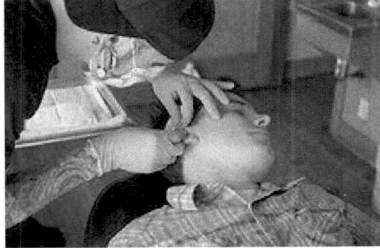

Stechen eines Helix-Piercings

Indigene Völker führen Piercings meist traditionell mit geeigneten Naturmaterialien wie Dornen oder spitzen Tierknochen durch. Auf den Pazifik-Inseln werden beispielsweise die spitzen Enden der Süßkartoffel-Pflanze verwendet.

Schmerzen beim Stechen

Oftmals geäußerte Bedenken betreffen die mit dem Stechvorgang einhergehenden Schmerzen. Der Schmerzreiz beim Einstich der Kanüle kann verschieden intensiv wahrgenommen werden. Unterschiedliche Piercings unterscheiden sich dabei nach dem Grad der Schmerzhaftigkeit beim Stechen.

Einfluß hierauf haben zum einen die Länge des Stichkanals und zum anderen die Art und die Schmerzempfindlichkeit des Gewebes, durch welches das Piercing verläuft. Piercings mit langem Stichkanal sind grundsätzlich schmerzhafter. Demnach schmerzt z. B. das Stechen eines *Christina-Piercings* weniger als das Stechen eines *Nefertiti-Piercings*, da der Piercer hierbei mit der Nadel einen längeren Weg zurücklegt und jene langsamer hindurchführt. Wiederum gelten Knorpelgewebe, wie am Nasenflügel, und knorpelhaltiges Mischgewebe, wie im Lippenbereich, in Bezug auf ein Piercing als relativ schmerzempfindlich. Daher sind z. B. Piercings durch den Ohrknorpel (wie Helix, Rook oder Tragus) schmerzhafter als ein durch das Ohrläppchen verlaufendes

Lobe-Piercing („klassisches" Ohrloch).

Die Berührungsempfindlichkeit einer Körperstelle ist nicht zu verwechseln mit der Schmerzempfindlichkeit derselben. Dies liegt an unterschiedlichen Nervenbahnen und Rezeptoren für die verschiedenen Reizarten. Normale taktile Reize an der Hautoberfläche (wie leichter Druck oder Streicheln) werden durch Mechanorezeptoren - insbesondere den Ruffini-Körperchen, den Vater-Pacini-Lamellenkörperchen und den Merkel-Zellen - registriert und auf korrespondierenden Neuronenbahnen zum Gehirn geleitet. Der durch den Einstich der Nadel bedingte Schmerz wird hingegen von Nozizeptoren genannten Rezeptoren bedingt, welche auf die Gewebeverletzung reagieren und den Schmerz auf gesonderten neuronalen Wegen weiterleiten. Die beim Einstich entstehenden Schmerzen werden hauptsächlich durch *A-Mechanonozizeptoren* verursacht, deren Verteilung auf der Körperoberfläche relativ gleichmäßig ist. Dies erklärt, warum Piercings im Intimbereich, obwohl das Gewebe dort sehr berührungssensibel ist, allgemein nicht schmerzhafter empfunden werden müssen, als Piercings in anderen Körperbereichen.

Betäubung

Prinzipiell besteht die Möglichkeit, vor dem Stechen des Piercings eine Betäubung der Körperstelle durchzuführen. Dies kann auf zwei Arten erfolgen:
- Regionalanästhesie: Dabei wird mit einer Spritze ein subdermal (im Gewebe) wirkendes Anästhetikum injiziert. Nach einer Zeitperiode von zirka fünf bis zehn Minuten ist die betreffende Körperstelle betäubt. Jedoch stellen sich hier folgende Probleme: zum einen darf aufgrund rechtlicher Bestimmungen eine Injektion nur von einem Arzt oder einer medizinischen Fachkraft durchgeführt werden, nicht von einem Piercer. Weiterhin ist diese Form nicht empfehlenswert, da die Schmerzen des Piercings quasi nur gegen vergleichbaren Schmerzen der Spritze „ausgetauscht" werden, sowie diese Form der Betäubung mit Nebenwirkungen und Risiken verbunden ist, die dem Schmerz des Piercings nicht angemessen sind.
- Oberflächenanästhesie (topische Anästhesie): hierbei wird ein Wirkstoffe in Form von Salbe oder Spray direkt auf die Hautoberfläche aufgetragen, es wird nicht gespritzt. Dabei werden vorwiegend Produkte auf Basis von Lidocain, Procain oder Benzocain verwendet. Bei dieser Form besteht das Problem, dass sie nur für Schleimhautgewebe wirklich geeignet ist, da sonst die tieferen Gewebeschichten nicht erreicht werden und das Stechen des Piercings damit nicht weniger weh tut.

Aus genannten Gründen wird auf eine Anästhesie vor dem Piercing häufig verzichtet.

Heilungsprozess

Da die Wunde eines neuen Piercings vom eingesetzten Schmuck offen gehalten wird, bildet sich während der Heilungsphase von außen nach innen ein Hautschlauch entlang des Stichkanals, der den Schmuck umschließt. Dabei wird zunächst nach der Gerinnung eventueller Blutungen die Durchblutung im umliegenden Gewebe gefördert, was in der ersten bis zweiten Woche häufig zu Rötung, Schwellung und Erwärmung führt. Blutgerinnsel werden durch abgesonderte Wundflüssigkeit heraus gespült. Bei einer Infektion kann es zum Austreten von bakterienbekämpfendem Leukozyten (Eiter) kommen.

Die Dauer des Heilungsprozesses ist abhängig von verschiedenen Faktoren wie Schmuckmaterial, Hygiene, Pflege und der durchstochenen Körperstelle sowie dem allgemeinen Gesundheitszustand und Alkohol- oder Nikotinkonsum. Während gut durchblutete Schleimhäute und Intimpiercings mit regelmäßigem Kontakt zu Eigenurin vorteilhafter verheilen, gestaltet sich der Prozess bei Knorpelgewebe langwieriger, da Knorpel keine eigenen Blutgefäße besitzt, sondern von der darüber liegenden Knorpelhaut mit Sauerstoff und Nährstoffen versorgt wird.

Einen Problemfaktor stellt die Reizung durch regelmäßige Bewegung oder Reibung dar, wonach sich zum Beispiel der Heilungsprozess eines Bauchnabelpiercings mit permanentem Kontakt zum Hosenbund oder ein Handweb zwischen den Fingern als besonders problematisch gestalten kann. Wird der Schmuck innerhalb der ersten Wochen nach dem Stechen gewechselt, kann der Heilprozess dadurch ebenfalls negativ beeinflusst werden und die Infektionsgefahr steigen.

Die folgende Tabelle enthält Richtwerte für die Dauer des Heilungsprozesses bei den verschiedenen Piercings:

Entfernen

Wird ein Piercing noch vor dem abgeschlossenen Heilungsprozess herausgenommen, verklebt der Stichkanal in der Regel zunächst und wächst anschließend schnell und vollständig wieder zusammen, so dass später kein Schmuck mehr eingesetzt werden kann. Ein vollständig abgeheilter Stichkanal bleibt dagegen üblicherweise erhalten, wodurch sich auch weiterhin Talgablagerungen darin bilden können. Häufig verengt er sich nach Entfernen des Schmucks und wächst an den Ein- und Ausstichstellen zusammen, wobei meist kleine punktförmige Narben entstehen.

Schmuck und Materialien

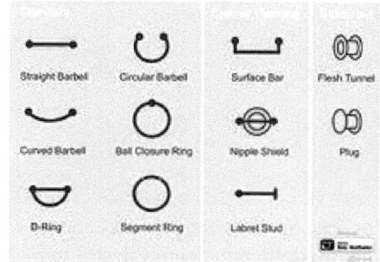

Piercing-Schmuck: verschiedene Schmuckstücke und ihre Bezeichnung (auch im deutschen Sprachraum haben sich die englischen Begriffe etabliert)

Hauptartikel: Piercingschmuck
Zum Einsatz werden vorzugsweise verschraubbare Barbells (Stäbe mit zwei verschraubten Kugeln an den Enden) oder *Ball Closure Rings* mit Klemmkugel verwendet. Diese sind in verschiedenen Durchmessern und Materialstär-

ken erhältlich. Normalerweise wird ein Piercing mit einer Drahtstärke von 1,6 Millimetern gestochen.

Geeignet ist 750er Gold, Platin, Niob, Titan, PTFE oder medizinischer Edelstahl. Seit kurzem darf auch wieder 316L-Implantatstahl für den Ersteinsatz verwendet werden.

Darüber hinaus ist jedoch auch Schmuck aus zahlreichen weiteren Materialien wie Glas und Plastik oder organischen Materialien, wie Holz und Horn erhältlich. Dieser sollte jedoch erst bei vollständig verheilten Piercings eingesetzt werden.

Piercingarten

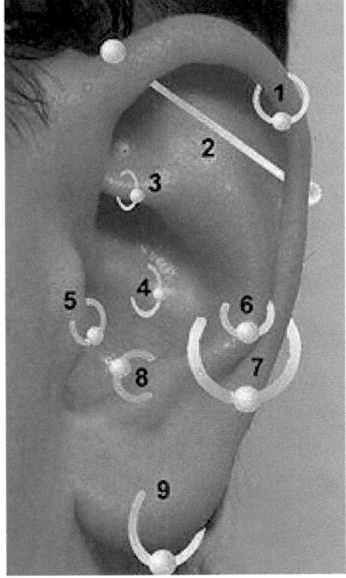

Verschiedene Ohrpiercings

Ohrpiercings

Hauptartikel: Ohrloch

Mit einem Ohrloch ist meistens das Piercing durch das Ohrläppchen gemeint (9), jedoch kann im Ohr an zahlreichen weiteren Stellen in der Ohrmuschel Piercingschmuck angebracht werden, wobei dann häufig kleinere Ball Closure Ringe eingesetzt werden. Diese Piercings ziehen meistens einen langwierigen Heilungsprozess mit sich.

Das Helix (1) verläuft durch das Knorpelgewebe der Ohrkante und gehört zu den häufigsten Piercings in der Ohrmuschel.

Als Industrial (2) werden zwei gegenüberliegende Helix-Piercings verstanden, die mit einem Barbell verbunden sind.

Im Anti-Helix kann das Rook (3) gestochen werden.

Der Daith (4) wird durch die waagerechte Auswölbung in der Ohrmuschel gestochen und ist bedingt durch die geringe Größe der Stelle etwas schwieriger zu stechen.

Das *Tragus-Piercing* (5) führt durch den Knorpelfortsatz am Eingang des Gehörkanals. An dieser Stelle ist das Knorpelgewebe dünner als beim Conch, wird jedoch aufgrund der sehr kleinen und engen Stelle beim Stechen und besonders beim Einsatz des Piercingschmucks stärker belastet.

Das Snug (6) verläuft durch die innere Knorpelauswölbung parallel zur Ohrkante.

Der Conch (7) sitzt direkt in der inneren oder äußeren Ohrmuschel. Selten sieht man an dieser Stelle auch ein durch Dermal Punch heraus gestanztes Loch mit größerem Durchmesser.

Das Anti-Tragus-Piercing (8) befindet sich entsprechend am dem Tragus gegenüberliegenden Knorpelfortsatz.

Gesichtspiercings

In den 1990er Jahren wurden besonders das Augenbrauenpiercing und das Labret-Piercing populär. Bei Ersterem handelt es sich um ein Oberflächenpiercing, wobei es bei entsprechender Position und Schmuckwahl geringfügiger unter Spannung als klassische andere Oberflächenpiercings steht.

Lippen- und Mundbereich

Das Labret-Piercing wird meistens zentriert mit einem Labret-Pin unterhalb der Lippe getragen. Auch nicht zentrierte, sondern seitlich platzierte Piercings sind möglich. Verläuft der Stichkanal senkrecht und tritt aus dem Lippenrot aus, spricht man auch von einem *Eskimo*. Analog zum klassischen Labret-Piercing handelt es sich bei einem Medusa-Piercing um einen zentrierten Stecker über der Oberlippe.

Das Madonna-Piercing wird meistens von Frauen getragen und ist seitlich oberhalb der Oberlippe positioniert. Optisch erinnert es an ein aufgemaltes Muttermal wie es beispielsweise von Madonna oder Marilyn Monroe getragen wurde.

Relativ selten findet sich das Wangenpiercing, für welches in der Regel ein Labret-Stecker verwendet wird. Die Austrittsstelle des Piercings liegt auf der Wange.

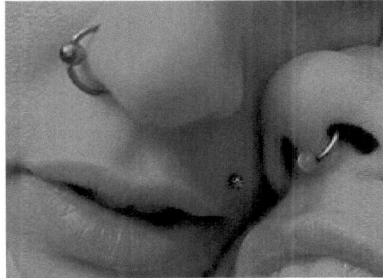

Piercings im Nasen- und Lippenbereich

Im Mund ist das senkrecht gestochene Zungenpiercing am populärsten. Eher selten und relativ riskant ist das Uvula-Piercing, das durch das Gaumenzäpfchen gestochen wird. Ebenfalls selten zu sehen ist das Mandible-Piercing. Es sitzt vertikal im Unterkieferbereich im Mundboden unterhalb der Zunge und tritt auf der Unterseite des Kinns heraus. Zu den unproblematischeren Piercings im oralen Bereich gehören das Lippenbändchenpiercing und das Zungenbändchenpiercing.

Nase

Mehrere spezielle Piercings sind auch an der Nase möglich. Vor allem etabliert hat sich dabei das Nostril-Piercing durch den Nasenflügel, das auch meistens gemeint ist, wenn von einem „Nasenring" die Rede ist. Von der Hippie-Kultur wurde es erstmals aus Indien in den westlichen Kulturkreis übernommen.

In der Piercingszene ist jedoch das Septum-Piercing durch die Nasenscheidewand populärer. Es kann sowohl durch das Knorpelgewebe gestochen werden als auch unterhalb dessen verlaufen.

Zu den seltenen Varianten gehören

der Nasallang, bei dem ein Barbell sowohl durch beide Nasenflügel als auch die Nasenscheidewand führt, und der Austin Bar durch die Knorpelkappe auf der Nasenspitze.

Das sogenannte Bridge Piercing verläuft durch den Nasenrücken, sitzt meistens waagerecht zwischen den Augen und muss aufgrund der dort verlaufenden Gesichtsnerven besonders vorsichtig gestochen werden.

Körperrumpf

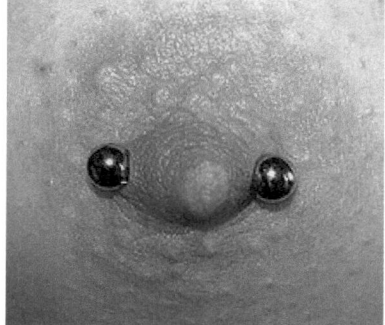

Brustwarzenpiercing

Sowohl als Schmuckpiercing als auch zur sexuellen Stimulation wird auch das Brustwarzenpiercing relativ häufig getragen und ist mittlerweile ähnlich populär wie das vor allem von Frauen getragene Bauchnabelpiercing.

Oberflächenpiercings wie das Madison-Piercing in der Drosselgrube, das Hüftpiercing schräg am Becken in der Nähe der Hüftknochen, sowie das Handweb zwischen den Fingern sind aufgrund der problematischen Beschaffenheit der entsprechenden Körperstellen eher selten; Letzteres vor allem wegen der eingeschränkten Funktionalität der Hände. Das Korsett-Piercing auf dem Rücken besteht aus mehreren symmetrisch angeordneten Piercingreihen, wird jedoch meistens nur als temporäres Kunstpiercing gestochen.

Intimpiercings

Im Genitalbereich sind sowohl bei Männern als auch Frauen zahlreiche Piercingvariationen möglich. Die meisten Piercingvarianten unterscheiden sich auf Grund der unterschiedlichen Anatomie zwischen den Geschlechtern. Einige Piercings sind jedoch bei Männern wie Frauen möglich: das Guiche und das relativ seltene Anuspiercing. Im erweiterten Sinne wird auch das Brustwarzenpiercing gelegentlich zu den Intimpiercings gezählt.

Einige Intimpiercings haben neben ihrer rein ästhetischen Funktion noch den Effekt, beim Geschlechtsverkehr zusätzliche Stimulation auszuüben und somit eine Reizsteigerung herbeizuführen. Während Intimpiercings bei Frauen nur einen Effekt auf die Trägerin selbst haben steigern Intimpiercings beim Mann (insbesondere Ampallang sowie Apadravya) das Lustempfinden für beide Partner.

Intimpiercings bei Männern

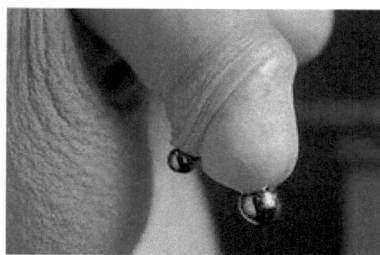

Prinz-Albert-Piercing

Zu den populärsten Intimpiercings bei Männern gehört das Prinz-Albert-Piercing (PA). Er verläuft von der Harnröhre ausgehend durch die untere Peniswand und wird wegen des erhöhten Tragekomforts meistens mit dickerer Materialstärke getragen. Der Ampallang verläuft horizontal, also quer durch die Eichel. Analog dazu sitzt der Apadravya vertikal. Die kreuzweise Kombination beider wird als *Magic Cross* bezeichnet. Der *Reverse Prinz Albert* (auch: *Queen Victoria*) verläuft wie ein gewöhnlicher PA durch die Harnröhre, tritt jedoch oben aus der Eichel heraus und bildet somit quasi einen „halben Apadravya".

Ein Dydoe sitzt im Eichelrand. Während bei den anderen Piercings der Heilungsprozess durch Urinkontakt gefördert wird, gestaltet er sich hierbei etwas langwieriger.

Das Frenulumpiercing verläuft durch das Vorhautbändchen und gehört zu den unkompliziertesten männlichen Intimpiercings. Das Weiten dieses Piercings, um Schmuck mit höherer Drahtstärke einzusetzen, gestaltet sich besonders einfach und erhöht auch hier den Tragekomfort.

Das Pubic im Bereich oberhalb der Peniswurzel gehört zu den Oberflächenpiercings.

Ein Oetan sitzt in der Vorhaut. Es kann an beliebiger Stelle angebracht werden und wird meistens mit einem *Ball-Closure-Ring* getragen.

Piercings am vorderen Bereich des Hodensacks werden Hafada oder Scrotal genannt und gehören bezüglich Heilung und Pflege ebenfalls zu den unkomplizierten Intimpiercings. *Transscrotal-Piercing* hingegen bezeichnet eine Körpermodifizierung die eine Verbindung zwischen Vorder- und Rückseite den Hodensacks herstellt. Da hierbei nicht gestochen, sondern mit einem Skalpell geschnitten und anschließend gegeneinander vernäht wird ist die Bezeichnung *Piercing* technisch falsch.

Intimpiercings bei Frauen

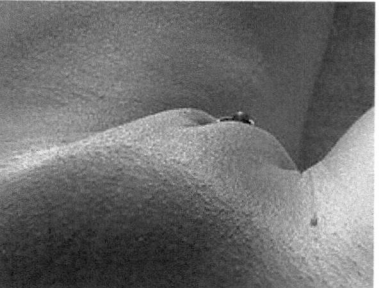

Klitorisvorhautpiercing

Die häufigsten Formen von Intimpiercings bei Frauen sind das Klitorisvorhautpiercing, das Schamlippenpiercing und das Christina-Piercing.

Bei dem *Schamlippenpiercing* wird zwischen Piercings in den inneren und den äußeren Schamlippen unterschieden, die jeweils anderen Umständen bezüglich Durchführung und Heilung ausgesetzt sind.

Bei dem *Christina-Piercing* handelt es sich um ein Oberflächenpiercing, das vertikal in der Falte gestochen wird, an der die äußeren Schamlippen oben zusammenlaufen.

Das untere Ende des Nefertiti-Piercings endet ähnlich dem *Klitorisvorhautpiercing* unter der Klitorishautfalte. Es verläuft durch Klitorisvorhaut und Venushügel.

Analog zum *Prinz Albert* beim Mann verläuft das Prinzessin-Albertina-Piercing von der Harnröhrenöffnung zur Vaginalöffnung.

Mit zum stimulierendsten Intimpiercing der Frau zählt das Klitorispiercing. Die starke Innervation des dabei zu durchstechenden Gewebes macht es aber in der Durchführung auch besonders risikoreich und schmerzhaft. Es kann sowohl horizontal als auch vertikal durch die Klitoris gestochen werden.

Das Isabella-Piercing wird vertikal unter der Klitoris platziert, ein Triangle dagegen horizontal. In beiden Varianten handelt es sich um sehr tief gestochene Piercings.

Ein zentriertes, senkrechtes Piercing am unteren Ende der inneren Schamlippen wird Fourchette genannt.

Relativ selten und risikoreich ist das Suitcase-Piercing, das zwischen Anus und Vagina verläuft.

Variationen

Gedehnte Piercings

Hauptartikel: Dehnen von Piercings

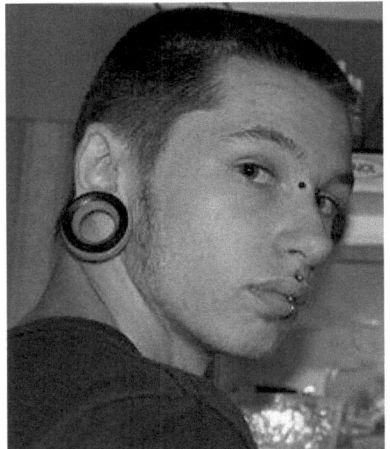

Gedehntes Lobe-Piercing mit Fleshtunnel

Um Schmuck mit größerem Durchmesser einzusetzen, kann ein Piercing vorsichtig geweitet werden. Diese Praxis ist vor allem vom *Lobe-Piercing* bekannt. Dabei wird meistens ein konisch verlaufender Dehnungsstift verwendet, der zuvor mit Gleitgel bestrichen und vorsichtig in den Stichkanal eingeführt wird. Der Schmuck mit größerem Durchmesser wird anschließend am Ende des Dehnungsstiftes angesetzt und hinterhergeschoben.

Oberflächenpiercings

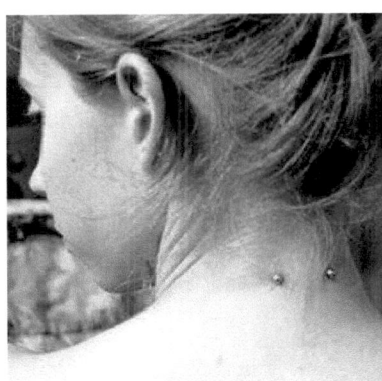

Oberflächenpiercing im Nacken

Hauptartikel: Oberflächenpiercing

Bei einem Oberflächenpiercing handelt es sich um ein Piercing, bei dem sowohl Einstich- als auch Austrittskanal auf einer Ebene liegen. Diese stehen meistens unter Spannung und werden häufiger vom Körper abgestoßen als andere Piercings. Beim Korsett-Piercing werden beispielsweise mehrere Oberflächenpiercings kunstvoll in mindestens zwei Reihen auf dem Rücken angebracht. Beim Dermal Anchor werden kleine Metallplatten unter die Haut transplantiert, die über der Haut mit einem Gewinde abschließen, auf das man gegebenenfalls verschiedene Aufsätze, wie Kugeln usw., aufschrauben kann.

Play-Piercings

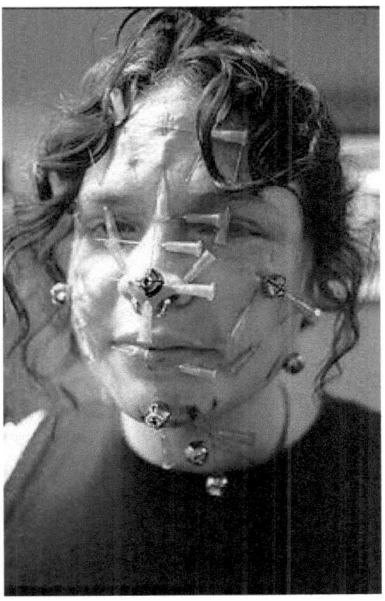

Play-Piercings mit Kanülen

Vor allem im Bereich BDSM ist das kurzzeitige Anbringen sogenannter *Play-Piercings* verbreitet. Hierbei werden Nadeln (Akupunkturnadeln oder Kanülen) am Körper des Bottom gesetzt, die nach dem Ende des *Spiels* wieder entfernt werden. Mitunter werden an den so mit dem Körper verbundenen Elementen dünne Ketten oder Fäden befestigt, um diese miteinander zu verbinden und so den Körper im Rahmen einer Bondage in einer definierten Haltung zu fixieren. Das Verletzungsrisiko ist hierbei durch ein mögliches ungewolltes Ausreißen der Piercings hoch. Oft werden auch an Körperpiercings leichte Gewichte befestigt, die die Bewegungen des gepiercten Bottoms in Schmerzreize umsetzen. Intimpiercings sind in der BDSM-Subkultur ebenfalls sehr verbreitet. Die Motivation zur Durchführung von Play-Piercings kann neben Fetischismus auch in der erhöhten Adrenalin-Ausschüttung oder der entsprechenden Körpererfahrung begründet sein. Auch aus ästhetischen Gründen werden Play-Piercings häufig gestochen, beispielsweise im Rahmen von Foto-Shootings.

Anordnung

Je nachdem, wie mehrere Piercings miteinander kombiniert oder angeordnet werden, spricht man von *Orbital-* oder *Venom-Piercings*, beziehungsweise bei mehreren in der Lippe angeordneten Piercings von Bites. *Venom-Piercings* sind mehrere in der Zunge symmetrisch zueinander verlaufende Stecker.

Bei einem *Orbital* werden zwei Piercings mit einem Ring verbunden. So kann beispielsweise ein Ring durch zwei gegenüberliegende Vorhautpiercings geführt werden. Analog zeichnet sich das Industrial-Piercing dadurch aus, dass ein Barbell durch zwei Helix-Piercings verläuft, sowie der Nasalang der durch beide Nasenflügel und die Nasenscheidewand führt.

Body-Suspension

Hauptartikel: Body-Suspension
Bei der *Body-Suspension* wird der Körper mit Haken gepierct, an denen Seile oder Ketten befestigt sind. An diesen wird der Gepierzte dann hochgezogen. Oft sind Body-Suspensions Teil besonderer Veranstaltungen (Conventions). Der Körper ist dabei besonderen Belastungen ausgesetzt: Starke Schmerzen, Kreislaufprobleme bis zur Ohnmacht, Infektionen, Rückenprobleme und Ausreißen gehören zu den möglichen Risiken. Body-Suspension kann wegen der Adrenalinausschüttung ein Nervenkitzel sein, aber auch als persönliche Herausforderung, besondere Körpererfahrung oder zur Bewusstseinserweiterung betrieben werden. Auch im BDSM-Bereich wird Body-Suspension gelegentlich betrieben.

Mögliche Probleme und Gefahren

Professionell durchgeführte und gut gepflegte Piercings verursachen normalerweise keine Probleme und stellen auch keine Gefahr dar. Die meisten genannten Probleme treten nur in seltenen Ausnahmefällen auf oder lassen sich leicht durch einfache Verhaltensregeln verhindern. Dennoch sollten, gerade bei einem neuen Piercing, mögliche Probleme oder auch gesundheitliche Komplikationen mit bedacht werden.

Gesundheitliche Probleme

Wird das Piercing jedoch nicht fachgerecht vorgenommen, kann es zu verschiedenen Komplikationen kommen. Wird es unter Einfluss von Koffein oder Alkohol und anderen Drogen, sowie blutverdünnenden Medikamenten gestochen, kann sowohl der Kreislauf als auch die Blutgerinnung beeinträchtigt werden.

Bei allen Formen des Piercings kann es zu lokalen Schwellungen und leichten Blutungen kommen, die meistens nach einer Weile abklingen. Piercings durch den Ohrknorpel führen leicht zu Entzündungen. Beim Augenbrauen- und beim Nasenflügelpiercing können Ausläufer des Trigeminusnervs getroffen werden. Unter Umständen kann ein Piercing zu einer Phlegmone führen.

Auch Infektionen der Augen lassen sich in einigen Fällen auf eine Infektion des Piercings zurückführen. Erreger kommen beim Wechseln oder Reinigen des Piercingschmucks an die Hände der Gepiercten und von dort beim Ein- oder Aussetzen auf Kontaktlinsen in die Augen, wo sie beispielsweise eine Bindehautentzündung auslösen können. Häufig schieben Patienten bei Infektion den Arztbesuch auf. Sie befürchten die Entfernung des Piercings oder zumindest Kommentare, da viele Ärzte dies als vorsätzliche Körperbeschädigung ansehen, und wenden sich stattdessen an das Piercingstudio.

Bei Temperaturen unter minus zehn Grad Celsius kann es bei offen getragenen Piercings aus Metallschmuck zu Erfrierungen kommen, da Metall sehr kalt werden kann und Wärme besser ableitet als organisches Gewebe. Hiervon sind insbesondere Piercings im Gesichtsbereich betroffen.

Probleme bei Piercings im Mundbereich

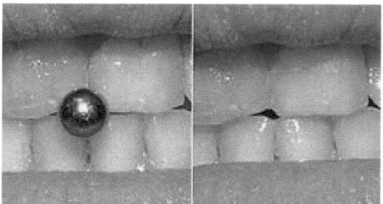

Piercingschaden an den mittleren unteren Frontzähnen

Piercings im Mundbereich (Zunge, Lippe, Lippenbändchen) bergen ein hohes langfristiges Gefahrenpotential für Zähne und Zahnhalteapparat. Der Schmuckknopf eines Zungenpiercings führt relativ häufig zu Traumatisierungen der zungenwärts gelegenen Zahnhöcker, was zu Zahnfrakturen und Absterben des Zahnmarks führen kann. Die innen gelegene Konterplatte von Lippenpiercings drückt bei ungünstiger Lokalisation bei jeder mimischen Bewegung auf das Zahnfleisch und den darunter liegenden sehr dünnen Alveolarknochen. Da Knochen auf Druckbelastung schwinden, kann es so zu Zahnlockerungen bis hin zum Zahnverlust kommen. Ähnliches gilt für Piercings des Lippenbändchens.

Bei Verwendung von nichtmetallischem Schmuck, beispielsweise aus Acryl, Horn oder PTFE, ist die Gefahr von Zahnschäden aufgrund der geringeren Härte des Materials zwar geringer, das Risiko von Knochenschwund bleibt allerdings unverändert hoch.

Probleme bei Intimpiercings

Ein nicht vollständig abgeheiltes Intimpiercing erhöht, wie auch jede andere offene Wunde im Genitalbereich, die Gefahr einer Ansteckung mit sexuell übertragbaren Krankheiten, wie zum Beispiel Hepatitis B, Hepatitis C oder HIV. Bei nicht verheilten Intimpiercings ist deswegen das Tragen eines Kondoms zu empfehlen.

Beim *Prinz-Albert-Piercing* wird der Ring durch den Ausgang der Harnröhre zur unteren Seite der Eichel des Penis gezogen. Zu dünne Ringe bis etwa zwei Millimeter Materialstärke bergen die Gefahr des „Käseschneidereffekts": Bei mechanischer Belastung kann der Schmuck durch das Gewebe schneiden; das Piercing reißt aus, was zu einer Subinzision führt. Bei ausreichender Materialstärke kann ein *Prinz Albert* allerdings recht belastbar sein. Bei zu engen Ringen kann es zu Quetschungen kommen.

Bestimmte Piercings können die Schamhaarentfernung erschweren (Piercings der äußeren Schamlippen, *Nefertiti* und *Christina* bei Frauen, Pubic und Hafada bei Männern). Bei Rasur oder Brazilian Waxing ist es mitunter schwer, den Bereich unmittelbar um den Schmuck zu enthaaren. Verbleibende Haare lassen sich dort besser mit einer Pinzette entfernen. Gerade bei unverheilten Piercings können Keime in den Stichkanal gelangen wenn der Rasierer nicht nach jeder Rasur intensiv gereinigt wird. Bei verheilten Piercings stellt dies weniger ein Problem dar, weil der Schmuck vor der Enthaarung entfernt werden kann.

Piercings im Dammbereich können bedingt durch längeres Sitzen auch dauerhafte Entzündungen verursachen.

Herauswachsen von Piercings

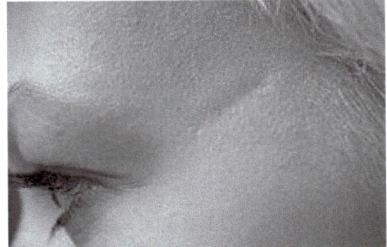

Vernarbung eines Oberflächenpiercings an der Schläfe

Unter Umständen können Piercings vom Körper abgewiesen werden, aus dem Bindegewebe herauswachsen und eine Narbenbildung verursachen. Besonders häufig passiert dies bei unter Spannung stehenden Oberflächenpiercings.

Piercings bei Sicherheitskontrollen

(Metalldetektor)
Den offiziellen Erklärungen der Hersteller zufolge reagieren die Geräte, welche bei Sicherheitskontrollen an Flughäfen und bestimmten Gebäuden zum Einsatz kommen, nicht auf Piercings. Die in normalem BCR- oder Barbellschmuck befindliche Metallmenge liegt in der Regel unter dem als Alarmschwelle vorgegebenem Wert, der Metallanteil ist meist geringer als in einem Reißverschluss oder einem Hosenknopf. Liegen jedoch mehrere Piercings nahe beieinander oder es wird größerer Schmuck, wie beispielsweise ein Nippleshield getragen, kann dies einen Metalldetektor auslösen. Somit sind durch Brustwarzenpiercings ausgelöste Metalldetektoren, wie im Fall von Christina Aguilera oder Nicole Richie auch unter normalen Bedingungen möglich, jedoch in Abhängigkeit von der Empfindlichkeit des Metalldetektors, sehr unwahrscheinlich.

Neben der Größe und dem Metallgehalt des Schmucks ist auch der Typ des Detektors, (während die großen Rahmendetektoren in der Regel nicht auf Piercings reagieren, sind die mobilen Handgeräte empfindlicher) sowie die vom Sicherheitspersonal eingestellten Schwellenwerte, entscheidend. In aller Regel ergeben sich durch ein „piependes" Piercing keine Probleme, unter Umständen muss das Piercing jedoch dem Sicherheitspersonal vorgezeigt werden (je nach Position des Piercings in einem separaten Raum). Die für Flughafenkontrollen zuständige US-Behörde Transportation Security Administration musste im März 2008 bei einer Frau öffentlich um Entschuldigung bitten, nachdem diese genötigt worden war, vor dem Flug ihre Brustwarzenpiercings zu entfernen, um die Sicherheitskontrolle passieren zu können.

Piercings und bildgebende Verfahren

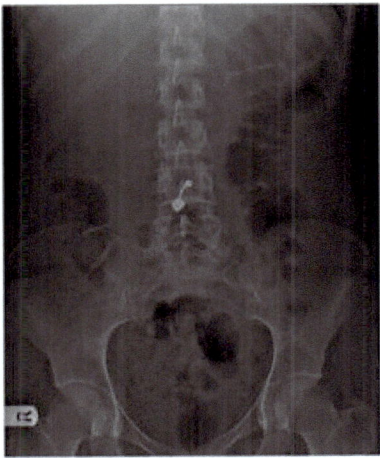

Bauchnabelpiercing auf einer Röntgenaufnahme

Im medizinischen Bereich kommen zunehmend bildgebende Verfahren, wie Magnetresonanztomographie oder Computertomographie zum Einsatz, welche mittels gezielter Röntgenstrahlung oder starker Magnetfelder einen Blick ins Innere des Körpers ermöglichen. Hierbei können Piercings unter Umständen ein Problem darstellen. Dies gilt allerdings nur für Piercingschmuck aus ferromagnetischem Metall, andere Materialien (Acryl, PTFE, Titan, organische Stoffe) stellen keine Einschränkungen dar.

Bei mit *Röntgenstrahlen* operierenden Geräten wie einem Computertomographie-Scanner kann ein Piercing unter Umständen eine darunterliegende Stelle verdecken und für die Bildgebung unsichtbar machen (beispielsweise kann ein Brustwarzenpiercing in einer radiologischen Untersuchung einen in unmittelbarer Nähe liegenden Tumorknoten verdecken und unerkannt lassen).

Im Fall von mit Magnetfeldern arbeitenden Geräten (Magnetresonanztomographie) besteht einerseits die Möglichkeit, dass der Schmuck sich stark erhitzt, zum anderen wird eine hohe Zugkraft auf den Schmuck ausgeübt, was im schlimmsten Fall zum Ausreißen führen kann. Um Schmerzen und Verletzungen zu vermeiden, sollte der Schmuck vorher entfernt werden (sc-

Piercings und Blutspenden

Da durch Piercings übertragene Infektionskrankheiten bei einer Blutspende weitergegeben werden können, wird wegen der diagnostischen Lücke zwischen einem neu gestochenen Piercing und der Blutspende ein zeitlicher Abstand von mehreren Monaten vorausgesetzt um die Infektionsgefahr möglichst auszuschließen. Im Einzelfall muss berücksichtigt werden, ob es bei dem frisch gestochenen Piercing zu unerwünschten Nebenwirkungen, wie Entzündungen gekommen war. Der Mindestzeitraum zwischen einem Piercing und der Blutspende variiert je nach Region und nach durchführender Institution.

Schwangerschaft, Geburt und Stillzeit

Während der Schwangerschaft kann es zu Problemen mit Bauchnabelpiercings kommen. So kann es bei einigen Frauen durch die Dehnung des Gewebes zu einem verstärkten Druck auf das Piercing bis zum Herauswachsen desselben kommen. Dies lässt sich durch den Einsatz von flexiblem *PTFE-Schmuck* umgehen. Sollte dies nicht helfen, kann der Schmuck (bei einem verheilten Piercing) bis nach der Geburt entfernt werden.

Vor der Geburt sollten Intimpiercings entfernt werden. Somit lässt sich sowohl einer Verletzung des Neugeborenen als auch einem Ausreißen des Schmucks vorbeugen. Dies gilt für alle Piercings im Bereich des Vaginaleingangs. Eine Entfernung von *Christina-Piercings* ist unter Umständen nicht nötig, was jedoch vorher mit einem Arzt oder einer Hebamme abgeklärt werden sollte.

Die mitunter geäußerte Befürchtung, ein Brustwarzenpiercing würde die Fähigkeit zum Stillen beeinträchtigen, trifft nicht zu. Allerdings sollte während des Stillvorgangs der Schmuck entfernt werden. *(siehe auch: Brustwarzenpiercings beim Stillen)*

Rechtliche Situation

Deutschland

Gepierct werden darf in Deutschland grundsätzlich jeder. Bei Minderjährigen unter 18 Jahren ist jedoch ein schriftliches Einverständnis eines Erziehungsberechtigten notwendig. Im April 2008 wurde eine Gesetzesinitiative gestartet, die ein generelles Verbot von Körpermodifikationen bei Minderjährigen fordert, die Umsetzung ist jedoch noch nicht beschlossen. Viele Studios führen unabhängig von gesetzlichen Verpflichtungen keine Piercings an Jugendlichen unter 14 Jahren durch.

Der Piercingvorgang ist rechtlich gesehen eine strafbare Körperverletzung. Deshalb muss der Klient in der Regel vor dem Piercen eine schriftliche Einverständniserklärung abgeben, die den Piercer vor rechtlichen Folgen diesbezüglich befreit. Diese Erklärung ist jedoch unwirksam, sofern vor dem Eingriff nicht ausführlich über die Risiken des Piercings aufgeklärt wurde.

Der Piercer hat Beratungspflicht. Weist der Piercer nicht auf mögliche negative Folgen des Piercings, insbesondere etwaige Entzündungen oder Nervenschädigungen hin, kann dieser belangt werden. In einem Fall, bei dem bei einer Klientin die Teilamputation der Zunge drohte, wurde der Piercer zu 300 Euro Schmerzensgeld verurteilt. (AG Neubrandenburg, AZ 18 C 160/00)

Das Piercen befindet sich aus gesetzlicher Sicht in einer Grauzone. Wer Piercings vornehmen darf und wer nicht, ist nicht klar definiert. Das VG Gießen kam mit Urteil vom 9. Februar 1999 (AZ 8 G 2161/98) zu dem Schluss, dass der Piercingvorgang, gleichgültig, ob dabei lokale Anästhesie eingesetzt wird oder nicht, ausschließlich von Personen mit entsprechendem Fachwissen durchgeführt werden darf. So sei mindestens eine Ausbildung zum Heilpraktiker nötig, um Piercings setzen zu dürfen.

Oben genanntes Urteil wurde in nächster Instanz vom VGH Hessen mit Urteil vom 2. Februar 2000 (AZ 8 TG 713/99) insofern bestätigt, als zumindest für das Piercen mit lokaler Anästhesie mittels Injektion eines Betäubungsmittels, Personal mit entsprechender Kompetenz (Heilpraktiker, Arzt) vorausgesetzt wird.

Seit dem 1. Juli 2008 sind Ärzte und Krankenhäuser laut § 294a SGB V verpflichtet, den Krankenkassen Komplikationen bei Tätowierungen, Schönheitsoperationen oder Piercings zu melden.

Österreich

In Österreich dürfen sich Jugendliche ab 14 Jahren auch ohne Erlaubnis der Eltern piercen lassen; Tätowierungen dagegen aufgrund der stärkeren Langzeitauswirkung erst ab 18 Jahren.

Andere Länder

In den meisten westlichen Ländern stellt sich die Situation ähnlich wie in Deutschland dar: Piercings dürfen bei nicht volljährigen Personen nur mit schriftlichem Einverständnis der Eltern gestochen werden. In Australien sind Intimpiercings generell erst ab 16 Jahren erlaubt.

EU-Nickelrichtlinie

Laut der Nickelrichtlinie (94/27) der EU vom 30. Juni 1994 durfte für den Ersteinatz kein nickelhaltiger Schmuck verwendet werden.

In der Richtlinie blieb zunächst unberücksichtigt, dass nicht der Nickelgehalt, sondern dessen Abgabemenge ausschlaggebend für allergische Reaktionen ist. Der bis dahin meistens verwendete Edelstahl 316L war demzufolge nicht mehr zugelassen, da dessen Nickelgehalt mit 10 Prozent bis 14 Prozent die in der Richtlinie vorgegebene Werte deutlich überstieg. Stattdessen wurde anschließend vor allem auf Titan ausgewichen. Da die Oberfläche von Titan jedoch auch nach intensiver Politur mehrere Unebenheiten aufweist, welche die Ansiedlung von Mikroben und somit Entzündungen begünstigen, galt Stahl trotz der Richtlinie weiterhin als besser geeignetes Material für den Ersteinsatz. Am 27. September 2004, wurde die Richtlinie dahingehend geändert, wonach sich die Obergrenzen für Nickel nun an der Nickelfreisetzung orientieren. Somit ist Edelstahl auch wieder als Erststecker zugelassen.

Demzufolge geeignet sind Edelstahl (316L), Titan, Niob und PTFE, also Materialien, deren Nickelfreisetzung fünf Nanogramm pro Quadratzentimeter und Woche durch Abrieb nicht übersteigt.

Verbände

Mit der zunehmenden Verbreitung begannen auch unerfahrene Piercer das Stechen auszuführen, worauf im Jahr 1994 in den USA die *Association of Professional Piercers* (APP) gegründet wurde, die es sich zur Aufgabe macht, Mindeststandards für das Gewerbe festzulegen. Mittlerweile existieren weitere Berufsverbände und Lobbyorganisationen. Beispielsweise die 1994 gegründete *Erste Organisation Professioneller Piercer* (OPP e.V.). Der Verein engagiert sich unter anderem für eine anerkannte einjährige Ausbildung zum Piercer und möchte durch strenge Aufnahmebedingungen und Kontrollen der Mitglieder Qualitätsstandards garantieren.

2006 gründete sich die *European Association for Professional Piercing* (EAPP), um „im Sinne seiner Mitglieder zukünftig bei der Gestaltung neuer EU Verordnungen und Gesetze maßgeblich beteiligt zu sein". Zudem werden verschiedene Seminare angeboten.

Rekorde

Luis Antonio Aguero, ehemaliger Piercing-Rekordhalter

Die Brasilianerin Elaine Davidson gilt mit über 2500 Piercings laut Guinness-Buch der Rekorde als weltweit meistgepiercte Frau. Zuvor war der auf Kuba lebende Luis Antonio Aguero mit über 300 Piercings Rekordhalter. Einen weiteren Rekord stellte der US-Amerikaner Ed Burns im Jahr 2010 auf, als er sich an einem Tag 1501 temporäre Piercings setzen ließ. Im darauf folgenden Jahr brach die us-amerikanerin Staysha Randall den Weltrekord mit einer Anzahl von 3200 temporären Piercings.

Von „http://de.wikipedia.org/wiki/Piercing"

Prostatamassage

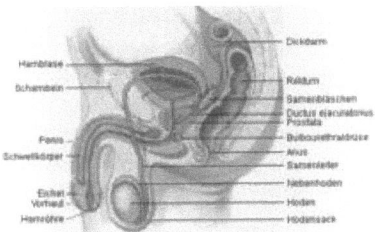

Männliche Geschlechtsorgane des Menschen

Prostatamassage ist das gezielte Reizen der männlichen Prostata als diagnostische Handlung zur gezielten Gewinnung von Prostatasekret oder als Sexualpraktik zur sexuellen Stimulation. Weitere Begriffe sind *Prostata-Stimulation*, *Prostata-Drainage* oder *griechische Massage*.

Praxis

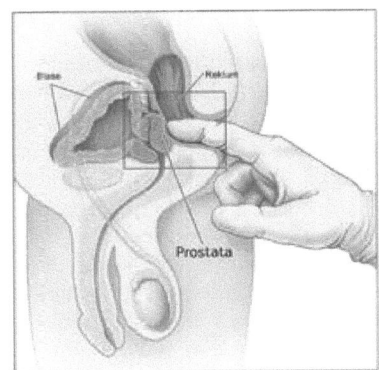

Rektales Ertasten der Prostata

Ausführungsvarianten

Die Stimulation der Prostata ist in mehreren Kontexten und Ausführungsvarianten verbreitet: Die direkte Stimulation erfolgt durch Einführung eines Fingers oder eines zur Stimulation geeigneten Gegenstandes in das Rektum; die indirekte durch die Massage des Damms, des Bereichs zwischen Hodensack und After.

Anwendung in der Medizin

Die Prostatastimulation wird in der Medizin angewendet, wenn eine Sekretprobe gebraucht wird. Bei akuten Entzündungen, wie der Prostatitis zum Beispiel, wird dadurch ein Prostatasekret gewonnen, mit dem eine Keimkultur angelegt wird, um das richtige Antibiotikum einsetzen zu können.

Anwendung als sexuelle Praktik

Die Prostata gilt als männlicher G-Punkt. Viele Männer empfinden es als sexuell stimulierend, wenn sie gereizt wird. Meist wird das aber nur als „Zusatzreizung" zur herkömmlichen Masturbation genutzt, bei intensiver Stimulation kann ein Orgasmus ausgelöst werden, ohne dass der Penis selbst stimuliert wird. Im Rahmen verschiedener BDSM-Praktiken wird das sogenannte „Prostatamelken" angewandt. Hierbei kommt unter anderem auch erotische Elektrostimulation zum Einsatz. Unter homosexuellen Männern ist die Prostatamassage weiter verbreitet als unter heterosexuellen, da diese Reizung im Analverkehr eine große Rolle spielt. Im

Rahmen einer Tantramassage kann eine Prostatamassage mit dem Ziel der sexuellen Stimulation und Entspannung gebucht werden.

Literatur

- *Pschyrembel, Wörterbuch Sexualität.* Bearb. von: Stephan Dressler u. Christoph Zink, Walter de Gruyter Verlag, Berlin u. a. 2003, ISBN 3-11-016965-7. (S. 415)
- Micha Schulze, Christian Scheuß (Hrsg.): *Das Orgasmusbuch. Öfter und intensiver kommen.* Orig.-Ausg., Bruno Gmünder Verlag, Berlin 2007, ISBN 3-86187-997-2. (Aus dem Vorwort: „Buch ... für schwule Männer"; im Kapitel: „Der anale Orgasmus": *„Prostatamassage"*)

Von „http://de.wikipedia.org/wiki/Prostatamassage"

Prügelbock

Prügelbock im KreisMuseum Wewelsburg, Dauerausstellung „Wewelsburg 1933–1945"

Ein **Prügelbock**, auch *Strafbock*, ist eine Vorrichtung, meist aus Holz, für den Vollzug einer Prügelstrafe.

Aussehen und Form von Prügelböcken

Die Form eines Prügelbocks ähnelt oft einem *Pferd*, wie es aus dem Sportunterricht bekannt ist, mit einer zum Teil waagerechten, zum Teil vorne (an der Kopfseite) nach unten geneigten schmalen Auflagefläche. Die vier Beine des Prügelbocks sind manchmal symmetrisch, häufiger auf der schmalen Seite paarig unsymmetrisch angeordnet, wenn das Gerät ausdrücklich als Prügelbock hergestellt wird. Außerdem gibt es Prügelböcke in Form einer Bank ohne Lehne, deren Oberfläche partiell nach unten oder oben gewölbt ist. Die meisten Prügelböcke sind so konstruiert, dass der Verurteilte sich mit dem Oberkörper derart auf den Prügelbock zu legen hat, dass die Beine und Füße, die Arme und der Kopf herunter hängen. Damit der Körper während der Bestrafung nicht ausweichen oder reflexartig wegzucken kann, wird der Verurteilte vorher häufig mit Lederriemen festgebunden, die oft bereits am Prügelbock befestigt sind. Bestimmte Prügelböcke sind anders, zum Beispiel wie ein Fußhocker geformt, etwa zur Ausführung der Bastonade, oder wie der Prügelbock im Eton College.

Einige Anwendungen des Prügelbocks und dabei verwendete Instrumente

Ausgeführt werden die Strafen über einem Prügelbock in der Regel auf dem (teil)bekleideten oder entblößten Gesäß, gelegentlich aber auch (zusätzlich) auf dem nackten Rücken und den Oberschenkeln. Als Werkzeug zur Ausführung einer Prügelstrafe dienten in der Sklaverei und den Armeen Peitschen; ebenfalls in der Marine nahezu aller seefahrenden Nationen. Heute wird gemäß der Scharia bei Körperstrafen in Staaten mit islamischem Rechtssystem ein spezieller, schwerer Lederriemen genutzt. In schottischen und irischen Schulen und Internaten kam vorrangig die Tawse zum Einsatz, während in US-amerikanischen Erziehungsanstalten (z. B. *reformatories* und *youth detention centers*) und in US-amerikanischen Gefängnissen als sogenannter *prison strap* ein breiter einteiliger Lederriemen in extrem schwerer Ausführung zur – oft auch willkürlichen – Bestrafung der Insassen benutzt wurde. Verschiedene Leder- oder Holzpaddel werden auch heute noch in US-amerikanischen Schulen, insbesondere der Südstaaten, eingesetzt; zur Zeit sind sie für die Prügelstrafe noch in 23 US-Bundesstaaten gesetzlich vorgesehen, kommen aber auch in *youth detention centers* zur Anwendung.

Der Prügelbock wurde bis 1986 in englischen und bis 1986 in irischen (Internats-) Schulen zusammen mit einer speziellen Rute (*birch*) genutzt. Der Prügelbock in *Eton* ist heute noch erhalten. Im britischen Justizwesen bis 1948 und auf der Isle of Man war der Prügelbock als Justizstrafe bis 1976 üblich. Das sogenannte *Caning* (engl. *cane* = Rohrstock) mit Rohrstöcken über dem Bock war bis Mitte der 1980er- bzw. Anfang der 1990er-Jahre in allen britischen Schulen und Internaten möglich (aber nicht allgemein üblich) und wird zum Teil bis zum heutigen Tag in den Schulen verschiedener Nachfolgestaaten des früheren britischen Kolonialsystems in Afrika und Asien eingesetzt. Derzeitig ist die Justizstrafe mit besonders schweren Rohrstöcken unter anderem in Malaysia und Singapur alltäglich. Der Einsatz erfolgt bei schwereren Ordnungswidrigkeiten, aber auch gegen illegale Immigranten. In deutschen Gefängnissen und KZs wurden während der Zeit des Nationalsozialismus Lederriemen, Rohrstöcke, Gummiknüppel oder Schlagstöcke für die Prügelstrafe eingesetzt. Während in den oben genannten Zusammenhängen Körperstrafen immer oder zumindest regelmäßig *auch* über einem Prügelbock vollzogen wurden, kamen in deutschen Schulen bei der körperlichen Züchtigung von Schülern in der Regel keine speziellen Prügelböcke zum Einsatz, sondern es wurde meist eine Schulbank in dieser Funktion benutzt.

Folgen der Prügelstrafe

Der Vollzug der Prügelstrafe über einem Prügelbock ist äußerst schmerzhaft. Oft kommt es schon nach den ersten Schlägen zu Verletzungen der Haut und des Unterhautgewebes; außerdem kann es bei der Applizierung von Schlägen oberhalb der Gesäßbacken zu schweren Verletzungen insbesondere der Nieren kommen. Alte, geschwächte oder kranke Menschen können an den Folgen der Prügelstrafe sterben.

In den Fällen einvernehmlich agierter Prügelstrafen im BDSM-Rahmen beeinflusst der Körper durch Ausschüttung von Hormonen die Intensität auch der objektiv feststellbaren körperlichen Folgen einer Prügelstrafe, die daher bei freiwilliger bzw. gewünschter Entgegennahme einer Prügelstrafe in der Regel deutlich verringert auftreten.

Zeit des Nationalsozialismus

Der *Prügelbock* des KZ Dachau

Traurige Berühmtheit hat der Prügelbock in deutschen Zusammenhängen besonders während der Zeit des Nationalsozialismus erlangt. In Folterkellern der SS in Berlin und anderswo existierten Prügelböcke, und in vielen nationalsozialistischen Konzentrationslagern gehörte die Strafe „auf dem Bock" beinahe zum Alltag. Der Lagerausdruck für diese Form der Bestrafung war „jemanden auf den Bock legen" oder auch „er ging über den Bock".

Offiziell musste der Vollzug der Prügelstrafe von Berlin aus genehmigt werden. Auch die Gesundheit des Häftlings musste offiziell durch einen SS-Arzt bestätigt werden. Tatsächlich verfuhr man aber so, dass der Häftling zuerst eine unbestimmte Anzahl von Schlägen erhielt. Dann fragte man in Berlin an. Hinterher wurde die Prozedur noch mal „offiziell" vollzogen. Wenn die Anzahl der verabreichten Schläge „gering" war, wurde die Prügelstrafe oft auch ohne Anfrage durchgeführt.

War der Vollzug der Prügelstrafe vorher angekündigt, so hatten die Häftlinge die Möglichkeit, sich heimlich etwas Papier oder Stoff unter die Kleidung zu stopfen. Auf Entdeckung standen schwere Strafen. In besonderen Fällen wurden die Schläge aber auf das *nackte* Gesäß verabreicht, so dass sich der Häftling nicht schützen und es zu besonders schweren Verletzungen kommen konnte.

Verbot der Prügelstrafe als Folter und derzeitige Anwendung

Heutzutage wird die Prügelstrafe der Folter zugerechnet und ist durch die *Allgemeine Erklärung der Menschenrechte* von 1948 international verboten. Dort heißt es:

„Niemand darf der Folter oder grausamer oder erniedrigender Behandlung oder Strafe unterworfen werden."
Die UN-Antifolterkonvention wurde bis heute von etwa 150 UN-Mitgliedsstaaten ratifiziert. Trotzdem gibt es noch immer Staaten, in denen die Prügelstrafe angewandt wird, zum Beispiel in Malaysia, Singapur sowie in islamistisch geprägten Staaten, wie dem Iran.

Der Prügelbock als BDSM-Utensil

Im Rahmen einvernehmlich ausgelebter sadomasochistischer Sexualpraktiken (BDSM, Spanking) kommen ebenfalls Prügelböcke zum Einsatz. Diese sind zum Teil an ihren historischen Vorbildern orientiert, zum Teil auch bequemer gebaut, zum Beispiel gepolstert und mit abwaschbarem Kunstleder überzogen.
Von „http://de.wikipedia.org/wiki/P%C3%BCgelbock"

Queer

Queer [ˈkwɪə(ɹ)] ist ein Fremdwort aus der englischen Sprache und bezeichnet als Adjektiv Dinge, Handlungen oder Personen, die von der Norm abweichen. Ursprünglich drückte es meist eine negative Einstellung zu der Abweichung oder dem Abweichler aus (Konnotation).
„Queer" bedeutet im amerikanischen Englisch so viel wie ‚seltsam, sonderbar, leicht verrückt', aber auch ‚gefälscht, fragwürdig'; als Verb wird es gebraucht für ‚jemanden irreführen, etwas verderben oder verpfuschen', substantivisch steht es z. B. für ‚Falschgeld'. Umgangssprachlich ist *queer* ein Schimpfwort für Homosexuelle, spielt also mit der Assoziation, dass Homosexuelle so was wie Falschgeld sind, mit der die *straight* world, die Welt der ‚richtigen' Frauen und Männer, arglistig getäuscht werden soll."
– Sabine Hark: Queer Intervention

Neubewertung

Das Wort wurde im englischen Sprachraum – ebenso wie das Wort „schwul" im deutschen – als Schimpfwort gebraucht, mit dem vornehmlich Schwule, aber auch andere, die von den heteronormativen Regeln abweichen, bedacht wurden. Im Laufe der 1980er und 1990er Jahre, vor allem im Zuge des Aktivismus der Act-Up-Bewegung während der AIDS-Krise, gelang es den so Bezeichneten jedoch, dieses Wort im öffentlichen Diskurs einer *Neubewertung* (Englisch *reclaiming*) zu unterziehen, politisch positiv zu besetzen und als sogenanntes Geusenwort zu benutzen. Das Wort bleibt aber im englischsprachigen Raum umstritten und individuelle Meinungen dazu sind oft polarisiert. Die Worte *gay* und *queer* werden in Großbritannien häufig als Schimpfwort benutzt.

Queer steht heute sowohl für die gesamte Bewegung als auch für die einzelnen ihr angehörenden Personen. Es ist eine Art Sammelbecken, unter dem sich außer Schwulen, Lesben, Bisexuellen, Intersexuellen, Transgendern, Pansexuellen, Asexuellen und BDSMlern auch heterosexuelle Menschen, welche Polyamorie praktizieren, und viele mehr zusammenschließen. Eine Besonderheit von *Queer* im Vergleich zu Identitäten wie lesbisch oder schwul ist, dass die Betonung auf der eigenen von der Heteronormativität abweichenden Geschlechtsrollen-Präsentation, Geschlechtsidentität und/ oder Lebensform liegt und die Geschlechtsidentität des anderen eine geringere Rolle spielt.

Verbindend wirkt dabei die Überzeugung, dass der Zwang zur Heteronormativität aufgelöst gehört, und dass es Menschen erlaubt werden sollte, ihr (Sexual)Leben mit unterschiedlichen Vorstellungen, sexuellen Identitäten und Geschlechtsidentitäten in Frieden leben zu dürfen.

Der australische Queertheoretiker David M. Halperin erklärt, was *queer* für ihn bedeutet, den Bedeutungswandel und mögliche Probleme folgendermaßen:

„Es ist ein Widerstand gegen das Normale. Es spezifiziert nicht, was Schwulsein zu bedeuten hat, es bedeutet nicht notwendigerweise, dass zwei Menschen desselben biologischen Geschlechts Sex miteinander haben. Für mich umfasst es jede Person, die sich wegen ihrer Sexualpraktiken marginalisiert fühlt. Schlecht an *queer* ist, dass es zu einem neuen *closet* [Schrank, Versteck] werden kann, weil es sich nicht spezifisch auf gleichgeschlechtliche Sexpraktiken bezieht – und so zu einer ‚chic radical idea' wird. Das kann es Heterosexuellen ermöglichen, es zu vereinnahmen und irgendwie zu behaupten, dass ‚wir überschreitender (more transgressive) sind als ihr und deshalb sind wir queerer, als ihr es seid, und das Resultat ist, dass ihr falsch liegt.' So um 1990, als *queer* so richtig modern wurde, war es gängig, dass Schwule und Lesben miteinander Sex hatten, und das ist eine schöne Idee – queere Solidarität – aber ich wollte keinen Sex mit Lesben haben, ich bin ein Schwuler! Als ich aufwuchs, war ich immer ‚zu *queer*', und dann werde ich angeklagt, nicht *queer* genug zu sein, in beiden Fällen weil ich schwul bin. Ich glaube nicht, dass das ein Fortschritt ist. Ich mag das Wort *queer* immer noch und ich mag immer noch seine Direktheit, aber manchmal bedeutet es radikal und *politically correct*, und manchmal wird es als Synonym für schwullesbisch verwendet. Es gibt diese Idee, dass *queer* das ist, was passiert, wenn wir aus lesbischer und schwuler Identität herausgewachsen sind, wenn wir aus Identität herausgewachsen sind: *Queer* zeigt an, dass Identitäten nicht wirklich real sind, sie sind dynamisch, sie sind fließend, sie sind provisorisch. Und dieser Umstand bewirkt, dass Menschen, die lesbisch und schwul sind, oder Menschen, die von sich sagen, dass sie es sind, tatsächlich faschistisch erscheinen, weil sie sich an eine Identität klammern, und auf diese Weise funktioniert *queer* homophob. Ich denke, das ist ein echtes Paradox. Die Mainstreamkultur hat es geschafft, sich *queer* anzueignen und es so zu benutzen, dass Heterosexuelle sich radikal fühlen können und es gegen schwule Leute [*gay people*] zu verwenden, indem sie als altmodisch und zu schwul hingestellt werden."

– *David M. Halperin im Interview mit Bunning: Glad to be Gay.*

Politik und Theorie

→ *Hauptartikel: Queer-Theorie*

Gemäß der Bedeutung des Verbs *to queer* (ähnlich wie *to interfere*), was so viel wie „stören" oder – bildlicher gesprochen – „in die Quere kommen" bedeutet, wird sowohl im täglichen Leben und in politischen Aktionen als auch auf theoretischer Ebene versucht, die restriktiven Diskurse der Gesellschaft zu durchbrechen und sich der Einteilung in „normale" und „nicht normale" Lebens- und Begehrensformen zu widersetzen.

Die Queer-Bewegung wird auch als *Queer Nation* bezeichnet – in Anlehnung an das nordamerikanische Konzept der indigenen Minderheitsnation.

Mit der politischen Bewegung gelangte das Wort auch in den deutschen Sprachraum, wird dort aber oft lediglich als Äquivalent für lesbisch und schwul gebraucht.

Medien

In den USA strahlte der Fernsehsender *Bravo* bis Oktober 2007 eine Unterhaltungssendung mit dem Titel *Queer Eye* (in der Bedeutung „Die etwas andere [oder] schwule Sicht") aus. In der Sendung versuchten Schwule Häuser, Wohnräume, Aussehen und Kleidung anderer Leute nach ihren Vorstellungen zu deren Vorteil umzugestalten. Ebenfalls *queer* im Namen trägt die britische Serie „Queer as Folk" sowie deren bekanntere gleichnamige US-kanadische Neuverfilmung.

In Deutschland gab es von 1998 bis 2002 „Queer" als überregionale schwullesbische Monatszeitung. Nach dem Konkurs des Kölner Unternehmens gründeten einige Mitarbeiter das neue Portal „Queer.de", eine Mischung aus Magazin und Nachrichtenportal.

Gesellschaftstanz

Um der LGBT-Gemeinschaft eine Heimat im Tango zu geben, entstand die *Queer-Tango-Bewegung*. Auch heterosexuelle Tangofans, die unabhängig von konventionellen Geschlechterrollen tanzen wollen, werden als *queer tangueras* und *queer tangueros* bezeichnet.

Von „http://de.wikipedia.org/wiki/Queer"

Radley Metzger

Radley Metzger (* 21. Januar 1929 in New York City) ist ein US-amerikanischer Regisseur, Filmproduzent, Autor und Verleiher von Filmen. Metzger ist ein Vertreter des Autorenfilms und wird von seinen Fans häufig als einer der stilvollsten Regisseure des Porno Chic betrachtet. Er arbeitete regelmäßig mit dem Kameramann Hans Jura zusammen. Für seine Arbeiten im Bereich des Pornofilms verwendete Metzger wiederholt das Pseudonym Henry Paris.

Leben

Nachdem sich Metzger bereits als Jugendlicher für das Medium Film interessiert hatte, studierte er am New York City College *dramatic arts* (Schauspielerei und Dramaturgie) und schloss mit einem Bachelor ab. Im Anschluss arbeitet er zunächst am Columbia College an einem Master-Abschluss. Er gab dies jedoch auf, als sich ihm die Möglichkeit bot, in New York als Laufbursche bei der Produktion des später von der 20th Century Fox vertriebenen Films *Guerrilla Girl* zu arbeiten und so erstmals im Filmgeschäft tätig zu werden. Über diese Tätigkeit als Laufbursche fand Metzger zum Filmschnitt. In den folgenden Jahren lebte er davon, europäische Filme wie zum Beispiel *Bitterer Reis* und *Rom, offene Stadt* so zu kürzen, dass sie den Vorgaben des *Legion of Decency Rating* entsprachen. Er bearbeitete unter anderem auch Trailer und Filme von Ingmar Bergman, François Truffaut und Michelangelo Antonioni für den amerikanischen Markt.

Während des Koreakriegs diente Metzger in einer Film-Einheit der U.S. Air Force und war an der Produktion von Propaganda-Filmen beteiligt. Nach seiner Rückkehr arbeitete er weiter als Cutter unter anderem an *Und immer lockt das Weib* mit Brigitte Bardot. Sein erster selbstproduzierter Film *Dark Odyssey* floppte.

Metzger gründete im Juli 1960 zusammen mit Ava Leighton einen eigenen Filmverleih, den sie nach dem ersten von Metzger je besuchten Kino *Audubon Films* nannten. Der Verleih erwarb die Rechte an europäischen Filmen, die er im Anschluss in den USA vertrieb. Hierbei wurden häufig zusätzliche erotische Szenen (Inserts) gedreht und in die Filme eingeschnitten, um diese publikumswirksamer zu machen.

Nachdem sich dieses Geschäftsmodell als sehr erfolgreich erwies, entschloss sich Metzger 1964, einen weiteren eigenen Film zu drehen. Als Drehort wählte er unter anderem aufgrund der geringeren Produktionskosten Europa. Der Film *The Dirty Girls* schildert mit einem Budget von ca. 35 bis 40.000 US$ das Leben einer Straßenhure in Paris und einer Edelhure in München und war ein kommerzieller Erfolg. Auch der zweite Film der Produktionsfirma, *The Alley Cats*, wurde in München gedreht, der deutsche Kameramann Hans Jura wirkte erneut mit.

Mitte der 1970er Jahre stieg Radley Metzger, dessen Filme zunehmend erotischer geworden waren, endgültig in den Pornofilm-Markt ein. Zeitgleich löste sich auch die Zusammenarbeit mit Hans Jura. Der Film *Score* (1973) spiegelt diesen Übergang auch formal wider, da er der erste von Metzger gedrehte Film ist, der auch Hardcore-Szenen umfasst, die aber in fast allen damals veröffentlichten Versionen nicht enthalten waren. *The Opening of Misty Beethoven*, lose auf My Fair Lady bzw. Pygmalion basierend, gilt heute – aufgrund der (vergleichsweise) guten schauspielerischen Leistungen, der hohen Produktionskosten, der professionellen Kameraführung und des Einfallsreichtums, der den gesamten Film durchzieht – als einer der unbestrittenen Klassiker des Pornofilms.

Metzgers Filme basieren häufig auf literarischen Vorlagen, entweder Klassikern wie *Die Kameliendame*, *Carmen* oder *My Fair Lady*, deren erotische Komponente er verstärkte, oder zeitgenössischen Romanen und Theaterstücken wie *Therese und Isabelle* (von Violette Leduc), *Nackt kam die Fremde* (von Penelope Ashe) oder *L'Image* (von Catherine Robbe-Grillet), die ohnehin eine starke Betonung auf erotische Elemente legten.

1984 zog sich Metzger aus dem Filmgeschäft zurück.

BDSM-Motive

Metzgers Filme enthielten in ihren ursprünglichen Schnittfassungen häufig ausgeprägte BDSM-Elemente, beginnend bereits mit dem Softerotik-Film *Camille 2000*, aber sehr viel weitergehend in den Hardcoreproduktionen der 70er. Aufgrund der jeweiligen nationalen Zensurbestimmungen wurden diese aus den Verkaufsversionen in der Regel wieder umfassend entfernt, Beispiele sind hierfür sind *The Opening of Misty Beethoven*, *The Private Afternoons of Pamela Mann* und *Barbara Broadcast*. Während diese Maßnahmen in den für den amerikanischen Markt bestimmten Versionen umfangreicher waren, sind die europäischen Versionen hiervon unterschiedlich betroffen.

1976 entstand, basierend auf dem aus dem Jahr 1956 stammenden sadomasochistischen Klassiker *L'Image* von Catherine Robbe-Grillet, der heute ebenfalls als Klassiker geltende Film *The Image* (auch bekannt als *The Punishment of Anne*). Dieser blieb von Schnitten weitestgehend verschont. Der Film erschien wie auch *Score* in zwei unterschiedlich "harten" Versionen, um es den Kinobetreibern zu ermöglichen, die Vorführung an ihre Zielgruppe anzupassen.

Filmografie (Auswahl)

- 1961: Dark Odyssey
- 1966: The Alley Cats (dt.: *Mädchen zwischen Sex und Sünde*)
- 1967: Carmen, Baby (dt.: *Carmen Baby*)
- 1968: Therese and Isabelle (dt.: *Therese und Isabell*)
- 1969: Camille 2000 (dt.: *Kameliendame 2000*)
- 1970: The Lickerish Quartet
- 1973: Score
- 1975: Naked Came the Stranger (als Henry Paris) (dt.: *Der Fremde kam nackt*)
- 1976: The Opening of Misty Beethoven (als Henry Paris) (dt.: *The Opening of Misty Beethoven*)
- 1976: The Image (alternativer Titel *The Punishment of Anne*)
- 1975: The Private Afternoons of Pamela Mann (als Henry Paris) (dt.: *Die privaten Nachmittage der Pamela Mann*)
- 1977: Barbara Broadcast (als Henry Paris)
- 1978: Maraschino Cherry (als Henry Paris) (dt.: *Die Liebesschule*)
- 1979: The Cat and the Canary (dt.: *Die Katze und der Kanarienvogel*)
- 1981: The Tale of Tiffany Lust (als Henry Paris) (dt.: *Hard Erections*)
- 1983: The Princess and the Call Girl (als Radley Metzger)

Auszeichnungen

1976 gewann *The Opening of Misty Beethoven* den ersten *Award of the Adult Film Association of America* (AVN Award) in den Kategorien *Best Director* (als Henry Paris), *Best Film* und *Best Actor* (Jamie Gillis). 2002 erhielt die Produktion die Auszeichnung *Best Classic Release on DVD*.

Literatur

- Legs McNeil, Jennifer Osborne: *The Other Hollywood: The Uncensored Oral History of the Porn Film Industry*. Regan Books, 1. Aufl., 2006. ISBN 0-060096-60-8
- Leo Phelix, Rolf Thissen, Christa Bandmann (Hrsg.): *Pioniere und Prominente des modernen Sexfilms*. Goldmann, 1986, ISBN 3442102197
- Nathaniel Thompson: *Dreams of desire - The Films of Radley Metzger*, online unter mondo-digital.com
- A Talk with Radley Metzger (Interview)
- Gary Morris: *Thoughts on Radley Metzger - The master of Euro-erotica is starting to get his due in recent revivals*, online unter brightlightsfilm.com

Von „http://de.wikipedia.org/wiki/Radley_Metzger"

Ring der O

Ring der O in der gegenwärtig am weitesten verbreiteten Form

Der **Ring der O** ist ein besonderer Fingerring, der seit den 1990er Jahren ein im deutschsprachigen Raum verbreitetes Schmuckstück und Erkennungszeichen für Anhänger des BDSM ist. Er erhielt seinen Namen nach einem Ring, den die Protagonistin O in dem klassischen BDSM-Roman *Geschichte der O* von Pauline Réage trägt.

Literarische Vorlage

Vereinfachtes Modell des literarischen Vorbilds mit der Triskele

Der Ring ist in der literarischen Vorlage ähnlich geformt wie ein Siegelring und trägt eine Triskele.

„… *Der Mann hielt ihr nun eine kleine Holzkette mit lauter gleichen Ringen hin und bat sie, daraus einen Ring zu wählen, der an ihren linken Ringfinger passte. Es waren sonderbare Eisenringe, innen mit Gold gerandet; der breite, schwere Reif, ähnlich der Fassung eines Siegelrings, aber hochgewölbt, trug in Nielloarbeit ein goldenes Rad mit drei Speichen, die spiralenförmig gebogen waren, wie beim Sonnenrad der Kelten.*"

– Pauline Réage: „Geschichte der O"

Die symbolische Bedeutung in der *Geschichte der O* weicht von der im Bereich BDSM allgemein verbreiteten erheblich ab. Im Buch tragen lediglich devote „Sklavinnen" diesen Ring, der ihnen im Rahmen ihrer Ausbildung verliehen wird. Hierbei sind die Ringträgerinnen verpflichtet, sich jedem Mann, der die Bedeutung des Rings kennt, zu unterwerfen. In der heutigen BDSM-Subkultur signalisiert der Ring lediglich die Zugehörigkeit zu dieser.

Heutige Formen

Weibliche Sub (Bottom) mit Halsband im Design des Rings der O

In der ersten Literaturverfilmung des Romans *Die Geschichte der O* wurde der Ring als Fingerring, an dem über eine kleine aufgesetzte Kugel ein kleiner Ring beweglich befestigt ist, dargestellt. Er ähnelt einer Ringschelle, wie sie in größerer Ausfertigung zum Anketten von Tieren oder Gefangenen verwendet wurden.

Inspiriert von diesem Film wurden Fingerringe mit diesem Aussehen in deutschsprachigen BDSM-Kreisen schnell populär. Die erste Abbildung eines im Handel erhältlichen Rings in diesem Design erfolgte im September 1989 in Heft Nr. 4 der Schlagzeilen. Seine Entwicklung wird Jörg Hampel und Jan Scheu zugeschrieben. Seit Anfang der 1990er Jahre findet sich das Design des Rings zunehmend auch außerhalb des BDSM-Kontextes wieder. Entsprechende Modellvarianten existieren beispielsweise in der Schmuckkollektion von Calvin Klein und wurden teilweise auch von auf jugendliche Zielgruppen spezialisierten Modehausketten vertrieben.

Im englischsprachigen Raum hat sich, angetrieben von *The Emblem Project*, ein anderes Symbol für BDSM durchgesetzt, das in der Subkultur als das BDSM-Emblem bezeichnet wird und näher an das im Roman beschriebene Design des Rings der O angelehnt ist.

Konventionen im Bereich BDSM

Es ist üblich, dass Doms (Tops) den Ring an der linken Hand und Subs (Bottoms) den Ring an der rechten Hand tragen. Dies hat den Vorteil, dass bei Doms, die Rechtshänder sind, die Schlaghand ohne Ring ist.

In der Literaturvorlage trug O den Ring als Sub an der linken Hand. Aufgrund dieser unterschiedlichen Konvention kann nicht mit absoluter Sicherheit von der Trageseite des Rings auf die bevorzugte BDSM-Rolle geschlossen werden. Switcher tragen den Ring gelegentlich an einer Kette um den Hals.

Literatur

- Regine Deforges, Pauline Reage, Dominique Aury: *Die 'O' hat mir erzählt. Hintergründe eines Bestsellers*. Charon, 2000, ISBN 3931406253 (*Die Geschichte der O, Rückkehr nach Roissy* und Interviews in einem Band)

Von „http://de.wikipedia.org/wiki/Ring_der_O"

Robert Mapplethorpe

Robert Mapplethorpe (* 4. November 1946 in Floral Park, Queens, New York City; 9. März 1989 in Boston) war ein US-amerikanischer Fotograf und bildender Künstler.

Biografie

Robert Mapplethorpe wurde 1946 als drittes von sechs Kindern einer katholischen Arbeiterfamilie geboren. Nach dem Abschluss der Schule ging er auf Wunsch seiner Eltern an das Pratt Institute. Dort kam er mit der 68er-Bewegung in Kontakt. Während des Studiums lernte er auch Patti Smith kennen und verliebte sich in die damals unbekannte Musikerin und Poetin. Die beiden zogen zusammen und Mapplethorpe vertiefte seine Arbeit an eigenen Kunstwerken.

Das Studium schloss er schließlich mit einem Bachelor of Fine Arts ab. Seine ersten Werke enthielten noch keine eigenen Fotos, aber oft Bilder, die er aus Büchern oder Zeitschriften entnommen hatte. Bald darauf begann er auch mit ersten eigenen Bildern zu arbeiten, die er mit einer Polaroid-Kamera aufnahm. Später sagte er über diese Zeit: „*Ich fing an zu verstehen, dass Fotografie Kunst sein könnte.*"

Ab Anfang der 1980er-Jahre wurde Mapplethorpe, zunächst vor allem in New York, von einem größeren Publikum wahrgenommen. Viele Persönlichkeiten ließen sich von ihm porträtieren, unter anderem Andy Warhol, Deborah Harry, Richard Gere, Peter Gabriel, Grace Jones, und Patti Smith. Es wurde „in", sich von Mapplethorpe fotografieren zu lassen. Gemeinsam mit der Bodybuilderin Lisa Lyon produzierte er eine Bilderserie von 1980 bis 1982, die er unter dem Titel *Lady Lisa Lyon* 1983 veröffentlichte. Die Mehrzahl seiner Aufnahmen entstand in seinem eigenen Studio oder in einem der unzähligen New Yorker Lofts. Dabei waren seine Aufnahmen stets schlicht, vor weißem oder schwarzem Hintergrund fotografiert.

Im Gegensatz zu seinen Bildern, auf denen er Stillleben mit Blumen oder Portraits gesellschaftlich anerkannter Schauspieler und Künstler zeigt, wählte Mapplethorpe auch oder gerade kontroverse Themen.

Seine Nacktarbeiten zeigten häufig homoerotische Motive, die von eher klassischen Posen bis hin zu BDSM-Szenen reichten. Mapplethorpe wurde insbesondere durch seine *Portfolio X* Serie bekannt. Insbesondere im angelsächsischen Raum führte die durch die US-amerikanische *National Endowment for the Arts* (nationale Stiftung zur Kunst- und Kulturförderung) finanzierte Ausstellung *The Perfect Moment* zu einer Kontroverse, nachdem bekannt wurde, dass der Künstler ein Selbstporträt angefertigt hatte, das ihn mit einer in seinen Anus eingeführten Bullenpeitsche zeigt.

Mapplethorpes Arbeiten wurden in den USA häufig in öffentlich finanzierten Ausstellungen gezeigt. Viele konservative und religiöse Gruppen, wie z. B. die American Family Association, protestierten regelmäßig dagegen, derartige Kunstwerke zu fördern. Der Künstler rückte in diesem Bereich, stellvertretend für die Gesamtthematik, in den Mittelpunkt der öffentlichen Diskussion in den USA zum Thema Kunstförderung.

Mapplethorpe lebte ein sehr exzessives Leben, das von Drogen und zahlreichen homosexuellen und heterosexuellen Beziehungen geprägt war. Als bekannt wurde, dass sich Mapplethorpe mit dem HI-Virus infiziert hatte, schnellten die Preise für seine Fotos in die Höhe. Im Dezember 1988 verkaufte er Fotos im Wert von 500.000 US-Dollar.

Im März 1989 starb Mapplethorpe in einem Bostoner Krankenhaus an den Folgen seiner HIV-Infektion.

1990, nur ein Jahr nach Mapplethorpes Tod, führte eine Ausstellung seiner sieben sadomasochistischen Porträts unter dem Titel *The Perfect Moment* in

Cincinnati zu einer Kontroverse über die Darstellungen. In Folge der Ausstellung kam es zu dem vergeblichen Versuch, das *Cincinnati Contemporary Arts Center* und seinen Direktor *Dennis Barrie* wegen der Ausstellung obszönen Materials (*Pandering Obscenity*) in einem Gerichtsverfahren zu verurteilen. Die Ereignisse wurden mit James Woods in der Rolle des Museumsdirektors unter dem Titel *Dirty Pictures* im Jahr 2000 verfilmt.

In Japan stellte der Oberste Gerichtshof erst 2008 fest, dass Mapplethorpes erotische Bilder nicht gegen das Pornografieverbot verstießen und gab einen acht Jahre lang beschlagnahmten Band mit Mapplethorpe-Fotografien frei.

Einzelwerke

- Mark Stevens (Mr 10½) (1976)
- Man in Polyester Suit (1980)

Literatur

- Morrisroe, Patricia: *Mapplethorpe: A Biography*, Da Capo Press, 1997, ISBN 0-306-80766-1
- Arthur C. Danto: *Playing with the Edge: the Photographic Achievement of Robert Mapplethorpe*, University of California Press 1996
- Gary Banham: *Mapplethorpe, Duchamp and the Ends of Photography*, 2002
- Mark Jarzombek: *The Mapplethorpe Trial and the Paradox of its Formalist and Liberal Defense: Sights of Contention*, AppendX, No. 2, Spring 1994, S. 58–81
- Allen Ellenzweig: *The Homoerotic Photograph: Male Images from Durieu/Delacroix to Mapplethorpe*, Columbia University Press, 1992, ISBN 0-231-07536-7
- *Robert Mapplethorpe – The Black Book*, Neuauflage in englischer/deutscher Sprache, Schirmer/Mosel Verlag, München 2010 ISBN 978-3-8296-0460-4
- Patti Smith: "Just Kids", 2010, deutsch bei Kiepenheuer & Witsch, Köln 2010. Patti Smiths autobiographischer Bericht über ihr Leben mit Robert Mapplethorpe. ISBN 978-3-462-04228-3

Film

- 2000: Dirty Pictures (nur Englisch) (Der Film beruht auf dem Verfahren in Cincinnati)

Ausstellung

- 2010: *Robert Mapplethorpe*, NRW-Forum, Düsseldorf
- 2011: "Robert Mapplethorpe. Retrospektive" C/O Berlin, Berlin

Von „http://de.wikipedia.org/wiki/Robert_Mapplethorpe"

SEX

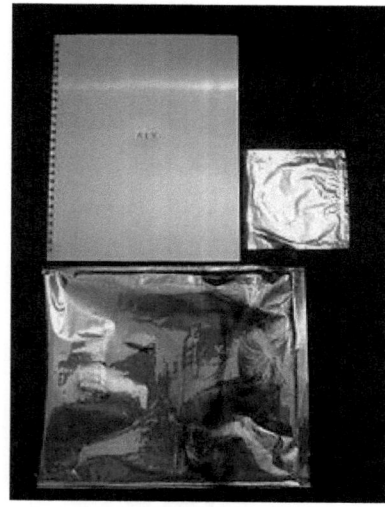

SEX-Buch mit Hülle und CD

SEX ist der Titel eines Bildbandes über die Künstlerin Madonna mit erotischen Fotografien von Steven Meisel. Für die Gestaltung war der renommierte Designer Glenn O'Brien zuständig. Die Texte wurden von Madonna verfasst.

Die Veröffentlichung des Buchs am 21. Oktober 1992 sorgte weltweit für einen geplanten Skandal: Die erfolgreiche Sängerin Madonna hatte ein Buch veröffentlicht, das die Grenzen zur Pornografie berührte und auf sadomasochistischen Konzepten beruht, weswegen das Buch in vielen Ländern verboten wurde. Das Buch wurde weltweit 1,5 Millionen Mal verkauft und ist somit das erfolgreichste Coffee Table Book aller Zeiten.

Das Buch

Das großformatige Buch hat einen spiralgebundenen Metalleinband aus gebürstetem Aluminium. In die Vorderseite ist der Titel „SEX" eingeprägt, auf die Rückseite ist ein eingeklammertes „X" ausgestanzt. Beigelegt ist eine CD mit einer unveröffentlichten Version von *Erotica*, namens *Erotic*. Dem Buch beigeheftet ist eine achtseitige Geschichte im Comic-Stil: „Dita in The Chelsea Girl".

Verpackt wurde das Buch in einer silbernen Folie, auf der ein stilisiertes, hellblaues Bild von Madonna abgebildet ist. In Deutschland wurde das Buch vom Heyne-Verlag veröffentlicht. Jedes Exemplar des Buches enthält auf der Rückseite des Einbandes eine eingestanzte limitierte Nummer. Das Buch war bereits kurz nach der Veröffentlichung im September 1992 weltweit ausverkauft – trotz eines Verkaufspreises von 99 DM. Heute werden die Bücher bei Online-Auktionshäusern zu Preisen von durchschnittlich 150 Euro verkauft.

Vorgeschichte

Nachdem Madonna ihr weltweit gefeiertes Album *Like a Prayer* (1989) und die Welthits *Vogue* und *Justify My Love* (1990) veröffentlicht hatte, war sie auf dem ersten Zenit ihrer Karriere angelangt. Schon das Video von „Justify my Love" zeigte in ästhetischer Form Madonnas Vision von Sex: In schwarzweißen Bildern tauscht sie Küsse und Berührungen mit Männern und Frauen aus, inszeniert in der Anonymität eines alten Hotels in Paris. Angedeutete Szenen um BDSM und One-Night-Stands steigerten die bisherigen erotischen Szenen, die Madonna in den Videos zu *Open Your Heart* und *Express Yourself* eher angedeutet, als deutlich gezeigt hatte – und trotzdem für handfeste Skandale gesorgt hatten.

Zwei Jahre später war das Album

Erotica fertiggestellt, als Madonna mit dem Fotografen Steven Meisel Ideen und Konzepte für Albumcover, Pressefotos und das neue Video besprach. Das Thema „Erotica" sollte kontrovers und überraschend umgesetzt werden. Zudem war Madonna wegen der 1983/84 gegen ihren Willen veröffentlichten Aktbilder in Playboy und Penthouse verärgert. So entschied sie sich, die Massenmedien mit selbst inszenierten Nacktbildern zu versorgen.

Inhalt

Der Bildband SEX war ein harter Kontrast zu den „geschmackvollen und künstlerischen" Aufnahmen, die man von anderen Stars bislang kannte, die sich für Hochglanzmagazine wie den Playboy fotografieren ließen. Das Buch beginnt mit Madonnas Worten *„Dies ist ein Buch über Sex. Sex ist nicht Liebe. Liebe ist nicht Sex. Aber es ist wie im siebten Himmel, wenn eines zum anderen kommt."* Die Gestaltung des Buches ist kunstvoll „billig" gestaltet. Typische Femdom-Posen nutzend posiert Madonna lachend mit der Lederpeitsche, küsst ihren damaligen Liebhaber Tony Ward auf den nackten Hintern und lässt ihn ihre Schuhe ablecken.

Mit zwei Skinhead-Frauen simuliert sie in Leder Dominanzspiele mit Peitsche und Messer. Andere Bilder zeigen sie mit der Schauspielerin Isabella Rossellini, die einen Smoking trägt und mit Naomi Campbell, mit der sie lesbische und bisexuelle Szenen spielt. Viele Bilder stellen Madonna bewusst in ungewöhnlichen Situationen dar: So sieht man sie in Lackstiefeln an einer hohen Mauer hängen, sie zündet sich nackt in der Hocke eine Zigarette an oder rangelt nackt mit einem Hund. Auf anderen Bildern beobachtet sie Udo Kier, der sich mit nackten Männern amüsiert: Er spielt den reifen Playboy, der sie küsst, beobachtet und im wahrsten Sinn an die Leine nimmt. Madonna mimt in abendlicher Garderobe und glamourösem Styling die Statistin, die den homoerotischen Szenen beiwohnt.

Madonna zeigt verschiedene Versionen von Sex, Leidenschaft und Erotik, aber auch Fotos, auf denen sie liegend an ihrem Daumen lutscht oder von Isabella Rossellini in die Arme genommen wird. Eins der bekanntesten Bilder zeigt Madonna nackt am Straßenrand einer Straße in Miami: Als Anhalterin steht sie direkt an der befahrenen Straße, und streckt ihre Hand aus. Sie trägt nichts als ihre High-Heels und eine Handtasche. In der Danksagung am Schluss des Buches, dankt Madonna den Bürgern von Miami, dass sie sie nicht überfahren haben, als sie nackt durch deren Straßen lief.

Zu den Bildern schrieb Madonna besondere Texte, oft in Brief- oder Tagebuchform. Sie beschreibt als ihr Alter Ego „Dita" ihre Gefühle und Sehnsüchte und ihre Lust nach fantasievollem Sex. Die Briefe sind an fiktive Freunde wie beispielsweise Johnny gerichtet, dem sie sexuelle Spiele mit ihrer fiktiven Freundin Ingrid schildert.

Darsteller

Neben Madonna und einigen unbekannten Modells sind auch diverse bekannte Gesichter in dem Buch zu entdecken. So tauchen neben den oben erwähnten Künstlern auch Pornodarsteller Joey Stefano und die Rapper Big Daddy Kane und Vanilla Ice auf.

Der Comic *Dita in The Chelsea Girl*

Die eigenständige Geschichte im Trash-Stil eines aus den sechziger Jahren hat keine richtige Handlung, es ist viel mehr eine Aneinanderreihung erotischer und witziger Szenen. Madonna und ihre Freunde und vor allem ihre Liebhaber verleben einen Tag voll Sex, Eifersucht und Streitereien in der Kulisse eines heruntergekommenen Hotels. Das ist der Hintergrund für weitere freizügige Bilder, auf denen Madonna und die anderen Darsteller in Leder und Strapsen viel nackte Haut zeigen.

Madonna, die sich hier „Dita" nennt (inspiriert durch den Vornamen der Stummfilm-Legende Dita Parlo), will mit diesem selbst kreierten Alter Ego ihre Sexualität ausleben. Im Gegensatz zu den Bildern des Hauptbuchs spielt sie hier noch offensichtlicher eine Rolle. Die Bilder sind in schwarzweiß gehalten, wirken billig und vor allem übertrieben gestellt. Wenn sie sich mit Gespielinnen streitet oder Liebhabern näher kommt, verharren die Akteure in gestellten Positionen – und Sprech- oder Denkblasen im Comicstil lassen die Szenen nicht nur erotisch, sondern auch komisch wirken.

Die CD

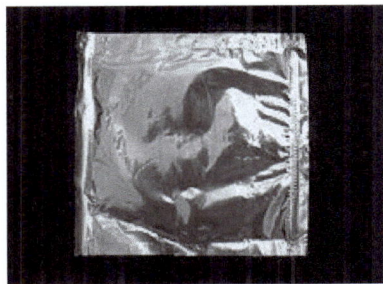

SEX–Buch von Madonna; CD *Erotic*

Die CD enthält eine frühere Version von Madonnas Hitsingle *Erotica* (Platz 13 in Deutschland, Platz 3 in den USA und GB), der Vorabauskopplung des Albums mit gleichem Namen. Diese Version mit dem Namen „Erotic" wirkt noch rauer und ungeschliffener, als die später mit Shep Pettibone produzierte und bekannte Version und enthält zusätzliche Textteile.

Interessantes

- Während der Produktion des Buches wurden etliche Bilder gestohlen. Es wurde sogar das FBI eingeschaltet, um diese wiederzufinden. Im Buch dankt Madonna dem FBI.
- SEX verkaufte sich alleine in den USA am ersten Tag 150.000 Mal.
- In Japan wurde das Buch verboten. Die kontroversen Bilder verletzten die Gesetze der staatlichen Zensur – Madonna weigerte sich, die beanstandeten Stellen schwärzen zu lassen.
- Staatliche Büchereien in den USA mussten ihre Bestellungen stornieren, da ein Boykott der Gemeinden angedroht wurde.
- In Indien wurden Einfuhr und Verkauf bei Androhung von Konfiszierung verboten.
- In Frankreich führte eine katholische Gruppe zwei Prozesse gegen Madonna und den Herausgeber des Bu-

ches, da es „die Jugend verderbe". Alle Exemplare des Buches sollten zerstört werden.
- Die Leser des britischen NME Magazine kürten *SEX* zum „Hype Of The Year".
- Kritiker bezeichnen das Buch als einen Flop, es erwirtschaftete jedoch einen Netto-Gewinn von 20 Millionen US-Dollar.
- In Internet-Tauschbörsen tauchte das Produktionsvideo von *SEX* auf: Die Fotosession von *SEX* wurde komplett gefilmt. Ein Zusammenschnitt dieser Szenen, die im Buch und im Video von *Erotica* zu sehen sind, sieht man hier in voller Länge, dazu viele Szenen, die bislang nicht zu sehen waren. Das Video ist/war niemals legal erhältlich und wurde in den letzten Jahren bei Internethändlern unter dem Titel *The Making Of The SEX Book*, verkauft.
- Anlässlich der Promotion von ihrem Album *Erotica* und dem Buch SEX verbrachte Madonna im Oktober 1992 einige Tage in Hamburg. Der Höhepunkt war eine Party im Alsterpavillon, zu dem Madonna direkt über die Alster mit einem Boot chauffiert wurde.

Nachwirkungen

Der Bildband SEX war gemeinsam mit dem dazugehörigen Album Erotica und dem kurz darauf gedrehten Erotik-Thriller Body of Evidence der Auslöser für Madonnas größten Karriereknick. Die mehrheitlich jugendlichen Fans von Madonna waren fasziniert, aber durch die Inhalte und verwendete Ästhetik überfordert. Mit Madonnas propagiertem „Sex-Overkill" konnten sie sich kaum identifizieren. Infolgedessen blieben die Album- und Singlesverkäufe weit hinter den Erwartungen zurück. Erstmals war das Gesetz gebrochen, dass Madonna nur Megahits produzierte.

In *Human Nature* (1995) besang sie noch ein letztes Mal – in Latex – einen Rückblick auf die Jahre von *SEX*:
Did I say something true?
Oops, I didn't know I couldn't talk about sex
[I musta been crazy]
Did I have a point of view?
Oops, I didn't know I couldn't talk about you
And I'm not sorry [I'm not sorry]
It's human nature [it's human nature]
Habe ich etwas Wahres gesagt?
Oh, ich wusste nicht, dass ich nicht über Sex reden könnte.
[Ich muss verrückt gewesen sein]
Hatte ich einen Standpunkt?
Oh, ich wusste nicht, dass ich nicht über dich reden könnte.
Und es tut mir nicht Leid, […tut mir nicht Leid,]
Weil es menschlich ist! […es menschlich ist!]
Die Skandale nach *SEX* erzielten nicht mehr die erhoffte Wirkung: Jeder hatte Madonna nackt gesehen. Madonna hatte keinen Raum mehr für die eigene Fantasie übrig gelassen. Sie tat das einzige, was die Medien noch überraschen konnte: Madonna zog sich wieder an. Züchtig, fast prüde und zugeknöpft bis zum Kinn. Es stand wieder die Musik im Vordergrund: Das Balladenalbum *Something to Remember* und die zurückhaltend-intensive Darstellung in der Musicalverfilmung von Evita folgten.

SEX hatte Madonna in eine Krise gestürzt, die erst 1998, mit dem mit einem Grammy ausgezeichneten Album *Ray of Light* beendet wurde. Madonnas Sexphase hatte ihre Karriere am stärksten geprägt und sie zum Sexsymbol gemacht – doch sie hatte in dieser Zeit viel an musikalischer Reputation verloren, die sie sich noch 1989 durch das Album *Like a Prayer* erkämpft hatte.

Heute äußert sich Madonna zu dieser Phase ihres Lebens eher zurückhaltend. In einem Interview räumte sie ein, dass sie mit dem Buch „nur Aufmerksamkeit erregen wollte", da sie als „größter Weltstar" alles erreicht habe. In einem „Anfall von Größenwahn" habe sie versucht, die Welt zu verändern und sich – und vor allem das prüde Amerika – sexuell zu befreien.

Madonna verhinderte 2002 eine Neuauflage von *SEX* als Taschenbuch, das zum 10. Jubiläum erscheinen sollte.

Kritik

Besonders von Seiten der BDSM-Szene erfährt *SEX* mitunter starke Kritik, weil man der Meinung ist, dass SM lediglich als Marketingmittel missbraucht wurde und die Klischees und Vorurteile über SM bedient wurden. Oft wird stark angezweifelt, dass Madonna selbst überhaupt irgendwelche entsprechenden Neigungen hat. Es gibt jedoch auch SMler die diese Ansichten prinzipiell teilen, jedoch in der Ganzen Sache trotzdem einen positiven Impuls gesehen haben.

Literatur

- Madonna: *SEX*. Heyne Verlag, 1992, ISBN 3-453-06271-X

Belege

Von „http://de.wikipedia.org/wiki/SEX"

SM-Möbel

Andreaskreuz

Typische SM-Möbel

Andreaskreuz

Historischer Pranger

Halsgeige

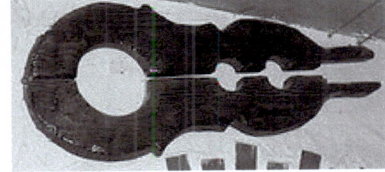

Sklavin im Stahlkäfig auf der Cologne Pride 2007

Sklavenliege

Sling

Modell einer typischen Smotherbox

Historische Streckleiter

Vakuumbett

SM-Möbel dienen dazu, im Rahmen von BDSM- oder Bondage-Spielen die Fixierung des Bottoms (passiver Partner) durch den Top (aktiver Partner) zu ermöglichen oder zu unterstützen. Sie sind integraler Bestandteil entsprechender privater Räume und kommerzieller Studios, solche Räume werden im Jargon der BDSM-Szene auch Dungeon genannt. Häufig sind sie altertümlichen Folter- und Strafinstrumenten wie etwa Streckbank und Pranger nachempfunden. Andere wurden aus dem medizinischen Bereich übernommen, wie beispielsweise der gynäkologische Stuhl.

Manche SM-Möbel sind so konstruiert, dass sie sich durch Umbau tarnen lassen. Sie wirken dann wie gewöhnliche Möbel und können so auch in normalen Räumen untergebracht werden, ohne Aufsehen zu erregen. SM-Möbel sind in der Regel sehr kostspielig, vor allem Einzel- und Sonderanfertigungen, weswegen mitunter gebrauchte medizinische Einrichtungsgegenstände als Alternative verwendet oder Möbel selbst gebaut werden. Innerhalb fast aller größeren SM-Online-Communitys und Foren finden sich Hinweise und Anleitungen für den Selbstbau (oft als *Basteln* bezeichnet) von Möbeln und Equipment.

Das Andreaskreuz ist ein x-förmiges Kreuz (oft nur *Kreuz* genannt) in Menschengröße. Benannt wurde es nach dem christlichen Apostel Andreas, der um 60 n. Chr. zum Tod durch Kreuzigung an einem X-förmigen Kreuz verurteilt worden sein soll. Es besteht meist aus Holz oder Metall und dient der Fixierung des passiven Partners (Bottom). Die Vorder- bzw. Rückseite des Fixierten sind dabei für den aktiven Partner (Top) frei zugänglich, die Extremitäten gespreizt und fixiert, dafür wird auch der Ausdruck *spreadeagled* verwendet. Dadurch, dass die Füße des Gefesselten meist auf dem Boden stehen und das Gewicht des Körpers tragen, sind Verletzungen der Gelenke und Atemnot durch den Zug auf die Arme und den Druck auf den Brustkorb wie bei einer echten Kreuzigung unwahrscheinlich. Es findet sich oft auch in Abwandlungen als Wandhaken, klappbares Stand- oder Wandkreuz. Neben dem klassischen Andreaskreuz werden auch gelegentlich T-Kreuze (Christuskreuze) verwendet. Diese haben jedoch innerhalb des erotischen Spiels den Nachteil, dass die Beine des Gefesselten geschlossen sind.

Gynäkologischer Stuhl

Die verwendeten „Gyn-Stühle" entsprechen weitgehend den in gynäkologischen Arztpraxen üblichen Geräten, sie sind jedoch oft technisch vereinfacht und entsprechend billiger, beispielsweise ohne elektrische Verstellmöglichkeit. Er wird unter anderem für Klinikspiele oder als Alternative zur Sklavenliege verwendet.

Pranger

Der Pranger besteht in der Regel aus zwei parallel angeordneten Brettern, die durch Scharniere miteinander verbunden sind und am Ende eines starken Pfahles angebracht sind oder durch seitlich angebrachte Ösen frei im Raum aufgehängt werden können. In beiden Brettern sind Aussparungen für den Hals und, links und rechts davon, für die Handgelenke, häufig können auch die Fußgelenke damit fixiert werden. Im Gegensatz zum historischen Original sind Pranger aus dem BDSM-Bereich häufig verziert und gepolstert. Ein sehr ähnliches Prinzip verfolgt die Halsgeige (auch Schandkragen oder Schandgeige genannt), die Anordnung beider Hände auf einer Seite des Kopfes unterscheidet die Gerätschaften in der Anwendung.

Der Zweck eines im BDSM verwendeten Prangers ist vor allem die Fixierung. Je nach Art des Pranger werden aber auch bestimmte Körperteile des Fixierten zugänglich gemacht, oft wird durch den Pranger eine vornübergebeugte Haltung vorgegeben.

Ein Sonderfall sind die sogenannten Tischpranger (tischartiger Pranger mit Aussparung für den Hals des Fixierten) an dem beispielsweise Fütterungsspiele durchgeführt werden können.

Sklavenbox oder Black Box

Eine Kiste, meist aus Holz oder Metall, in die der Bottom eingesperrt wird. Die Kiste ist in der Regel so bemessen, dass es nicht möglich ist, die eingenommene Position zu verändern. Die Kiste ist normalerweise lichtdicht, verfügt jedoch in aller Regel über eine Öffnung für Atemluft. Weitere Öffnungen beispielsweise für Mund oder Füße können vorhanden sein, im Inneren der Kiste können manchmal weitere Zubehörteile (Dildos, Haken, oder ähnliches) angebracht werden.

Sklavenkäfig

Ein Käfig, in den der Bottom eingesperrt wird und der meist gerade groß genug ist, um eine Person darin unterzubringen. Ein Verändern der Position ist je nach Bauart nicht möglich. Je nach Konstruktion ist der Bottom gezwungen permanent zu stehen, zu hocken oder auf allen Vieren zu verharren. Auch hier gibt es verschiedene Varianten, beispielsweise Konstruktionen, mit denen der Käfig unter die Decke gezogen werden kann. Es gibt vielfach die Möglichkeit den Bottom im Inneren des Käfigs noch weiter zu fixieren oder Zubehörteile (Klammern, Dildos oder ähnliches) anzubringen.

Sklavenliege

Eine Liege auf der der Bottom fixiert werden kann. Es gibt verschiedene Varianten wie flach, gewölbt, verstellbar, mit Hand- und Fußschellen, Fesselgurten oder Halterungen zum Anbringen von Fesselgerätschaften. Eine Variante ist die Klinikliege, die flach oder verstellbar ist und keine Fesselvorrichtungen hat. Eine weitere verbreitete Variante ist der Sklavenstuhl, an dem sich oft Vorrichtungen wie etwa Dildos anbringen lassen.

Sling (Liebesschaukel)

Eine Liebesschaukel ist meist eine Liege oder ein Gurtsystem, das an der Decke oder einem speziellen Gestell befestigt wird und in das der Bottom gelegt werden kann um dem Top freie Zugänglichkeit für beispielsweise den Geschlechtsverkehr zu schaffen. Die Liebesschaukel ist auch bei den sogenannten Vanilla-Paaren verbreitet, die keine sadomasochistischen Praktiken anwenden. In der BDSM-Variante sind oft vielfältige Möglichkeiten zur Fixierung des Partners an der Schaukel angebracht.

Smotherbox

Eine Smotherbox (auch Oralbox oder Toilettenbox genannt) ist eine meist kistenähnliche Vorrichtung, die dazu verwendet wird, einem Top im Rahmen von Domination and Submission das Sitzen auf dem Gesicht eines Bottom zu ermöglichen, dies kann sowohl das sogenannte Facesitting erleichtern, bei dem eine Atemreduktion erreicht wird, aber auch für Oralverkehr zweckmäßig sein. Darüber hinaus kann die Kiste auch für die Abgabe von Urin an den Bottom dienen. Diese Kisten/Bauteile finden überwiegend im Femdom Verwendung.

Spanischer Reiter

Mit *spanischer Reiter* oder *spanisches Pferd* bezeichnet man einen Holzbock mit einem nach oben zugespitzten keilförmigen Querholz, auf den der Bottom mit gespreizten Beinen fixiert oder unfixiert gesetzt werden kann. Der Bock ist meist so bemessen, dass die Füße den Boden nicht berühren können und das gesamte Körpergewicht auf der Kante lastet. Zusätzliche Gewichte an den Fußgelenken können den Druck auf den Schambereich verstärken. Anders als bei den entsprechenden historischen Folterinstrumenten ist die Oberkante des Querbalkens oft verbreitet, manchmal sogar gepolstert. Anstelle der spitzen Zacken, die im Original in die Kante eingelassen waren, treten gelegentlich Kerben im Balken, die zwar unangenehm sind, aber keine ernsthaften Verletzungen verursachen.

Streckbank oder Streckleiter

Dieses Möbelstück ist ebenfalls aus einem historischen Folterinstrument, der Streckbank entstanden. Hier wird der Bottom auf einer üblicherweise aus Holz bestehenden Liege sowohl an Händen wie auch an Füßen fixiert. Über eine Walze können Ketten bzw. Seile aufgewickelt werden, wodurch ein mechanischer Zug auf die Gelenke entsteht. Eine Überdehnung kann zu ernsthaften Verletzungen führen.

Toilettenstuhl

Herkömmlicher Toiletten- oder Leibstuhl mit Toilettenschüssel, wie er auch aus der Krankenpflege bekannt ist. Ein spezieller Toilettenstuhl ist die sogenannte „Sklaventoilette", die über dem Körper, meist dem Gesicht des Bottom platziert wird (ähnlich der Smotherbox). Beide Varianten werden bei Exkretionsspielen verwendet.

Vakuumbett

Ein Vakuumbett ist eine Art Ganzkörperschlafsack (ähnlich einem Bodybag oder einer Mumifizierung) aus luftdichtem Material, aus dem die Luft herausgesaugt werden kann um dadurch jemanden zu fixieren. Die Vakuumbetten sind meistens aus Latex hergestellt, dadurch hat dieses Möbel einen besonderen zusätzlichen Reiz für Gummi- und Latexfetischisten.
Von „http://de.wikipedia.org/wiki/SM-M%C3%B6bel"

Sadismus

Als **Sadismus** im medizinischen Sinn bezeichnet man die Tatsache, dass ein Mensch (sexuelle) Lust oder Befriedigung dadurch erlebt, andere Menschen zu demütigen, zu unterdrücken oder ihnen Schmerzen zuzufügen. In gewissem Rahmen kann sich Sadismus auch durch tierquälerische Handlungen ausdrücken.

Der Begriff *Sadist* wird heutzutage im allgemeinen Sprachgebrauch auch für Personen verwendet, welche sich am Leid anderer erfreuen können.

Das Gegenteil vom Sadismus – den Lustgewinn durch *Erleiden* von Schmerz oder Demütigung – bezeichnet man als Masochismus.

Herkunft des Begriffs

Der Begriff Sadismus wurde vom deutschen Psychiater und Gerichtsmediziner Richard von Krafft-Ebing erstmals wissenschaftlich verwendet. Der Sadismus ist benannt nach Donatien Alphonse François Marquis de Sade, dessen Romane pornografische Inhalte mit Gewaltfantasien mischten.

Medizinische Einordnung

Sadistische Praktiken werden inzwischen nicht mehr generell als Störung der Sexualpräferenz angesehen. Der ICD-10 F65.5 nimmt diese Einteilung noch vor, ist jedoch im Hinblick auf die Diagnose Sadismus nicht besonders ausführlich.

So gilt *Sadomasochismus* nach ICD-10 als „Störung der Sexualpräferenz" (Schlüssel F65.5), die dort wie folgt beschrieben wird: *Es werden sexuelle Aktivitäten mit Zufügung von Schmerzen, Erniedrigung oder Fesseln bevorzugt. Wenn die betroffene Person diese Art der Stimulation erleidet, handelt es sich um Masochismus; wenn sie sie jemand anderem zufügt, um Sadismus. Oft empfindet die betroffene Person sowohl bei masochistischen als auch sadistischen Aktivitäten sexuelle Erregung.*

Die *American Psychiatric Association* (APA) (Amerikanische Psychiatrische Vereinigung) hat mit dem Erscheinen des DSM IV im Jahr 1994 weiterreichende Diagnosekriterien veröffentlicht, nach denen BDSM eindeutig nicht mehr als Störung der Sexualpräferenz angesehen wird.

Die Diagnose Sadismus oder Masochismus darf demnach hinsichtlich der sexuell motivierten Ausprägung dieser Störungen nur noch gestellt werden, wenn der Betroffene anders als durch die Ausübung sadistischer oder masochistischer Praktiken keine sexuelle Befriedigung erlangen kann, oder seine eigene sadistisch oder masochistisch geprägte Sexualpräferenz selbst ablehnt und sich in seinen Lebensumständen eingeschränkt fühlt oder anderweitig darunter leidet. Eine Überlagerung von sexuellen Präferenzstörungen und der Ausübung von BDSM-Praktiken kommt jedoch vor.

Einvernehmlich gelebte oder auch heimliche sexuelle Vorlieben für sadistische Praktiken im Sinne des BDSM erfüllen in aller Regel die Kriterien für die Diagnosestellung des Sadismus im heutigen medizinischen Sinne nicht und sind eine soziologisch andersartige, aber nicht seltene Ausprägung der individuellen Sexualität. Die Übergänge zwischen individuell ausgeprägter Sexualität und Störung der Sexualpräferenz können jedoch nicht in allen Fällen sicher definiert werden.

Ausprägungen des Sadismus

Im medizinischen Sinn kann man im Wesentlichen zwischen zwei Ausprägungen des Sadismus unterscheiden.

Nicht vorwiegend sexuell motivierter Sadismus

Erich Fromm analysierte diese Form des Sadismus in seinem Werk Anatomie der menschlichen Destruktivität und porträtierte dort Heinrich Himmler als *klinischen Fall des anal-hortenden Sadismus* (zur Analyse von Sadismus/Masochismus bei Fromm siehe auch sein Werk Die Furcht vor der Freiheit).

Sexuell motivierter Sadismus

Das Ausüben von Macht oder Gewalt über andere Menschen oder auch Tiere ist für die betroffenen Patienten eine Quelle sexueller Erregung. Sadistische Handlungen stellen dabei oft das Vorspiel für den Geschlechtsverkehr dar oder der Geschlechtsverkehr selbst wird in einer Weise praktiziert, die den Partner herabwürdigt, demütigt oder ihm Schmerzen bereitet.

Eine Sonderform des sexuell motivierten Sadismus ist der *Kompensatorische Sadismus*, bei dem die sadistische Handlung die sexuelle Befriedigung vollständig ersetzt.

Sexuell motivierter Sadismus und kompensatorischer Sadismus können zu schweren (Sexual-)Straftaten führen, in besonders schweren Fällen bis hin zu Tötungshandlungen. Diese treten im Rahmen der sehr seltenen schweren progredienten Perversionen auf, bei denen sadistische Fantasien und Wünsche das Verhalten bestimmen. Extremfälle können sich über Jahrzehnte entwickeln, zum Serienmord führen oder auch Kinder zum Opfer machen.

Diese Extremfälle haben das Bild des Sexualstraftäters und des psychisch gestörten Rechtsbrechers in der Öffentlichkeit unter dem Druck der Medien stark geprägt und 1998 zu einer Strafrechtsreform geführt, in deren Folge Entlassungen aus Haft und Maßregelvollzug erschwert wurden.

Behandlung

Die Behandlung des Sadismus ist oftmals langwierig und schwierig; versuchsweise mit Psychotherapie.
Von „http://de.wikipedia.org/wiki/Sadismus"

Sadomasochismus

Als **Sadomasochismus** wird in der Regel eine sexuelle Devianz verstanden, bei der ein Mensch Lust oder Befriedigung durch die Zufügung oder das Erleben von Schmerz, Macht oder Demütigung erlebt. Die Bezeichnung entsteht aus einer Zusammenziehung der beiden Begriffe Sadismus und Masochismus, die die jeweilige Ausrichtung hinsichtlich des aktiven, beziehungsweise passiven Erlebens beschreiben. Unterschieden werden kann zwischen inklinierendem (lat. *inclinare* - sich zuwenden) beziehungsweise einvernehmlichen Sadomasochismus und nicht inklinierendem Sadomasochismus. Darüber hinaus gibt es sowohl therapeutisch als auch umgangssprachlich verschiedene Verwendungen des Begriffs, die zum Teil stark voneinander abweichen und sich vor allem durch die Frage unterscheiden, ob der Sadomasochismus eine mit anderen Vorlieben gleichberechtigte sexuelle Präferenz ist, oder es sich grundsätzlich um eine behandlungsbedürftige Störung des Sexualverhaltens, eine Paraphilie, handelt.

Im Rahmen der sexualmedizinischen Diagnostik oder der Psychoanalyse wird Sadomasochismus dann als behandlungsbedürftig verstanden, wenn die sexuelle Befriedigung ohne sadomasochistische Praktiken erschwert ist oder unmöglich erscheint und bei dem Betroffenen dadurch ein entsprechender Leidensdruck entsteht. Sadomasochismus ist als Teil des Formenkreises der Persönlichkeits- und Verhaltensstörungen als Störung der Sexualpräferenz in der "Internationalen statistischen Klassifikation der Krankheiten und verwandter Gesundheitsprobleme" (ICD) unter der Schlüsselnummer F65.5 gelistet.

Begriffe und Abgrenzungen

Begriffsentstehung

Richard von Krafft-Ebing

Die Begriffe Sadismus und Masochismus wurden erstmals 1886 von Richard von Krafft-Ebing in einem wissenschaftlichen Zusammenhang in *Psychopathia sexualis* verwendet. Er bezieht sich hierbei auf die Werke der Schriftsteller de Sade, dessen Romane pornografische Inhalte mit Gewaltfantasien mischten, und Sacher-Masoch, der in mehreren Werken den Lustgewinn durch Schmerz und Unterwerfung schildert.

Albert von Schrenck-Notzing führte im Jahr 1892 den Begriff der Algolagnie (Schmerzsucht) ein, der den Gesamtkomplex vermutlich erstmals in eine aktive - bezogen auf den Sadismus - und passive Form - bezogen auf den Masochismus - einteilte. Da Sadomasochismus aber auch ohne das Bedürfnis nach körperlichem Erleben auftreten kann, ist der Begriff Algolagnie nicht auf das gesamte Spektrum anwendbar und wird in der Diagnostik nicht verwendet. Seiner Auffassung nach bilden die beiden Ausprägungen die beiden Pole innerhalb eines Gesamtkontinuums. Sowohl diese Ansicht als auch die der strikten Trennung beider Störungen sind bis heute verbreitet und werden mit der gleichen Argumentation verteidigt.

Nachdem Sigmund Freud 1905 in seinen *Drei Abhandlungen zur Sexualtheorie* Sadismus und Masochismus als aus einer fehlerhaften Entwicklung der kindlichen Psyche entstehende Krankheiten dargestellt hatte und so die weitere Beurteilung des Themas auf Jahrzehnte hinaus grundlegend beeinflusste, prägte schließlich 1913 der Wiener Psychoanalytiker Isidor Sadger in seinem Artikel *Über den sado-masochistischen Komplex* erstmals den zusammengesetzten Begriff „Sado-Masochismus".

Umgangssprachliche Verwendung

Sadomasochismus wird mit allen seinen Varianten im mehrschichtigen Akronym BDSM durch die Buchstaben **SM** repräsentiert, dieses setzt sich zusammen aus Bondage & Disziplin, Dominanz & Submission, Sadismus & Masochismus. In der Umgangssprache beschreibt der Begriff Sadomasochismus, beziehungsweise mit den Abkürzungen *Sadomaso* oder *SM* ohne weitere Spezifikation sexuelle Praktiken aus dem Bereich des BDSM. Häufig werden mit der Bezeichnung auch Mischformen des Sadomasochismus, beziehungsweise des BDSM mit verschiedenen fetischistischen Praktiken umschrieben.

Medizinische Einordnung und Diagnostik

Die medizinisch-psychologische Einordnung folgt den grundlegenden Diagnosekriterien, die ICD-10-GM (GM: *German Modifikation*) und dem häufig zitierten Diagnostic and Statistical Manual of Mental Disorders, das diagnostische und statistische Handbuch psychischer Störungen (DSM-IV) das in den Vereinigten Staaten von der American Psychiatric Association (*Amerikanische Psychiatrische Vereinigung*) herausgegeben wird. Einvernehmlich gelebte oder auch heimliche sexuelle Vorlieben für sadomasochistische Praktiken im Sinne einer konsensuell erlebten Sexualität erfüllen in aller Regel die Kriterien für die Diagnosestellung des Sadomasochismus im heutigen medizinischen Sinne nicht und sind eine soziologisch andersartige, aber nicht seltene Ausprägung der individuellen Sexualität. Die Übergänge zwischen individuell ausgeprägter Sexualität und Störung der Sexualpräferenz können jedoch nicht in allen Fällen sicher definiert werden. Eine Überlagerung von sexuellen Präferenzstörungen und der Ausübung von sadomasochistischen Praktiken kommt jedoch vor.

Je nach Auffassung des zugrunde liegenden Diagnoseschlüssels wird Sadomasochismus als Ganzes oder in seinen Teilaspekten betrachtet. Durch die sich unterscheidenden Definitionen und die vertikale beziehungsweise horizontale Anordnung der Diagnosekriterien, kann es aber insbesondere bei statistischen Werten und beschreibenden Publikationen aus verschiedenen Ländern zu abweichenden Ergebnissen kommen.

ICD-10-GM F65.5

Nach ICD-10 F65.5 wird Sadomasochismus als einheitliche „Störung der Sexualpräferenz" betrachtet, um einen der beiden Ausprägungen zu beschreiben, kann eine gesonderte Kennzeichnung erfolgen.
Es werden sexuelle Aktivitäten mit Zufügung von Schmerzen, Erniedrigung oder Fesseln bevorzugt. Wenn die betroffene Person diese Art der Stimulation erleidet, handelt es sich um Masochismus; wenn sie sie jemand anderem zufügt, um Sadismus. Oft empfindet die betroffene Person sowohl bei masochistischen als auch sadistischen Aktivitäten sexuelle Erregung.
Die weiteren Diagnosekriterien für den Behandlungsbedarf umfassen unübliche sexuelle Fantasien oder dranghafte Verhaltensweisen, die über einen Zeitraum von mehr als sechs Monaten anhalten, sowie das subjektive Leiden des Betroffenen unter diesen Fantasien und Verhaltensweisen und die Einschränkung in mehreren Funktionsbereichen, beispielsweise in der sozialen Kontaktaufnahme oder der Erwerbstätigkeit. Nimmt eine andere Person dabei Schaden, wird verletzt oder misshandelt, ist bereits dies für die Diagnosestellung ausreichend.

Kritik am ICD-10-GM F65.5

Innerhalb der subkulturellen BDSM-Szene wenden sich verschiedene Organisationen, beispielsweise die deutsche Bundesvereinigung Sadomasochismus und die internationale ReviseF65, gegen die Klassifizierung des erotischen und einvernehmlichen Sadomasochismus im ICD als Paraphilie und fordern eine Revidierung dieser. Ihrer Ansicht nach wird diesen Praktiken und Lebensformen dadurch eine ungesunde beziehungsweise krankhafte Störung zugeschrieben, die Vorurteile und Diskriminierung gegenüber den Sadomasochisten befördert. Aufgrund dieser Bemühungen wurde in Dänemark bereits eine entsprechende Änderung des landeseigenen ICD durchgesetzt, in Schweden wurde eine entsprechende Regelung zum 1. Januar 2009 umgesetzt.

DSM IV

Die American Psychiatric Association hat mit dem Erscheinen des DSM IV im Jahr 1994 weiterreichende Diagnosekriterien veröffentlicht. Die Diagnose Masochismus (DSM IV 302.83) oder Sadismus (302.84) darf demnach hinsichtlich der sexuell motivierten Ausprägung dieser Störungen nur noch gestellt werden, wenn der Betroffene anders als durch die Ausübung sadistischer oder masochistischer Praktiken keine sexuelle Befriedigung erlangen kann, oder seine eigene sadistisch oder masochistisch geprägte Sexualpräferenz selbst ablehnt und sich in seinen Lebensumständen eingeschränkt fühlt oder anderweitig darunter leidet. Die diagnostischen Kriterien unterscheiden sich darüber hinaus nicht, sind aber nicht hierarchisch zu verstehen.

Verbreitung

Sadomasochismus tritt unabhängig von Geschlecht und der sexuellen Orientierung auf. Es gibt Überlagerungen mit anderen von der Norm abweichenden sexuellen Präferenzen, beispielsweise dem sexuellen oder transvestitischem Fetischismus, die entsprechend als Komorbidität bezeichnet werden. Innerhalb der klinischen Diagnostik erfolgt die Diagnosestellung zu 85 Prozent bei Heterosexuellen, was den Schluss zulässt, dass die Abweichung gleichmäßig bei Menschen aller Orientierungen auftritt. Bei Frauen tritt Sadomasochismus im Verhältnis zur Diagnose anderer sexueller Paraphilien signifikant häufiger auf.

Wie bei vielen Studien über menschliches Sexualverhalten und sexuelle Phantasien sind nicht alle verfügbaren Untersuchungen zuverlässig wissenschaftlich fundiert, teilweise sind die Untersuchungen veraltet. Neuere Untersuchungen zum Thema Verbreitung von sadomasochistischen Fantasien und Praktiken schwanken erheblich in der Bandbreite ihrer Ergebnisse, hierbei wird Sadomasochismus in der Regel unter dem Begriff BDSM subsumiert und nicht mehr isoliert betrachtet. Zusammenfassend lässt sich feststellen, dass die überwiegende Mehrheit der Autoren davon ausgeht, dass zwischen 5 und 25 Prozent der Bevölkerung regelmäßig Sexualpraktiken ausüben, die mit der Lust an Schmerzen, beziehungsweise mit Macht und Ohnmacht in Verbindung stehen. Der Bevölkerungsanteil mit entsprechenden Fantasien wird regelmäßig höher beziffert.

Ursachen und Entstehung

Sadomasochismus ist im Gegensatz zu den meisten anderen sexuellen Präferenzstörungen eine Beziehungsparaphilie, die in der Regel auf das Ausleben innerhalb einer Beziehung ausgerichtet ist und jeweils ein Gegenstück benötigt, um ausgelebt zu werden. Wissenschaftlich und klinisch ist eine klare Unterscheidung zwischen Personen geboten, die aufgrund einer schweren psychischen Abnormität oder Störung real *sadistisch* und damit kriminell handeln, einerseits und inklinierenden Sadomasochisten andererseits, die eine partnerschaftliche Beziehung gestalten.

Es existieren nur wenige Studien, die psychologische Aspekte des Themas unter Berücksichtigung moderner wissenschaftlicher Standards betrachten. Eine zentrale Untersuchung zu dem Thema stammt von dem US-amerikanischen Sexualwissenschaftler Charles Moser und wurde 1988 im *Journal of Social Work and Human Sexuality* veröffentlicht. In dieser Untersuchung kommt er zu dem Schluss, dass sich keine gemeinsame Psychopathologie von Sadomasochisten formulieren lässt und sich aus der klinischen Literatur kein konsistentes Bild von den Betroffenen ableiten lässt. Moser weist darauf hin, dass nicht nachgewiesen werden kann, dass Sadomasochisten keine besonderen psychiatrischen oder auf ihren Vorlieben beruhenden, spezifisch nur bei ihnen auftretende Probleme haben, die in direktem Zusammenhang mit der sadomasochistischen Neigung stehen.

Zu den Ursachen und der Entstehung des Sadomasochismus gibt es verschiedene Theorien, wobei diese in der Regel auf die jeweilige Ausprägung des Sadismus oder des Masochismus beziehen und sich keine allgemeingültige Ursache für die Entstehung sadomasochistischer Vorlieben finden lässt. Insbesondere bei sadistischen Gewalttätern und extremen Masochisten wird ein Zusammenhang mit sexuellem Missbrauch in der Kindheit häufig zitiert. Tiefenpsychologisch wird eine Störung in der Ablösung von der Mutter vermutet, die sich in der Angst äußert, sich von der Mutter lösen zu müssen und andererseits der Angst davor es nicht zu können. Er lebt deshalb seine ambivalenten Gefühle am Sexualpartner aus. Auf der masochistischen Seite äußert sich diese Angst nicht durch Aggressivität sondern durch Unterordnung und bestraft sich selbst für die negative Emotion gegenüber der Mutter. Andere Theorien gehen von einer individuellen biographischen Entstehung innerhalb der analen Phase aus, in der die Verbindung von Lust und Schmerz als lustvoll erlebt wird.

Literatur

- Brigitte Vetter: *Sexualität: Störungen, Abweichungen, Transsexualität*; Schattauer Verlag, 2007, ISBN 3-7945-2463-2
- Peter Fiedler: *Sexuelle Orientierung und sexuelle Abweichung*. Beltz-Verlag 2004, ISBN 3-621-27517-7
- Olaf May: *Strafrecht und Sadomasochismus*, Shaker Verlag 1997, ISBN 3-826-555-953
- Norbert Elb: *SM-Sexualität. Selbstorganisation einer sexuellen Subkultur*, Psychosozial-Verlag 2006, ISBN 3898064700
- Arne Hoffmann: *Lexikon des Sadomasochismus von Arne Hoffmann*. Schwarzkopf & Schwarzkopf 2004, ISBN 3896022903
- A. Spengler: *Sadomasochisten und ihre Subkulturen*. Campus-Verlag, Frankfurt 1979
- Thomas A. Wetzstein, Linda Steinmetz, Christa Reis: *Sadomasochismus, Szenen und Rituale*. Rowohlt TB-Verlag 1993, ISBN 3499196328
- Jack Novick und Kerry Kelly Novick: *Symmetrie der Angst*. Psychosozial-Verlag 2004, ISBN 3898062244
- Matthias T.J. Grimme: *Das SM-Handbuch* Charon-Verlag, Hamburg, 2006 ISBN 9783931406011

Von „http://de.wikipedia.org/wiki/Sadomasochismus"

Sadomasochistische Literatur

Sadomasochistische Literatur beschäftigt sich mit Themen zur sadomasochistischen Sexualität und zur Partnerschaft von Personen mit entsprechender sexueller Disposition. Hierbei kann es sich um Erotik, Pornografie, fiktive Geschichten, Erlebnisberichte, wissenschaftliche/pseudo-wissenschaftliche Abhandlungen, Ratgeber und Aufklärungsbücher handeln.

Häufig werden in zum Teil fiktiven Erzählungen sexuelle Praktiken und Verhaltensweisen wie Unterwerfung, Hörigkeit, Versklavung, Disziplinierung, Demütigung, Fesselung, sexuelle Gewalt, Flagellation und ähnliche sexuelle Handlungen innerhalb einer Partnerschaft beschrieben. Aufgrund rigider Moralvorstellungen unterlag sie daher im Laufe der Jahrhunderte immer wieder kirchlichen, beziehungsweise staatlichen Verbreitungs- und Rezeptionsbeschränkungen.

Geschichte der sadomasochistischen Literatur

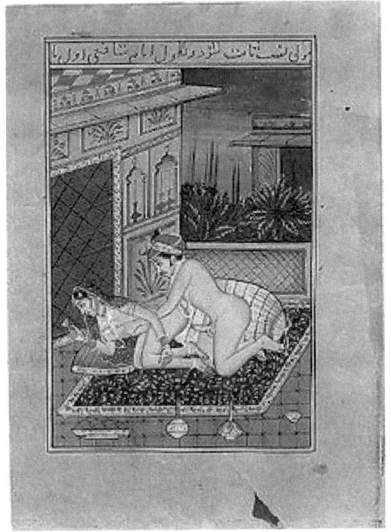

Illustration des Kamasutra

Kupferstich ca. 1780

Frühphase

Eines der ältesten Zeugnisse über Flagellation findet sich im 6. Buch der *Satiren* des antiken römischen Dichters Juvenal (*Decimus Iunius Iuvenalis*), ein weiteres Zeugnis findet sich im *Satyricon* von Petronius, wo zur sexuellen Erregung eines Delinquenten gepeitscht wird. Beide Werke stammen aus dem 1. bzw. 2. Jahrhundert nach Christus. Anekdotische Erzählungen über Menschen, die sich im Rahmen des Vorspiels oder als Ersatz für Sex freiwillig fesseln oder auspeitschen ließen, reichen bis ins 3. und 4. Jahrhundert zurück.

Bereits im indischen Kamasutra (Sanskrit: कामसूत्र, kāmasūtra, „Verse des Verlangens"), einem Werk über die erotische Liebe vermutlich von Mallanaga Vatsyayana im 2. oder 3. nachchristlichen Jahrhundert verfasst, werden vier Schlagarten beim Liebesspiel unterschieden. Die Bereiche des Körpers in denen Schläge ungefährlich sind werden dabei ebenfalls beschrieben, und es wird festgestellt, dass Praktiken wie Beißen, Schlagen und Kratzen nur bei Einverständnis des Anderen als lustvoll empfunden werden. Aus dieser Sicht dürfte das Kamasutra den ersten schriftlich überlieferten Text über SM-Praktiken und -Sicherheitsregeln darstellen.

Zu den Klassikern des Genres gehören die Werke des Marquis de Sade, *Die 120 Tage von Sodom oder Die Schule der Ausschweifung* (1785), *Justine oder das Unglück der Tugend* (1791), *Juliette oder die Vorteile des Lasters* (1796) und *Die Philosophie im Boudoir* (1795), sowie *Venus im Pelz* (1870) von Leopold von Sacher-Masoch.

Aus einer de Sade diametral entgegengesetzten Position schrieb unter Verwendung ähnlicher Stilmittel der auch als "Anti-de Sade" bekannte Nicolas Edme Restif de la Bretonne. Zu seinen Werken gehören, neben der berühmten *Anti Justine* (1793), die Werke, *Paysan perverti ou les dangers de la ville* (1775), *La Paysanne Pervertie* (1780), *Mr. Nicolas* (1784), *Les Nuits de Paris* (1786) und *Paysan et la Paysanne pervertis* (1787).

Anfang des 19. Jahrhunderts kamen sogenannte „Erlebnisberichte" in Mode, die sadomasochistische Praktiken beschreiben. Hierzu gehört beispielsweise Mistress Berkley's *Venus-School-Mistress; or Birchen Sports* (1810), Berkley wurde auch die Erfindung des so genannten *Berkley Horse* nachgesagt, einer Vorrichtung auf der Kunden von Prostituierten geprügelt werden können. Von Erziehungssadismus und Prostitution handelt *Modern Sports in the Westend of London* (Rutenspiele und Liebesabenteuer) von Ophelia Cox. Ein anderer vorgeblicher Bericht über eine sogenannte „Peitschengesellschaft" lautet *The Merry Order of St. Bridget: Personal Recollections of the Use of the Rod* von Margaret Anson York. 1866 erschien von St. George H. Stock *The Romance of Chastisement*, das sich mit dem Gebrauch der Rute auf einer Mädchenschule befasst. Vom selben Herausgeber Dougale wurde das Werk *The New Ladies' Tickler; or the Adventures of Lady Lovesport and the Audacious Harry* verbreitet, es erläutert den häuslichen Gebrauch der Rute. 1893 erschienen vom Autor mit dem Pseudonym Julian Robinson in Liverpool das dreibändige Werk *Gynecocracy* und *The Petticoat Dominant, or Woman's Revenge*, als „Die Weiberherrschaft", in Deutschland 1906 erschienen. Beide Werke thematisieren sadistische Erziehungs- und Bestrafungspraktiken. 1903 erschien ein ähnliches Buch *The Mistress and the Slave*, 1931 *Miss High Heels*.

Um 1900 wurde *The Memoirs of Dolly Morton* von dem Verfasser Hugues Rebèl (George Grassal) einem Freund des Verlegers Carrington veröffentlicht. Es handelt von Auspeitschungen von Frauen, insbesondere Sklavinnen und von Vergewaltigungen im amerikanischen Bürgerkrieg. Ein weiteres heute antiquiert wirkendes Werk lautet *Briefe aus dem Kerker* von Lenchen Reinhard und beschreibt in Form eines Briefromans die Prügelstrafe in einem Zuchthaus. Ein französisches Beispiel aus dieser Zeit ist *Despotisme Féminin* von Jean de la Beucque.

Der viktorianische Dichter A.C. Swinburne erregte durch seine frühe sadomasochistisch getönte Lyrik sowie durch seine (unvollendete) Novelle *Lesbia Brandon* großes Aufsehen, wobei in die masochistischen Erfahrungen des Knaben in *Lesbia Brandon* möglicherweise autobiographische Erfahrungen des Autors eingeflossen sind.

Nach 1945

Einen mit Gewalttätigkeiten durchsetzten *Sexthriller* in Verbindung mit der

Thematisierung des amerikanischen Rassismus schrieb Boris Vian 1946 mit *J'irai cracher sur vos tombes* („Ich werde auf eure Gräber spucken").

Die zunehmende Integration in die Medien der modernen Popkultur gelang BDSM-Inhalten spätestens mit der Comic-Serie *Sweet Gwendoline* des Bondagekünstlers John Willie. Der von ihm stark beeinflusste Künstler Guido Crepax ist einer der am häufigsten indizierten Comic-Künstler im Bereich BDSM und hat das europäische Erwachsenencomic in der zweiten Hälfte des 20. Jahrhunderts vor allem mit der von ihm geschaffenen Figur *Valentina* entscheidend beeinflusst. Auch die Werke des britischen Illustrators und Comiczeichners Erich von Götha wirkte in diesem Bereich stilbildend und unterlag mit den meisten seiner Arbeiten regelmäßig staatlichen Zensurmaßnahmen.

Die Darstellung sadomasochistischer Grausamkeit im Zusammenhang mit historischen Ereignissen der Inquisition wird in einem Roman von Roland Gageys mit dem Titel *L'Inquisition et ses Tortures* geleistet.

Mit der *Histoire d'O* („Geschichte der O") (1954) und „*Rückkehr nach Roissy*" (1969) schuf die französische Journalistin und Literaturkritikerin Anne Declos unter dem Pseudonym *Pauline Réage* zwei Klassiker, die sowohl die BDSM-Subkultur als auch die sadomasochistische Literatur bis heute entscheidend beeinflussen. Das Werk der Autorin wird in seiner Bedeutung im Allgemeinen mit den Texten de Sades und von Sacher-Masochs auf eine Stufe gestellt.

1955 erschien *The Whip Angels* von Diane Bataille, der kanadischen zweiten Ehefrau von Georges Bataille, einer geborenen Kotchoubey de Beauharnais. Veröffentlicht in der Reihe *Traveller's Companion*, Olympia Press, Paris als Nr. 9, 1955 unter *XXX* und später mit dem etwas plumpen Pseudonym Selena Warfield. Übersetzt als *Die Peitschenengel*, Darmstadt, 1968. Mavis Gallant soll das Buch in ihrem Roman *A Fairly Good Time*, 1970 erwähnen.

1956 verfasste und veröffentlicht die französische Schriftstellerin Catherine Robbe-Grillet unter dem Pseudonym *Jean de Berg* den sadomasochistischen Roman *L'Image* in den Les Éditions de Minuit. Der Roman schildert die Erlebnisse des Schriftstellers Jean, der, nachdem er seine alte Freundin Claire auf einer Party zusammen mit ihrer Sklavin Anne trifft, immer tiefer in ihre Welt des Sadomasochismus gezogen wird. Die Erzählung wurde 1975 von Radley Metzger als *The Image* oder *The Punishment of Anne* verfilmt.

1966 begründete der Autor und Philosoph John Norman mit *Tarnsman of Gor* („Gor – Die Gegenerde") einen sadomasochistischen Fantasyzyklus, der bis heute mehr als 25 Bände umfasst, weltweit Millionenauflagen erreicht und als zentrales Motiv die männliche Dominanz/weibliche Unterwerfung auf einem erdähnlichen, mittelalterlichen Planeten verwendet.

1968 wurde der Roman *Die Sklavin* von Renato Ghiotto veröffentlicht, die Beschreibung sadomasochistischer Tagträume in einer lesbischen Sklavenbeziehung.

1978 erschien der Roman Marion Zimmer Bradleys *The Ruins of Isis* („Die Matriarchen von Isis"). In ihrer sadomasochistische Fiktionen schildert die Kultautorin feministischer Fantasy eine matriarchale Gesellschaft auf einem entfernten Planeten. Der Roman kritisiert die Versklavung eines Geschlechts durch das andere. In Umkehrung eines extremen patriarchalischen Gesellschaftsmodelles regieren auf Isis/Cinderella die Frauen, die Männer sind versklavt. Doch dann erscheint eine Wissenschaftlerin von einem anderen Planeten auf dieser Welt, deren Mann sich zwar formal dem Recht auf Isis unterwirft, diese matriarchale Herrschaftsform jedoch innerlich nicht akzeptiert. Am Ende steht als moralische Botschaft die Gleichberechtigung: auf Isis kommt es zum Umsturz, und die Männer werden von Sklaven zu Bürgern. Bradleys Roman lässt sich als Antwort auf John Normans Zyklus *GOR* interpretieren. Zimmer Bradley kehrt hierbei die Grundidee dieses klassischen Zyklus gleich in zweifacher Hinsicht um, sowohl im Verhältnis der auf dem Planeten herrschenden Geschlechter, als auch in dem jeweils propagierten Geschlechterverhältnis.

Eine Philosophie des Sadomasochismus erörtert Edith Cadivec, die in den 1920er Jahren wegen sadistischer Gewalttätigkeit an Minderjährigen im Wiener Sadistenprozess verurteilt wurde, in *Bekenntnisse und Erlebnisse* (1977) und *Eros, der Sinn meines Lebens* (1979).

1978 erschien der Roman „*9 1/2 Wochen. Erinnerungen an eine Liebesaffäre*" von Elizabeth McNeill. Die Autorin beschreibt in ihm eine auch außererotisch stattfindende BDSM-Beziehung zwischen zwei namentlich nicht genannten Akteuren. Hierbei erfolgt die Schilderung aus der Sicht der beteiligten Frau, die Jahre nach dem Ende des Verhältnisses die Beziehung noch einmal distanziert an sich vorüberziehen lässt. Der Roman schildert die immer weiter reichende Hörigkeit der Protagonistin, welche auf jedes der ihr angetragenen Spiele eingeht, die immer ausgefallener und extremer bis hin zu Diebstahl und Raub werden, bis sie schließlich nach 9 1/2 Wochen den Kontakt gänzlich abbricht. Der Roman wurde zunächst anonym veröffentlicht, stammte laut Cover der ersten amerikanischen Auflage von „einer Managerin eines großen New Yorker Unternehmens" und bildete später die Vorlage für den kommerziell sehr erfolgreichen Film 9 1/2 Wochen.

Sadistische Bekenntnisse kamen 1983 von der amerikanischen Gerichtspsychologin Terence Sellers. In *The Correct Sadist: The Memoirs of Angel Stern* („Der korrekte Sadismus") schildert die Autorin die Erlebnisse einer dominanten Frau in der amerikanischen BDSM-Szene.

Die bekannte amerikanische Autorin Anne Rice veröffentlichte eine umfangreiche Auswahl sadomasochistischer Literatur. Ihre unter dem Pseudonym *A. N. Roquelaure* veröffentlichte drei Bände umfassende deutsche Ausgabe der „*Dornröschen-Trilogie*" (*The Claiming of Sleeping Beauty* (1983), *Beauty's Punishment* (1984) und *Beauty's Release* (1985)) ist seit 1992 indiziert.

Diese umfangreichen und detaillierten BDSM Romane erinnern an die „*Geschichte der O*" und spielen in einer mittelalterlichen Fantasiewelt die sich vage an das Märchen von Dornröschen anlehnt. Die Geschichten enthalten in Szenen sowohl männlicher als auch weiblicher Dominanz ausführliche Beschreibungen von bisexuellen Handlungen. Ursprünglich unter dem Pseudonym *Anne Rampling* veröffentlichte Anne Rice 1985 den Roman *Exit to Eden* („Verbotenes Verlangen"). Der Roman wird heute unter ihrem eigenem Namen vertrieben. Der Roman handelt davon, dass Kelly, Leiterin eines abgelegenen exklusiven BDSM-Ferienklubs Slater als „Sklaven" ersteigert, woraufhin sich beide ineinander verlieben. Der Roman wurde 1994 verfilmt.

Pat Califia, Gründer der bedeutenden feministisch-lesbischen BDSM-Organisation Samois schuf 1988 unter dem Titel *Macho Sluts* eine Sammlung erotischer Kurzgeschichten, die bei Alyson Publications veröffentlicht wurde. Hierbei lassen sich die Akteure der BDSM-Fantasien schwulen, lesbischen und teilweise gar keiner festen Geschlechterrolle zuordnen.

Basierend auf ihrer eigenen Biografie liefert Sina-Aline Geißler 1990 in *Lust an der Unterwerfung* masochistische Bekenntnisse aus Sicht einer Frau. Sie ergänzt ihre eigenen Erfahrungen mit Interviews, die sie mit anderen devoten beziehungsweise masochistischen Frauen führte.

1993 erschien in Frankreich *Le lien*, ein autobiografischer Roman der Literaturstudentin Vanessa Duriès, die noch im selben Jahr im Alter von 21 Jahren bei einem Autounfall ums Leben kam und dadurch Kultstatus in der dortigen BDSM-Szene erlangte. Zusammen mit *Dolorosa soror* (1996), dem ersten Teil einer erotischen Trilogie von Florence Dugas, ist der Roman in Frankreich Teil eines literarischen Kanons, wie in *Entre ses mains* (2003, „*In seinen Händen*") von Marthe Blau nachzulesen ist, wo die unerfahrene Protagonistin beide Werke von ihrem Meister zur Lektüre erhält.

Im 1995 erschienenen Roman *Topping from Below* („Brennende Fesseln") von Laura Reese lässt die Autorin die Hauptdarstellerin den Mord an deren jüngerer Schwester untersuchen. Die sich daraufhin entwickelnde Beziehung zu dem extrem sadistischen Hauptverdächtigen führt die Akteurin immer tiefer in innere Zweifel und an sehr persönliche Grenzen und lässt sie die Entwicklung der Beziehung ihrer Schwester zu dem Verdächtigen direkt nacherleben. Der Nachfolger *Panic Snap* („Außer Atem"), erschienen 2001, variiert das Thema des ersten Romans und wurde von Kritikern wiederholt als uninspirierter Aufguss bezeichnet.

2007 erschien der letzte Teil des von Gregor Sakow verfassten fünfteiligen Frost-Zyklus (*Die Loge, Stahlruten, Das Walhall-Projekt, Die Zwerge von Arnheim, Götzendämmerung*). Protagonist ist der *Scheiß Bulle* Robert Frost, der zu Beginn noch als Kommissar bei der der Hamburger Kripo ermittelt, später aber buchstäblich auf eigene Faust weiterarbeitet. Die als Crossover geschriebenen Romane verbinden die sadomasochistisch angelegte Persönlichkeit von Robert Frost mit den Elementen der Kriminal- und Thriller-Literatur. Frosts Rolle als Außenseiter im Kampf gegen die Herrschenden verleiht den Büchern zudem ein subtiles Maß an Gesellschaftskritik, zumal *das Gute* selten siegt und meist als Opfer von Verschwörungen auf der Strecke bleibt.

Beardsley: Der Club der Flagellanten in London, 1895

Zensur und Indizierung

In früheren Epochen gab es Zensurbehörden, die den Begriff Zensur auch im Namen führten. Später existierte in der Bundesrepublik Deutschland die „Bundesprüfstelle für jugendgefährdende Schriften" (BPjS), die heute BPjM heißt. Offiziell verbietet sie keine Bücher, sondern erstellt lediglich einen Index von Medien, die Jugendlichen nicht zugänglich gemacht werden dürfen. Allerdings dürfen solche Medien auch nicht öffentlich beworben oder in Buchregalen zur Ansicht ausgelegt werden. Somit sind derartig indizierte Bücher kaum marktfähig, es sei denn, sie werden speziell von SM-Verlagen wie dem *Marterpfahl-Verlag* oder dem *Charon-Verlag* vertrieben und von Interessierten gezielt gesucht. Einige SM-Klassiker sind von Indizierungen betroffen, allerdings sind beispielsweise die „Geschichte der O" oder „Neuneinhalb Wochen" nach jahrzehntelanger Indizierung wieder frei erhältlich.

Besonders von der Zensur betroffen ist die GOR-Reihe von John Norman. In den deutschen Ausgaben der Bände wurde bereits vom Heyne-Verlag 45

Prozent des ursprünglichen Textes gekürzt, darunter alle härteren Passagen. Eine authentische Darstellung des goreanischen Verständnisses von Dominanz und Unterwerfung in deutscher Sprache gibt es bis heute nicht. Trotzdem wurden auch diese „entschärften" Werke zum größten Teil indiziert. Interessierte deutsche Leser weichen daher häufig auf die englischsprachigen Originalausgaben aus.

Liste sadomasochistischer Gegenwartsliteratur (Auswahl)

- Pat Califia: *Macho Sluts*, Alyson Books 1988, ISBN 1-55583-115-X
- Jacqueline Carey: *Kushiel. Das Zeichen* (und Fortsetzungen), Egmont Lyx 2007, ISBN 978-3-8025-8120-5
- Sina-Aline Geißler: *Lust an der Unterwerfung*, Heyne 1993, ISBN 3-453-05233-1,
- Sina-Aline Geißler: *Mut zur Demut*, Heyne 1992, ISBN 3-8118-1152-5
- Elfriede Jelinek: *Die Klavierspielerin*, Rowohlt Verlag 1997, ISBN 3-499-15812-4
- Elfriede Jelinek: *Lust*, Rowohlt 1992, ISBN 3-499-13042-4

Liste der Sachbücher (Auswahl)

Deutschsprachige Ausgaben

Praxisorientierte Ausgaben

- Marcel Feige : *Extrem! - Frauen, Männer und Paare erzählen über ihre geheimen Obsessionen.* Schwarzkopf & Schwarzkopf Verlag, Teile 1 bis 3, ISBN 3-89602-457-4, ISBN 3-89602-614-3, ISBN 3-89602-805-7
- Matthias T. J. Grimme: *Das SM-Handbuch.* Charon-Verlag 2002, ISBN 3-931406-01-6 (Eher technisch orientiertes Handbuch mit Praktiken und Sicherheitshinweisen)
- Matthias T. J. Grimme: *Das SM-Handbuch Spezial 1.* Charon-Verlag 2005, ISBN 3-931406-44-X (Ergänzung und Vertiefung zum „SM-Handbuch")
- Arne Hoffmann: *Lexikon des Sadomasochismus.* Schwarzkopf & Schwarzkopf 2004, ISBN 3-89602-290-3. (400-seitiges alphabetisches Nachschlagewerk)
- Arne Hoffmann: *Lustvolle Unterwerfung.* Marterpfahl 2004, ISBN 3-936708-11-8. (Ratgeber)
- Tim Sodermanns: *Die BDSM-Bibel.* Überarbeitete Neuausgabe, BOD 2010, ISBN 978-3839139332 (Einführung in BDSM mit Schwerpunkt auf Beziehungsformen)
- H.-P. Neuner: *SM.* Querverlag, 1999, ISBN 3-89656-044-1 (Einblick in die schwule Lederszene)
- Kathrin Passig und Ira Strübel: *Die Wahl der Qual.* Rowohlt-Verlag 2004, ISBN 3-499-61692-0 (Ein Ratgeber für Personen, die sich erstmals mit der Thematik auseinandersetzen wollen)
- Lilith of Dandelion: *Wie man eine Herrin findet* Charon-Verlag, ISBN 3-931406-29-6. (Ratgeber Partnersuche)
- Gregor Sakow: *Wie Mann seine Sklavin findet. Und behält.* Charon-Verlag 2006, ISBN 978-3-931406-54-7 (Ratgeber Partnersuche)
- Claudia Varrin: *Die Kunst der weiblichen Unterwerfung.* Schwarzkopf & Schwarzkopf 2007, ISBN 3-89602-773-5 (Ratgeber für Sklavinnen)
- Claudia Varrin: *Die Kunst der weiblichen Dominanz.* Schwarzkopf & Schwarzkopf 2006, ISBN 3-89602-710-7 (Ratgeber für Femdoms)

Theoretische Texte

- Gini Graham Scott: *Dominanz und Demut.* Knaur 1994 (deutsche Ausgabe), ISBN 3-426-77096-2 (Soziologische Studie der amerikanischen SM Szene)
- A. Spengler: *Sadomasochisten und ihre Subkulturen.* Campus-Verlag 1979, Frankfurt a.M.
- Walter G. Neumann: *Die Befreiung der Lust - Natur, Gesellschaft und Sexualität bei dem Marquis de Sade.* Verlag für Gesellschaftsphilosophie 1986, Hannover
- Thomas A. Wetzstein, Linda Steinmetz, Christa Reis: *Sadomasochismus, Szenen und Rituale.* Rowohlt TB-Verlag 1993, ISBN 3-499-19632-8 (Wissenschaftlicher Versuch einer soziologischen Forschungsgruppe der Universität Trier sich dem Thema SM zu nähern)
- Pat Califia *Sinnliche Magie (Sensuous Magic)* ISBN 3-88677-963-7
- Olaf May: *Strafrecht und Sadomasochismus*, Shaker Verlag 1997, ISBN 3-8265-5595-3
- Norbert Elb: *SM-Sexualität. Selbstorganisation einer sexuellen Subkultur*, Psychosozial-Verlag 2006, ISBN 3-89806-470-0
- Elke Heitmüller: *Zur Genese sexueller Lust. Von Sade zu SM.* Konkursbuchverlag 1994, ISBN 3-88769-081-8
- Arne Hoffmann: *Der Kick im Kopf.* Schwarzkopf & Schwarzkopf 2004, ISBN 3-89602-455-8
- Lisa Kurth: *Deutschland, einig Schmerzensland.* Seitenblick Verlag 2007, ISBN 3-9805399-5-4 (Entwicklung und Unterschiede SM-Aktivitäten in der DDR und der BRD)

Fremdsprachige Ausgaben

Praxisorientierte Ausgaben

- Jay Wiseman: *SM 101: A Realistic Introduction.* Greenery Press (CA) 1998, ISBN 0-9639763-8-9 (umfangreiches Nachschlagewerk inklusive einiger Schwerpunkte wie „BDSM als Lebensstil" und „BDSM in der Schwangerschaft")
- William A. Granzig (Vorwort), u. a. : *Screw the Roses, Send Me the Thorns: The Romance and Sexual Sorcery of Sadomasochism.* Mystic Rose Books 1995, ISBN 0-9645960-0-8 (Ein reichbebildertes und umfangreiches Handbuch mit Schwerpunkten bei der Erklärung von Praktiken und Sicherheitshinweisen)
- Dossie Easton, Janet W. Hardy: *The New Topping Book.* Greenery Press (CA) 2002, ISBN 1-890159-36-0 (Praktische und theoretische Einführung für Tops mit Schwerpunkt auf psychologischen Aspekten, praktischen und technischen Fragen, sowie detaillierten Tips zur Partnersuche)
- Dossie Easton, Janet W. Hardy: *The New Bottoming Book.* Greenery Press (CA) 1998, ISBN 1-890159-35-2 (Praktische und theoretische

Einführung für Bottoms mit Schwerpunkt auf psychologischen Aspekten, praktischen und technischen Fragen, sowie detaillierten Tips zur Partnersuche)
- Pat Califia: *Sensuous Magic*. New York, Masquerade Books, 1993. ISBN 1-56333-131-4
- William A. Henkin, Sybil Holiday: *Consensual Sadomasochism : How to Talk About It and How to Do It Safely*, Daedalus Publishing, 1996. ISBN 1-881943-12-7.
- Jack Rinella: *The Compleat Slave: Creating and Living an Erotic Dominant/submissive Lifestyle*, Daedalus Publishing, 2002. ISBN 1-881943-13-5.
- Sensuous Sadie: *It's Not About the Whip: Love, Sex, and Spirituality in the BDSM Scene*, Trafford Publishing, Katalog #03-0551, ISBN 1-4120-0183-8
- Gloria G. Brame, William D. Brame, and Jon Jacobs. *Different Loving: An Exploration of the World of Sexual Dominance and Submission* Villard Books 1993. ISBN 0-679-40873-8
- Gloria G. Brame:*Come Hither : A Commonsense Guide To Kinky Sex*, Fireside 2000, ISBN 0-684-85462-7.

Theoretische Texte

- Thomas S. Weinberg: *S&M - Studies in Dominance and Submission* (Hrsg.) Prometheus Books, New York, 1995, ISBN 0-87975-978-X (Übersicht über den Forschungsstand)
- Guy Baldwin: *Ties That Bind: SM/Leather/Fetish Erotic Style- Issues, Communication, and Advice* Daedalus Publishing, 1993, ISBN 1-881943-09-7
- Anita Phillips: *A Defence of Masochism*, Faber 1999
- Mark Thompson, *Leatherfolk: Radical sex, people, politics, and practice*, Daedalus Publishing 1991 ISBN 1-881943-20-8
- Samois, *Coming to Power: Writings and Graphics on Lesbian S/M.*, Alyson Pubns, Boston 1983, ISBN 0-932870-28-7
- Ivo Jr. Dominguez, *Beneath the Skins. The New Spirit and Politics of the Kink Community*, Daedalus Publishing Company, Los Angeles 1994, ISBN 1-881943-06-2 (Sammlung verschiedener Aufsätze des Autors zur politischen Seite des Sadomasochismus)
- Pat Califia, Robin Sweeney (Hrsg.):*The Second Coming: A Leatherdyke Reader*. Alyson Pubns, 1996, ISBN 1-55583-281-4 (Fortsetzung des lesbischen feministischen BDSM-Klassikers *Coming to Power*)
- Pat Califia, *Public Sex: The Culture of Radical Sex*, Cleis Press, 2000, ISBN 1-57344-096-5

Von „http://de.wikipedia.org/wiki/Sadomasochistische_Literatur"

Safe, Sane, Consensual

Eine der Deutungen des BDSM-Emblems steht für das dreiteilige Safe, Sane, Consensual

Safe, sane, consensual *(SSC)* und **risk-aware consensual kink** *(RACK)* sind zwei unterschiedliche Konzepte innerhalb des BDSM, um bei potenziell risikobehafteten Aktivitäten Einvernehmlichkeit zwischen den Beteiligten sicherzustellen und damit die verwendeten Praktiken von strafbarer sexueller Gewalt klar abzugrenzen. Hierbei ist die Handhabung bzw. Beachtung von SSC sowohl entwicklungsgeschichtlich älter als auch weiter verbreitet als die von RACK.

SSC

Das englische „safe, sane, consensual" bedeutet „sicherheitsbewusst, mit klarem Verstand und einvernehmlich". Eine alternative und kürzere Übersetzung ist: „sicher, vernünftig und einvernehmlich". Der Begriff stammt aus der Internet-Subkultur der 90er Jahre des 20. Jahrhunderts.

SSC wird auch als Grundprinzip des BDSM bezeichnet, da es eine in der sadomasochistischen Subkultur weitgehend unumstrittene moralische Grundlage beschreibt. Die Sicherheit und Vermeidung von unerwünschten körperlichen und seelischen Schäden steht über der Befriedigung der Lust. Die Grenzen des sadomasochistischen Spiels sind zwischen den beiden Partnern festlegbar, und es ist beiden bzw. allen Beteiligten klar, auf was sie sich einlassen.

Dies setzt intensive Gespräche über Wünsche, Neigungen und Abneigungen sowie weitreichende Aufklärung über die medizinischen und psychischen Risiken und Gefahren voraus. In dieser hier in Idealform skizzierten Weise kann der Umgang mit potenziellen Risiken allerdings vielleicht von festen Partnern, selten jedoch bei anonymen Gelegenheitsbegegnungen umgesetzt werden. Dennoch lässt sich aus Szene-Beobachtungen konstatieren, dass SSC auch bei anonymen Begegnungen weitestmöglich Berücksichtigung findet.

Jede der drei Komponenten des SSC ist dabei individuell zu bewerten; es kann durchaus Spielarten geben, die von dem Einen als unsicher, dem Anderen jedoch als sicher bewertet werden. In so einem Fall würde derjenige, der sie als unsicher empfindet, sich nicht auf sie einlassen.

Die Entwicklung des Begriffs *SSC* wird häufig dem schwulen Lederaktivisten David Stein zugeschrieben, der ihn 1984 für die Gay Male S/M Activists (GMSMA) prägte. Weitere Informationen hierzu finden sich in dem Aufsatz *Safe Sane Consensual: The Evolution of a Shibboleth*, in welchem Stein darstellt, dass er den Begriff entwickelte, um „... *die Art und Weise, wie ich SM praktizieren wollte, von der kriminell missbrauchenden oder neurotisch selbstzerstörerischen Art, die nur allzu oft mit dem Begriff ‚Sadomasochismus' in Verbindung gebracht wird, abzugrenzen.*"

RACK

Ein alternatives Modell zu SSC, das sich vor allem auf die beiden Faktoren *Einvernehmlichkeit* und *individuelle persönliche Risikobeurteilung* stützt, wird mit dem Akronym *RACK* (risk-aware consensual kink) bezeichnet. Zwar wird die Bezeichnung *kink* hierbei in der Regel mit dem Begriff BDSM übersetzt; ein kink ist allerdings ein weiter gefasster Begriff, der zusätzliche, vom Denken, Fühlen, Handeln und Gewohnheiten der Bevölkerungsmehrheit abweichende Aspekte abdeckt (vgl. Special Interest).

RACK ist ebenfalls ein *moralisches* Verhaltensmodell für Handlungen und Spiele im BDSM-Kontext. Es steht in einem klaren Kontrast zum Konzept von *SSC*. Aus Sicht der RACK-Praktizierenden setzt ihr Konzept weniger auf nur schwer greif- und messbare und vor allem individuell variable Kriterien wie „Vernünftigkeit" und „Sicherheit". Stattdessen stellt RACK die Einvernehmlichkeit der Handelnden in den Vordergrund und verknüpft diese mit der individuellen Risikobereitschaft der Beteiligten. Das Schwergewicht liegt also in hohem Ausmaß auf der Eigenverantwortung der Beteiligten und nicht auf einer von Dritten vorgenommenen absoluten Bewertung von Kriterien, die für individuelle Handlungen, Wünsche und Situationen nicht passgenau zu sein brauchen.

RACK ist längst nicht so weit verbreitet wie SSC. Es entstand als Alternativmodell, weil sich einige BDSM-Aktive mit dem Konzept des SSC nicht genügend identifizieren konnten.

Grundlagen von RACK

SSC kann zunächst als lange gepflegte und etablierte universelle Konstitution sadomasochistischer Praktiken betrachtet werden. Es dient häufig als Modell und Basis für die Ausübung sadomasochistischer Praktiken und die Abgrenzung von strafrechtlich relevanter Gewalt. Dass SSC, auch in der Erweiterung *SSCF* (hierbei soll das für „Fun" stehende „F" dokumentieren, dass neben den drei Hauptaspekten auch der Faktor „Spaß" berücksichtigt wird), aber auch begrifflich zu kurz greifen kann und einer Erweiterung bedarf, manifestiert sich aus Sicht der RACK-Anhänger an folgenden Widersprüchen:

- Warum sollte etwas verwerflich sein, das einem objektiven Anspruch an *Sicherheit* zwar nicht genügt, wenn sich die beteiligten Spielpartner jedoch einig sind, es trotzdem praktizieren zu wollen?
- Warum sollte etwas verwerflich sein, das einem Anspruch an logische *Vernunft* zwar nicht genügt, wenn sich die Spielpartner jedoch einig sind, es trotzdem praktizieren zu wollen?
- Wenn aber dennoch von generalisierten Ansprüchen an *Sicherheit* und *Vernunft* ausgegangen werden soll, wer definiert und begründet diese, da doch die Beurteilung solcher Kriterien in erheblichem Ausmaß subjektiv ist?

Die Auflösung der Widersprüche liegt darin, dass als Basis sadomasochistischer Handlungen und als greif- und benennbare Abgrenzung zu juristisch relevanter Körperverletzung und sexuellen Straftaten nur die Einvernehmlichkeit als Paradigma existiert. Die „unscharfen" Definitionen *safe* (sicher) und *sane* (vernünftig) werden diesem Prinzip untergeordnet. Hieraus folgt, dass RACK-Spiele zunächst weniger vernünftig und gefährlicher zu sein scheinen als solche, die auf SSC basieren.

RACK-Praktizierende führen in diesem Zusammenhang jedoch an, dass *jede* BDSM-Praktik, jedes „Spiel" physische und psychische Risiken beinhaltet. Die Risiken sind von jedem Einzelnen der Beteiligten, von den ausgeübten Praktiken, vom Spielkontext selbst, von möglichen äußeren Einflüssen und zahlreichen weiteren Faktoren abhängig. Die Vorstellung, dass es geradezu unmöglich sei, alle potenziellen Faktoren in allen möglichen Konstellationen zu berücksichtigen und sich gegen hieraus resultierende Risiken abzusichern, führt hier zu der – zweifellos zutreffenden – Schlussfolgerung, dass bei BDSM-Aktivitäten immer ein Risiko besteht.

Im Mittelpunkt des RACK-Verhaltensmodells steht daher das Bewusstsein um unwägbare oder auch konkrete Risiken sämtlicher BDSM-Aktivitäten und deren generelle Akzeptanz durch die Beteiligten. RACK-Praktizierende gehen die Risiken bewusst und einvernehmlich ein.

Häufig wird hierbei SSC keineswegs als ein „schlechtes" Rahmenkonzept für BDSM-Spiele betrachtet; vielmehr führen RACK-Befürworter an, dass SSC nur partiell der Lebenswirklichkeit gerecht wird und möglicherweise sogar ein unzutreffendes Gefühl von „Sicherheit" suggeriert; RACK hingegen soll aus dieser Sicht eine breitere, offenere und vor allem realistischer umsetzbare Basis für BDSM bieten.

Literatur

- Matthias T. J. Grimme: *Das SM-Handbuch*. Charon-Verlag 2002, ISBN 3-931406-01-6 (Ein eher technisches Handbuch mit Schwerpunkten bei der Erklärung von Praktiken und Sicherheitshinweisen)
- Jay Wiseman: *SM 101: A Realistic Introduction*. Greenery Press (CA) 1998, ISBN 0-9639763-8-9
- Phillip Miller, Molly Devon, William A. Granzig (Vorwort): *Screw the Roses, Send Me the Thorns: The Romance and Sexual Sorcery of Sadomasochism*. Mystic Rose Books 1995, ISBN 0-9645960-0-8
- Dossie Easton, Janet W. Hardy: *The New Topping Book*. Greenery Press (CA) 2002, ISBN 1-890159-36-0
- Dossie Easton, Janet W. Hardy: *The New Bottoming Book*. Greenery Press (CA) 1998, ISBN 1-890159-35-2
- William A. Henkin, Sybil Holiday,

Consensual Sadomasochism: How to Talk About It and How to Do It Safely, Daedalus Publishing, 1996. ISBN 1881943127.

Von „http://de.wikipedia.org/wiki/Safe,_Sane,_Consensual"

Safeword

Das **Safeword** ist ein bei Praktiken im Bereich des BDSM verwendetes Signalwort, mit dem der *empfangende* Partner anzeigen kann, dass er die Handlung nicht fortsetzen möchte.

Im Rahmen einvernehmlich ausgeführter Praktiken gilt ein ausgesprochenes Safeword (auch aus rechtlichen Gründen) als unbedingte Verpflichtung zum sofortigen Aufhören. Es werden zwei Arten von Safewords unterschieden: Das erste Safeword wird zwischen den Partnern vereinbart und soll die Intensität der momentan ausgeführten Aktion verringern („Slowword"), während das zweite Safeword den Abbruch der gesamten Session zur Folge haben sollte.

Als Safewords werden üblicherweise Begriffe verwendet, die in der teilweise ritualisierten Interaktion fremd und auffällig wirken, um ein verlässlicheres „Stopp"-Signal abzugeben. Sehr weit verbreitet als zweites Safeword ist *Mayday*. Ursprünglich stammt dies wohl von dem französischen „M'aidez!" (deutsch: „Helft Mir!"). Als nonverbaler Abbruchcode wird oft ein dreimaliges (notfalls wiederholtes) Klopfen vereinbart, wie es auch bei diversen Kampfsportarten üblich ist. Gerne wird auch die „Ampel" als „Safeword" verwendet: Grün = alles okay / Gelb = Vorsicht, nicht stärker oder weiter / Rot = STOPP, aufhören!

Andere Vereinbarungen, wie beispielsweise abgestufte Handzeichenkombinationen sind situationsabhängig ebenfalls möglich. Von gleichzeitigem Knebeln des Mundes und dem Verbinden der Augen wird abgeraten, da Handzeichen gerade im Rahmen einer Session leicht übersehen werden können und deswegen Blickkontakt generell empfehlenswert ist.

Darüber hinaus gibt es auch *Okay-Codes*, deren Ausbleiben zu einem sofortigen Abbruch des Spiels führen würden. Beispiele hierfür können unter anderem *direkter Augenkontakt* oder *das Verschränken der Arme hinter dem Kopf* sein. Solche Gestiken sind vor allem bei Spielen von existenzieller Bedeutung, die unter Wasser stattfinden.

Der effiziente und vertrauensvolle Umgang mit Safewords ist eine der absolut notwendigen Voraussetzungen für BDSM.

Von „http://de.wikipedia.org/wiki/Safeword"

Schlagstock

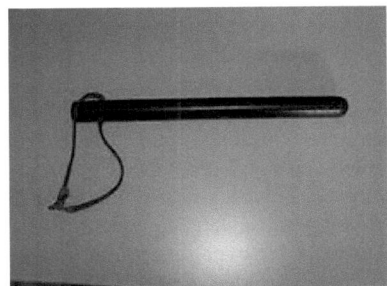

Alter Schlagstock der österreichischen Bundesgendarmerie

Der **Schlagstock** ist eine einfache Schlagwaffe und vermutlich eine der ältesten Nahkampfwaffen überhaupt. Schlagstöcke gehören in die Kategorie der Schlag- und Wuchtwaffen, da sie bei ihrer Verwendung nicht in den Körper eindringen.

Beschreibung

Grundsätzlich ist er ein langes zylindrisches oder konisches Instrument, welches mit einer Hand geführt wird, um damit auf Menschen oder Dinge einzuschlagen (Blankwaffe). Ursprünglich oft aus Holz, werden Schlagstöcke heutzutage auch zum Beispiel aus Kunststoffen, Gummi oder Aluminium hergestellt.

Spezielle Arten von Schlagstöcken, die zusätzlich noch einen Quergriff haben, werden Tonfa genannt. Weniger ausgereifte Formen des Schlagstocks werden als Keule bezeichnet.

Einsatzgebiete

Polizei

Schlagstöcke im Polizeieinsatz

Heutzutage werden Schlagstöcke (auch als **Gummiknüppel** bezeichnet) vor allem von der Polizei verwendet. Diese setzt Schlagstöcke – überwiegend aus Hartgummi – bei Großeinsatzlagen wie etwa Demonstrationen zur Verteidigung eines Geländes (meist durch speziell ausgebildete Einheiten) oder als Waffe zur Sicherung von Beamten bei der Festnahme eines Verdächtigen ein. Im Falle von Demonstrationen bzw. gewalttätigen Märschen kommt der Schlagstock oft in Verbindung mit Wasserwerfern, Tränengas und Gummigeschossen zum Einsatz. Der Vollgummischlagstock wurde aber im Laufe der Zeit im deutschen Polizeieinsatz verboten, da er bei einem Schlag z.B. auf einen Arm seinen kompletten Impuls überträgt und zu schwereren Verletzungen wie Knochenbrüchen oder Knochensplitterbrüchen geführt hat. Heute werden lediglich gummiummantelte Holzkerne verwendet, die beim Schlag auf einen Knochen zurückfedern und somit ein Teil der Schlagenergie wieder reflektieren. Jedoch kann der Schlagstock auch zum Öffnen und Einschlagen von Türen und Fenstern genutzt werden, zum Beispiel um verletzte Personen zu retten oder sich Zugang zu einer Örtlichkeit zu verschaffen.

Folter

Tonfa-Schlagstock aus Gummi.

In früheren Zeiten (besonders während der Zeit der NS-Diktatur) wurden Schlagstöcke auch in Deutschland als Folterinstrumente verwendet. Ihr Einsatz kann zu schweren innerlichen Verletzungen führen, die oftmals von außen her nicht erkennbar sind. Es gibt Berichte auch noch heute (2006), dass von Polizeien und Militärs v. a. in ehemaligen Sowjetrepubliken, in Staaten Süd- und Mittelamerikas und Ostasiens weiter Schlagstöcke zu „Verhör"- und Folterzwecken eingesetzt werden.

Strafvollzug

Auch heute noch werden in vielen Gefängnissen Schlagstöcke als einzige Waffe für Justizbeamte in den Zellenblocks erlaubt, da sich Gefangene damit nicht selbst töten können.

Erziehung

Auch die früher in Schulen verwendeten Rohrstöcke zur physischen Bestrafung von Schülern werden zuweilen als Schlagstöcke bezeichnet. Diese Form der Züchtigung ist heutzutage meist verboten, jedoch zum Beispiel in den USA an manchen Schulen erlaubt.

Sport

Wie bei vielen anderen Waffen wird der Schlagstock auch in Sportarten genutzt. Hier sind es besonders die traditionellen, asiatischen Kampfsportarten, wie etwa Tonfajutsu oder Combat Arnis (bzw. Escrima), die Schlagstöcke im sportlichen Kampf verwenden.

BDSM

Im Bereich BDSM werden Schlagstöcke mitunter von Tops eingesetzt. Schlagstöcke werden im sadomasochistischen Bereich meist als Ersatz für Dildos und im Rahmen von Rollenspielen zusammen mit Uniformen eingesetzt.

Arten

- Tonfa
- Baseballschläger
- Teleskopschlagstock
- Totschläger
- Rohrstock
- Jō
- Canne

Von „http://de.wikipedia.org/wiki/Schlagstock"

Sex-positiver Feminismus

Sex-positiver Feminismus (engl. *sex-positive feminism*) ist eine Bewegung, die in den USA in den frühen 1980er Jahren als Antwort auf die Versuche einiger antipornografisch orientierter Feministinnen wie Catharine MacKinnon, Andrea Dworkin und Dorchen Leidholdt entstand, Pornografie in den Mittelpunkt feministischer Erklärungsmodelle für die Unterdrückung der Frau zu stellen. Im angelsächsischen Raum sind diese intensiven Debatten und kontroversen Auseinandersetzungen zwischen sexpositiven und antipornografischen Feministinnen als *Feminist Sex Wars* bekannt. Andere sexpositive Feministinnen beteiligten sich an diesen Auseinandersetzungen, wobei sie sich aus ihrer Sicht nicht gegen andere Feministinnen richteten, sondern gegen eine Entwicklung, die sie als patriarchalische Kontrolle der Sexualität betrachteten.

Zu den Autoren, die sexpositive Positionen vertreten, gehören unter anderem Nadine Strossen, Ellen Willis, Susie Bright, Patrick Califia, Gayle Rubin, Avedon Carol, Camille Paglia, Tristan Taormino und Betty Dodson. Im deutschsprachigen Raum nahm die Diskussion um die PorNO-Kampagne die wichtigsten Argumente und Forderungen der antipornografischen Seite auf, eine vergleichbar intensive Diskussion unter Feministinnen blieb jedoch weitestgehend aus.

Theoretische Grundlage

Im Mittelpunkt des sexpositiven Feminismus steht die Vorstellung, dass *sexuelle Freiheit* ein grundlegender Bestandteil aller weiblicher Bestrebungen nach Freiheit und Gleichberechtigung sein sollte. Daher lehnen sexpositive Feministinnen alle sozialen oder rechtlichen Bestrebungen, einvernehmliche sexuelle Aktivitäten zwischen Erwachsenen einzuschränken, gänzlich ab. Diese Ablehnung erfolgt unabhängig davon, ob die Initiatoren derartiger Maßnahmen Regierungen, andere Feministen, Gegner des Feminismus oder wie auch immer geartete Institutionen sind.

Gayle Rubin fasste den zu Grunde liegenden Konflikt über das Thema „Sex" innerhalb des Feminismus wie folgt zusammen:

„Es gab zwei Richtungen feministischen Gedankengutes zu dem Thema. Die eine kritisierte die Beschränkung des weiblichen Sexualverhaltens und verwies auf den hohen Preis für das sexuelle Aktivsein. Diese Tradition feministischer Gedanken zum Thema Sex forderte eine sexuelle Befreiung, die sowohl für Frauen als auch für Männer funktionieren sollte. Die zweite Richtung betrachtete die sexuelle Befreiung als inhärent bloße Ausweitung männlicher Vorrechte. In dieser Tradition schwingt der konservative antisexuelle Diskurs mit."

Das Anliegen des sexpositiven Feminismus vereint Mitglieder unterschiedlichster Gruppen, unter ihnen auch Aktivisten gegen Zensur, LGBT-Aktivisten, feministische Gelehrte sowie Produzenten von Pornografie und Erotika. Sexpositive Feministinnen lehnen die von ihnen vielen antipornografischen Feministen zugeschriebene Schmähung männlicher Sexualität ab und bekennen sich ausdrücklich zu der umfassenden Spannbreite einvernehmlicher sexueller Ausdrucksformen zwischen Erwachsenen. Sie vertreten die Ansicht, dass patriarchale Strukturen die sexuelle Freiheit und Ausdrucksfähigkeit einschränken und befürworten stattdessen, allen Menschen unabhängig von ihrer biologischen, sozialen oder psychologischen Geschlechtszugehörigkeit (Gender) mehr sexuelle Freiheiten zuzugestehen, statt Sexualität in Form von Pornografie einzuschränken. Sexpositive Feministinnen lehnen *sexuellen Essentialismus* generell ab, Gayle Rubin definiert diesen als „die Vorstellung, dass Sex eine Naturgewalt ist, die bereits vor dem sozialen Zusammenleben existierte und Institutionen herausformt"; stattdessen vertreten sie die Auffassung, dass sexuelle Orientierung und Gender grundlegend durch die Gesellschaft geprägt werden.

Die Teilgruppe der so genannten *sexradikalen Feministinnen* begründen ihre sexpositive Position mit einem grundlegenden Misstrauen in die Fähigkeit des Patriarchats, bei der Ausarbeitung von die Sexualität einschränkenden Regelungen die Interessen von Frauen bestmöglich zu vertreten. Andere Feministinnen betrachten die sexuelle Befreiung der Frau als das eigentliche Motiv hinter der Frauenbewegung. Naomi Wolf schreibt hierzu: „Der Orgasmus ist der natürliche Ruf nach feministischer Politik: Wenn es so gut ist, eine Frau zu sein, muss es auch etwas wert sein, eine Frau zu sein."

Historische Wurzeln

Autorinnen wie Gayle Rubin und Wendy McElroy vertreten die Auffassung, dass die Ursprünge des sexpositiven Feminismus bis ins 19. Jahrhundert zurückreichen und sehen dies in der Arbeit von Reformern und Aufklärern wie Havelock Ellis, Margaret Sanger, Mary Coffin Ware Dennett und später Alfred Kinsey begründet. Die aktuelle zeitgenössische Ausprägung der Bewegung entwickelte sich wesentlich später als Reaktion auf die zunehmende Fokussierung der feministischen Diskurses auf Pornografie, die seit den 1970er Jahren immer wieder als Grundlage der Unterdrückung von Frauen diskutiert wurde. Der Aufstieg des US-amerikanischen Second-wave Feminismus in den 1960er Jahren ging mit der sexuellen Revolution und einer Lockerung der gesetzlichen Vorschriften zu pornografischem Material einher. In den 1970er Jahren geriet der Themenbereich *Sexualität und Patriarchat* zunehmend in den Fokus der feministischen Diskussion. Einige feministische Gruppierungen gingen soweit, festzulegen, wie korrekte feministische Sexualität auszusehen habe und abweichendes Verhalten zu ächten. Dies war insbesondere bei einigen lesbischen Gruppen der Fall, wurde jedoch auch in heterosexuellen Zusammenhängen teilweise als Gedankengut übernommen. Viele Feministinnen begannen sexuelle Erfüllung selbst als problematisch zu betrachten, andere definierten weibliches Lustempfinden beim Geschlechtsakt mit einem Mann als unnatürlich oder gar krank und reine Folge der patriarchalen Indoktrination.

Andere Feministinnen wie z. B. Betty Docson betrachteten weibliche Lust und Masturbation als zentrale Elemente auf dem Weg zur Befreiung der Frauen. Pornografie stand zu diesem Zeitpunkt thematisch noch nicht im Zentrum der Diskussion, Radikalfeministen lehnten Pornografie generell ab, das Thema wurde jedoch bis in die 1970er Jahre nicht als besonders bedeutend betrachtet. Einzelne feministische Anwältinnen setzten sich für die Entkriminalisierung von Prostitution ein.

In den späten 1970er Jahren setzte in der US-amerikanischen Gesellschaft eine Diskussion ein, in der zunehmend Sorge über die Auswirkungen der gesellschaftlichen Entwicklung der 1960er Jahre geäußert wurde. Insbesondere der Trend zu größeren sexuellen Freiheiten rückte in den Mittelpunkt der Auseinandersetzung. Die mediale Darstellung von Gewalt und Sexualität und die zunehmende Akzeptanz pornografischer Medien im gesellschaftlichen Mainstream wurden ebenso kritisiert wie die zunehmenden sexuellen Aktivitäten unter Teenagern, Kinderpornografie und die angebliche Ausbreitung von Snuff-Filmen Kritiker glaubten, in dieser Atmosphäre eine moralische Panik zu erkennen, die ihren Höhepunkt Mitte der 1980er Jahre erreichte. Die Bedenken spiegelten sich in der feministischen Bewegung, in der sich radikalfeministische Gruppen zunehmend auf Pornografie konzentrierten und diese als eine der Grundlagen des Patriarchats und als direkte Ursache für die Gewalt gegen Frauen zu entdecken glaubten. Robin Morgan fasste derartige Vorstellung in einer Aussage zusammen: „Pornografie ist die Theorie; Vergewaltigung die Praxis."

1974 begannen Andrea Dworkin und Robin Morgan vehement antipornografische Standpunkte zu vertreten, die auf radikalfeministischen Positionen basierten. Antipornografische Feministinnengruppen wie Women Against Pornography griffen die Kritik auf und waren bis in die späten 1970er Jahre hinein in vielen US-amerikanischen Städten sehr aktiv.

Als diese Gruppen ihre Kritik und die mit dieser verbundenen Aktionen nicht nur auf Pornografie beschränkten, sondern auch auf Prostitution und BDSM ausdehnten, wuchs bei anderen Feministinnen zunehmend die Sorge über die Richtung, die diese Bewegung einschlug, die Entwicklung wurde daher offen kritisiert. Unter den Kritikern waren BDSM praktizierende Feministen (hier vor allem Samois), Gruppen die sich für die Rechte von Prostituierten einsetzten und viele liberale und antiautoritäre Feministen, für die freie Rede, sexuelle Freiheit und die moralische Eigenverantwortung zentrale Anliegen waren.

Eine der frühesten feministischen Erklärungen gegen die neu eingeschlagene Richtung der Bewegung war Ellen Willis' Essay „Feminism, Moralism, and Pornography" Als Antwort auf die 1979 erfolgte Gründung der Gruppe *Women Against Pornography* äußerte Willis Sorge über die Versuche der antipornografischen Feministen, den Feminismus in eine Bewegung mit nur einem einzigen Anliegen umzuwandeln. Sie vertrat die Auffassung, dass Feministen Pornografie nicht pauschal verdammen sollten, da alle Einschränkungen von Pornografie genauso leicht gegen die für die Feministen bedeutende

Redefreiheit gerichtet werden könnten. In ihrem Essay *Lust Horizons: Is the Women's Movement Pro-Sex?* prägte Willis den Begriff „Pro-Sex Feminismus".

Gayle Rubin fordert in *Thinking Sex: Notes for a Radical Theory of the Politics of Sexuality* eine neue feministische Theorie der Sexualität. Sie vertritt die Auffassung, dass die existierenden feministische Positionen zum Thema Sexualität die sexuelle Befreiung lediglich als eine Entwicklung betrachtete, die die männliche Vorherrschaft weiter festigt. Rubin kritisierte antipornografische Feministen, die aus ihrer Sicht "geradezu jede Variante sexuellen Ausdrucks als antifeministisch verurteilt haben", sie stellte hierzu fest, diese Perspektive auf Sexualität sei gefährlich nahe an den Positionen einer antifeministischen konservativen Sexualmoral. Rubin forderte Feministen dazu auf, die politischen Aspekte der Sexualität zu betrachten ohne sexuelle Unterdrückung zu begünstigen. Weiterhin forderte sie, die Schuld für die Unterdrückung der Frau statt gegen relativ einflusslose sexuelle Minderheiten gegen Faktoren zu richten, die es verdienen: „Die Familie, Religion, Kindererziehung, Ausbildung, die Medien, der Staat, die Psychiatrie, Benachteiligungen am Arbeitsplatz und ungleiche Bezahlung ..."

McElroy vertritt den Standpunkt, dass die Konzentration der Feministen auf Aspekte des sexuellen Ausdrucks in den 1970er und 1980er Jahren das Resultat ihrer Frustration mit dem offensichtlichen Versagen des Feminismus auf politischer Ebene war, nachdem das *Equal Rights Amendment* gescheitert war und unter der Regierung Ronald Reagans das Recht auf Abtreibung zunehmend angegriffen wurde.

Die deutsche lesbische Erotik-Fotografin Krista Beinstein bezeichnet sich als Bestandteil einer „feministische(n) Dirty-Sex-Bewegung" und „setzt ... ihre Arbeit gegen die moralisch-sexfeindlliche Frauenbewegung ein, in der sie selber aktiv war".

Bedeutende Themenbereiche

Pornografie

Tristan Taormino erhält den *Feminist Porn Award* (Pokal in Form eines Butt Plug)

Das Thema Pornografie war wahrscheinlich das erste, das sexpositive Feministen vereinte. Bis heute hat sich ein weites Spektrum unterschiedlicher und komplexer Sichtweisen zu diesem Thema entwickelt.

Während den 1980er Jahre versuchten Andrea Dworkin, Catharine MacKinnon und von ihnen inspirierte Aktivisten in mehreren US-amerikanischen und kanadischen Städten antipornografische Verordnungen herbeizuführen. Als erste erließ 1983 die Stadtverwaltung von Minneapolis eine entsprechende Verordnung.

MacKinnon und Dworkin verfolgten eine Taktik, Pornografie als einen bedeutenden Aspekt der Bürgerrechte darzustellen. Nach ihrer Argumentation begründete die Vorführung von Pornografie die sexuelle Diskriminierung von Frauen. Das Gegenargument der sexpositiven Bewegung war, dass eine gegen Pornografie gerichtete Gesetzgebung das Recht der Frauen auf *Freie Rede* verletzte. Kurz darauf setzte ein aus antipornografischen Feministen und konservativen Gruppen bestehendes Bündnis eine ähnliche Stadtverordnung in Indianapolis durch. Diese wurde später durch ein US-amerikanisches Bundesgericht für verfassungswidrig erklärt.

Rubin stellt fest, dass antipornografische Feministen häufig die Gefahren der Pornografie übertreiben, indem sie die schockierendsten pornografischen Motive (z. B. aus dem Bereich BDSM) aus ihrem Zusammenhang gelöst vorführen. Diese Präsentationsweise impliziere häufig, dass die abgebildeten Frauen tatsächlich vergewaltigt würden, statt klarzustellen, dass die entsprechenden Szenen Fantasien nachbilden und von Darstellern durchgeführt werden, die damit einverstanden sind. Sie konstatiert, dass feministische Kritik an Pornografie traditionelle normative Vorstellungen von Sexualität reproduziere, nach denen – gleich einem Dominoeffekt – jegliche Toleranz gegenüber mehr oder weniger von der Norm abweichenden Sexualitätsformen zu katastrophalen gesellschaftlichen Wirkungen führe.

Sexpositive Feministen erklären, dass der Zugang zu pornografischem Material für Frauen ebenso wichtig sei wie für Männer, und dass Pornografie keineswegs unbedingt Elemente enthalte, die Frauen erniedrigen. Antipornografische Feministen widersprechen dieser Auffassung und argumentieren häufig damit, dass schon die bloße Darstellung entsprechender Handlungen dazu führe, dass Täter zu realen Handlungen ermutigt werden und diese daher durchführen.

Das Bestehen einer Korrelation zwischen Pornografie einerseits und dem Anstieg sexueller Verbrechen andererseits konnte aber bisher nicht durch Studien nachgewiesen werden. Die die Korrelation Verneinenden führen Japan auf, ein Land, das für seine umfangreiche Vergewaltigungs-, BDSM- und Bondage-Pornografie bekannt ist, jedoch die niedrigste Verbrechensrate im Bereich sexueller Gewaltdelikte aller Industrienationen aufweist.

Sie führen eine Untersuchung als Längsschnittstudie 1991 auf, die trotz Zunahme von Menge und Verfügbarkeit sadomasochistischer Pornografie im Zeitraum zwischen 1964 bis 1984 in Deutschland, Schweden, Dänemark und den USA ebenfalls keinen Zusammenhang mit der jeweiligen Vergewaltigungsrate findet. Die Vergewaltigungsrate in den europäischen Ländern blieb konstant. Die gleiche Studie stellt fest, dass trotz der Legalisierung von Pornografie in Deutschland 1973 die Zahlen für Vergewaltigungen durch Fremde und Gruppenvergewaltigungen im Zeitraum zwischen 1971 bis 1987 konstant abnahmen. Diesem entsprechen auch die Ergebnisse der Studie für Dänemark und Schweden, sie stellt hierzu fest:

"Overall there was no increase in the actual number of rapes committed in West Germany during the years when pornography was legalized and became widely available."

„Insgesamt gab es keine Steigerung der tatsächlichen Anzahl der in Westdeutschland verübten Vergewaltigungen in den Jahren, in denen Pornografie legalisiert und weit verfügbar wurde."

Während zwischen 1964 und 1984 in Dänemark, Schweden und Deutschland die nichtsexuellen Gewaltverbrechen um ca. 300 Prozent zunahmen, ging trotz der leichteren Verfügbarkeit sexueller Materialien die Zahl der Sexualverbrechen eindeutig zurück.

Die aufgeführten Statistiken und Studien lassen einige Wissenschaftler darüber spekulieren, ob nicht sogar eine umgekehrte Korrelation der Wahrheit wesentlich näher kommen könne, dass also die weite Verbreitung von pornografischem Material potenziellen Straftätern eine allgemein sozial akzeptierte Möglichkeit anbieten könne, ihre eigene Sexualität zu steuern.

Befürworter der Korrelation zwischen Pornografie und Gewalt halten vor allem eine in ihrer wissenschaftlichen Methodik häufig stark kritisierte Veröffentlichung von W.L. Marshall zum Gebrauch sexuell expliziter Darstellungen bei Vergewaltigern entgegen, die Zusammenhänge zwischen Pornografie und Gewalt aufzeigt.

In Bezug auf Japan sind zahlreiche Studien zu beachten, die beispielsweise belegen, dass 69% der befragten japanischen Oberschülerinnen in der U-Bahn unsittlich berührt wurden und dass laut einer Studie der Justice Ministry Research Group aus dem Jahre 2000 davon ausgegangen werden muss, dass nur 11% aller Sexualdelikte zur Anzeige gebracht werden, da Opfer von Vergewaltigungen in Japan eher beschuldigt als geschützt werden.

Prostitution

Einige sexpositive Feministen sind davon überzeugt, dass Frauen und Männer als Prostituierte positive Erfahrungen machen können und dass Prostituition entkriminalisiert werden sollte. Sie argumentieren, dass Prostitution für die Prostituierten nicht zwingenderweise schlecht sein muss, solange sie mit Respekt behandelt werden und der Beruf nicht sozial stigmatisiert wird.

Andere sexpositive Feministen vertreten zu diesem Thema unterschiedliche Auffassungen, da aus ihrer Sicht die Tätigkeit als Prostituierte mit der sozialen und ethnischen Herkunft korreliert und das Thema Bezüge zu Menschenhandel aufweisen kann. Generell wird aber auch hier die Auffassung vertreten, dass der Beruf nicht sozial stigmatisiert werden darf. Künstlerinnen wie Annie Sprinkle inszenieren die Prostitution und die Pornographie direkt, um die Sexualität und ihr Ausleben durch künstlerische Performances zu entstigmatisieren, zu entmystifizieren und dadurch ihre Gesellschaftsfähigkeit zu erreichen.

BDSM

Viele Feministen kritisieren BDSM, da es aus ihrer Sicht Machtgefälle und Gewalt erotisch aufladen soll. Ein weiterer verbreiteter Vorwurf ist der der Förderung von Misogynie. Vertreter dieser Auffassung vertreten die These, an derartigen Praktiken teilnehmende Frauen würden ein Verhalten zeigen, das letztendlich für alle Frauen schädlich sei. Mitunter wird bestritten, dass FemDom existiert.

Alice Schwarzer kritisiert insbesondere die Vermischung von Sexualität mit Gewalt, da sie „die Frauen und die Sexualität kaputt" mache. Sie lehnt daher sadomasochistische Praktiken generell ab und bestreitet deren Legitimität. Ihre bekannteste Aussage in diesem Zusammenhang wurde erstmals in der Zeitschrift Emma, Heft 2, 1991 veröffentlicht:

„Weiblicher Masochismus ist Kollaboration!"

Catharine MacKinnon äußerte sich in einem Interview wie folgt über sadomasochistische Lesben:

„Wenn Pornographie Teil Ihrer Sexualität ist, dann haben Sie kein Recht auf Ihre Sexualität."

Sexpositive Feministen vertreten die Auffassung, dass einige Frauen einvernehmliche BDSM-Aktivitäten genießen und stellen fest, dass derartige Neigungen absolut legitim seien. Sie betonen, dass Feministen die sexuellen Bedürfnisse anderer Frauen nicht als "anti-feministisch" angreifen sollten und keinerlei Zusammenhang zwischen einvernehmlichen Sexualpraktiken und Sexualverbrechen bestehe. Während einige Radikalfeministen gerade solche Zusammenhänge behaupten, empfinden dies sexpositive Feministen als Beleidigung der Frauen. Wiederholt wird hierbei auch darauf hingewiesen, dass sich Rollen im Bereich BDSM nicht abhängig von biologischer, sozialer oder psychologischen Geschlechtszugehörigkeit entwickeln, sondern auf persönlichen Vorlieben beruhen.

Ein Beispiel für sexpositive Feministen ist die Pornodarstellerin Bobbi Starr. Sie gibt zu, dass einige Feministinnen Pornografie und BDSM als degradierend empfinden, sagt aber, „Ich fühle mich nicht degradiert, denn es ist meine eigene Entscheidung. Ich weiß, dass, wenn ich mich degradiert oder nicht wohl fühlen würde, nur nein sagen müsste und aufhören könnte. Ich denke nicht, dass etwas, bei dem Frauen soviel Kontrolle haben, als Degradierung von Frauen bezeichnet werden kann."

Sexuelle Orientierung

Obwohl ein verbreitetes Vorurteil zum Stereotyp der lesbischen Feministin existiert, betont McElroy, dass viele Feministen sich davor fürchteten, mit dem Thema Homosexualität in Verbindung gebracht zu werden. Eine der Gründerinnen des Second-Wave-Feminismus, Betty Friedan, warnte vor Lesbentum und nannte es "The Lavender Menace" (Die lila Gefahr), später nahm sie diese Aussage zurück. Sexpositive Feministen betonen, dass es notwendig sei, die Berechtigung aller sexuellen Orientierungen zu akzeptieren, da nur so Frauen ihre vollkommene sexuelle Freiheit erhalten können. Statt sich von Homosexualität und Bisexualität zu distanzieren, um die öffentliche Akzeptanz ihrer Theorien nicht zu gefährden, sind sie davon überzeugt, dass eine Befreiung der Frauen ohne eine allgemeine Akzeptanz von Homo-und Bisexualität nicht zu erreichen sei.

Transsexualität / Transgender

Einige Feministen attackierten Transgender, indem sie transsexuellen Frauen, sogenannten *Mann-zu-Frau-Transgender* oder *Transfrauen* vorhalten, sie als "Männer" hätten keine Berechtigung, sich mit Weiblichkeit zu schmücken und transsexuellen Männern, sogenannten *Frau-zu-Mann-Transgender* oder *Transmänner*, vorwerfen, ihre Solidarität mit dem eigenen Geschlecht zu leugnen und es aufzugeben. Eine der Hauptvertreterinnen dieser Ansicht ist Janice Raymond, die 1979 sagte, sexpositive Feministen unterstützten das Recht eines jeden Individuums, sein eigenes Geschlecht zu vernichten und weichten die Geschlechtszugehörigkeit auf, um eine Vermischung der Geschlechter herbeizuführen. Der bisexuelle Transgender Patrick Califia hat sich in zahlreichen Werken mit der Thematik auseinandergesetzt.

Siehe auch: Intersexualität

Kritik

Kritische Positionen gegenüber dem sexpositiven Feminismus nehmen beispielsweise Catharine MacKinnon, Germaine Greer, Pamela Paul und Dorchen Leidholdt ein. Das Hauptargument besteht stets darin, dass bestimmte sexuelle Verhaltensmuster (z. B. Prostitution) historisch stets mehr den Männern als den Frauen dienten und dass daher die undifferenzierte Förderung sexueller Verhaltensweisen grundlegend zur Unterdrückung der Frau beitrage.

Von „http://de.wikipedia.org/wiki/Sexpositiver_Feminismus"

Sexismus-Klage

Die **Sexismus-Klage** (auch *Stern-Klage*) war eine erfolglose Klage auf Unterlassen, die Frauenrechtlerinnen im Jahr 1978 einreichten, um der Zeitschrift *Stern* aus ihrer Sicht sexistische Darstellungen verbieten zu lassen.

Sachverhalt

Der Klage vorausgegangen war eine Reihe von Stern-Titelbildern, die nach Ansicht der Klägerinnen frauenerniedrigend waren, z. B. die Abbildung eines leicht bekleideten Damengesäßes auf einem Fahrradsattel im Juni 1977. Direkter Auslöser war ein Titelbild des Fotografen Helmut Newton aus dem April 1978. Alice Schwarzer beschrieb es in der *Emma* 7/1978, als „[…] eine Schwarze, nackt, in der Hand ein phallisches Mikrofon und um die Fesseln - schwere Ketten." Dabei ignorierte sie jedoch, dass die „Schwarze" keineswegs anonym und stellvertretend für alle Frauen stand. Denn es handelte sich um das für schrille Outfits und ihre persönliche Nähe zum Sadomasochismus bekannte Model Grace Jones. Die Klage wird in der Zeitschrift Emma und von Schwarzer selbst bis heute als wesentlicher Bestandteil ihrer PorNO-Kampagne dargestellt.

Rechtsstreit

Schwarzer bezeichnete das Photo als eine „Darstellung der Frau als bloßes Sexualobjekt" und als einen Verstoß gegen die „Menschenwürde *aller* Frauen". Sie sah sich daher selbst als Opfer einer Beleidigung gemäß § 185 StGB. Deswegen reichte sie gegen den Verlag Gruner + Jahr sowie gegen Chefredakteur Henri Nannen eine Unterlassungsklage ein, welche sie mit einem deliktischen Anspruch aus § 823 Abs. 2 BGB begründete. Außerdem wurde eine Beschwerde beim Presserat eingereicht.

In der von ihr herausgegebenen Emma forderte sie ihre Leserinnen auf, ebenfalls zu klagen. Diesem Aufruf folgten Inge Meysel, Erika Pluhar, Luise Rinser, Margarete Mitscherlich und fünf weitere Frauen. Die Beklagten sowie Kritiker warfen ihnen eine unzulässige *Popularklage* vor.

Das Landgericht Hamburg wies die Klage am 26. Juli 1978 ab (Az. 74 O 235/78). In der Urteilsbegründung nahm es zum einen den Vorwurf der Popularklage auf. Zum anderen stellte es fest, dass *die Frauen* als Kollektiv nicht beleidigungsfähig sein können. Eine Beleidigung einer großen Anzahl an Personen sei nur dann möglich, wenn diese „Personenmehrheit so aus der Allgemeinheit hervortritt, dass dieser Kreis der beteiligten Einzelpersonen deutlich umgrenzt ist"; bei einer Personengruppe, die mehr als die Hälfte der deutschen Bevölkerung ausmacht, könne dies nicht der Fall sein.

Literatur

- LG Hamburg: *„Die Frauen" keine kollektiv beleidigungsfähige Personengruppe*. NJW 1980, 56
- Peter Schlosser: *Polit-show, Sexismus und überwundene Starrheit des Prozeßrechts*. Jura 1979, 20
- Hermann H. Hollmann: *Kollektiv beleidigungsfähige Personengruppen und Popularklage auf Unterlassung*. JA 1980, 527

Von „http://de.wikipedia.org/wiki/Sexismus-Klage"

Sinnesentzug

Entzug des Sehens im Rahmen eines BDSM-Szenarios

Sinnesentzug beschreibt eine Technik aus dem Bereich der Sexualpraktiken, insbesondere der sadomasochistischen Praktiken, bei der einem der Partner ein oder mehrere Sinne entzogen werden. Häufig wird auch der Begriff „sensorische Deprivation" aus dem Bereich Folter verwendet, im Gegensatz hierzu findet die sexuelle Variante auf der Grundlage gegenseitigen Einvernehmens und Freiwilligkeit statt (vgl. Safe, Sane, Consensual).

Der Sinnesentzug kann vom einfachen „Augenverbinden", das auch im Vanillasex häufig vorkommt, bis hin zur Mumifizierung einschließlich des kompletten Umschließens des Kopfes mittels einer Maske beispielsweise aus Latex geschehen. Je nach Wahl der Mittel kann ein Sinn, beispielsweise der Hörsinn mittels Ohrenstopfen oder der Tastsinn mittels eines Vakuumbettes entzogen werden. Kombiniert werden kann im Rahmen der abgesprochenen Grenzen bis hin zu einem quasi vollständigen Sinnesentzug. Je nach Selbstverständnis der Partner kann diese Maßnahme in einem erotischen Kontext der „Bestrafung" stehen oder der Befriedung eines sexuellen Fetisches, aber auch dem reinen Lustgewinn dienen. Von „http://de.wikipedia.org/wiki/Sinnesentzug"

Sklavenzentrale

Das Internetportal **Sklavenzentrale** ist mit etwa 150.000 registrierten Mitgliedern eine der größten deutschsprachigen BDSM-Communitys. Legt man die Alexa-Abrufzahlen zugrunde, ist die 2003 gegründete Website mit täglich rund 420.000 Seitenabrufen und 20.000 Besuchern das am meisten frequentierte BDSM-Portal in Deutschland.

Geschichte

Die Sklavenzentrale wurde im September 2003 von den Szene-Fotografen Sir X und Magic Zyks (beides eingetragene Künstlernamen) ins Leben gerufen. Sir X, Softwareentwickler, und Magic Zyks, der als Creative Director für eine Düsseldorfer Werbeagentur arbeitete, starteten das Projekt zunächst als Registrierungsstelle für BDSM-Interessierte.

Bereits nach kurzer Zeit fand die Plattform viel Zuspruch, und die Nutzer regten einen Ausbau der Site an. Das Konzept wurde erweitert, und 2004 kamen Bildergalerien und Textforen hinzu sowie 2005 ein Online-Magazin. Die Sklavenzentrale entwickelte sich von einer Registrierungsstelle zu einer großen BDSM-Community.

Da der Aufwand den nebenberuflichen Rahmen der Gründer zu übersteigen begann, wurde die Plattform an Martina Kolsche von der niederländischen Firma MK Service als Betreiber abgegeben. SirX und Magic Zyks blieben nebenberuflich als Programmierer, Designer und Berater für die Sklavenzentrale tätig und helfen ehrenamtlich bei der Führung und Verwaltung der Plattform.

Mitglieder

Derzeit sind rund 154.000 Mitglieder in der Sklavenzentrale als Subs, Tops oder Switcher registriert. Etwa 40.000 Mitglieder haben das sogenannte „Real-Zeichen", d. h. andere Benutzer haben bestätigt, das Mitglied persönlich zu kennen. (Stand: 9/2010)

Jedem registrierten Mitglied wird kostenfrei ein Basisprofil zur Verfügung gestellt, das mit Bildern, Freitext und Angaben zur Person sowie Neigungen und sexuellen Präferenzen versehen werden kann. Es kann ein Tagebuch geführt sowie eine Übersicht der geplanten Veranstaltungsbesuche und Vernetzungen mit anderen Mitgliedern dargestellt werden.

Funktionen

Neben Profilen, öffentlichen Diskussionsforen, Bildergalerien und dem Online-Magazin hat die Sklavenzentrale mehrere Chaträume, einen umfangreichen Termin- und Veranstaltungskalender sowie ein Klein- und Kontaktanzeigenmodul.

Dazu kommen noch geschlossene Benutzergruppen mit und ohne BDSM-Bezug, davon sind 591 sogenannte Zirkel, 239 Gruppen und 457 Stammtische, die jeweils über eigene, nicht-öffentliche Foren und einen Chatraum verfügen sowie über eigene Bild- und Fotogalerien (Stand: 8/2010).

Teilweise stehen diese Bereiche auch nicht registrierten Benutzern offen, zum Teil sind zur Nutzung eine gebührenfreie Registrierung und auch das Real-Zeichen erforderlich. Der Erwerb eines gebührenpflichtigen Premium-Accounts erlaubt Zugriff auf weitere Features.

Die Sklavenzentrale ist ICRA-gekennzeichnet. Alle für jedermann einsehbaren Bereiche sind gemäß niederländischem Gesetz jugendfrei; Bereiche mit nicht jugendfreien Inhalten sind nur nach Überprüfung durch das Altersverifikationssystem „X-Access" zugänglich (kostenpflichtig).
Von „http://de.wikipedia.org/wiki/Sklavenzentrale"

Sling

Ledersling an Stahlketten in einer verspiegelten Dungeonecke.

Eine **Sling** (auch *Liebesschaukel*) ist eine aus Leder oder Kunststoff gefertigte Schaukel, die in der Regel an Ketten befestigt von der Decke eines Raumes oder einer speziellen Stützkonstruktion hängt. Das Sexspielzeug dient als Liege für den passiven Partner und wird vor allem für Analverkehr und Fisting verwendet. Die spezielle Liegeposition ermöglicht unbeschränkten Zugang zu Anus, Rektum und gegebenenfalls Vagina und bietet eine sehr entspannte Liegeposition.

Hierbei besteht im Bereich BDSM die Möglichkeit den Bottom zusätzlich an Händen und Füßen zu fixieren. Einige Modelle sind hierzu mit speziellen Schlaufen ausgestattet.

Entsprechende Konstruktionen wurden ursprünglich vor allem in homosexuellen Kontexten verwendet, tauchen jedoch zunehmend auf BDSM-Veranstaltungen und in Dungeons auf.
Von „http://de.wikipedia.org/wiki/Sling"

Smotherbox

Modell einer typischen Smotherbox

Als **Smotherbox** (engl. *smothering* - erstickend, abdeckend), *Kopfkiste*, *Oralbox* oder *Toilettenbox* bzw. *-kiste* bezeichnet man eine Vorrichtung, die als sogenanntes SM-Möbel im Rahmen von BDSM verwendet wird, aber auch bei Sexualpraktiken außerhalb des BDSM, beispielsweise im Rahmen exkrementophiler Praktiken als Hilfsmittel verwendet wird.

Verwendung

Die Vorrichtung wird zumeist dazu verwendet, dass eine Person, zumeist eine Frau, im Rahmen von Domination and Submission als aktiver Partner (Top) auf dem Gesicht eines passiven Partners, des sogenannten Bottoms sitzt, um in einem erotischen Rollenspiel ihre *Überlegenheit* spielerisch zu demonstrieren. Dies kann sexuelle Aktivitäten wie Cunnilingus oder Anilingus durch den Bottom einschließen, muss es aber nicht. Smotherboxen sind zudem gängige Hilfsmittel im Rahmen exkrementophiler Praktiken. Smotherboxen werden darüber hinaus zu speziellen Sexualpraktiken wie dem Facesitting oder zu Atemkontrollspielen verwendet. Selbst wenn sie im Regelfall nicht luftdicht konstruiert sind, befindet sich die einzige Atemöffnung in der Mitte des Sitzes. Der obenauf Sitzende kann daher die Luftzufuhr durch die Verlagerung seines Körpers beeinflussen.

Eigenschaften

Eine Smotherbox weist in der Regel zwei Öffnungen auf. Eine befindet sich vertikal auf der Seite der Vorrichtung und ermöglicht es einer Person, ihren Kopf und einen Teil des Nackens einzuführen. Die zweite Öffnung befindet sich auf der Oberseite der Vorrichtung und gewährt so einen direkten Zugang zum Gesicht des Bottoms, während dieser mit dem Kopf in der Konstruktion steckt. Das Innere der Konstruktion ist häufig ausgepolstert, um den Nacken des Bottom zu unterstützen und Bewegungen seines Kopfes zu verhindern. Die Polsterung kann weiterhin Umweltgeräusche dämmen und dadurch Elemente der sensorischen Deprivation mit in das Szenario einfließen lassen.

Eine Smotherbox soll das Sitzen auf dem Gesicht des Bottoms für beide Beteiligten komfortabler machen. Sie bietet dem Sitzenden eine stabile Sitzfläche und entlastet zugleich die Halswirbelsäule des Untenliegenden. Dies ermöglicht einerseits längere Spielszenen, andererseits werden Smotherboxen von einigen Sadomasochisten wegen der Bequemlichkeit für den passiven Partner abgelehnt.

Meistens handelt es sich bei Smotherboxen um individuell hergestellte Funktionsmöbel. Häufig werden bei der Herstellung wertvolle Hölzer und Leder verwendet. Smotherboxen sind im spezialisierten Handel erhältlich, werden jedoch vereinzelt auch in Heimarbeit selbst hergestellt.

Literatur

- Christina McGuire, Carla Norton: *Die Leibeigene. Entführung, Verführung, Gehirnwäsche. Die sieben*

Jahre Qual der Colleen Stan.. In: *True Crime / Der wahre Kriminalfall.* Bastei-Lübbe, Bergisch Gladbach 1993 (Originaltitel: *Perfect Victim*), ISBN 0440204429 (Bericht über einen Fall von Entführung und Gehirnwäsche. Enthält in der deutschen Ausgabe ein Bild einer Kopfkiste mit einer eingehenden Beschreibung.).

Von „http://de.wikipedia.org/wiki/Smotherbox"

Spanking

Spanking [ˈspæŋkɪŋ] (englisch) bezeichnet das Schlagen auf das bekleidete oder entblößte Gesäß, entweder mit der flachen Hand oder mit einem geeigneten Gegenstand. Im Englischen steht der Begriff ursprünglich und weiterhin für die an Schulen (in den USA) und im häuslichen Bereich in der Kindererziehung regelmäßig praktizierte Form einer Körperstrafe; *Spanking* fungiert dabei umgangssprachlich oft als Oberbegriff für diverse auf dem Gesäß ausgeführte Bestrafungsarten wie *Caning*, *Paddling*, *Switching*, *Flogging* und andere Synonyme. Davon abgeleitet wird von Spanking auch als einvernehmliche Sexualpraktik („erotisches Spanking") gesprochen. Im deutschen Sprachraum wird unter Spanking nur letzteres verstanden, während für die Züchtigung in der Kindererziehung die Bezeichnung „Prügelstrafe" und zahlreiche umgangssprachliche Begriffe wie „versohlen" usw. in Gebrauch sind.

Spanking und Sexualität

Demonstration erotischen Spankings auf der Folsom Street Fair 2004 in San Francisco

Etruskische Wandmalerei im „Grab der Züchtigung" in der Totenstadt von Tarquinia, Italien, ca. Ende 600 v. Chr.

Kupferstich ca. 1780

Gepolsterte Spankingbank

Der Begriff Spanking fand in den 1990er-Jahren aufgrund des Umstands, dass der deutschen Sprache ein entsprechender Begriff fehlt, über das Usenet und das World Wide Web sehr rasch Einzug in den Sprachgebrauch auch der deutschsprachigen Anhänger dieser Sexualpraktik. Auch das entsprechende englische Verb *to spank* wird in der Umgangssprache der Subkultur gelegentlich eingedeutscht verwendet („ich möchte mal wieder gespankt werden"), sowie weitere Begriffe der Szene wie *Spanko* (Kurzform von *Spankophiler* oder *Spanking-Fetischist*), *Spanker* und *Spankee*.

Für härtere Formen des Spanking im Bereich BDSM wird auch der Begriff *Flagellantismus* genutzt.

Unter erwachsenen Partnern hat spielerisches Spanking in intimen Situationen auch eine erotische, sexuelle Funktion.

Je nach Absicht, Planung und Intensität dieser Tätigkeit (Petting, Schläge im Rahmen des Koitus, Erziehungsspiel) kann man hier von einem eher erotischen Spiel oder von einer BDSM-Spielart, insbesondere des Sadomasochismus, sprechen. Dennoch empfinden viele ihre Leidenschaft für Spanking als etwas Eigenständiges, das mit dem klassischen Sadomasochismus nur wenig gemeinsam hat.

Das Spanking kann je nach individueller Vorliebe mit der Hand erfolgen, mit einem Rohrstock, einer Peitsche, einer Birkenrute, Teppichklopfer, Haarbürste, Paddle, Martinet, Tawse oder einer Vielzahl weiterer Instrumente.

Erotisches Spanking kann sehr unterschiedlich praktiziert werden. Die Palette reicht von zärtlichen Streichel-Klapsen über Erziehungsspiele bis hin zur schweren Züchtigung mit Fesselung (Bondage). Daneben ist beliebt das – auch gleichzeitige und gegenseitige – Kneifen („*Squeezing*") in die Gesäßbacken des Partners, welches auch im exhibitionistischen Sinne, etwa bei einem Stadtbummel, ausgeführt werden kann.

Egal, wie erotisches Spanking praktiziert wird, der Grundsatz der absoluten Sicherheit, Vernunft und Einvernehmlichkeit („Safe, Sane, Consensual") bildet nach allgemeinem Konsens die entscheidende Basis für erotisches Spanking, da Schläge, wie alle Reize, nicht akzeptiert werden und nur Widerwillen auslösen, wenn

- die Absicht nicht deutlich ist, wenn etwa die Schläge (Klapse) „zufällig" erfolgen, weil sich jemand gerade gebückt hat, um etwas aufzuheben,
- sie von einer Person gegeben werden, von der man nicht erotisch berührt werden mag,
- sie in einer Weise erfolgen, die darauf hindeutet, dass der Spanker unbeherrscht ist und eher an sich denkt als an den Geschlagenen, den Spankee.

Einvernehmlichkeit kann dagegen immer dann als gegeben angenommen werden, wenn sich der Spankee selbstständig bückt (ohne Bondage). Das freiwillige „sportliche Bücken" (touch toes) garantiert dann das kontrollierte, sichere Schlagen des Spankers auf den sexuell relevanten Bereich des Hinterns. Schläge wollen vorbereitet werden, damit der (die) Spankee den erotischen Charakter und die sinnliche Freude des Spankers spürt. Auf der weichen Muskulatur im Bereich des Afters werden sie, auch wenn sie mit Kraft ausgeführt werden, nur als „angenehm ziehend" empfunden, nicht als wirklich „schmerzend, weh tuend", solange der Spankee sich wünscht, geschlagen zu werden.

Intensive körperliche Reaktionen (Zucken und „Quieken") beweisen nicht unbedingt, dass es dem Spankee unangenehm ist – solange er seine Position freiwillig beibehält.

Zusätzlich kann die Verwendung eines Safeword vereinbart werden. Dieses gibt dem *Spankee* die Möglichkeit, „in der Rolle" vergeblich um ein Ende der „Züchtigung" zu betteln, bei echtem Bedarf aber das Spiel zu jedem Zeitpunkt kontrolliert abbrechen zu können.

Zu den bekannten Persönlichkeiten mit einer sexuellen Vorliebe für Spanking (möglicherweise auch einem Spanking-Fetisch) zählen der schweizerisch-französische Philosoph Jean-Jacques Rousseau (1712–1778) und die britischen Schriftsteller Algernon Swinburne (1837–1909) und T. H. White (1906–1964), die deutsche Museumsgründerin Charlotte von Mahlsdorf (1928–2002) und der deutsch-französische Schriftsteller Georges-Arthur Goldschmidt (* 1928) ausweislich seiner autobiografischen Werke.

Spielerisches Spanking

Spanking unter Zuhilfenahme eines Paddles in einem Dungeon.

Zum Beispiel ist in der US-amerikanischen Kultur der Brauch des *birthday spanking* weit verbreitet. Das „Geburtstagskind", welches ein Kind, aber auch ein Erwachsener sein kann, bekommt dabei an seinem Geburtstag so viele Klapse auf den Po, wie es Jahre alt wurde: „*plus one to grow on*" (plus einen um weiterzuwachsen). Der genaue Ablauf des *birthday spanking* ist von Familie zu Familie unterschiedlich; häufig bekommt der Jubilar dabei von jedem Schulkameraden, Geschwister oder Gast sein *birthday spanking*, so dass letztlich eine recht fühlbare Angelegenheit daraus werden kann.

In Indien gibt es eine ähnliche Tradition namens *birthday bumps*. Hierbei wird das Geburtstagskind an seinen Hand- und Fußgelenken hochgehoben und dann eine seinem Alter entsprechende Anzahl Male mit dem Hintern (sanft) auf den Boden fallen gelassen.

Züchtigungsinstrumente

Die für Spanking verwendeten Gegenstände sind und waren immer stark von der Zeitepoche und der kulturellen Region abhängig.

Beispiele hierfür sind:
- Bambusstock (vor allem in Japan)
- Birkenrute (vor allem in Nordeuropa, Mitteleuropa und Russland bis etwa ins 19. Jahrhundert)
- Haarbürste
- Gerten
- Gürtel/Riemen
- Gummischlauch
- Hand
- Kochlöffel (aus Holz)
- Klopfpeitsche (vor allem in Deutschland)
- Martinet (vor allem in Frankreich)
- Paddle (vor allem in den USA)
- Peitschen
- Reitgerten
- Rohrstock (vor allem in Europa, Südasien und Südostasien)
- Teppichklopfer
- Tawse (vor allem in Großbritannien und Irland)
- Lineal

Englischsprachige Synonyme

Im Englischen gibt es nicht nur ein eigenes Wort (*spanking*) für die Körperstrafe auf das Gesäß (und daneben etliche umgangssprachliche Synonyme), sondern eine Reihe von spezifizierten Begriffen, die vom verwendeten Instrument abgeleitet sind:

Wird die flache Hand verwendet, so spricht man auch von einem *hand spanking*. In Großbritannien ist hierfür der Ausdruck *smacking* üblich. Die Begriffe *flogging* und *whipping* werden umgangssprachlich auch synonym für *spanking* verwendet, ohne dass damit das Schlagen mit den entsprechenden Instrumenten gemeint sein muss.

Literatur

Sachbücher
- Lady Green: *The Compleat Spanker*. Greenery Press, Oakland, CA 2000, ISBN 1-890159-00-X (Einführung in erotisches Spanking, in englischer Sprache)

Belletristik
- Andreas und Antje: *Spanking - Lust und Leidenschaft* - Marterpfahlverlag, 2001, ISBN 3-9806104-5-4
- Stan Gere: *Bestrafung eines Dienstmädchens* - erschienen 2003, ISBN 3-936708-03-7
- Florian Flüring: *In der Umlaufbahn des Mondes - Bekenntnisse eines Pygomanen* ISBN 978-3-935673-19-8
- Lina Ganowski: *Meine angenehmen Erinnerungen* ISBN 978-3-935673-22-8
- Vera Wolf: *Spanking - Geschichten einer gelebten Sehnsucht* ISBN 978-3-8370-0412-0
- Henriette Staudt: *Der Flokati - Das Nackedasein*. Aachen 2010, ISBN 978-3-8422-3909-8

Von „http://de.wikipedia.org/wiki/Spanking"

Spanner Case

Mit **Spanner Case** werden mehrere Gerichtsverfahren bezeichnet, bei denen homosexuelle BDSMler wegen der Ausübung einvernehmlicher sadomasochistischer Praktiken in Großbritannien verurteilt wurden. Das Verfahren führte zu einem Grundsatzurteil des Europäischen Gerichtshofs für Menschenrechte.

Der Name rührt von einem Wortspiel her. Ein *spanner* bezeichnet in Großbritannien einen *Schraubenschlüssel*. Das Gegenstück zu einem *spanner* ist eine *nut*, eine *Schraubenmutter*, was umgangssprachlich einen Verrückten bezeichnet. Die Sonderkommission des New Scotland Yard, die gegen die BDSMler ermittelte, gab sich deswegen den Namen *Operation Spanner* (um die *nuts*, also die *Verrückten* aus dem Verkehr zu ziehen).

Verlauf

Im Jahr 1987 gab es eine Razzia der Sonderkommission „Spanner", bei der auch Videofilme von einvernehmlichem homosexuellen BDSM beschlagnahmt wurden. Darauf wurden im Dezember 1990 16 Angeklagte, die auf Rat ihrer Anwälte auf *schuldig* plädierten, verurteilt, die Ausführenden wegen Körperverletzung, die sogenannten Bottoms, denen die Verletzungen zugefügt wurden, wegen Beihilfe. Die Strafen bewegten sich von Geldstrafen über Bewährungsstrafen bis zu Gefängnisstrafen.

1995 wurde der *Spanner Trust* gegründet. Diese Stiftung diente ursprünglich zur Unterstützung des Gerichtsverfahren vor dem Europäischen Gerichtshof für Menschenrechte; nach 1997 betreibt die Stiftung generell Lobbyarbeit für BDSM und die Änderung der Gesetze in Großbritannien.

Am 19. Februar 1997 urteilte der Europäische Gerichtshof für Menschenrechte in *CASE OF LASKEY, JAGGARD AND BROWN v. THE UNITED KINGDOM; (109/1995/615/703-705) February 1997*, dass jeder Staat eigene Gesetze gegen Körperverletzung erlassen darf, unabhängig davon, ob die Körperverletzung einvernehmlich ist oder nicht.

Folgen und Anspielungen

Der Prozess führte dazu, dass sich sowohl im europäischen als auch im amerikanischen Raum Sadomasochisten zunehmend vernetzten. Gerade in Bezug auf BDSM-relevante Berichterstattung entstanden in Folge mehrere neue Strukturen. Das zunächst auf Englisch verfasste Urteil wurde in Teilen der deutschen Subkultur zunächst als europaweites Verbot von SM missverstanden. Als Reaktion auf diese Probleme bei der Kommunikation innerhalb der Subkultur wurde die Nachrichten-Mailingliste "Schlagworte" gegründet.

In England entstanden im Laufe des Verfahrens die Organisation *SM Pride* und die Stiftung *Spanner Trust* um zukünftig die Interessen von Sadomasochisten und anderen sexuellen Minderheiten besser schützen zu können.

Zwei der Verhafteten begingen Selbstmord, mehrere verloren ihre Arbeit. In acht Fällen wurden Gefängnisstrafen bis zu viereinhalb Jahren ausgesprochen. Nach dem Urteil kam es in Großbritannien zu Razzien bei privaten BDSM-Partys und in -Bars.

Die SM-Filmkomödie *Preaching to the Perverted* ist eine Parodie darauf und Kritik am Spanner-Urteil.

Im Juni 2007 nutzte die Britische Regierung die Entscheidung um auch Bild- und Filmmaterial, das entsprechendes einvernehmliches Verhalten unter Erwachsenen darstellt, im Rahmen der *Criminal Justice And Immigration Bill* als "Extreme Pornographie" zu kriminalisieren.

Filme
- 1997: Preaching to the Perverted

Literatur
- Weait, Matthew: 'Fleshing it Out' in Lionel Bently und Leo Flynn *Law and the Senses: Sensational Jurisprudence (Law & Social Theory)*, Pluto Press, London, 1996, ISBN 0745310680
- Der Spiegel: 'GB: Zutiefst krank', (50/1992) - 7. Dezember 1992, online unter Großbritannien - Zutiefst krank, spiegel.de.

Von „http://de.wikipedia.org/wiki/Spanner_Case"

Spekulum

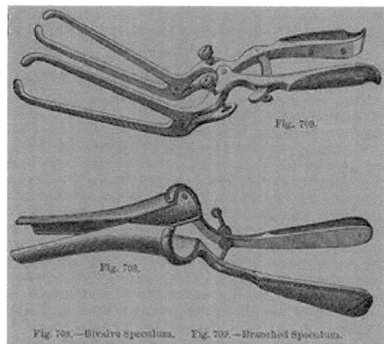

Zwei Spekula aus dem 19. Jahrhundert.

Ein **Spekulum** (von lat. *speculum:* „Spiegel"; Pl.: Spekula) ist ein medizinisches Untersuchungsinstrument.

Beschreibung

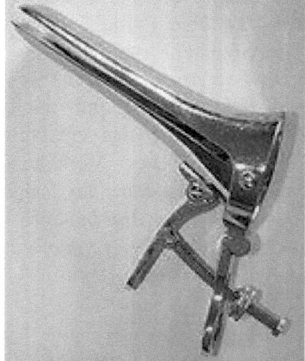

Entenschnabel-Vaginalspekulum

Es gibt Spekula für verschiedene Anwendungen, für die Untersuchung der Vagina und der Nase.

Spekula werden bei gynäkologischen Untersuchungen in die Scheide eingeführt. Viele Spekula ermöglichen dann eine Spreizung der beiden Blätter, so dass die Vagina entfaltet werden kann. Dadurch werden die Scheidenhaut sowie die Cervix sichtbar und zugänglich. Mit Spekula wird es möglich, Abstriche vom Muttermund zu entnehmen oder weitere Instrumente über den Muttermund in die Gebärmutter einzubringen. Nach der Untersuchung werden die Blätter wieder geschlossen und das Spekulum entfernt.

Um den individuellen anatomischen Verhältnissen aller Patientinnen gerecht zu werden, gibt es Spekula in verschiedenen Größen. Metallspekula werden meist angewärmt. Bei vielen Untersuchungen können die Spekula mit Gel benetzt werden, um das Einführen zu erleichtern. Da diese Gele bei manchen zytologischen oder mikrobiologischen Untersuchungen das Ergebnis verfälschen können, ist die Verwendung nicht immer möglich. Der Untersucher versucht dann, das Einführen durch Benetzung des Spekulums mit warmem Wasser zu erleichtern.

Andere, sehr viel kleinere Nasalspekula werden in der Hals-Nasen-Ohren-Heilkunde zur Betrachtung der Nasenhöhle und Nasengänge eingesetzt. In der Proktologie ermöglichen Rektalspekula das Öffnen und Entfalten des Enddarms und des Analkanals.

Geschichte

Es werden rostfreie, sterilisierbare und mehrfach verwendbare Metallspekula verwendet. Heute werden auch Spekula aus transparentem Plastik als Einmalartikel verwendet.

Die Geschichte dieses Instruments reicht weit zurück: Vaginalspekula wurden bei den Römern verwendet und unter anderem in Pompeii gefunden. Nasalspekula wurden dagegen erst am Ende des 19. Jahrhunderts durch Gustav Killian etabliert.

Josephine Butler, die britische Leitfigur im Kampf gegen den britischen Contagious Disease Act im 19. Jahrhundert, bezeichnete die Verwendung des Spekulums bei der Untersuchung von Prostituierten auf Geschlechtskrankheiten als Vergewaltigung. Auf ähnliche Weise verwendet Luce Irigaray in ihrem für die feministische Philosophie zentralen Werk *Speculum, Spiegel des anderen Geschlechts* (1974) das Spekulum als Symbol für männliche Herrschaft.

Spekula werden heute auch manchmal als Sexspielzeuge verwendet.

Bauformen

2 Glasspekula

Vaginal-Spekula

Blätterzahl

- Fergusson
- Glasspekulum

2-Blatt

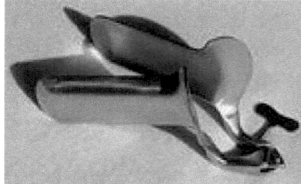

Spekulum Collin

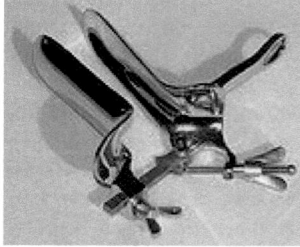

Spekulum Trelat

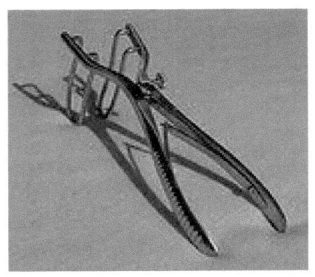

Spekulum Sims

Rektal-Spekula

Blätterzahl

1-Blatt

- Czerny

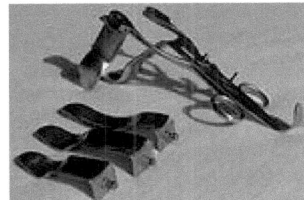

Spekulum Alan Park

Spekulum Cook (ähnlich)

- Alan Park
- Cook
- Mathieu

Von „http://de.wikipedia.org/wiki/Spekulum"

Spreadeagle

Der aus dem Englischen stammende Begriff **Spreadeagle** (seltener "spread-eagle" oder "spread eagle") bezeichnet eine Bondage-Stellung, bei der die Arme und Beine der gefesselten Person so an vier Punkten fixiert werden, dass sie mit weit ausgestreckten Gliedmaßen auf dem Rücken (oder auf dem Bauch) zu liegen kommt. Die Stellung trägt ihren Namen in Anlehnung an einen Adler (engl. *eagle*), dessen Schwingen ausgebreitet sind ("spread"). Im Deutschen wird sie auch als "X-Stellung" oder "Adler" bezeichnet.

Die Fesselung kann mit Seilen, Manschetten oder eisernen Hand-/Fußschellen erfolgen. Häufig erfolgt die Fixierung an den vier Pfosten oder am Gestell eines Bettes.

Diese Stellung versetzt die gefesselte Person in eine ausgelieferte Position ohne jede Bewegungsfreiheit. Sie wird im Bereich des BDSM verwendet, um die Manipulation der erogenen Zonen zu ermöglichen. Der passive Partner / die passive Partnerin (Bottom) hat dabei keine Möglichkeit der Gegenwehr, da die Hände und Füße weit außerhalb jener Körperteile fixiert sind, an denen die Manipulation bzw. sexuelle Stimulation stattfindet.

Von „http://de.wikipedia.org/wiki/Spreadeagle"

Strappado

Folterung durch Strappado

Strappado (ital. *strappare* „reißen") ist sowohl eine Foltermethode als auch eine Praktik aus dem Bereich BDSM.

Foltermethode

Als *Strappado* oder *Pendel* wird eine leicht anzuwendende, vor allem im Mittelalter weit verbreitete Foltermethode bezeichnet. Die Handgelenke des Opfers wurden hinter dem Rücken gefesselt und dann mit einem Seil, das über einen Balken, eine Rolle oder einen Haken an der Decke lief, nach oben gezogen, bis das Opfer an seinen Armen hing. Diese Foltermethode ist sehr schmerzhaft und führt meist zur Luxation (Verrenkung) des Schultergelenks. Diese Praktik war unter dem Namen „Pfahlhängen" in deutschen Konzentrationslagern zur Zeit des Nationalsozialismus weit verbreitet.

In einer Variante des Strappado wurden dem Opfer die Handgelenke vor dem Körper gefesselt, das Opfer wiederum an den Handgelenken nach oben gezogen, zusätzlich aber schwere Gewichte an den Fußgelenken befestigt. Hierdurch kann es nicht nur zur Schädigung des Schulterbereiches, sondern auch der Beine und Hüften kommen.

Im *Malleus Maleficarum* (Hexenhammer, 1486) wird beschrieben, in welcher Reihenfolge die verschiedenen Folterinstrumente benutzt werden, um die entsprechende Person zu einem Geständnis zu zwingen. Das Strappado wurde bei eher schweren Vergehen angewandt.

Strappado in High Heels mit Seilfesselung, Spreizstange und Knebel.

BDSM

Im Bereich von BDSM ist eine ähnliche, ebenso als *Strappado* bezeichnete Technik in Gebrauch. Der Bottom wird auf ähnliche Weise gefesselt wie in der beschriebenen Foltermethode, die Arme werden jedoch nur soweit hochgezogen, dass der gewünschte Immobilisierungs- und Schmerzeffekt eintritt, ohne gesundheitliche Schäden zu hinterlassen. Die Füße des Opfers bleiben daher im Allgemeinen auf dem Boden. Mitunter wird zusätzlich eine Spreizstange zum Spreizen der Beine verwendet. Durch das Tragen von Schuhen mit hohen Absätzen (High-Heels) wird der Strappado für den Bottom noch unbequemer.

Im Zusammenhang mit BDSM wird der Strappado auch als „Hofknicks" bezeichnet.

Rezeption

Die Thrash-Metal-Band Slaughter benannte ihr 1986 erschienenes Album „Strappado" nach dieser Foltermethode.

Literatur

- Dr. Eric J Trimmer (Hrsg.): *The Visual Dictionary of Sex.* A & W Publishers, 1977, ISBN 0-89479-011-0.

Von „http://de.wikipedia.org/wiki/Strappado"

Subspace

Im Kontext von BDSM bezeichnet **Subspace** (auch **Headspace** oder **Topspace** genannt) eine Zustandsveränderung des Bewusstseins, die der empfangende Partner (Sub oder Bottom) während einer Spielszene erfahren kann und die wegen ihrer Rauschähnlichkeit beliebt ist. Eine umgangssprachliche Bezeichnung dafür ist "*Fliegen*".

Dieser Ekstasezustand lässt sich auf zweierlei Weisen erklären. Sieht man ebenso wie beim so genannten Lustschmerz den erfahrenen Schmerz im Vordergrund, so lässt er sich als "schmerzinduzierte Trance" verstehen. Dabei spielen vermutlich die bei körperlichen Schmerzen ausgeschütteten Endorphine (körpereigene Opioide) und der erhöhte Adrenalinspiegel eine wichtige biochemische Rolle.

Neben den körperlichen sind je nach Person und Spiel (z. B. bei Fesselungs- und Rollenspielen) auch psychische Aspekte am Subspace beteiligt: z. B. das Auskosten der Erfahrung, für begrenzte Zeit alle Macht abzugeben und dem Partner vollkommen wehrlos ausgeliefert zu sein. Viele Bottoms/Subs tauchen während der Spielszene gezielt möglichst tief in die Spiel-/Phantasiewelt ein.

Ist der Zustand des Subspace erreicht, so kann ein einfühlsamer Top das Spiel für eine Weile pausieren und den Sub in der Schwebe lassen, damit dieser das Gefühl und die Rückkehr aus dem Subspace voll auskosten kann.

Gelegentlich wird berichtet, dass auch Tops einen Subspace erfahren können; entweder, indem sie sich sehr intensiv in die Spielszene hineinversetzen, oder indem sie gefühlsmäßig mit dem Bottom verschmelzen und dessen Subspace miterleben.

Von „http://de.wikipedia.org/wiki/Subspace"

Switch (BDSM)

Im Triskelion, einem der Symbole des BDSM, findet sich die Dreiteilung Top-Switch-Bottom wieder

Switch (*engl.: wechseln, tauschen, umschalten*) bezeichnet im BDSM eine Person, die für die Dauer einer Spielszene (Session), innerhalb einer Beziehung oder gegenüber verschiedenen Partnern sowohl die aktive als auch die passive Rolle einnehmen kann. Die andere Person wird jeweils analog zu der gewählten Rolle des Switch als Top (aktiv) oder Bottom (passiv) bezeichnet. Sowohl Switch, Bottom oder Top können männlich oder weiblich sein; der Begriff sagt nur etwas über die gewählte Rolle aus.

Im deutschsprachigen Raum ist neben *Switch* auch die Variante *Switcher* verbreitet, die im anglophonen Sprachraum nicht existiert.

Entstehung

Wesentlicher Inhalt der verschiedenen praktizierten Formen des BDSM ist eine Rollenverteilung, da sich ein Partner bewusst vom anderen Schmerz zufügen, disziplinieren (z. B. fesseln und/oder züchtigen) und/oder kontrollieren lässt. Die Unterschiedlichkeit der verschiedenen Rollenspiele, Praktiken und Lebensmodelle hat für jede Art eine eigene Benennung der beiden Spiel-/Lebenspartner entwickelt, beispielsweise spricht man im Petplay von Pet/Owner, im D/s von Dom/Sub, im Femdom oft von Herrin/Sklave. Die Grenzen sind fließend und die Nutzung des Wortpaares Top/Bottom ist lediglich ein Hilfsmittel, um die begrifflichen Schranken zwischen den verschiedenen Spielarten aufzuheben. Als wertneutrales Wortpaar hat sich die Verwendung von Top/Bottom in BDSM bezogenen Diskussionen durchgesetzt. Es wird vermutet, dass sich die Begriffe in den verschiedenen englischsprachigen BDSM-Newsgroups entwickelt und mit der zunehmenden Kommunikation zwischen den BDSMlern über das Internet verbreitet haben. Für diejenigen, die sich mit beiden Rollen identifizieren können, wird das Wort Switch verwendet; innerhalb einer Spielszene nimmt der Switch jedoch die jeweils seiner aktuellen Rolle entsprechende Bezeichnung an.

Rollenverständnis

Mit dem Begriff Switch beschreibt man, dass es sich um eine Person handelt, die sich mit beiden Rollen innerhalb der Rollenverteilung des BDSM identifizieren kann, darüber hinaus beinhaltet der Begriff keine Wertung, beschreibt keine Charaktereigenschaft oder Spielart. Zum Beispiel kann ein Switch als Top durchaus als Sadist innerhalb einer Szene agieren, aber darüber hinaus kein Interesse daran haben, seinen passiven Partner zu dominieren oder ihn wie ein Haustier zu behandeln. Umgekehrt ist es genauso möglich, dass er als Top ausschließlich eine dominante Neigung verspürt, aber in manchen Rollenspielen dem Bottom befiehlt, sadistische Praktiken an seinem Top durchzuführen.

Ähnliches gilt umgekehrt auch in der Rolle des Bottom. Hierbei stehen am einen Ende des Spektrums devote Partner, die es genießen, Befehle zu empfangen und auszuführen, dem Empfang körperlicher Stimulationen jedoch gleichgültig bis ablehnend gegenüberstehen. Am anderen Ende des Spektrums steht der masochistische Bottom, der körperliche und psychologische Stimulationen genießt, aber kein Interesse an der Unterwerfung hat.

Welche dieser Rollen der Switch für sich annimmt und in welchen Anteilen er die verschiedenen Aspekte des Rollenspiels verkörpern möchte, ist individuell sehr verschieden und kann darüber hinaus auch vom Geschlecht des Gegenübers beeinflusst werden. Beispielsweise kann sich eine bisexuelle Frau bei Männern eher in die devote Rolle einfühlen, während sie sich im Spiel mit Frauen eher als dominierend empfindet oder umgekehrt. Der Rollenwechsel innerhalb einer Session ist nicht verbreitet; ob mit dem Partner die Rolle getauscht wird, hängt häufig davon ab, ob der Partner ebenfalls switcht oder eine festgelegte Rolle vorzieht.

Subkultur und Rolle des Switch

Teilweise herrscht in der BDSM-Szene Unverständnis gegenüber Switches, da eine klare und ausschließende Rollenfestlegung für eine der beiden Rollen: Top/dominant *oder* Bottom/submissiv erwartet wird. Switches erleben dadurch gelegentlich Ablehnung oder Diskriminierung innerhalb der Subkultur.

Literatur

- Matthias T. J. Grimme: *Das SM-Handbuch.* Charon-Verlag 2002, ISBN 3-931406-01-6
- Jay Wiseman: *SM 101: A Realistic Introduction.* Greenery Press (CA) 1998, ISBN 0-9639763-8-9
- Phillip Miller, Molly Devon, William A. Granzig (Vorwort): *Screw the Roses, Send Me the Thorns: The Romance and Sexual Sorcery of Scdomasochism.* Mystic Rose Books 1995, ISBN 0-9645960-0-8
- William A. Henkin, Sybil Holiday: *Consensual Sadomasochism : How to Talk About It and How to Do It Safely*, Daedalus Publishing, 1996. ISBN 1-881943-12-7.

Von „http://de.wikipedia.org/wiki/Switch_(BDSM)"

Tease and Denial

Tease and Denial (engl. für *Erregen und Verweigern*), auch **Orgasm Denial** oder **T&D**, ist ein Sammelbegriff für all jene sexuellen Praktiken, die eingesetzt werden, um die sexuelle Erregung intensiv zu steigern, ohne jedoch einen Orgasmus zu erreichen. Diese sexuellen Spielarten sind meist Teil einer partnerschaftlichen Sexualbeziehung, unabhängig von Geschlecht, sexueller Neigung und Orientierung. Üblicherweise wird diese Technik eingesetzt, um das Gefühl sexueller Frustration und Erregung in einer Person zu steigern und diese ein- oder mehrmals an den Rand eines Höhepunkts zu bringen, ohne sie diesen erreichen zu lassen. Der Effekt dieses mehrfachen Erregens und der Verweigerung des Orgasmus führt sowohl bei Frauen wie auch bei Männern zu einer stark gesteigerten sexuellen Erregung, so dass der Orgasmus im Anschluss an ein T&D-Szenario als deutlich stärker beschrieben wird als bei anderen Praktiken.

Die sexuelle Erregung einer Person soweit zu steigern, dass diese am Rand eines Orgasmus steht, wird nach dem englischen Ausdruck für Rand: *edge* auch als *Edging* bezeichnet. Bei Männern, die im Rahmen eines Tease-and-Denial-Szenarios erregt werden, wird das Auftreten des Präjakulats oft als *Edge* betrachtet. Die mehrfache Stimulation bis kurz vor den Orgasmus und dessen wiederholte Verweigerung kann bei Männern zu Schmerzen und einer bläulichen Verfärbung der Hoden führen, die im Englischen als *Blue Balls* (engl. für *blaue Eier*) bezeichnet wird. Ursache dieser Verfärbung ist die durch die Erregung vom Parasympathikus gesteigerte Blutzufuhr in die männlichen Geschlechtsorgane. Während dies geschieht, wird der venöse Abstrom durch den arteriellen Druck des Blutes behindert (Kongestion). Findet kein Orgasmus statt, sondern wird die Stimulation fortgesetzt, kommt es zum teilweise schmerzhaften Druckanstieg und der Ansammlung von Blut und Lymphe in den Hoden. Das am Abfluss gehinderte sauerstoffarme Blut erzeugt die bläuliche Verfärbung und gilt ebenfalls als Indiz für ein gelungenes Tease-and-Denial-Szenario.

Eine ganze Reihe von T&D-Sessions führt manchmal zu einem sogenannten unvollständigen oder ruinierten Orgasmus, wobei bei Männern zwar oft eine Ejakulation stattfindet (vgl. Prostatamassage), aber es wird keine sexuelle Entspannung empfunden. Die nachfolgende sexuelle Frustration und erhöhte sexuelle Erregbarkeit können dann wieder in erneuten T&D-Spielarten eingesetzt werden.

Wie lange die Erregung dauert und wie häufig der Orgasmus verweigert wird, variiert von Paar zu Paar. Häufig wird diese Technik mit BDSM, insbesondere der weiblichen Dominanz assoziiert und ist in diesem Bereich oft Teil der Orgasmuskontrolle, der Keuschhaltung oder der CBT. Ein wesentliches Element ist dabei das Spiel mit Macht und Ohnmacht, um das Gefälle zwischen dem stimulierenden, kontrollierenden und dem passiven Partner körperlich erlebbar zu machen. T&D wird aber auch in Beziehungen ohne jeglichen Bezug zu sadomasochistischen Praktiken zur intensiven Luststeigerung eingesetzt.

Von „http://de.wikipedia.org/wiki/Tease_and_Denial"

Theresa Berkley

Theresa Berkley, auch **Berkeley**, (September 1836) war eine englische Bordellbesitzerin, die sich auf Flagellantismus und Sadomasochismus spezialisiert hatte und eine bekannte Londoner Domina des 19. Jahrhunderts. Ihr wird die Erfindung des sogenannten *Berkley Horse* zugeschrieben, einer Apparatur zur erotischen Flagellation.

Flagellantismus im 19. Jahrhundert

Eines der ersten Werke, das den Flagellantismus zum Thema hatte, erschien im Jahre 1718 unter dem Namen *Der Nutzen des Schlagens – Eine Abhandlung über den Einsatz von Peitschen in der Medizin*. Mit Erscheinen des Buches wurde die Flagellation auch europaweit als sexuelle Spielart bekannt, die Franzosen bezeichneten die erotische Flagellation als *le vice anglais*, die englische Sünde, ein Ausdruck der über Jahrhunderte sowohl für den Flagellantismus als auch für das *Corporal Punishment* (engl. Körperstrafe, vgl. Discipline, eine weitere oft mit Schlägen verbundene Art des erotischen Rollenspiels) benutzt wurde.

England wurde lange Zeit als Heimat des Flagellantismus betrachtet, so schreibt beispielsweise B. J. Hurwood in *The Golden Age of Erotica*: „Vielleicht ist es das kalte Klima, das in den Engländern ursprünglich den Wunsch nach Schlägen auslöste. Nirgends auf der Welt findet man eine so tiefempfundene Zuneigung für die Rute". In einem von I. Bloch verfassten Buch über das sexuelle Leben in England heißt es:

„*Flagellationsmanie (der Wunsch zu Schlagen und Geschlagen zu werden) und die Vorliebe für den Einsatz der Rute kann als typisch englischer Missbrauch beschrieben werden; sie war unter allen Altersgruppen und Klassen so weit verbreitet, dass es eines der interessantesten Merkmale ihres sexuellen Lebens darstellt.*"

Mistress Theresa Berkley

Es gab etliche hochklassige Bordelle im 19. Jahrhundert, eines der bekanntesten war das in der Charlotte Street 28, Portland Place (die heutige Hallam Street nahe Marylebone), in London gelegene Bordell, das von Theresa Berkley betrieben wurde. Sie war eine sogenannte *governess* (entspricht dem heutigen Ausdruck Domina), sie war beispielsweise auf sexuelle Praktiken wie Keuschhaltung, Nadelung und Flagellation spezialisiert und wurde als die „Königin ihrer Profession" bezeichnet, als erfahrene Nutzerin mit verschiedenen Züchtigungsinstrumenten und Meisterin der Zufügung von und dem Umgang mit Lustschmerz. Ashbee beschreibt ihr Instrumentarium: „*Ihre Folterinstrumente waren zahlreicher als die jeder anderen Gouverness. Ihr Vorrat an Birkenruten war überreich, in Wasser aufbewahrt und daher immer frisch und biegsam. Sie hatte Köcher mit Dutzenden von Peitschen in jedem von ihnen; ein Dutzend verschieden großer neunschwänziger Katzen, einige mit eingearbeiteten nadelscharfen Spitzen; viele unterschiedliche Rohrstöcke...*". Daher und wegen ihrer unbedingten Diskretion ihren Klienten gegenüber, wurden ihre Talente vielfach von der zeitgenössischen Aristokratie nachgefragt. Es wurde behauptet, ihre Kundschaft habe sowohl reiche Männer, als auch Frauen umfasst, jedenfalls war ihre Karriere überaus lukrativ.

Es gibt keine bildliche Darstellung von Theresa Berkley, lediglich einige Beschreibungen legen nahe, dass sie attraktiv und eher kräftig war. Obwohl sie oft in Quellen als *Mistress* oder *Misses* Berkley bezeichnet wird, ist unklar, ob sie tatsächlich verheiratet war oder ob diese Bezeichnungen aus ihrem Status als Domina bzw. Governess resultieren. Hurwood sagte in „*The Golden Age of Erotica*" über sie „*Sie verfügte über die wichtigste Eigenschaft, die eine Kurtisane besitzen kann: Lüsternheit, ohne die eine Frau nicht dauerhaft ihre positive Haltung zur Wollust zeigen kann, und man wird nach kurzer Zeit erkennen, dass sie ihre Hände oder ihren Hintern nur zum Klang der Pfunde, Schillinge und Pence bewegt.*"

Berkley starb 1836 in London und hinterließ ihre gesamte Habe ihrem Bruder, der ab etwa 1800 in Australien als Missionar gearbeitet hatte. Nachdem er erfuhr, woher der Wohlstand seiner Schwester stammte, lehnte er das Erbe ab und kehrte umgehend nach Australien zurück. Das Erbe fiel an Berkleys Hausarzt Dr. Vance, der sich weigerte, das Erbe zu verwalten, es fiel anschließend an die Krone; lediglich Berkleys Korrespondenz behielt Dr. Vance, angeblich Kisten voller Briefe, die sie mit dem höchsten Adel ausgetauscht hatte und die später wahrscheinlich zerstört wurden.

Das Berkley Horse

Ihr wird die Erfindung einer einzigartigen Prügelbank im Jahre 1828, des sogenannten **Berkley Horse** (engl. Berkley-Pferd) oder *Chevalet* zugeschrieben, der ihr mit der Auspeitschung wohlhabender Männer und Frauen ein Vermögen einbrachte und die historisch erste Flogging-Apparatur darstellt.. Ob jemand diese Gerätschaft für Theresa Berkley entworfen hat, oder ob sie die Idee zu diesem Pferd selbst hatte und sie lediglich durch einen externen Handwerker erbauen ließ, ist unbekannt – überwiegend gehen die Quellen von einer Erfindung Berkleys selbst aus.

Ashbee beschreibt die Prügelbank nach den Memoiren Berkleys: *sie lässt sich in einem beachtlichen Maße öffnen, so dass der Körper in jeden gewünschten Winkel gebracht werden kann. Es gibt eine Abbildung in Mrs. Berkleys Memoiren, die einen beinahe nackten Mann darauf zeigt. Eine Frau sitzt in einem Stuhl direkt darunter, Hintern, Bauch und Scham entblößt, die den Mann mit der Hand befriedigt, während Mrs. Berkley seine Rückseite mit Birkenruten bearbeitet.*„

Angeblich wurde das Pferd nach Berkleys Tod an die *Royal Society of Arts* in London übergeben, der Verbleib der Apparatur ist jedoch unbekannt. Das Pferd wird auch nach über 100 Jahren gelegentlich in der fiktiven sadomasochistisch-erotischen Literatur erwähnt, beispielsweise in *Pauline the Prima Donna* von 2004.

Von „http://de.wikipedia.org/wiki/Theresa_Berkley"

Tom of Finland

Tom of Finland (eigentlich **Touko Laaksonen**; * 8. Mai 1920 in Kaarina, Finnland; 7. November 1991 in Helsinki) war ein finnischer Künstler.

Tom of Finlands Gedenkzimmer im Haus der Kunststiftung Tom of Finland Foundation

Leben

Schon früh zeichnete Laaksonen Bilder von „richtigen Männern". Mit 19 Jahren zog es ihn in die finnische Hauptstadt Helsinki. Er besuchte dort das Kunstkolleg und studierte Werbegrafik. Während des Krieges machte er die ersten Erfahrungen mit seiner Homosexualität. In den verdunkelten Nächten traf er in den Straßen der Hauptstadt andere Männer, darunter auch Soldaten der deutschen Wehrmacht in ihren Uniformen. Durch seine Erlebnisse angeregt, begann er homoerotische Zeichnungen anzufertigen.

Nach seinem Militärdienst begann er in der Werbeindustrie zu arbeiten, widmete sich aber weiterhin in der Freizeit der Passion, seine erotischen Fantasien zeichnerisch zu Papier zu bringen. Er mied die damals aufblühende Homosexuellenszene, da er hier fast nur jenen Typus Homosexueller traf, der ihm nicht gefiel: sich weiblich gebende, affektierte Tunten.

Freunde empfahlen ihm, seine Zeichnungen an ein Magazin für Muskelmänner in den USA namens *Physique Pictorial* zu senden. Seine Arbeiten wurden 1957 unter dem Pseudonym *Tom of Finland* veröffentlicht und waren auf Anhieb ein durchschlagender Erfolg in der Bodybuilder-Szene.

Es folgten zahlreiche Bücher und Anthologien. Seit dem Jahre 1973 interessierten sich auch Museen und Galerien weltweit für seine Arbeiten.

1979 gründete er mit seinem Freund Durk Dehner die *Tom of Finland Company*. Fünf Jahre später wurde die Kunst-Stiftung *Tom of Finland Foundation* gegründet, ein gemeinnütziges Unternehmen zur Förderung der erotischen Kunst.

1991 beschäftigte sich der Dokumentarfilm *Daddy and the Muscle Academy – The Art, Life, and Times of Tom of Finland* mit seiner Person. Im selben Jahr starb Tom of Finland an den Komplikationen einer Krebserkrankung.

2008 lancierte die französische Duftfirma Etat Libre d'Orange in Zusammenarbeit mit der Tom of Finland Foundation eine Sammlerkollektion eines Tom of Finland Dufts.

Auf der Biennale in Venedig 2009 stellen die skandinavischen Künstler Elmgreen & Dragset als Kuratoren des nordischen Pavillons auch Arbeiten von Tom of Finland aus. Erstmals werden diese damit einem breiten Publikum zugänglich. Unter anderem wird seine zeichnerische Kopie von Michelangelos David mit deutlich vergrößertem Penis gezeigt.

Literatur

- Dian Hanson (Hrsg.), *Tom Of Finland XXL: Complete Works*, Taschen Verlag, Köln und Los Angeles, 2009, ISBN 978-3822826072
- Dian Hanson (Hrsg.) *Tom of Finland: The Comic Collection* (Five Volumes), Taschen Verlag, Köln und London, 2005, ISBN 3-8228-3849-7
- Mischa Ramakers, *Dirty Pictures: Tom of Finland, Masculinity and Homosexuality*, Saint Martins Press, New York, 2001, ISBN 0-312-27694-X
- Mischa Ramakers (Hrsg.), *Tom of Finland: The Art of Pleasure*, Taschen Verlag, Köln und London, 1998, ISBN 3-8228-8598-3
- F.Valentine Hooven, *Tom of Finland: His Life and Times*, Saint Martins Press, New York, 1993, ISBN 0-312-09325-X

Dokumentationen

- Ilppo Pohjola (Autor), Kari Paljakha und Alvaro Pardo (Produzenten), *Daddy and the Muscle Academy: Tom of Finland*, Oracle Home Entertainment, United Kingdom, 2002, Länge ca. 93 Minuten

Von „http://de.wikipedia.org/wiki/Tom_of_Finland"

Tomba della Fustigazione

Tomba della Fustigazione

Die **Tomba della Fustigazione** (Grab der Züchtigung) ist eine kleine etruskische unterirdische Grabkammer in der Nekropole Monterozzi bei Tarquinia.

Das Grab wurde 1960 von Carlo Maurilio Lerici entdeckt. Es handelt sich um eine ca. 4 × 4 Meter große, ausgemalte Gruft, zu der eine flache Treppe hinabführt. Die Malereien sind an vielen Stellen stark zerstört. Auf der Rückwand sind noch ein Tänzer und ein Musikant zu erkennen. Auf der linken Wand sieht man ebenfalls einen Tänzer und einen betrunkenen jungen Mann. Auf der Eingangswand sind zwei Faustkämpfer dargestellt.

Die Szene auf der rechten Wand gab dem Grab seinen Namen und ist eine bisher einmalige erotische Darstellung in einem etruskischen Grab, wenn auch erotische Szenen relativ häufig in der etruskischen Grabmalerei vorkommen. Auf dieser Wand sind eine Frau und zwei Männer beim Liebesspiel dargestellt, wobei die Frau vorgebeugt ist und von dem einen Mann mit einer Rute, von dem anderen mit der Hand geschlagen wird. Es dürfte sich um eine der frühesten Darstellungen von BDSM-Handlungen überhaupt handeln. Das Grab wird an das Ende des 6. vorchristlichen Jahrhunderts datiert.

Literatur

- Mario Moretti, Leonard von Matt: *Etruskische Malerei in Tarquinia*. Köln 1974, ISBN 3-7701-0541-9, S. 90, Abb. 762–763.

Von „http://de.wikipedia.org/wiki/Tomba_della_Fustigazione"

Top (BDSM)

Reitgerten werden von Tops häufig im Rahmen von BDSM als Züchtigungsinstrumente eingesetzt. Ihr sicherer Einsatz erfordert motorisches Können und anatomisches Basiswissen.

Top (engl.: Oben) bezeichnet im BDSM eine Person, die für die Dauer einer Spielszene (Session) oder innerhalb einer Beziehung die aktive Rolle einnimmt. Die andere Person wird Bottom genannt. Sowohl Bottom als auch Top können entweder männlich oder weiblich sein; der Begriff sagt nur etwas über die gewählte Rolle aus. Menschen, die nicht auf eine der beiden Rollen fixiert sind, nennt man Switch.

Entstehung

Wesentlicher Inhalt der verschiedenen praktizierten Formen des BDSM ist eine Rollenverteilung, da sich ein Partner bewusst vom anderen Schmerz zufügen, disziplinieren (z. B. fesseln und/oder züchtigen) und/oder kontrollieren lässt. Die Unterschiedlichkeit der verschiedenen Rollenspiele, Praktiken und Lebensmodelle hat für jede Art eine eigene Benennung der beiden Spiel-/Lebenspartner entwickelt, beispielsweise spricht man im Petplay von Pet/Owner, im D/s von Dom/Sub, im Femdom oft von Herrin/Sklave. Die Grenzen sind fließend und die Nutzung des Wortpaares Top/Bottom ist lediglich ein Hilfsmittel um die begrifflichen Schranken zwischen den verschiedenen Spielarten aufzuheben. Als wertneutrales Wortpaar hat sich die Verwendung von Top/Bottom in BDSM bezogenen Diskussionen durchgesetzt. Es wird vermutet, dass sich die Begriffe in den verschiedenen englischsprachigen BDSM-Newsgroups entwickelt haben und mit der zunehmenden Kommunikation zwischen den BDSMlern über das Internet verbreitet hat.

Rollenverständnis

Mit dem Begriff Top beschreibt man, dass es sich um den aktiven Partner innerhalb einer Session oder einer Beziehung handelt, darüber hinaus beinhaltet der Begriff keine Wertung, beschreibt keine Charaktereigenschaft oder Spielart. Zum Beispiel kann ein Top durchaus als Sadist innerhalb einer Szene agieren, aber darüber hinaus kein Interesse daran haben seinen passiven Partner zu dominieren oder ihn wie ein Haustier zu behandeln. Umgekehrt ist es genauso möglich, dass ein Top ausschließlich eine dominante Neigung verspürt, aber in manchen Rollenspielen dem Bottom befiehlt sadistische Praktiken an seinem Top durchzuführen.

Ähnliches gilt umgekehrt auch für den Bottom. Hierbei stehen am einen Ende des Spektrums devote Partner, die es genießen, Befehle zu empfangen und auszuführen, dem Empfang körperlicher Stimulationen jedoch gleichgültig bis ablehnend gegenüberstehen. Am anderen Ende des Spektrums steht der masochistische Bottom, der körperliche und psychologische Stimulationen genießt, aber kein Interesse an der Unterwerfung hat.

Service Top

Eine Person, die in einer Session nur scheinbar die Kontrolle ausübt, sich in Wirklichkeit jedoch strikt an die Anweisungen des Bottoms hält, nennt man im englischen Sprachraum auch Service Top. Im Gegensatz zum Service Top steht der rein dominante Top, der dem unterwürfigen Partner innerhalb der Session Befehle erteilen oder ihn unter Verwendung körperlicher oder psychologischer Kontrolltechniken unterwirft.

Topping from the Bottom

Topping from the Bottom (engl.: von unten beherrschen) – Dieser Ausdruck beschreibt den Versuch des Bottoms, den Top durch Manipulation (Provokation, bewusstes Fehlverhalten) zum Wunscherfüller (Erfüllungsgehilfen) des Bottoms zu machen. Einen solchen Bottom nennt man in der deutschen BDSM-Szene Wunschzettelsub oder -/bottom. Innerhalb der BDSM-Szene existiert eine sehr puristische Schule, die ein solches Topping from the Bottom als unvereinbar mit den hohen ethischen Standards betrachtet, die aus ihrer Sicht an BDSM-Beziehungen anzulegen sind.

Switchen

Im BDSM ist es auch verbreitet, dass die Partner von einem Spiel (Session) zum anderen die Rollen wechseln (engl: to switch), je nach Stimmung, Partner oder Präferenz. Diese Praxis wird als Switchen (seltener auch als Switching) bezeichnet.

Literatur

- Matthias T. J. Grimme: *Das SM-Handbuch.* Charon-Verlag 2002, ISBN 3-931406-01-6
- Jay Wiseman: *SM 101: A Realistic Introduction.* Greenery Press (CA) 1998, ISBN 0-9639763-8-9
- Phillip Miller, Molly Devon, William A. Granzig (Vorwort): *Screw the Roses, Send Me the Thorns: The Romance and Sexual Sorcery of Sadomasochism.* Mystic Rose Books 1995, ISBN 0-9645960-0-8
- Dossie Easton, Janet W. Hardy: *The New Topping Book.* Greenery Press (CA) 2002, ISBN 1-890159-36-0
- William A. Henkin, Sybil Holiday, *Consensual Sadomasochism: How to Talk About It and How to Do It Safely*, Daedalus Publishing, 1995. ISBN 1-881943-12-7.

Von „http://de.wikipedia.org/wiki/Top_(BDSM)"

Total Power Exchange

Total Power Exchange (*engl., wörtlich: "Totaler Machtaustausch", auch als TPE abgekürzt*) bezeichnet ein Partnerschaftskonzept in der BDSM-Szene, das Sadomasochismus beinhalten kann, den Schwerpunkt jedoch auf D/S (Dominanz & Unterwerfung) legt. Die vollständige Unterwerfung des devoten Partners (häufig als Sub, Sklave/Sklavin oder Bottom bezeichnet) unter den dominanten Part (Herr/Herrin oder Top) wird angestrebt.

Grundlagen

Das Beziehungskonzept beruht auf der ständigen, zumindest geistigen, Präsenz eines Machtgefälles, einer bewussten und einvernehmlichen Asymmetrie im Machtgefüge. TPE als Lebensform kann die Kontrolle des Top über Geld, Beruf, familiäre Beziehungen des Bottom einschließen, allerdings ist es vom Status der Beziehung und den internen Absprachen der Partner abhängig, wie weit der Bottom dem Top Verfügungsgewalt über sich und sein Leben einräumt. Aufgrund der Verwendung des Begriffs *Total* oder *Absolut* wird TPE nicht als Status einer Beziehungsform, sondern als Zielsetzung oder Prozess innerhalb einer Beziehung definiert. Die Ausgestaltung einer auf TPE ausgerichteten Beziehung ist sehr individuell, bisweilen tragen symbolische Akte wie Tätowierung, Sklavenvertrag, etc. zur Dokumentation der Verbindlichkeit dieser Beziehungen bei. Die Einvernehmlichkeit (Konsensualität) dieser Beziehungsform wird häufig diskutiert, ebenso wie die Frage der zunehmenden psychischen Abhängigkeit des Bottom.

Da das Konzept von TPE auch die nichtsexuellen Lebensbereiche einschließt, gibt es keine Abgrenzung von *Spiel* und *realem Leben*. TPE ist insofern mit einem feudalen Leibeigenschaftsverhältnis vergleichbar. In der Konsequenz ist für TPE daher auch keine Liebesbeziehung notwendig. Damit geht TPE über das Erotic Power Exchange (*engl.: Erotischer Machtaustausch, abgekürzt EPE*) hinaus, eine Beziehungsform innerhalb der BDSM-Szene in der die Partner außerhalb der sexuellen Rollenverteilung als Top und Sub gleichberechtigt leben. Die Steigerung von TPE ist die Complete and Irrevocable Submission (*engl.: "völlige und unwiderrufliche Unterwerfung", abgekürzt CIS*), die in letzter Konsequenz das zugrundeliegende Konsensualitätsprinzip (vgl. Metakonsens) aufhebt und deshalb innerhalb der BDSM-Szene höchst umstritten ist.

Alternative Begrifflichkeiten

Innerhalb der deutschen BDSM-Szene wird das aus den USA stammende 24/7 häufig synonym für TPE verwendet, obwohl damit die Dauer und nicht die Ausprägung der Machtverschiebung beschrieben wird und sich dadurch ein Definitionsunterschied ergibt (im englischen Sprachgebrauch auch als *real life SM* bezeichnet). International wird auch Absolute Power Exchange (*engl.: Absoluter Machtaustausch, abgekürzt APE*) als Synonym für TPE verwendet.

Ursprung

Der Begriff TPE wurde Mitte der 1990er in der Newsgroup alt.sex.bondage von Steven S. David geprägt.
Von „http://de.wikipedia.org/wiki/Total_Power_Exchange"

Total enclosure

Ein Paar in total enclosure und Metallschellen während eines BDSM-Szenarios

Der Begriff **total enclosure** ist dem Bereich sexueller Fetischismus zuzuordnen. Sie beschreibt das komplette Umschliessen des Körpers mittels eines bestimmten Materials, zum Beispiel Latex (hier auch unter dem Begriff heavy rubber) Leder, oder Lycra (hier unter dem Begriff zentai). Sie kann auch eine sensorische Deprivation unterstützen, indem der Tastsinn einer Person eingeschränkt wird.

Ausübung

Eine total enclosure kann von einer einzelnen Person zur sexuellen Befriedigung praktiziert werden. Sie kann unterstützt werden durch die Verwendung einer Gasmaske, um das Gefühl des Praktizierenden zu intensivieren, von der Außenwelt abgeschlossen zu sein.

Frühe Darstellungen von Total Enclosure sind in den *Atomage* Magazinen zu finden, welche in den Jahren 1972 bis 1985 vom englischen Kultdesigner John Sutcliffe herausgegeben wurden. Total enclosure wurde ebenfalls in dem von John Sutcliffe gedrehten Film "under three layers" thematisiert.

Im Bereich des BDSM kann die total enclosure sowohl zur generellen Entpersönlichung als auch zur Feminisierung (BDSM) im Rahmen einer „Strafmaßnahme" in einem BDSM-Szenario verwendet werden. Häufig bildet sie die Basis für weitergehende Aktionen wie Bondage oder Atemkontrolle.

Risiken

Total enclosure unterliegt, insbesondere bei Verwendung von wasser- und luftdichtem Material wie Latex dabei ähnlichen Risiken wie der Verwendung eines Bodybag und muss demzufolge zwingend gemäß dem Grundsatz Safe, Sane, Consensual zwischen den Partnern abgesprochen werden. Im Rahmen einer Self Bondage erhöht sie die ohnehin schon sehr hohen Risiken durch die Möglichkeit eines Hitzschlags.

Von „http://de.wikipedia.org/wiki/Total_enclosure"

Tsatthoggua

Tsatthoggua war eine deutsche Black-Metal-Band aus Marl, die genreuntypisch ein BDSM-Image übernahm.

Bandgeschichte

1989 gründete sich in Marl, Nordrhein-Westfalen, unter dem Namen *Dissection*. Die Musiker, die nur unter Pseudonymen in Erscheinung traten, veröffentlichten mehrere Demoaufnahmen in Kleinstauflagen. Nachdem Dissection aus Schweden bekannt wurden, benannte man sich in Tsatthoggua um. Den Namen entlehnte man einem Roman von H. P. Lovecraft.

Ihr 1995er Demo *Siegeswille* sicherte ihnen einen Plattenvertrag beim französischen Label Osmose Productions. Dort erschien 1996 ihr Debütalbum *Hosanna Bizarre*. Am Album war eine Gastsängerin namens Nicole Szumiga beteiligt. Der schnelle und kompromisslose Black Metal im Stile von Blasphemy und Impaled Nazarene überraschte durch das Image der Band, das genreuntypisch an den BDSM angelegt war. So zeigt das Albumcover einen maskierten Mann, der eine Frau im weißen Kleid und mit Corpsepaint an einer Bondagehalskette hält. Auf der Rückseite zeigt sich die Szenerie andersherum. Die Texte dagegen beinhalten Black-Metal-typisch Lobpreisungen an Satan und Kritik am Christentum. Einige Shows im Vorprogramm von Atrocity und Therion steigerten den Bekanntheitsgrad der Formation. Im Jahre 1997 tourte man mit Marduk und Sear Bliss durch Deutschland, Österreich, Niederlande, Belgien und die Schweiz. Im Gegensatz zum Corpsepaint, das sie früher bei Auftritten benutzten, traten die Musiker in Leder- und Gasmasken auf.

1998 erschien das zweite Album *Trans Cunt Whip*, das von Peter Tägtgren in den Abyss-Studios abgemischt wurde. Im Gegensatz zum Debüt hatte man nun auch Texte über sado-masochistische Themen. Nach der EP *German Black Metal* (1999) löste sich die Gruppe auf. Ein Album mit dem Titel *Extazia* sollte 2000 auf Necropolis Records erscheinen, blieb jedoch bis dato unveröffentlicht. Ein letzter Auftritt der Gruppe fand am 30. Dezember 1999 in Berlin statt. Bei diesem Auftritt spielten außerdem noch Sigh und Dies Ater. Lediglich „Perverted Pete" war ebenfalls in den Bands Eternal Dirge und Ninnghizhidda und Markus Aust in Ninnghizhidda aktiv. Der Rest der Bandmitglieder trat nie in Erscheinung.

Diskografie

Demos

- 1990: *Maniac Depression* (als Dissection, 50 Exemplare)
- 1992: *Unrecognizable Human Form* (als Dissection, 130 Exemplare)
- 1993: *Hyperborea* (als Dissection, Promo, 30 Exemplare)
- 1995: *Siegeswille* (Demo, 150 Exemplare/Promo-CD, 20 Exemplare)

Alben

- 1996: *Hosanna Bizarre* (Osmose Production)
- 1998: *Trans Cunt Whip* (Osmose Production)

Sonstige Veröffentlichungen

- 1999: *German Black Metal* (7''-EP, Osmose Production)

Von „http://de.wikipedia.org/wiki/Tsatthoggua"

Vanilla (Sex)

Vanilla, nach dem englischen Wort für Vanille-Eis, bezeichnet vor allem in der englischsprachigen BDSM-Szene, im LGBT und in der Frauen- und Geschlechterforschung sowie im Internet jede Art von Sexualität, unabhängig ob hetero- oder homosexuell, die nicht in sado-masochistische oder fetischistische Praktiken fällt, und wird in manchen Zusammenhängen auch abwertend verwendet. Durch die länderübergreifenden Kontakte innerhalb der Subkultur hat sich der Begriff auch in anderssprachige Länder verbreitet. Im deutschen Sprachraum hat sich neben Vanilla auch der Begriff Blümchensex eingebürgert. Unter heterosexuellen Paaren wird der Ausdruck gelegentlich als Synonym für die Missionarsstellung verwendet.

Der Ursprung des Wortes führt zu Analogien, mit denen der andersartige Charakter von BDSM erklärt wird: Jeder Mensch mag Speiseeis und jeder Mensch mag Vanille-Eis. Die meisten Menschen mögen auch andere Eissorten, aber keine andere Sorte für sich alleine ist so verbreitet wie Vanille. In der Analogie steht Vanilla für die übliche Sexualität, während die anderen Eissorten die verschiedenen Spielarten von BDSM symbolisieren. Im Englischen gibt es auch allgemein das Adjektiv *plain-vanilla* in der Bedeutung von „nichts Besonderes", „ganz einfach".

Schuldgefühle, die bei manchen Menschen beim Kennenlernen der eigenen BDSM-Neigung auftreten, werden *Vanillaschübe* genannt. In diesen Phasen wird oft alles, was an die Neigung erinnert, aus dem eigenen Leben verbannt. Seit BDSM gesellschaftlich weniger stigmatisiert ist, treten Vanillaschübe weniger stark auf; sie führen jedoch häufig zu einem ausgeprägten Leidensdruck bei den Betroffenen. Bei Sexualkontakten, in denen einer der Partner unkonventionelle Praktiken bevorzugt, muss das Gegenüber damit rechnen, mitunter als sexuell relativ langweilig und wenig abenteuerlustig wahrgenommen zu werden, weil es keine ähnlichen Neigungen verspürt. Von „http://de.wikipedia.org/wiki/Vanilla_(Sex)"

Violet Wand

Glas-Sonde und Gehäuse mit Tesla-Transformator.

Ein **Violet Wand** (*engl. violetter Stab, Violettstab*) ist ein auf dem Tesla-Transformator basierendes Gerät zur Verabreichung hochfrequenter Wechselströme mit sehr hoher Spannung und niedriger Stromstärke. Er wurde seit Anfang des zwanzigsten Jahrhunderts von Quacksalbern und seit den 1990er Jahren in der BDSM-Szene zur erotischen Elektrostimulation eingesetzt. Bei Abstand zur Haut verursacht er bei der „behandelten" Person leichte Elektroschocks, bei Hautkontakt ein wärmendes Gefühl.

Aufbau

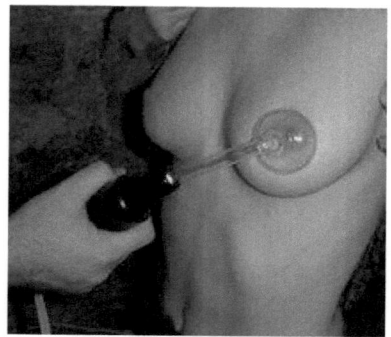

Anwendung an einem Bottom

Ein moderner Violet Wand besteht in der Regel aus einem aus Kunststoff gefertigten Handgriff, der über ein mit ihm verbundenes Kabel mit einer Steckdose verbunden wird. Der Handgriff weist zumeist einen Regler zur Steuerung der Intensität und einen Ein/Aus-Schalter auf. Einige Modelle werden über einen zwischen Steckdose und Handgriff geschalteten Fußschalter gesteuert. Manchmal handelt es sich um einen bloßen Ein/Aus-Schalter, einige Fußschalter bieten auch die Möglichkeit, die Stärke des Signals zu regulieren. Die Tesla-Spule besteht aus zwei elektrischen Spulen, einem Kondensator und einem Regelwiderstand im Inneren des Griffs. Die *Spitze* des Griffs bildet eine Kontaktdose, in die eine Elektrode eingefügt werden kann.

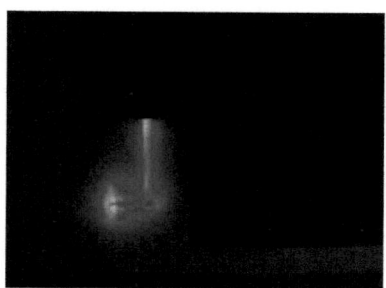

Glas-Sonde mit violett leuchtendem Argon

Die Wirkung eines Violet Wand ist nur dann spürbar, wenn eine kurze Distanz zwischen der Elektrode und dem menschlichen Körper besteht. Eine Violettstabelektrode besteht bei modernen Geräten zumeist aus gehärtetem Glas. In ihr versiegelt befindet sich Gas, das bei Benutzung des Gerätes leuchtet und in unterschiedlichen Mischungen unterschiedliche Leuchttöne erzeugt. Üblich sind Violett, Rot, Gelb, Blau oder Pink. Auch die Glaselektroden haben unterschiedliche Formen und Größen. So existieren neben der verbreiteten Kugelform auch Varianten in Form von Birnen, Pilzen, Schlangen, medizinischen Sonden oder des Buchstaben Ypsilon. Die meisten Glaselektroden haben eine metallische Kontaktstelle, die man direkt in die Kontaktdose des Handgriffs einstecken kann. Bei einigen wenigen ist es notwendig, zunächst einen Adapter in den Handgriff zu stecken, da sie stattdessen über ein Drehgewinde verfügen.

Die Verwendung rein metallischer Elektroden (zumeist in Form medizinischer Sonden) verstärkt die Wirkung beträchtlich, mitunter werden hierbei Konstruktionen auf Basis von Aluminiumfolie in Streifenform verwendet.

Geschichte

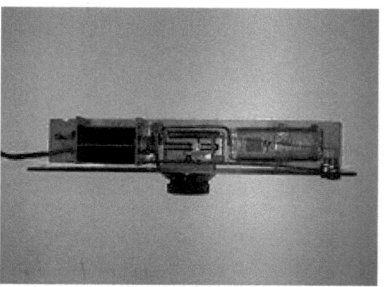

Innenleben des Gerätes mit Wagnerschem Hammer.

Violet Wands wurden Anfang des 20. Jahrhunderts ursprünglich von Nikola Tesla entwickelt und verkauft. In Folge begannen mehrere andere Anbieter das Design zu kopieren und fortzuentwickeln. Sehr zur Frustration seiner Finanzratgeber ging Tesla gegen diese Kopien jedoch nicht vor. Violet Wands werden heute von Sammlern historischer Quacksalbertechnik als typische Sammlerstücke und aufgrund ihres ästhetischen Erscheinungsbildes sehr geschätzt.

Sonstiges

Violet Wands erzeugen geringe Mengen ultravioletten Lichtes. Sie werden daher auch *Ultraviolettstäbe* genannt. Die im Inneren erzeugte UV-Strahlung wird jedoch weitgehend durch die Glaswand absorbiert, daher rufen sie keinen Sonnenbrand hervor. Es entstehen jedoch geringe Mengen Ozon und Stickoxide und daher der bekannte Ozon-Geruch durch externe Vorentladungen an den Glaselektroden.

Die Geräte wurden auch als Testgerät verkauft, hier jedoch mit verschiedenen Metallelektroden, die an Stelle der Glaselektroden eingesteckt wurden. Mit diesen Geräten kann über die entstehende Leuchterscheinung ein Vakuum in einem geschlossenen Glaskörper (z.B. einer Glühlampe) überprüft und die Höhe des Vakuums annähernd abgeschätzt werden. Zudem kann mit den Entladungen aus diesem Gerät auch die Porenfreiheit von Pulverbeschichtungen überprüft werden, die Bedruckbarkeit von polaren Kunststoffen (z.B. Polyethylen) deutlich verbessert und elektrostatische Aufladungen abgeleitet werden. Dadurch sind derartige Geräte in kunststoffverarbeitenden Betrieben gelegentlich anzutreffen. Die heute im technischen Bereich verwendeten Lecksuchgeräte sind in der Regel aufgrund konstruktiver Abweichungen nicht ohne erhebliche Gefahren bei der Erotischen Elektrostimulation einsetzbar.

Sicherheit

Die Verwendung von Violet Wands an Trägern von Herzschrittmacher, Insulinpumpen oder anderen elektrisch betriebenen Implantaten kann sehr gefährlich sein. Menschen mit Herzstörungen jeglicher Art oder Nervenschäden sollten Violettstäbe auf keinen Fall benutzen. Im Kontext des BDSM-Konzeptes *Safe, Sane, Consensual* wird eine Nutzung oberhalb des Halses zumeist in der Literatur abgelehnt. Die Nutzung an Schleimhäuten ist potentiell gefährlich und insbesondere an den Augen generell abzulehnen. Bei längerer Verwendung an der gleichen Körperstelle kann es zu Rötungen und Verbrennungen des Gewebes kommen. Die Geräte können bei längerer Benutzung überhitzen, ihre Funken brennbare Flüssigkeiten entzünden. Die Geräte sind häufig nicht verpolungssicher, zur Erhöhung der Sicherheit kann ein Fehlerstromschutzschalter bzw. ein Trenntransformator verwendet werden, aber beide Methoden sind mit massiven Restrisiken behaftet. Daher ist ein netzunabhängiger Betrieb auf Basis von Batterien oder Akkumulatoren dringend zu empfehlen. Bei Anwendung im Körperinnern besteht eine erhebliche Gefahr, dass die verwendete Glas-Sonde zerbricht.

Von „http://de.wikipedia.org/wiki/Violet_Wand"

Wolfgang Flatz

Wolfgang Flatz (Oktober 2008)

Wolfgang Flatz (* 4. September 1952 in Dornbirn, Vorarlberg) ist ein österreichischer Aktionskünstler, Bühnenbildner, Musiker und Komponist.

Werdegang

Wolfgang Flatz wuchs in Dornbirn und Feldkirch auf. Von 1967 bis 1971 machte er in Feldkirch eine Lehre als Goldschmied. In Graz studierte er von 1972 bis 1974 das Fach Metalldesign an der Höhere technische Bundes- Lehr- und Versuchsanstalt. Im Jahr 1975 »emigrierte« (Original-Ton) er nach München und begann zunächst an der Akademie der Bildenden Künste ein Studium der Goldschmiedekunst und dann der Malerei bei Karl Fred Dahmen und Günter Fruhtrunk. Zur gleichen Zeit studierte er Kunstgeschichte an der Ludwig-Maximilians-Universität München. Seit 1988 hat Wolfgang Flatz immer wieder Gastprofessuren in der Bundesrepublik Deutschland und anderen Ländern inne. Flatz lebt seit 1975 in München.

Am 24. Juli 2009 wurde in seiner Geburtsstadt Dornbirn das Flatz-Museum eröffnet.

Werk

Eines der bekanntesten Flatz-Zitate ist wohl der Slogan »Fressen, Ficken, Fernsehen«, den er für eine Postkarte im schwarz, rot, goldenen Outfit gestaltete.

Projekte von Wolfgang Flatz waren und sind extrem und immer auf Provokation angelegt gewesen. Diese Provokation soll nach seiner Aussage der Verstärkung von Wahrnehmung dienen, um so der menschlichen Teilnahmslosigkeit entgegenzuwirken. So posierte er z. B. als nackte Dartscheibe, die vom Publikum mit Pfeilen beworfen werden sollte, oder er ließ sich kopfüber als Glockenschwengel an einem Seil aufhängen, um zu Walzerklängen zwischen aufgespannten Metallplatten hin- und her zu knallen. Eine weniger körperlich schmerzhafte Aktion war jene zur documenta 6 (1977), als er Flugblätter verteilte, auf denen er ankündigte, dass er an der documenta nicht teilnehmen werde; an der documenta IX nahm er dann tatsächlich teil.

1996 arbeitete er als Darsteller (er spielte sich selbst), Set- und Kostümdesigner in dem deutschen Thriller „Der kalte Finger" mit.

Der Körper

1974 setzte sich Flatz während einer Modenschau im Grazer Hotel Steirer Hof mit verbundenen Augen in die erste Reihe. Sobald das Publikum applaudierte, klatschte der ›begeisterte‹ Besucher Flatz mit. Am Ende der Schau, die zu der seinen werden sollte, verließ er, weiterhin mit verbundenen Augen, wortlos den Saal. Diesem ersten Ergebnis der Flatzschen Auseinandersetzung mit zeitgenössischer Kunst, vor allem mit dem Happening und den Wiener Aktionisten, folgten 1975 weitere Durchkreuzungen herkömmlichen ›Wahrnehmens‹ und ›Fühlens‹. Eine davon brachte ihm einen Aufenthalt im örtlichen Stadtgefängnis und eine anschließende Einweisung in die psychiatrische Abteilung der „Landesirrenanstalt Valduna" ein: als er im Palais Liechtenstein im österreichischen Feldkirch während einer Ausstellungseröffnung einen schwarzen Sack über den Kopf gestülpt trug. Die Wiederholung eines solchen Klinikaufenthaltes brachte eine andere Aktion mit sich, bei der Flatz sich zwölf Stunden lang auf einer Straßenbrücke neben ein 140 mal 140 Zentimeter großes Schild gestellt hatte, dem zu entnehmen war, dass er an diesem Ort einen Unfall mit beträchtlichen Folgen verursacht habe.

Flatz bezieht 1992 auf der Kasseler DOCUMENTA IX zum ersten Mal das Publikum physisch in sein Konzept mit ein. ›Bodycheck/Physical Sculpture No. 5‹ ist der Titel dieser Arbeit: im zweiten Obergeschoss des Fridericianums in Kassel hängen, den gesamten Raum ausfüllend, eine Vielzahl zylindrischer Körper, ›Sandsäcken‹ ähnlich, wie sie die Boxer zum Training benutzen, 120 Zentimeter hoch, bei einem Durchmesser von 40 Zentimetern und einem Gewicht von 60 Kilogramm, was Flatz' Körpergewicht entspricht. Das Entscheidende dabei ist, dass jeder Besucher der dahinter liegenden Ausstellungsräume durch diesen ›Skulpturenwald‹ hindurch muss, ihm dabei jedoch lediglich ein Zwischenraum von 40 Zentimetern bleibt, fünf Zentimeter weniger, als die durchschnittliche Schulterbreite des Menschen ausmacht. Aus diesem Grund muss jeder Besucher die Skulptur berühren und wegschieben. »Sie erlaubt ihm die Fortbewegung nur als bewusste Handlung«, so Flatz in seinem Konzept-Papier, »als direkte körperliche und geistige Auseinandersetzung mit der Skulptur selbst.«

Autoaggression und Voyeurismus
Die Performances von Flatz, die er (wie auch seine späteren ›Demontagen‹) ›Stücke‹ nennt, sind häufig autoaggressiv ausgerichtet, also auf den eigenen Körper bezogen. Bei Teilen des Publikums schien dies mehr Aufsehen zu erregen, als dies gemeinhin bei einer gegen andere gerichteten Gewalt der Fall gewesen wäre. So etwa bei der Aktion ›Teppich‹: Flatz ließ sich in den Windfang der Münchner Akademie der Bildenden Künste legen, eingenäht in einen Teppich, auf den die Hineingehenden traten, mehr oder minder gezwungen. Die Schmerzen, die die Tritte verursachten, artikulierte Flatz jeweils mit einem schrillen Pfiff. Zwölf Stunden sollte auch dieses ›Stück‹ andauern. Doch nach etwa einem Drittel der Zeit wurde der ›menschengefüllte‹ Teppich von zwei Männern weggezerrt und zur Seite geworfen.

Eine andere Aktion im österreichischen Bludenz, bei der Flatz sich 15 Minuten lang von einem Mann ohrfeigen ließ, während das Auditorium Schläger und Geschlagenen auf einem Videomonitor beobachten konnte, wurde ebenfalls von einer Frau aus dem Publikum abgebrochen.

Jochen Gerz hat zwei Jahre später mit seiner Performance ›Purple cross for absent now‹ ähnlich agiert, als er sich ein Gummiseil um den Hals legte, an dem der Mensch ziehen und das ›Ergebnis‹ im Monitor ›überprüfen‹ durfte.

Aber auch den Voyeurismus und die direkte Gewaltbereitschaft hat Flatz immer wieder provoziert. So führte er 1979 in Stuttgart eine Aktion durch, bei der er sich für ein ›Preisgeld‹ von 500 DM mit Dart-Pfeilen bewerfen ließ. Ein kommunaler Kulturpolitiker versuchte dies zunächst zu verhindern, wurde aber später dabei beobachtet, wie er selbst Pfeile auf Flatz warf, was ihn am Ende das Amt kostete.

Eine weitere autoaggressive Performance inszenierte Flatz zu Silvester 1990 und in der orthodoxen Neujahrsnacht am 14. Januar 1991 in der georgischen Hauptstadt Tiflis, wo er, wie in Sankt Petersburg, eine Gastprofessur innehatte. Ort des Geschehens war die dortige alte Synagoge, die zur Zeit des kommunistischen Regimes als Kaderund nach dem Zusammenbruch als anarchische Kulturstätte benutzt wurde. Er ließ zwei 1,50 mal 2,80 Meter große Stahlplatten an die Decke hängen. Zwischen diesen hing er mit dem Kopf nach unten, an den Händen gefesselt. Diese wiederum waren mit einem Seil verbunden, mit dem ein unten stehender Mann Flatz' Körper fünf Minuten lang zwischen den beiden Platten hin- und herpendelte und aufschlagen ließ. Im Anschluss an dieses ›Glockenläuten‹ tanzte ein Paar den ›Kaiserwalzer‹ von Johann Strauss. Eine mögliche Interpretation ergibt sich aus der Historie: zur Zeit der Zaren wurden politisch Unbeugsame in die Glocken gehängt, bis sie ›sangen‹.

Weitere Projekte
Flatz bescheinigt sich selbst einen erheblichen Perfektionsdrang; so richtete er 1984 in München den Friseursalon ›Rosana‹ nicht nur mit von ihm entworfenen Möbeln ein, sondern ersetzte die sonst üblichen Spiegel durch Videokameras bzw. -monitore. Die Wurzeln dieser Arbeitsweise liegen womöglich in seiner Ausbildung zum Goldschmied und Metalldesigner. Er hatte sich an der Münchner Akademie der Bildenden Künste auch in der Goldschmiedeklasse von Hermann Jünger beworben, dies allerdings mit Fotografien seines Körpers.

In der Folge entwirft er auch Bühnenbilder, etwa an den Münchner Kammerspielen. Er inszeniert selbst, so für die Opernfestspiele in München. Er gewinnt, mit Florian Aicher und Uwe Drepper, den Architekturwettbewerb zur ›Laimer Unterführung‹. Er realisiert die Videoskulptur ›Modell America‹, einen elektrischen Stuhl, bei dem ein Verurteilter im Todeskampf zu sehen ist und konzipiert Ausstellungen.

Sein Stück ›Demontage II‹ wird in verschiedensten Variationen aufgeführt. In der Rosenheimer Fassung von 1987 durchbrach Flatz mit einem Presslufthammer eine Mauer, während eine Sopranistin Lieder deutscher Klassiker sang.

Anfang der 1990er Jahre verkaufte Flatz „Softkiller", den ersten kaufbaren Computervirus. Dieses Programm wurde für 1800 DM je Diskette im 20er Diskettenpack verkauft. Nach dem Start zeigte der Virus den Kopf des Künstlers und einige Warnungen. Überging der Anwender diese wiederholt, so löschte Softkiller die Festplatte und zerstörte sich selbst. Sogar bayrische Behörden wurden auf das Programm aufmerksam und prüften, ob der Tatbestand der Computersabotage erfüllt sei. Flatz dazu: „Die Entscheidung triffst du beim Kauf. Was immer du damit auch anstellst – da beginnt die Anwendung."

Einige Kunstkritiker vertreten die Meinung, dass Flatz aufgrund seines Hanges zur Trivialität der Pop Art näher stehe als der konzeptionellen oder Aktionskunst. Als Beispiele werden dafür seine Werkserien mit Titeln wie "Zeige mir einen Helden und ich zeige dir eine Tragödie", "Einige mehr oder weniger wichtige historische Zwischenfälle" oder "Die Liebe und der Tod" herangezogen.

Diskografie
- 1998: Physical Sculpture
- 2000: Wunderkind
- 2000: Love and Violence
- 2001: Fleisch

Auszeichnungen
- 1988: Förderpreis Neue Ausdrucksformen Bildende Kunst der Landeshauptstadt München

Literatur
- Detlef Bluemler: *Der Körper als Organ der Sprache*. In: *Künstler – Kritisches Lexikon der Gegenwartskunst*. Ausgabe 18/1992.
- Eckhart Gillen (Hrsg.): *Deutschlandbilder. Kunst aus einem geteilten Land*. Katalog zur Ausstellung der 47. Berliner Festwochen im Martin-Gropius-Bau, 7. September 1997 bis 11. Januar 1998, DuMont, Köln 1997, ISBN 3-7701-4173-3. (Katalogausgabe)

Von „http://de.wikipedia.org/wiki/Wolfgang_Flatz"

Women Against Violence in Pornography and Media

Women Against Violence in Pornography and Media – WAVPM (engl., *Frauen gegen Gewalt in Pornografie und Medien*) war eine radikal-feministische anti-pornografische Aktivistinnengruppe, die 1976 in San Francisco, USA gegründet wurde. Diese Vereinigung war eine sehr einflussreiche Gruppierung in der Anti-Pornografie-Bewegung der späten 1970er und 1980er Jahre.

Die WAVPM wurde im Anschluss an die *San Francisco Women's Centers Conference on Violence Against Women* (eine Konferenz mit dem Schwerpunkt Gewalt gegen Frauen) im Juli 1976 gegründet. Gründungsmitglieder waren unter anderen Laura Lederer, Lynn Campell und Diana Russell.

Die Gruppe wurde in San Francisco sehr aktiv, demonstrierte vor Nachtclubs und Peepshows im Rotlichtviertel. Die erste politische Aktion war eine Mahnwache vor dem *Mitchell Brothers O'Farrell Theatre*, einem bekannten Stripclub in dem auch Live Sex gezeigt wurde. Fokus der Aktion war der sogenannte *Ultra Room*, in dem Frauen in einer Liveshow sadomasochistische Praktiken untereinander vorführten. WAVPM wandte sich gegen *"Frauen, die sich gegenseitig zur Stimulation von Männern schlagen"* und finanzierte auch aufklärende Touren zu Sexshops und Peepshows im Rotlichtviertel San Franciscos sowie zu anti-pornografischen Diavorführungen. Beides Maßnahmen, die später auch von anderen anti-pornografischen feministischen Gruppen übernommen wurden, insbesondere von der New Yorker Vereinigung *Women Against Pornography* (engl., *Frauen gegen Pornografie*).

Genau wie spätere anti-pornografische Gruppen lehnte die WAVPM BDSM zutiefst ab und betrachtete es als ritualisierte Gewalt gegen Frauen. Sie nahm einen aktiven Part in der Ablehnung von BDSM innerhalb der lesbischen Gemeinde ein, was zur direkten Kollision mit Samois, einer lesbisch-sadomasochistischen Gruppe, führte. Die Mitglieder von Samois waren überzeugt, dass ihre Empfindungen und ihre Art BDSM auszuleben mit dem Feminismus absolut konform sei und hielten die von WAVPM propagierte feministische Sexualität für puritanisch und konservativ. Samois konfrontierte die WAVPM offen mit ihrer Position, und die Auseinandersetzungen zwischen den beiden Gruppen gehörten zu den frühesten Kämpfen, die später als die Feminist Sex Wars bekannt wurden.

Die Gruppe organisierte die erste nationale Konferenz anti-pornografischer Feministinnen in San Francisco im Jahre 1978. Die Konferenz endete mit der ersten amerikanischen *Take Back the Night*-Demonstration – eine weltweit stattfindende Demonstration, deren Ziel es ist, es Frauen zu ermöglichen, in Sicherheit und ohne sexuelle Übergriffe durch die Nacht zu gehen. Andrea Dworkin hielt eine Rede und etwa 3000 Frauen nahmen an der Demonstration teil, um gegen Vergewaltigung und Pornografie zu protestieren.

Nach der Konferenz ermutigte Susan Brownmiller Laura Lederer und Lynn Campbell, nach New York zu kommen und beim Aufbau der Organisation *Women Against Pornography* zu helfen. Lederer entschied sich, in San Francisco zu bleiben und eine Anthologie der auf der Konferenz gehaltenen Vorträge zu verfassen, aber Campbell nahm den Vorschlag an und verließ San Francisco im April 1979.

Kurz nach Campbells Abreise wurde die WAVPM weniger präsent, obwohl die Gruppe für mehrere Jahre aktiv blieb; an ihrem Höhepunkt hatte die Organisation über 1000 Mitglieder. Die Gruppe zerstritt sich untereinander wegen ihrer Standpunkte zu gewaltfreier Pornografie, freier Meinungsäußerung und der Versuche sich mit Sexarbeiterinnen und lesbischen BDSM-Aktivistinnen zu vereinen. Zusätzlich führten Probleme mit der Mittelbeschaffung und stetig ansteigender Schulden im Jahre 1983 zur Auflösung der Gruppe.

Von „http://de.wikipedia.org/wiki/Women_Against_Violence_in_Pornography_and_Media"

Zwangsjacke

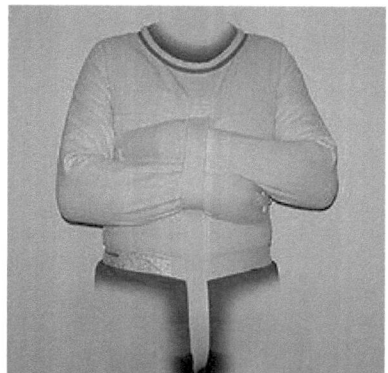

Zwangsjacke aus Leinen, Vorderansicht

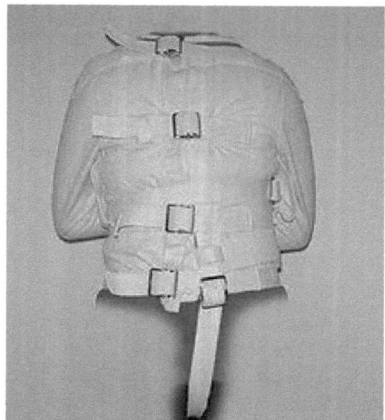

Rückseite derselben Zwangsjacke

BDSM-typische Zwangsjacke aus Leder

Die **Zwangsjacke** ist eine Jacke zur Fesselung einer Person im medizinischen Gebrauch.

Entwicklung

Erfunden wurde sie vom „Vater der amerikanischen Psychiatrie", Dr. Benjamin Rush, im 19. Jahrhundert. Seit dieser Zeit wurde die Zwangsjacke in den sogenannten „Irrenanstalten" angewendet. Bei der Verwendung von Zwangsjacken kam es früher, wenn die Patienten nicht in einer „Gummizelle" verwahrt wurden, zu Kopfverletzungen, weil die Patienten ihre Köpfe gegen die Wand schlugen. Zwangsjacken wurden früher in der Psychiatrie eingesetzt, werden jedoch – zumindest in Deutschland – nicht mehr verwendet. In den sechziger und siebziger Jahren des 20. Jahrhunderts wurden diese Jacken in vielen psychiatrischen Einrichtungen auch euphemistisch als *Schutzjacken* bezeichnet.

Verwendung

Die Zwangsjacke stellt eine Form der medizinischen Fixierung dar. Dabei werden die Arme der zu fixierenden Person in die Ärmel der Zwangsjacke gesteckt, die am Ende keine Öffnung aufweisen. Die Zwangsjacke wird dann zuerst auf dem Rücken verschlossen, indem zahlreiche Gurte geschlossen und festgezogen werden, die Zwangsjacke liegt dadurch eng am Oberkörper an. Danach werden die Arme vor dem Oberkörper verschränkt. Mittlerweile haben die meisten modernen Zwangsjacken eine Schlaufe an der Vorderseite angebracht, durch die die Ärmel gezogen werden; zusätzlich gibt es auch Schlaufen an den Seiten der Jacke. Dies soll das Über-den-Kopf-Ziehen der Arme verhindern. Erstens, damit sich die fixierte Person nicht befreien kann und zweitens, damit sich die Person auch nicht selbst erdrosseln kann, wenn die Ärmel am Hals hängen bleiben würden. Am Ende der Ärmel befinden sich je ein Gurt und eine Schnalle, die auf den Rücken geführt und dort verbunden werden. Damit die fixierte Person die Zwangsjacke nicht über den Kopf ziehen kann, gibt es bei vielen Zwangsjacken einen weiteren Gurt, den sogenannten Schrittgurt, der zwischen den Beinen nach hinten hindurchgezogen und wie die anderen Gurte auf dem Rücken festgezogen wird. Die Bewegungsfreiheit der Beine wird durch die Zwangsjacke nicht beeinträchtigt, sie erhalten gegebenenfalls eine separate Fessel.

Die Fixierung mit der Zwangsjacke wirkt im Vergleich mit anderen Fesseln auf den ersten Moment relativ bequem. Um zu verhindern, dass sich die gefesselte Person selbst befreit, muss die Zwangsjacke gut anliegen. Dies wird dadurch erreicht, dass die Größe der Jacke zu der Person passt, die damit fixiert werden soll. Die Benutzung einer zu kleinen Jacke behindert die Atmung, was durchaus zu schweren physischen und psychischen Störungen führen kann, da sich die fixierte Person nicht selbst helfen kann. Eine zu große Zwangsjacke wiederum würde es der fixierten Person erleichtern, die Arme freizubekommen. Auch hier liegen die Arme angewinkelt am Körper an, was auf die Dauer, durch die Lage und der fehlenden Möglichkeit, die Arme auszustrecken, sehr schmerzhaft werden kann. Hier trägt die Wahl der richtigen Größe ebenfalls entscheidend zum „Tragekomfort" bei. Je nach dem verwendeten Material kann es in der Zwangsjacke sehr warm werden - die gefesselte Person beginnt auf die Dauer stark zu schwitzen. Im medizinischen Bereich wird der Träger einer Zwangsjacke deshalb auch nicht ohne regelmäßige Kontrolle in dieser fixiert. Allerdings sind solche Jacken offiziell nur noch in den USA in Benutzung.

Es gibt Berichte, in denen die Zwangsjacke als Folterinstrument verwendet wurde. Dabei wurden die Gurte besonders fest angezogen.

Zwangsjacken im Bereich BDSM

In der BDSM- und Bondage-Szene werden Zwangsjacken unter anderem zur Fixierung des Bottom verwendet. Diese sind oft vom Design (besonders viele Schnallen, enger Halsausschnitt) und Material her (Latex, Leder) für diese Zwecke angepasst und hergestellt.
Von „http://de.wikipedia.org/wiki/Zwangsjacke"